Otis Stuart
Nurejew

Aus dem Amerikanischen von Angela Schumitz

Otis Stuart

Nurejew

Die Biographie

EuropaVerlag
Wien-München

Die Deutsche Bibliothek – CIP-Einheitsaufnahme

Stuart, Otis:
Nurejew , Die Biographie / Otis Stuart.
Aus dem Amerikan. von Angela Schumitz. –
Wien ; München : Europaverl., 1996
Einheitssacht.: Perpetual motion <dt.>
ISBN 3-203-83000-0

Originalausgabe
Perpetual Motion
Simon & Schuster, Inc., New York 1995

Lektorat: Afra Margaretha

Umschlaggestaltung: Wustmann und Ziegenfeuter, Dortmund

Herstellung: Grafo S. A., Bilbao
Printed in Spain
ISBN 3-203-83000-0

Danksagung

Dieses Buch verdankt seine Existenz vor allem vier Mitwirkenden, die mich dazu brachten, nicht aufzugeben. Mein großzügiger Freund Rick Whitacker stellte mich einer hervorragenden Agentin, Kim Witherspoon, vor, die für Witherspoon & Co. in New York arbeitet. Gemeinsam mit ihrer Assistentin Maria Massie bewahrte mich Kim davor, unter einer Lawine von Presseausschnitten lebendig begraben zu werden. Zu guter Letzt bekamen wir noch Simon & Schuster als Verlag und Bob Bender als Lektor, und damit waren wir im Geschäft.

Die Vielzahl von Leuten aufzuzählen, die mir ihre Zeit, ihre Begeisterung und ein paar phantastische Geschichten schenkten, ist schier unmöglich. Besonderen Dank schulde ich den vielen Presseleuten, die bereitwillig ihre Archive nach obskuren Nurejew-Geschichtchen durchwühlten: Myra Armstrong und Kelly Ryan vom American Ballet Theatre, Steve Scheller und Nina Berger vom Boston Ballet, Julia Drakr, Assis Carrero und Sharon Vandailinde vom National Ballet of Canada, Ellen Jacobs von der Jacobs Agency in New York, Igor Stupnikow vom Kirow-Ballett, Elizabeth Healy, L. Stephen Miller und Geoffrey Peterson vom New York City Ballet; Amanda Jones und Janine Limberg vom Royal Ballet in London und schließlich noch Andrew Kessler von der Universal Ballet School in Washington, D. C.

Nachdem der Arbeitszeitplan schließlich feststand, gewannen Freunde und Kollegen noch eine ganz andere Dimension

– sie wurden zu Rettungsankern, speziell mein Trio Pariser Engel, Jacqueline Fynnaert, Josseline Le Bourhis und vor allem William Chatrier. Auch hier ist es mir unmöglich, all die Leute aufzuzählen, die sich nach Kräften bemühten, mir zu helfen; es wäre aber unverzeihlich, wenn ich nicht wenigstens Carol Barance, Larry Becker, Christopher Brosius, Margaret Broussard, David Daniel, Don Daniels, Pamela Disimone, Richard Dworkin, Charles France, Leslie Getz, Merrill Goldin, Tobias Leibovitz, Jean-Yves Lormeau, Donald McDonagh, Patrick Merla, Sarah Pettit, Tim Scholl, Lee Smith, die Herren vom *Ballet Review* und den letzten Gentleman unter den Gelehrten, Francis Mason, erwähnte. Dieses Buch wäre aber noch immer nicht zustande gekommen, hätte es nicht einen Nurejew-Fan namens Joan Quatrano gegeben, die mir einen privilegierten Zugang zu ihrem Wissen über den so schwer greifbaren Rudi gewährte.

Außerdem möchte ich mich noch gerne bei zwei aktiven Künstlern bedanken, ohne deren Arbeit *Nurejew* wohl nicht die geringste Chance gehabt hätte, fertiggestellt zu werden: Patti Lupone danke ich für ihre himmlische Wiedergabe von »I Get a Kick Out of You« bei der Broadway-Aufführung von *Anything Goes* im Jahr 1988. Wen kümmert es, daß die Welt in Flammen aufgeht, wenn man solche Sphärenklänge hört? Außerdem möchte ich dem Solisten Ethan Stiefel vom New York City Ballet für seine Darbietungen in der letzten Wintersaison danken – in dieser Zeit wurde mir klar, daß ich mir ein Höllenprojekt aufgebürdet hatte. Stiefels Begeisterung, Präzision und Kühnheit in Jerome Robbins *Interplay*, in Balanchines *Harlequinade*, *Symphonie in C* und *Chaconne* erinnerten mich immer wieder daran, daß Ballett eines der fabelhaftesten Dinge dieser Welt sein kann.

Und außerdem danke ich Rudolf Nurejew dafür, daß er Rudolf Nurejew gewesen ist.

Otis Stuart, New York 1994

In memoriam
Patrick Kelly
1953–1993

Inhalt

Prolog: *Thron und Rollstuhl* 11

Erster Teil:
Rudik

Kapitel 1: *Eine Geburt im Zug* 25
Kapitel 2: *»Ein einfacher kleiner Tatarenjunge«* 39
Kapitel 3: *Die personifizierte Krise* 57
Kapitel 4: *Bühnenmitte* 82
Kapitel 5: *Der Sprung, oder: Zuviel Freiraum* 97

Zweiter Teil:
Rudi

Kapitel 6: *Eine neue Gattung* 119
Kapitel 7: *Die letzte kaiserliche Ballerina* 137
Kapitel 8: *Pop-Danseur* 158
Kapitel 9: *Der große Schwulenmythos: »Ich habe mit Nurejew geschlafen«* 174

Dritter Teil:
Rudolf

Kapitel 10: *Hansdampf in allen Gassen* 197
Kapitel 11: *Der Nurejew-Konzern* 215

Kapitel 12: *Wer hat Angst vor Martha und George?* ... 230
Kapitel 13: Valentino *etc.* ... 248
Kapitel 14: *Zurück in Paris* ... 264
Kapitel 15: *Aids? – Ich doch nicht!* ... 282
Kapitel 16: *The Fat Lady Sings* ... 295

Epilog: *À distance* ... 314

Anhang 1: *Die Choreographien* ... 319
Anhang 2: *Die Rollen* ... 321
Anmerkungen: ... 328
Literaturauswahl ... 359
Register ... 364

Prolog

Thron und Rollstuhl

»Große Stars haben großen Stolz.«
Norma Desmond

Es war der achte Oktober 1992, kurz nach der Premiere von Rudolf Nurejews abendfüllender Version von *La Bayadère* für das Ballett der Pariser Oper. Der Vorhang war zum letzten Mal gefallen, der Auflauf hinter dem Vorhang eigentlich so wie immer. Der Betrieb auf der Bühne des Palais Garnier hätte an sich ganz normal sein sollen, das ganz und gar Übliche – spindeldürre, leicht erschöpft wirkende Tänzer, von ihrer Vorstellung noch zu angespannt, um sich in die Garderoben zurückzuziehen; Häufchen von Gratulanten, bemüht, ihre Glückwünsche anzubringen, aber auch aufgeregt, weil sie nun mitten im Geschehen stehen; die sattsam bekannte Erkenntnis, daß Ballett-Make-up aus der Nähe betrachtet stark an *Das Kabinett des Dr. Caligari* erinnert. Dieser Abend hätte sich eigentlich durch nichts von der üblichen Geschäftigkeit nach Premieren unterscheiden sollen. Eine weitere Premiere, eine weitere Show.

Aber diesmal war es anders.

Etwas lag in der Luft. Natürlich stand noch ein Programmpunkt an. Alle wußten es. Aus diesem Grund strömte alles von Rang und Namen aus den französischen Tänzerkreisen, der

Pariser Gesellschaft oder aus beiden sofort nach dem letzten Vorhang auf die Bühne. In einer privaten Feier nach der Vorstellung sollte Nurejew die höchste kulturelle Auszeichnung Frankreichs, der Rang des »Commandeur des Arts et des Lettres« der Ehrenlegion verliehen werden. Jack Lang, der stets in der Öffentlichkeit präsente französische Kulturminister, wollte die Auszeichnung persönlich überreichen. Eine Aura von Bedeutsamkeit, wie sie die Franzosen so sehr schätzen, umgab die erwartete Ehrung – obgleich die Schar, der Nurejew nun eingegliedert werden sollte, auch Sylvester Stallone umfaßt –, aber es lag noch etwas anderes in der Luft, etwas, das über die reine Erwartung hinausging.

Warum war Nurejew der einzige, der sitzen blieb, inmitten der Wellenbewegungen, die beim Fallen des letzten Vorhangs über die Bühne gehen? Warum saß Nurejew, die personifizierte Bewegung, auf einem überdimensionalen Möbelstück, das man von den hinteren Reihen eines jeden Theaters als Thron gedeutet hätte? Und warum war sich mindestens die Hälfte aller Leute, die sich um ihn drängten, nur allzu bewußt, daß sie standen und sich dabei überhaupt nicht wohl fühlten? Und warum starrten all diese Leute Nurejew so unverhohlen an?

Angestarrt zu werden war natürlich nichts Ungewöhnliches für Rudolf Nurejew; es war das, was sein Leben ausmachte – oder, um genauer zu sein, zumindest die Hälfte seines Lebens, die öffentliche Seite, die Nurejew der Welt zeigte. Was auch immer sie als ein Recht auf Privatsphäre beanspruchen mögen, Bühnenmenschen leben dafür, daß man sie anstarrt. Manche, wie Nurejew, scheinen ohne ihr Zutun stets im Mittelpunkt zu stehen. Das Ungewöhnliche, das, was bei all dem Starren bei der Premiere von *La Bayadère* anders war als sonst, fing damit an, daß die Leute so intensiv starrten – die Operntänzer, die meisten von ihnen noch in ihren phantasievollen Kostümen und ihrem vollen Bühnen-Make-up. Ballettänzer sind nicht gerade bekannt für ihr Interesse an Dingen, die sich nicht ums

Tanzen drehen. An diesem Abend waren alle Tänzer ringsum so in Gedanken versunken, offensichtlich so auf Nurejew konzentriert, daß sie die Unmengen von Kameras, die die Szene festhielten, völlig ignorierten. Sie schienen die gute Gelegenheit zur Selbstdarstellung, für die selbst das unbedeutendste Truppenmitglied einen siebten Sinn hat, einfach nicht zu bemerken. Kein einziges Gesicht blickte in die Kameras.

Doch am entrücktesten in dieser ganzen Szene wirkte Nurejews eigenes Gesicht – dieses Gesicht aller Gesichter, das hier und heute von allen angestarrt wurde. An diesem Abend forderte Nurejew die Fotografen nicht heraus, ihre Kameras zu zücken. Allein durch seinen öffentlichen Auftritt gab er zum erstenmal zu, daß die Gerüchte, seine Gesundheit betreffend, keine Gerüchte waren. Sein Gesicht war von Aids gezeichnet. Noch waren seine Gesichtszüge zu erkennen, in ihrer äußeren Form erinnerten sie an früher. Aber sie waren auch anders, vergröbert, vom Tod gezeichnet. Nurejews Wangen waren eingefallen, seine Haut durchscheinend, sein Blick unstet. Es dauerte nur wenige Stunden, da spekulierte ganz Paris darüber, wie viele Tage Nurejew wohl noch zu leben hätte.

Zurückgelehnt auf seinem Thron wußte Nurejew mit Sicherheit, was alle dachten. Und er blieb einfach sitzen und erwiderte die Blicke.

Wenigen Darstellern und überraschend wenigen Ballettänzern ist es jemals gelungen, Momente der Reglosigkeit so zu beherrschen wie Nurejew. Auf dem Höhepunkt seines Könnens war er unübertroffen in der Kunst des »festgehaltenen Augenblicks«, ein Blitz der Erkenntnis, der sich als angehaltener Atem auf beiden Seiten des Rampenlichts manifestiert. Damit knüpfte er an die Legende Nijinsky an. Diese Gabe, verbunden mit Nurejews grenzenloser Energie und Lebenslust, machte ihn zu dem Paradoxon, aus dem ein großer Star entsteht. Der Mann wußte, wie wichtig die richtige Pose zur Schaffung von prägenden Eindrücken ist: Selbst in den Augenblicken höchster körperlicher Intensität, in diesen ersten, bis dahin von niemandem so ausgeführten Jetés, die in der Luft und in den Köpfen aller Zuschauer hängenzubleiben schienen, wirkte er wie in sich zurückgezogen. Nie hatte Nurejew diese Fähigkeit so dringend gebraucht wie bei dieser Szene hinter dem Vorhang nach der Premiere von *La Bayadère*. Und selten hatte er diese Fähigkeit wirkungsvoller eingesetzt.

Nurejew veranstaltete das, was sich schließlich als seine Abschiedsvorstellung herausstellen sollte, genau an dem Ort, an dem er zum erstenmal aufgetreten war. Charles Garniers Bau im Zuckerbäckerstil des Zweiten Empire, der die Avenue de l'Opéra krönt – eine Orgie an imitiertem Rokoko, die die französische alte Garde als ordinäres Gegenstück zur großen alten Dame Versailles ansieht – war der Rahmen, in dem das westliche Publikum Nurejew zum erstenmal hatte tanzen sehen, damals, in den aufregenden Wochen im Juni 1961, als Nurejew auf der ersten Tournee des Leningrader Kirow-Balletts nach Westeuropa am Pariser Flughafen Le Bourget unerwartet in den Westen abgesprungen war. Dreißig Jahre später, bei der *Bayadère*-Premiere, war die spannungsreiche Atmosphäre seiner ersten Jahre im Westen von einer an Dostojewski gemahnenden Schwermut abgelöst worden. Die feierliche Stimmung, die seine letzte Vorstellung im Garnier umgab, nahm unheilschwangere Untertöne an. Im ganzen Haus blieb kein Auge trocken.

Für seine *Bayadère* erschien Nurejew im Garnier ganz in scharlachroten Satin gehüllt. Während der Vorstellung zog er sich in eine Loge auf eine Couch zurück, von der aus er die Bühne gut überblicken und auf der jeder ihn auch sehen konnte, und nippte an einem Glas Champagner. Da dies ein Nurejew-Abend war, entbehrte er auch nicht der für Nurejew typischen Spannung. Nurejew hätte sich nicht lange umsehen müssen, um an vergangene und gegenwärtige erbitterte Feindschaften erinnert zu werden. Die Schar der Premierengäste umfaßte Freunde und Kollegen aus der ganzen Welt sowie die oberste Schicht der Pariser Gesellschaft. Viel Adel – die Gräfinnen de Brantes und de Ribes, und natürlich die Baronin

Guy de Rothschild. Bei dem Diner nach der Vorstellung, auf das Nurejew nicht verzichten wollte, suchte er sich einen Platz neben Pierre Bergé aus, dem Direktor der Oper, um mit ihm Pläne für das nächste Jahr zu erörtern. Unter den Projekten, die Nurejew vorschlug, war auch die Gründung eines choreographischen Instituts in St. Petersburg.

Hinter all dem Glanz dieses Abends konnte Nurejew auch die Schatten mehrerer alter Kämpfe ausmachen. Im *Bayadère*-Publikum befanden sich sein erster echter Widersacher und sein letzter – zwei der besten und hartnäckigsten. Beide waren trotz aller Meinungsverschiedenheiten ihm zu Ehren erschienen. Der eine war Juri Grigorowitsch, nunmehr Direktor des Moskauer Bolschoi-Balletts, aber in den Tagen, als Nurejew das schwarze Schaf des Kirow war, der vielversprechendste Nachwuchschoreograph der Sowjetunion. Als Grigorowitsch seinerzeit die *Legende von der Liebe* vorbereitete, eine Arbeit, die seinen künstlerischen Rang etablierte und nach wie vor ein Hauptwerk des zeitgenössischen russischen Repertoires ist, kam es ständig zu Zusammenstößen mit Nurejew. Grigorowitsch wurde zum ersten, der Nurejew hinauswarf. Und dann war da noch Sylvie Guillem im Publikum, in einem äußerst knappen schwarzen Kleid, die berühmteste französische Ballerina seit Chauviré und ein Energiebündel, die Nurejew in seiner besten Zeit in nichts nachstand. Guillem war die herausragendste jener Ballerinen gewesen, die Nurejew während seines stürmischen Gastspiels als künstlerischer Leiter der Oper in den Jahren 1983 bis 1989 gefördert hatte. Schließlich hatte sie die Oper verlassen und sich dem Royal Ballet in London anschließen müssen, weil Paris einfach nicht groß genug war für beide Stars.

In der Oper selbst kursierten seit Tagen Gerüchte, daß möglicherweise einer der deftigsten Konflikte im Hause zum Ausbruch kommen würde. Während der gesamten Zeit, in der Nurejew die Oper leitete, hatte er in aller Öffentlichkeit eine Fehde mit Patrick Dupond ausgetragen, dem Danseur, der schließlich nach ihm den Direktorposten übernehmen sollte.

Dupond war ein ausgesprochener Publikumsliebling; nur er konnte Nurejew die Aufmerksamkeit des Pariser Publikums streitig machen, und obendrein war er fast einundzwanzig Jahre jünger als Nurejew. Die Spannungen zwischen den beiden wurden zu dem heißesten Tagesgespräch zu Nurejews Zeiten als Direktor der Oper. Nach außen hin war der Zwist zwar beigelegt worden, als die beiden zum erstenmal gemeinsam bei einer Benefizveranstaltung auftraten, nachdem Dupond den Direktorposten bereits übernommen hatte. Doch leider schien Nurejews Auswahl der Darsteller für die neue *Bayadère*, das Vorrecht des Choreographen, die alte Rivalität neu zu beleben. Dupond war weder für die Premiere noch für die weiteren Aufführungen vorgesehen. Vielleicht erinnerte sich Nurejew an eine Aufführung des gefeierten weißen Akts der *Bayadère* vor einigen Jahren, als der damals noch blutjunge Dupond die Kontrolle über den langen weißen Schal verlor, der durch den Pas de deux weht, und beinahe – wie er damals selbst zugab – die Primaballerina Nöella Pontois erwürgt hätte.

Diese Brüskierung machte böses Blut. Ein Eklat schien unausweichlich, als Dupond darauf bestand, der Premiere fernzubleiben, Ehrenlegion hin oder her. Das Verhängnis konnte jedoch im letzten Moment noch einmal abgewendet werden durch eine heimliche, jedoch klare und deutliche Anweisung von Bergé: Entweder du bist an diesem Abend da, oder das Ballett hat am nächsten Morgen einen neuen Direktor. Dupond gab nach. Aufgrund einer unerwarteten Verletzung ließ er sich zu Nurejews Huldigung jedoch in einem Rollstuhl schieben. Rivalisierende Diven sind eine Sache, rivalisierende Rollstühle noch einmal etwas anderes.

Als Nurejew noch ein Ballettschüler in Leningrad war, galt die Pariser Oper, von den Kirow-Schülern »die Große Oper« genannt, für seine Generation russischer Tänzer als Gipfel der Vollendung. Damals hatten mehr als nur eine der lautstarken Auseinandersetzungen mit seinen Altersgenossen, die schon damals ein Nurejew-Markenzeichen waren, stets mit den

Worten geendet: »Ihr werdet schon noch sehen, ich werde an der Großen Oper tanzen und ihr werdet alle noch hier sein!« Daß *La Bayadère* auf ebendieser Bühne schließlich zu seiner Abschiedsvorstellung werden sollte, erscheint schon fast als Fügung des Schicksals. Ähnlich den großen Opern- und Operettenstars bauen auch Ballettänzer ein Repertoire auf und werden zum Inbegriff ihrer größten Erfolge. Wie die berühmten Ballerinen, deren Partner er auf seinem Weg zum Ruhm war – Natalia Dudinskaja, Maria Tallchief und die berühmteste von allen, Margot Fonteyn – tanzte Nurejew sehr lange, länger als jeder andere Tänzer seiner Generation. (Die Martha Graham des klassischen Balletts, Alicia Alonso, hält nach wie vor den Rekord; sie tanzte Generationen von *Giselles*.) *La Bayadère* zieht sich durch das ganze Leben und durch die ganze Karriere Nurejews. Der gequälte Held dieses Balletts, Solor, paßt perfekt zu Nurejews Charakter. Als tanzendes Gegenstück aus dem neunzehnten Jahrhundert zu unseren Rockhelden leitet Solor zum besten Teil des Balletts, der berühmten Schattenszene, über, indem er ein wenig Opium raucht und dann zu einem Hauptmotiv abhebt. Er ist auch ein Balletthеld, der die Frauen aus der Fassung bringt. Die Damen kämpfen um ihn, nicht umgekehrt, wie es im klassischen Ballett eigentlich die Regel ist. Alle wollen an seinem Glanz teilhaben. Solor gehörte zu Nurejews vielversprechendsten Rollen während seiner kurzen Karriere am Kirow. Bei der schicksalhaften Tournee nach Paris war Solor in der Kirow-Version der Schattenszene die Rolle, in der Nurejew dem Westen vorgestellt wurde. Es war die letzte Rolle, die er mit dem Kirow am Abend vor seinem Absprung in den Westen tanzte. Kaum zwei Jahre später, als Nurejew beim Londoner Royal Ballet Fuß gefaßt hatte, wurde der berühmte weiße Akt der *Bayadère*, das opiumgeschwängerte »Königreich der Schatten«, zu seinem ersten Versuch, ein Ballett einzustudieren. Im Handumdrehen wurde die Schattenszene zum Markenzeichen seiner sofort zum Mythos gewordenen Partnerschaft mit Fonteyn, das, was ihrer gemeinsamen *Giselle* am nächsten kam mit ihrer rauschhaften Entrücktheit und der Vollkommenheit ihres Klassizismus.

Nurejews Treue zur *Bayadère* war ebenso aufschlußreich wie überraschend. Zunächst eroberte Nurejew die Welt im Sturm als der vitalste, virilste Tänzer in der Geschichte des Balletts. In ihrem makellosen Klassizismus scheint die *Bayadère*-Schattenszene eine erstaunliche Wahl für einen störrischen jungen Danseur. Doch sie ist ein Schlüssel zu der widersprüchlichen Persönlichkeit Nurejews, die das öffentliche Interesse noch fesselte, als seine tänzerischen Fähigkeiten längst nachgelassen hatten.

Vor allem in seiner Gesamtheit hat *La Bayadère* einige Mängel. Das Ballett ist mehr als eine bloße Zugnummer. Es ist eine Anhäufung der Exzesse des neunzehnten Jahrhunderts, ein wahrer Katalog der Dinge, die das Ballett des zwanzigsten Jahrhunderts abgeschafft hat, um dem Schicksal der Posse zu entgehen. 1877 schuf der Franzose Marius Petipa, der zum Architekten des zaristischen russischen Ballett-Klassizismus wurde, die Choreographie für ein Stück, das selbst Transvestiten nur mit Vorsicht genießen würden. Vom Anfang bis zum Schluß läuft *La Bayadère* wie eines dieser überladenen Stummfilmepen ab, die die Kinopaläste in den Ruin getrieben haben. Goldene Götzen tanzen, Jungfrauen zücken Dolche, Tempel stürzen ein. Unbeabsichtigt freudianisch erscheint die Heldin, die Tempeltänzerin Nikija, schon zu Beginn in einem Leichentuch und überlebt dann nicht einmal bis zum letzten Akt; sie fällt einer in einem Korb verborgenen Giftschlange zum Opfer. Das Publikum kann gar nicht genug davon bekommen. Drei der fünf bedeutendsten Ballettensembles des Westens – das American Ballet Theatre, das Royal in London und nun, dank Nurejew, die Pariser Oper – haben eine abendfüllende *Bayadère*-Inszenierung in ihrem Repertoire. Nurejews Version zielt auf eine Kitsch-Maximierung ab. Solor kommt auf einem lebensgroßen, auf Rädern gezogenen Elefanten auf die Bühne. (Dieser Überraschungsdickhäuter lieferte Nurejew seinen eigenen herben Insiderwitz bei der Premiere des Balletts.

Im vollen Bewußtsein, daß man auch sein Verhalten auf Anzeichen von Aids, das auch Schwachsinn auslösen kann, überprüfen würde, versäumte Nurejew während des ersten Akts keine Gelegenheit, seinen Kopf zurückzuwerfen und immer wieder zu fragen: »War der Elefant schon da? War der Elefant schon da?«)

Abgesehen von vipernküssenden Frauen und Ähnlichem ist *La Bayadère* auch die erste große Zusammenfassung des klassischen Ballettvokabulars. Die Schattenszene von *La Bayadère* entspricht dem Schattenakt, in dem die Kompanie in Weiß auftritt und den das Publikum des neunzehnten Jahrhunderts am Ende eines jeden Ballettabends erwartete. (Die Tradition des weißen Akts nahm etwa um 1830 herum ihren Anfang mit der romantischen Periode des Balletts, als Marie Taglioni am Fenster stand und nicht ganz absichtslos von hinten beleuchtet wurde. Spöttische Stimmen behaupten, die Szene sei deswegen so beliebt gewesen, weil die Gasbeleuchtung die dünnen Gewänder der Frauen durchsichtiger machte, ein Effekt, den uns heute die engen Tanztrikots bescheren. Es scheint zwar weithin in Vergessenheit geraten zu sein, aber »Ballettomane« bezog sich ursprünglich auf eine heterosexuelle Orientierung). Von Nikijas Tod überwältigt, leitet Solor die Schattenszene ein, indem er sich ein paar Züge aus seiner Mohnpfeife gönnt. Dann wird er von einer Vision des Jenseits heimgesucht, in das Nikija hinübergewechselt ist. Daraufhin ergießt sich das Corps de ballet auf die Bühne und hat einen der berühmtesten Auftritte des klassischen Tanzes mit einer endlosen Prozession arabesker Penchées: tiefe Verbeugungen, bei denen ein Arm zu seiner maximalen Länge ausgestreckt wird, während das entgegengesetzte Bein weit und hoch nach hinten gestreckt wird. Schließlich ist die Bühne überflutet von Weiß und einer endlos erscheinenden Menge langgezogener Gliedmaßen. Das darauffolgende erweiterte Adagio für das Corps, drei Solo-Variationen und der Pas de deux für Nikija und Solor wirken wie ein Aufstrahlen von Reinheit unter all dem hochkarätigen Kitsch. Dieser reine Tanz, diese Abstraktion eines Ballett-Klassizismus, der gleichzeitig lehrbuchhaft und experimentell erscheint, nimmt die nächsten drei Generationen von Ballettinnovatoren vorweg: Lew Iwanows Höhenflüge im *Schwanensee* von 1895, die Symmetrie und Turbulenz von Michel Fokines *Les Sylphides* ein Jahrzehnt später und schließlich George Balanchines atemberaubenden Neoklassizismus im zwanzigsten Jahrhundert.

Die Schattenszene war der einzige Teil der *Bayadère*, den Nurejew für den Westen tanzte. In den dreißig Jahren seiner Westkarriere hat Nurejew sämtliche Klassiker des traditionellen Repertoires einstudiert und sämtliche Hauptrollen getanzt – außer in der *Bayadère* für die Pariser Oper. Nurejew sollte die vollständige *Bayadère* niemals außerhalb Leningrads tanzen. Das westliche Publikum sollte ihn nie als Possenreißer sehen – mit geschwellter Brust und federgeschmücktem Turban, ein Paradebeispiel für die Art von animalischer Anziehungskraft, die Nurejew in seinen Anfangsjahren im Westen zu seinem Markenzeichen machte. Statt dessen bekamen wir von seiner ersten Londoner Premiere an das zu sehen, was uns Nurejew von sich sehen und wohl auch im Gedächtnis behalten lassen wollte: Den Wilden als strikten Klassiker im Königreich der Schatten. Es waren die sechziger Jahre, und das Publikum stürzte sich auf ihn.

Aus diesem Grund war Nurejews Gesicht bei der Premiere von *La Bayadère* so schockierend. Der Glanz der Ehrenlegionmedaille mit ihrer grün-weiße Schleife, die nun um seinen Hals drapiert war, hätte den Schock lindern sollen, tat es jedoch nicht. Ihr Glanz betonte nur das, was früher einmal gestrahlt hatte und nun verschwunden war. Ein Jahrzehnt lang hatte Nurejew auf die Aids-Gerüchte genauso reagiert wie auf Fragen zu seiner sexuellen Orientierung. Er folgte einem Rat, den ihm Margot Fonteyn im Eifer des Gefechts ihrer berühmten »Marihuanaverhaftung« 1967 in San Francisco gegeben hatte: »Sag einfach überhaupt nichts!« Am Abend der *Bayadère*-Premiere war alles für Nurejews Auftritte Typische im Spiel: die Dramatik des roten Umhangs, die Energie, die ihn den ganzen Abend antrieb, der herrische Ehrgeiz. Aber Nurejews Gesicht war den Menschen bekannter als sein Tanzen. Das hagere, gehetzte Gesicht über dem Satin – kein anderer berühmter Aids-Fall hat die Kameras in einem so späten Stadium so nahe an sich herankommen lassen – war nicht mehr das, was es gewesen war. *»La machine«*, erklärte Nurejew kurz darauf einem Freund, *»est cassée«*. (Der Motor ist kaputt.)

Und man sah die Zerstörung in diesem Gesicht, das ihm soviel Glück gebracht hatte. Am treffendsten hatte es Mae West einmal in bezug auf sich selbst formuliert: »Als ich mit diesem Gesicht hier auf die Welt kam, war es, als wär' ich auf 'ne Goldader gestoßen.« Sie hätte auch Nurejew beschreiben können. Und es waren nicht einfach nur seine Lippen oder seine Augen. Nurejew wagte es, physisch exotisch zu sein in einer Zeit, in der die Normen so klar abgesteckt waren wie die Berliner Mauer. Dies war kein ungefährliches Gesicht. Die Augen lagen etwas schräg. Die Wangenknochen waren so ausgeprägt, daß *Newsweek* sie einmal als grausam bezeichnete. Die Lippen waren zu voll, um auch nur im entferntesten unerfahren zu wirken. Die schwache Andeutung einer Narbe an der Oberlippe legte eine vage Vermutung nahe, daß irgendwo in unmittelbarer Nähe eine Bedrohung lauerte. (Bezeichnenderweise hatte Nurejew diese Narbe als Kind bei einer Begegnung mit einem wütenden Hund davongetragen, als er versucht hatte, ihn zu füttern.) Von Anfang an standen die Fotografen Schlange. Nur einen Monat nach seinem Absprung posierte Nurejew bereits für Richard Avedon. Er wurde zum meistfotografierten Vertreter seines Berufsstands und zu einem der meistfotografierten Männer der Welt. Er war, wie Maria Tallchief einmal seufzend erklärte, »ein extrem, wirklich extrem attraktiver junger Mann«.

Bei der *Bayadère*-Premiere mußte sich Nurejew das einzige Mal in seiner Karriere auf die Bühne helfen lassen. Zum erstenmal in seinem Leben sah man ihn in der Öffentlichkeit weinen. »Kannst du dir vorstellen«, sagte er zu einem Freund, als er an diesem Abend in die festlich geschmückte Weite des Garnier blickte, »daß ich mich von all dem hier verabschieden muß?«

Zwei Tage später begab er sich zu seinem Strandbungalow nach St. Bart.

Als er auf dem Flughafen gefragt wurde, ob er für den Flug etwas zu lesen haben wolle, war seine Antwort sehr direkt:

»Schwulenhefte!«

Erster Teil

Rudik

Kapitel 1

Eine Geburt im Zug

»Mögen sie mich hassen, wenn sie mich nur fürchten.«
Josef Stalin, Anleihe bei *Caligula*,
Alex de Jonge, *Stalin*

Farida Nurejewna stand auf dem Bahnsteig eines heruntergekommenen russischen Provinzbahnhofs. Sie ahnte nicht, daß sie bald die ersten Schritte in eine märchenhafte Geschichte tun würde.

Wahrscheinlich wäre es ihr auch gleichgültig gewesen.

Sie unternahm diese Reise nicht aus freien Stücken. Die schlanke, kräftige Frau mit dem dichten schwarzen Haar hatte früher als sehr hübsch gegolten. Doch ihr Schicksal hatte sie verhärmt, und nun, mit dreiundzwanzig, war sie nur ein weiterer Schatten in der Masse der gesichtslosen russischen Bauern. Außerdem hatte Farida an diesem eiskalten Morgen im März 1938 drängendere Probleme. Ihr Reiseziel lag auf der anderen Seite der Welt – die pazifische Hafenstadt Wladiwostok, der entlegenste Posten des weiten sowjetischen Reichs, wo ihr Mann Hamnet für das blühende Militärwesen der neuen Regierung arbeitete. Die räumliche Entfernung zwischen Farida und Hamnet belastete ihre Ehe allmählich sehr. Die Zeiten waren schlecht genug, es hätte nicht noch eines Ehemanns bedurft, der ständig weit weg war – so sehr das junge Paar auch daran glaubte, daß man die kämpfende sowjetische Nation unterstützen müsse. Die Lage war so ernst, daß Farida beschlossen hatte, das stürmische Ende des russischen Winters zu vergessen. Sie wollte nach Osten, eben als die erste Tauperiode ihren alljährlichen Versuch startete, das asiatische Rußland in eine riesige Schlammlandschaft zu verwandeln.

Aber Farida dachte nicht im geringsten daran, jedenfalls nicht im Moment. Ein Blick über den Bahnsteig lieferte ihr Grund zur Sorge. Im Zug würde sie nur begrenzt Schutz finden, wenn und falls er endlich einmal in den Bahnhof einlief. Lange Jahre militärischer Auseinandersetzungen hatten aus der berühmten Transsibirischen Eisenbahn eine einzige lange Kampfstrecke gemacht, eine leichte Beute für die Kontrahenten der Konflikte. Schon der Erwerb des Zugfahrscheins war der reine Alptraum gewesen. In den zwei Wochen dieser Kontinentalüberquerung würden sich Flüchtlinge aus allen Winkeln des chaotischen sowjetischen Reiches in den Zug drängen. Farida hatte sie alle schon einmal gesehen. Endlose Reihen von Soldaten, Reihen um Reihen politischer Gefangener auf ihrer Reise zum Gulag, Stalins neuester Antwort auf Opposition. Am furchterregendsten von allen waren die Söldner mit den eiskalten Augen, die jeder Fraktion zu dienen bereit waren, solange sie den besten Lohn bot. Selbst wenn Farida das Glück haben sollte, einen Platz zum Sitzen und Schlafen zu finden, so würde sie doch wahrscheinlich kaum einen Moment Ruhe finden, bis der Zug in Wladiwostok einlief. Sie wagte es kaum, ihren Blick von den drei kleinen Gestalten abzuwenden, die sich zum Schutz vor der Kälte dicht an sie drängten.

Farida zog ihre Töchter enger an sich. Soldaten konnten sehr häßlich werden, das wußte sie. Ihr eigener Mann war dem Alkohol nicht abgeneigt, und oft genug kam dabei seine schlechte Seite zum Vorschein. Als die drei Kinder sich so gegen den Körper ihrer Mutter preßten, wurde diese wieder an ihre schlimmste Sorge erinnert. Die Mädchen gingen behutsam mit dem dicken Bauch ihrer Mutter um; sie wußten, daß dort neues Leben keimte. Farida war im neunten Monat schwanger und fürchtete, daß das Kind, wenn es denn unterwegs auf die Welt käme, kaum eine Chance hätte, die Kälte, das Rattern des Zuges und die schrecklich unhygienischen Bedingungen der Transsibirischen Eisenbahn zu überleben.

Keiner konnte ahnen, daß dort, wo die zentralasiatische Steppe auf die Berge der Mongolei trifft, nahe dem Baikalsee, dem höchstgelegenen, größten Binnensee der Welt, Farida den sehnlichsten Wunsch ihres Mannes wahr werden lassen würde. Am 17. März 1938 brachte sie einen Jungen zur Welt, als der Zug eben an Irkutsk vorbeibrauste, das wegen seiner vielen Theater und Opernhäuser oft als »Paris Sibiriens« bezeichnet wurde. (Eine Ironie des Schicksals, wenn man bedenkt, wo er ein halbes Jahrhundert später sterben würde). Die Abwesenheit seines Vaters sollte sich noch als prägend erweisen, wobei niemand ahnen konnte, daß Hamnets einziger Sohn sich zur bittersten Enttäuschung seines Lebens entwickeln würde.

Jahre später, nachdem Rudolf der berühmteste Tänzer der Welt geworden war, erzählte er die Geschichte seiner Geburt immer wieder mit großem Vergnügen und beschrieb sie als den romantischsten Augenblick seines Lebens. Er feilte auch noch an den Details, bis sie in einem schillernden Licht erschienen, und behauptete schließlich, daß das Rattern des Zuges die Geburtswehen ausgelöst hätte, weshalb er drei Wochen zu früh auf die Welt gekommen sei. Nicht daran zu denken! So, wie er es Jahr für Jahr in den größten Theatern der Welt tun sollte, machte Rudolf Hamnetowitsch Nurejew seinen Auftritt genau zur richtigen Zeit. Von Anfang an wußte der kleine Junge der Nurejews, wie wichtig es ist, einen großen Auftritt zu inszenieren.

Vierundfünfzig Jahre lang standen in Rudolf Nurejews Leben Fakten und Fiktionen in einer ganz besonderen Beziehung zueinander. Dies ist wenig überraschend für ein Leben, das in den gefährlichsten Tagen des Stalinismus seinen Anfang nahm, als die Grenze zwischen dem Eigentlichen und dem Getarnten zu einer Frage des Überlebens werden konnte. Da Nurejew so lange im Westen lebte, vergaß sein Publikum schließlich, daß der Mann und sein Charakter an einem anderen, fernen Ort und von Realitäten geprägt worden waren, die nur wenige Europäer und noch weniger Amerikaner jemals verstehen konnten. In Nurejews Kindheitstagen in Ufa in der Provinz Baschkir, tief im Ural, war eine ständige Tarnung der eigenen Person die einzige Art und Weise, den äußerst gewitzten Ortskommissaren einen Schritt voraus zu sein.

So entlegen der Ort auch war, das Ufa von Nurejews Kindheit war bereits ein bedeutendes sowjetisches Industriezentrum. In zehnjähriger Sklaverei hatten Stalins politische Gefangene allmählich ein Netzwerk von Straßen, Eisenbahnschienen und Schwerindustrien errichtet, die Stalin brauchte, um das europäische Rußland und seine ausgedehnten asiatischen Provinzen zu verbinden und zu kontrollieren.[1] Vom Ural geschützt, jedoch mit einem Zugang zu dessen Bodenschätzen und der vorteilhaften Nähe zu den sibirischen Kohlevorkommen, die die Schmelzöfen in Betrieb hielten, war Ufa ein wichtiger Knotenpunkt im neuen System. Aber es war auch eine jener Städte, die immer wieder einfach von den Landkarten der Sowjetunion verschwanden. Auf manchen offiziellen sowjetischen Landkarten findet man die Stadt tatsächlich auf der falschen Seite des Urals.[2] Selbst heute noch sprechen Russen über die Stadt sehr leise, mit einer Art vorsichtiger Ehrfurcht. »Die ganze Gegend«, so ein Nachkomme eines Ufa-Auswanderers, »ist – nun ja, ziemlich wild.«

Als die britische Filmemacherin Patricia Foy 1990 nach Ufa kam, um einen Dokumentarfilm über Nurejews Leben vorzubereiten, gelang es ihr und ihrer Mannschaft nicht, herauszufinden, »was dort eigentlich produziert wurde. Die Bewohner dieser Stadt wichen Fragen immer wieder aus; erst vor zwei Monaten war die Gegend für Besucher verboten worden.«[3] Der Mangel an Fakten bot den Gerüchten keinen Einhalt. Die ganze Uralregion war wohl eines der Zentren der sowjetischen Rüstungsindustrie. In den dreißiger Jahren begann die sowjetische Regierung, ein starkes Militärwesen aufzubauen. Als

Nurejew zur Welt kam,[4] waren die Nazis bereits eine Bedrohung, die Stalin dazu veranlaßte, besondere Bemühungen auf ein Experiment zu verwenden, das er zehn Jahre früher während seines ersten Fünfjahresplans in die Wege geleitet hatte: Er verlagerte wichtige Industrien in den Schutz der Berge, die Europa von Asien trennen. Der Krieg ging zu Ende, die Fabriken blieben. 1945, als die Familie Nurejew schließlich wieder in Ufa vereint war, befand sich die Hälfte der sowjetischen Schwerindustrie im Ural.[5] In der benachbarten Wolgaebene wurden bereits die Mig-Kampfflugzeuge produziert, die den Ural in den nächsten drei Jahrzehnten vor feindlichen Aufklärungsmaschinen schützten und der Welt als Warnung vor dem sowjetischen Bären dienten.

Den Mund zu halten – das war eine Lektion, die jeder schlaue und willensstarke kleine Junge lernte, und zwar schnell; Faridas Kleiner lernte sie besonders gründlich. Trotz Nurejews berühmter Gabe, bei Proben, im Unterricht und selbst noch bei den Aufführungen nie um ein Wort verlegen zu sein, war es eine Lektion, die er selbst nach dreißig Jahren im Westen nicht vergaß. (Nach seinem Umzug in den Westen äußerte Nurejew der Presse gegenüber kein einziges Mal ein schlechtes Wort über die sowjetische Regierung.) Zum Überleben in der Sowjetunion unerläßlich war Nurejews Fähigkeit, die Vergangenheit und die Gegenwart ständig umzuschreiben, ein Auslöser für Streitgespräche bis an sein Lebensende. Aber die Widersprüche in seiner Legende sind zu enorm, als daß sie nicht irgendwo auch ein Körnchen Wahrheit beinhalteten. In einer Hütte aufgewachsen, als Kleinkind dazu angehalten, seine knappe Ration roher Kartoffeln zu vergraben, um sie gegen den bitteren russischen Winter und vor dem Zugriff seiner hungrigen Mitmenschen zu schützen, starb Nurejew als Herrscher über ein enormes Vermögen, das er so sorgfältig in der ganzen Welt verteilt hatte, daß niemand genau weiß, wo alles steckt und um wieviel Geld es sich tatsächlich handelt. (Die Schätzungen schwanken zwischen fünfzig und achtzig Millionen Dollar). Der Mann, der der Welt vorführte, daß selbst Ballettänzer brutal männlich sein können, war gleichzeitig ein für seine Promiskuität berüchtigter Homosexueller in einer sexuell sehr freizügigen Epoche. Der Tänzer, der den Begriff »Ballets Russes« neu definierte, hatte selbst keinen einzigen Tropfen russischen Bluts. Nurejews Vorfahren wiesen weder die verwestlichten Empfindlichkeiten des europäischen Rußland noch die berühmte »Sklavenmentalität« auf, die dem russischen Nationalcharakter gerne zugeschrieben werden.[6] Statt dessen läßt sich seine Familiengeschichte auf beiden Seiten zu einem Stamm zurückverfolgen, der die Russen tausend Jahre lang terrorisierte, zu den dämonischen Tataren.

Außerdem hatte Nurejew schon zu Anfang seines Lebens einen Begriff von der großen weiten Welt, und zwar aus erster Hand, nicht den rein theoretischen, den westliche Schulkinder aus ihren Geographiebüchern bekommen. Im Alter von fünf Jahren hatte Faridas kleiner Junge, der den Kosenamen Rudik erhalten hatte, die asiatischen Weiten zweimal durchquert, und schließlich war er auch noch einmal den halben Weg zurück nach Osten gegangen, als Farida und ihre Kinderschar sich neuerlich im Ural niederließen, um das Ende des Zweiten Weltkriegs abzuwarten. Frühreif, mit großen, nachdenklichen Augen und flachsblondem Haar – ein Nachbar in Ufa erinnert sich an das Kind Nurejew als einen »lebhaften kleinen Burschen, immer ungehorsam, impulsiv und jähzornig« –, war Rudik der Liebling seiner Mutter (was die Sowjets später zu nutzen versuchten, um Nurejew zur Rückkehr zu bewegen). Die Landschaft seiner Kindheit war grenzenlos und gehört zu den spektakulärsten der Welt – der Kaukasus, der Ural, die Föhren- und Birkenwälder Zentralrußlands, die rauhen Steppen der Taiga. Nurejews spätere Freunde und Kollegen staunten immer über die zahllosen Reisen, die ihm sein grausamer Terminplan abverlangte und bei denen er den Globus kreuz und quer bereiste, wie andere Leute eine Straße überqueren. Den internationalen Jet-set mitzugründen ist keine geringe Leistung für einen Mann, der sein Leben lang an

Flugangst litt. (Die große Primaballerina Lynn Seymour erinnert sich an erste Flüge mit Nurejew, bei denen dieser beim Start mit einer Wodkaflasche in der Hand vor seinem Sitz kauerte.) Ständige Bewegung war Nurejew bereits mit fünf Jahren zu einer Gewohnheit geworden, die er nie wieder ablegen sollte. Wie für den meist abwesenden Vater war auch für den kleinen Rudik das wirkliche Zuhause immer an einem anderen Ort. Wenn man bei Mamuschka auf dem Schoß saß und aus den Zugfenstern blickte, konnte man sehen, wie weit weg es war.

Als Farida sich seinerzeit auf ihren langen Weg nach Wladiwostok machte, konnte sie nicht wissen, daß sie mit der Geschichte kollidiert war und daß die Auswirkungen dieser Begegnung sich durch das Leben ihres Sohnes bis hin zu seinem Tod ziehen würden. An diesem lange zurückliegenden Wintermorgen erlebte Rußland die Ankunft von mehr als nur Faridas kleinem Jungen, einem weiteren kleinen Soldaten für den Dienst am sowjetischen Staat. Im März 1938 galten neue Regeln für das neue Rußland, eine zweite Revolution war abgeschlossen, und zwar ohne die Paukenschläge oder die guten Absichten der ersten. Anstelle der Euphorie der Revolution von 1917 lauteten die Arbeitsregeln diesmal Schweigen und Gehorsam, ein abgestumpftes Sich-Fügen in die Art von Angst, die nie weicht. Selbst der Zar hatte Angst nicht so wirksam eingesetzt wie Stalin, dessen angenommener Name auf Russisch »Mann aus Stahl« bedeutet.[7] Als Nurejew geboren wurde, war Stalin nach mehr als zehn Jahren des Terrors im Begriff, seine eigene russische Revolution abzuschließen, indem er eine Gefahr bannte, die das revolutionäre Anliegen seit Kerenski belastet hatte: Halte die Massen draußen. Sag ihnen nichts, was du sie nicht wissen lassen willst. In der Ungewißheit liegt die eigentliche Macht verborgen. Wenn jeder damit beschäftigt ist, Vermutungen anzustellen, wer wohl als nächster verschwinden wird, wird keiner sich sicher genug fühlen, um zur Bedrohung zu werden. Jeder wird sich gegen jeden wenden.

Stalins Methoden waren so beschaffen, daß sie ein ganzes Land und die darin lebenden Menschen verstümmelten.[8] Für die russischen Massen war das Leben nie einfach gewesen, doch jetzt, unter Stalin, ging es ihnen noch schlechter. Als die Nurejews endlich ihren Sohn bekamen, wußte kein Sowjetbürger, ganz egal, welcher Schicht er angehörte, wann und wo ihn welches Schicksal ereilen würde. Es gab einfach zu viele Möglichkeiten – eine Kugel aus dem Hinterhalt, ein Schauprozeß, »Umsiedlung« in die gefürchteten Kollektive, ausgeklügelte Foltern wie etwa, Gefangenen mit Gewalt gesalzenen Fisch zu verabreichen und ihnen danach das Trinken zu verwehren. Für Verhaftungen wurden Quoten festgelegt, was für Ehrgeizlinge eine gute Karrieremöglichkeit war. Wurden die Quoten nicht erreicht, so wurden die zuständigen Regierungsbeamten selbst verhaftet und entweder deportiert oder hingerichtet. Selbst Stalins engste Mitarbeiter konnten sich nicht in Sicherheit wiegen. Seine höchsten Beamten mußten jeweils zwei Nachfolger einarbeiten, nur für den Fall, daß ...[9], und »diejenigen Mitglieder der Kommunistischen Partei, die verantwortungsvolle Posten innehatten, waren die verdächtigsten ... Leute in wichtigen Positionen hatten immer zwei gepackte Koffer bereitstehen, einen am Arbeitsplatz und einen zu Hause, damit sie im Falle einer Verhaftung stets alles bei sich hatten.«[10]

Stalins gefürchtete Säuberungsaktionen der Partei in den dreißiger Jahren begannen nach der – wahrscheinlich von Stalin gebilligten – Ermordung seines beim Volk sehr beliebten engen Mitarbeiters, Sergej Kirow, ehemals Feuerwehrmann und Parteisekretär von Leningrad. In einer Aufwallung nationaler Trauer wurde das Leningrader Ballettensemble, in dem Nurejew ein Vierteljahrhundert später seinen ersten Ruhm einheimsen sollte, mit Kirows Namen versehen. Nurejew kam in jenem Monat zur Welt, in dem die letzten Moskauer Schauprozesse veranstaltet wurden, die mit Kirows Ermordung angefangen hatten und in einer weiteren Runde von Massenhinrichtungen endeten.

Kein Wunder, daß Nurejew zu einem äußerst verschlossenen Mann heranwachsen würde. Es gehörte zum Alltag, daß die Menschen um ihn herum sich gegenseitig denunzierten, was die einzige geduldete Form von Privatinitiative war.[11] Nicht ohne Grund hat die russische Sprache keine dem westlichen »Leben und leben lassen« entsprechende Redewendung. Denunziation - Informationen zu liefern über Freunde, Verwandte, sämtliche Mitmenschen - wurde neu definiert als patriotischer Akt.[12] Als rücksichtsloser und gerissener Machtpolitiker wußte Stalin, daß das Denunzieren eine der ältesten russischen Traditionen ist,[13] und dieses Wissen nutzte er zur Verbreitung von gesichtsloser, ständiger Angst, die noch schlimmer war als bei den Nazis. Stalin hatte einfach den größeren Job, was selbst Hitler wußte - mehr Land, über das er zu wachen hatte, mehr Extreme zu kontrollieren und permanent mehr Untertanen zu gängeln. »Wenn ich dieses riesige Sibirien hätte«, bemerkte Hitler einmal, »dann würde ich keine Konzentrationslager brauchen.«[14]

1938 hatte der politische Terror in der sowjetischen Gesellschaft Nervenzusammenbrüche und Herzinfarkte zu einem Massenphänomen gemacht.[15] Als Nurejew sein dramatisches Debüt gab, waren fast zehn Prozent der erwachsenen Bevölkerung im Gulag.[16] Stalin hatte bereits annähernd fünf Millionen seiner Untertanen hinrichten lassen. Den Schätzungen nach wurden fünfhundert Opfer pro Tag, Sonn- und Feiertage eingeschlossen, verschleppt.[17] Kinder über zwölf Jahre konnten wie Erwachsene vor Gericht gestellt und danach hingerichtet werden.

Dies war die Welt, die Nurejew in seiner Jugend kennenlernte, eine Zeit, die alle wichtigen Einstellungen zum Leben, zur Liebe und zur Sexualität prägt. Und die Schrecken des brutalen politischen Regimes wurden vervielfacht durch die ersten und ältesten Feinde des russischen Volkes, die Nurejew von klein auf kannte: die Zwänge einer grausamen Landschaft und, schlimmer noch, eine Kälte, die so bitter ist, daß jeder Atemzug zu Eis gefrieren kann. (Soldaten, die sich bei der

Bewachung der nördlichsten sibirischen Breitengrade im Zweiten Weltkrieg verirrt hatten, wurden später mit gefrorenem Rückenmark aufgefunden.) Die Kälte dieser frühen Tage, die dem Kind Rudik ständig zusetzte, ließ Nurejew bis zu seinem Ende in seiner Pariser Wohnung nicht los, die er aus Angst vor der Kälte stets zu überheizen pflegte. »Diese Leute vergessen nie, wie sie aufgewachsen sind«, behauptet ein Kollege Nurejews, der eine Untersuchung über russische Tänzer angestellt hat. »Die Erinnerung verläßt sie nie. Sehen Sie sich doch nur Mischa an. Melancholie wird immer Teil seines Wesens sein. Bei Rudolf war es genau das gleiche.«[18]

Rückblickend kann man sich kaum vorstellen, daß ein Nomade, wie Nurejew es war, irgendeinen nationalen Charakterzug ausdrücken konnte. Obwohl er die letzten zehn Jahre seines Lebens in Paris verbrachte, starb Nurejew als Staatsbürger Österreichs, dessen Einkommensteuerstruktur ihm sehr gelegen kam.[19] Seine Anwesen umfaßten eine Ranch im ländlichen Virginia und eine Strandvilla auf St.Barthélemy in der Karibik. 1991 erwarb Nurejew seine letzte Immobilie – Li Galli, die felsige Mittelmeerinsel neben Capri, die früher Léonide Massine gehört hatte. (Die benachbarten Ferieninseln gehören Leuten wie Gore Vidal.) Nurejew investierte ein kleines Vermögen in das an Museumsqualität heranreichende Mobiliar seiner Pariser Wohnung am Quai Voltaire und seiner Siebenzimmerflucht im Dakota-Apartmenthaus in New York. Etwa sechs Monate vor seinem Tod gab Nurejew noch eine umfassende Erneuerung der veralteten Installationen seines tyrrhenischen Feriensitzes in Auftrag. Trotz all der Zeit, Energie und Kosten, die er auf seine Wohnsitze verwendete, hielt sich Nurejew kaum jemals mehr als ein paar Tage hintereinander in einem seiner Heime auf. Sein Leben spielte sich immer unterwegs ab. »Alles, was ich brauche«, stellte er einmal fest, »ist ein Zimmer, ein Bad und ein Bett – und eine Tür, aus der ich heraustreten und wieder zu tanzen beginnen kann.«[20]

Jedes – auch noch so unstete – Leben hinterläßt zumindest schwache Spuren, eine Art von Pfad in die Vergangenheit. Die genauen Angaben zu Nurejews Abstammung, die Namen, Daten und Orte, sind natürlich schon längst zu dem geworden, was Pasternak einmal die »namenlosen Nummern auf Listen, die später verlegt wurden« genannt hat. Wie ihr Sohn wuchsen auch Nurejews Eltern in politisch stürmischen Zeiten auf. Die Familie seiner Mutter stammte aus der alten Mongolenstadt Kazan, der heiligen Hauptstadt der Wolgatataren. Farida wurde kaum ein Jahr nach dem Ausbruch des Ersten Weltkriegs geboren, der Millionen unvorbereiteter Russen dazu gezwungen hatte, sich den eindringenden Deutschen zu stellen, die seit Bismarck militärisch aufgerüstet worden waren. Als der Krieg endlich vorbei war, machte sich in Kazan sofort die volle Wut des neuen roten Terrors bemerkbar. Hamnets Familie, seit vielen Generationen Bauern, bearbeitete ein Stück Land am Rand eines Bergdorfes in der Nähe von Ufa in der mongolischen Provinz Baschkir. Während Hamnets Jugend nahmen die Schrecken der Konterrevolution unsägliche Ausmaße an. In den frühen zwanziger Jahren erreichte der Bürgerkrieg seinen Höhepunkt; offizielle Quellen von Baschkir berichten von mehr als zweitausend Fällen von Kannibalismus.[21]

Die Frage nach den Vorfahren besaß keine besondere Priorität für Menschen, die unter einem solchen Druck standen, vor allem auch, weil sie in der Regel Analphabeten waren. Bis zu den ersten Jahrzehnten unseres Jahrhunderts gab es nicht einmal Familiennamen, die man registrieren konnte. Der Familienname Nurejew taucht tatsächlich zum erstenmal bei Rudiks Großvater väterlicherseits auf. Er trug einen Großteil seines Lebens nur seinen Geburtsnamen Nurr, was in der Sprache der Baschkiren Sonnenlicht bedeutet.[22] Als Nurr und sein Bruder Fasilij die von der Regierung von Nikolaus II. verfügten Familiennamen erhalten sollten, erleichterte sich der zuständige Beamte die immense Arbeit etwas, indem er beiden Namen einfach nur das weitverbreitete russische Suffix »jew« anhängte. Nurr wurde zu Nurejew, Fasilij zu Fasilijew. Deshalb tragen die wenigen noch lebenden Verwandten Nurejews nicht einmal einen gemeinsamen Familiennamen.

Trotz dieser relativ anonymen Herkunft Nurejews gibt es doch einige Hinweise auf seine Vorfahren. Aufschlußreich ist beispielsweise die Geschichte seines Vaters. Dieser wurde bei seiner Geburt Murmuhammed genannt, wandelte diesen Namen jedoch in den unruhigen Kriegszeiten und der sich bereits abzeichnenden Revolution zu dem etwas sichereren, russisch klingenden Hamnet ab. Nurejews Wurzeln lassen sich zurückverfolgen zu den berüchtigten und überaus erfolgreichen asiatischen Invasionen im späten Mittelalter, der Zeit, in der die Goldene Horde der Mongolen in Rußland einfiel. Seit seiner frühesten Geschichte war Rußland von Eindringlingen gepeinigt worden, und zwar überall entlang seiner endlosen Grenzen. Selbst die berüchtigtsten der Möchtegerneroberer, von Napoleon bis zu den Nazis, scheiterten unweigerlich – mit einer Ausnahme. In all diesen Jahrhunderten waren die mongolischen Tataren die einzigen, die die Russen bezwangen (bis Stalin, etwa zu der Zeit, als Nurejew geboren wurde, es schaffte, die Nation von innen heraus zu unterjochen). Besessen von einem unbändigen Unabhängigkeitstrieb, packten die Tataren ihr Schicksal mit beiden Händen an, oder zumindest mit der einen Hand, in der sie gerade keine Waffe trugen. Als ausdauernde Reiter berühmt, stürmten sie mit großer Selbstverständlichkeit quer über den ganzen Kontinent. Das »tatarische Joch« ließ die Russen drei Jahrhunderte lang erzittern. Die Erinnerung daran ist nie verblaßt. Und sie sollte auch Nurejews Leben beeinflussen.

Nurejew war sich seiner Vorfahren durchaus bewußt. Als er Ufa endlich entkommen war und das Tanzmekka Leningrad erreicht hatte, waren seine ungeschliffenen Manieren und sein Hinterwäldlerakzent ein erstes, schmerzliches Problem, ein demütigender Moment in einem Leben, das ansonsten von ungeheurem Selbstbewußtsein und Selbstwertgefühl angetrieben wurde. In Nurejews Jugend basierten die gängigsten Schimpfwörter der russischen Umgangssprache auf ethnischen

Beleidigungen, die auch die versprengten Nachfahren der Tataren nicht ausschlossen. Typischerweise nahm Nurejew in jungen Jahren eine trotzige Haltung zu seinem zweitklassigen Status in einer angeblich klassenlosen Gesellschaft ein. Anstatt sich durch die Begrenzungen seiner Herkunft einschüchtern zu lassen, gedachte er seiner Vorfahren mit einer fast grausamen Ehrfurcht.

Diese Charaktereigenschaft war nicht dazu angelegt, Nurejew den sowjetischen Behörden ans Herz wachsen zu lassen. Von den ersten Tagen des neuen Regimes an waren die Tatarenstämme die einzigen Untertanen, die die Sowjets tatsächlich fürchteten. Die baltischen Staaten waren wehrlos, die Russen waren zu erschüttert und verbittert, um Widerstand zu leisten. Die Moslems waren die einzigen, von denen eventuell Widerstand zu erwarten war. Als die sozialistischen Republiken der Sowjetunion festgelegt wurden, bekamen die Baschkiren eine autonome Republik, obwohl nur ein Viertel der Bevölkerung dieser Republik Baschkiren waren.[23] Ufa wurde zu einer der vier Verwaltungseinheiten, denen die atheistische Regierung in Moskau eine offizielle Religionsausübung zugestand.[24]

Die Angst der Bolschewiken vor Nurejews Vorfahren war mehr als nur der Verfolgungswahn von Revolutionären. Historisch gesehen war sie durchaus berechtigt. (Die Chinesen errichteten die Große Mauer zum Schutz vor den Mongolen.) Natürlich können selbst die beständigsten historischen Mythen ein reines Kunstprodukt sein, wie in unserem Jahrhundert der Kult um Stalin, Hitler und Ronald Reagan. Dreihundert Jahre tatarischer Herrschaft hinterlassen jedoch Spuren, die selbst vor dem brutalen Hintergrund der russischen Geschichte noch eindrucksvoll sind. Den Namen »Tatar« prägten übrigens die furchterfüllten Europäer, die den Begriff von den mythologischen Toren des Tartarus, der Hölle in der Unterwelt, ableiteten. Nicht ohne guten Grund. Nurejews Eroberervorfahren führten die Knute in die europäischen Folterkammern ein – eine Peitsche mit drei rasierklingenscharfen Lederstreifen am Ende, die bei jedem Treffer tiefe, bleibende Wunden hervorrufen – sowie eine neue Version der mittelalterlichen Folterbank, auf der man dem Opfer die Gliedmaßen einzeln ausrenken konnte. (Kochendes Wasser, auf frisch geschorene Köpfe getropft, war ebenfalls recht beliebt.) Auch für einen langlebigeren Beitrag (der eines Tages Nurejew persönlich in Bedrängnis bringen sollte) waren die Tataren verantwortlich, nämlich eine allwissende Geheimpolizei, deren Methoden von den Romanows verfeinert und von ihren kommunistischen Nachfolgern perfektioniert wurden.

Nurejews Tatarenvorfahren waren die letzten zwei Stämme, die sich noch gegen die Zaren behaupten konnten. Die Wolgatataren und die Baschkiren blieben ihre eigenen Herren bis ins sechzehnte Jahrhundert hinein, fast zweihundert Jahre, nachdem ihre mongolischen Brüder nachgegeben hatten. Eine frühe Kollegin Nurejews, die strahlende junge Elevin Alla Sisowa,[25] erinnert sich noch an ein Gespräch, das sie einmal mit ihrem neuen Partner am Ende eines Probentages führte. Die beiden Tänzer hatten sich in der Gemeinschaftswohnung getroffen, die sie gemietet hatten, nachdem sie von der Kirow-Ballettschule in das Hauptensemble aufgestiegen waren. Sisowa erinnert sich besonders an dieses Gespräch, weil ihr neuer junger Freund aus der Provinz, normalerweise ein sehr verschlossener junger Mann, an diesem Tag über seine Familie und seine Vorfahren sprach. Nurejew blickte auf die Reihen prachtvoller Stadtpalais, eine der wenigen Hinterlassenschaften des Romanowschen Petersburg, die die Sowjets klugerweise stehen gelassen hatten, und bemerkte vielsagend: »Früher einmal haben wir hier geherrscht, und zwar drei Jahrhunderte lang. Mein Volk hat deines beherrscht.« Mit mitfühlendem, gleichzeitig jedoch auch wildem Nachdruck, der Sisowa noch dreißig Jahre später beeindruckt, fügte er hinzu: »Ihr habt das getan, was wir euch befahlen.«

Kapitel 2

»Ein einfacher kleiner Tatarenjunge«

Kapitalist: *»Warum hast du so lange gebraucht?«*
Sozialist: *»Ich mußte Fleisch einkaufen, und es gab eine lange Warteschlange.«*
Kapitalist: *»Was ist eine Warteschlange?«*
Kommunist: *»Was ist Fleisch?«*

Nurejew hatte allen Grund, mit Befriedigung auf seine Vorfahren zu blicken. Als Student diente ihm seine mongolische Abstammung als Geschichtslektion, die er auf die Gegenwart anwenden konnte: Eroberung lag ihm im Blut. Als Erwachsener bot ihm der Ausblick vom Gipfel seines Berufsstandes die reichste Landschaft, die ein tatarischer Eroberer in vielen Jahrhunderten gesehen hatte. Weltweite Berühmtheit war nur ein Teil davon. Wie Anna Pawlowa[1] trat Nurejew außer in der Antarktis in aller Welt auf. An allen seinen Auftrittsorten brachten die Medien auch seinen Aktivitäten abseits der Bühne enormes Interesse entgegen, und Nurejew bot immer Gesprächsstoff, mit und ohne Absicht. (Fonteyn und Nurejew waren die einzigen Ballettänzer außerhalb der Sowjetunion, die zweimal in polizeilichen Gewahrsam gerieten, einmal getrennt und einmal gemeinsam.) Wie seine Kollegen aus der Popkultur war auch Nurejew jemand, über den andere einfach gerne redeten. Aber Nurejew war einer der wenigen, der es ohne persönlichen Pressereferenten schaffte, stets in aller Munde zu sein. Einen Pressereferenten brauchte er nie.

Von frühester Kindheit an gelang es Nurejew, eine eigene Welt mit sich selbst als Mittelpunkt zu schaffen, und als Erwachsener schützte ihn sein enger Kreis von Freunden (zu seinen Lebzeiten, aber vor allem auch nach seinem Tod) mit größter Hartnäckigkeit. Nurejews Finanzen gehören zu diesem geschützten Bereich. Sein glänzender Geschäftssinn war ein überraschender Zug für jemanden, der in einem Land herangewachsen war, in dem sowohl traditionellerweise als auch als historischer Fakt die Reichen als Volksfeinde betrachtet wurden. (Diese Eigenschaft teilte Nurejew mit zwei weiteren Tänzern der Dreifaltigkeit der Kirow-Verbannten, Natalia Makarowa und Michail Baryschnikow[2]). Als Nurejew starb, hinterließ er ein Vermögen, das eines Großkhans würdig gewesen wäre.[3] Doch sein Erbe besteht nicht nur aus diesem für einen Ballettänzer erstaunlichen Vermögen: Nurejew war einer der wenigen Künstler in der Geschichte, der die Voraussetzungen für seinen Bereich grundlegend veränderte, der die eigentliche Form und Richtung seiner Kunst bestimmte. Nurejew gab dem Ballett buchstäblich eine neue männliche Gestalt, und sein Aussehen und sein Stil beeinflußten jeden Tänzer, der nach ihm kam. Ohne Nurejew hätte es keinen Baryschnikow gegeben, und Baryschnikow ist der erste, der dies zugibt. Ohne Nurejew gäbe es die derzeitige Riege aufstrebender männlicher Ballettänzer nicht – Ethan Stiefel vom New York City Ballet, Nicolas Le Riche an der Pariser Oper, Lloyd Riggins beim Royal Ballet in London; sie alle traten in Nurejews Fußstapfen und hoben das männliche Ballett auf ein Niveau des Schliffs, der Konzentration und der Finesse, das seit der ersten Hälfte des neunzehnten Jahrhunderts ausschließlich den Ballerinen vorbehalten gewesen war. Die Frauen hatten immer die größeren Sprünge gemacht als die Männer – abgesehen von Nurejew und Nijinsky, die von dieser Regel abwichen –, weil das intensivere Training sie in die Lage versetzte, die Knie besser durchzudrücken, so daß sie im Flug eine Stromlinienform erreichten. Nurejew gelang es wie jedem anderen Mann seiner Generation niemals, seine Knie en l'air oder bei Pirouetten völlig zu strecken. Er versuchte es zwar, aber er hatte einfach zu spät damit angefangen. Doch nur deshalb, weil Nurejew einfach nicht aufgeben wollte, können heute so viele männliche Tänzer ihre Knie bei einem sauberen, fliegenden Jeté strecken.

Aber am bestechendsten an der Nurejew-Legende ist der weite Weg, den er zurücklegen mußte, um an die Spitze zu kommen; es ist, als würde man Horatio Alger umschreiben (A. d. Ü.: Am. Jugendautor, 1834–1899, der in zahllosen Romanen das Ideal der Karriere vom Tellerwäscher zum Millionär populär gemacht hat), und zwar die eine Hälfte nach Dostojewski, die andere nach Judith Krantz. Im Gegensatz zu Makarowa und Baryschnikow[4] wurden Nurejew die Härten des sowjetischen Lebens von seiner ersten Reise nach Wladiwostok an um die Ohren gehauen. Hunger, nicht enden wollender Hunger prägte seine intensivsten Kindheitserinnerungen und steht an erster Stelle einer Litanei von Entbehrungen. Bis zu seinem achten Lebensjahr war die zweite Konstante die Gewalt. Das Blutvergießen der Säuberungsaktionen und der inneren Konflikte, die die Sowjetunion in der ersten Hälfte der vierziger Jahre heimsuchten, war in Nurejews frühester Kindheit Bestandteil des täglichen Lebens.

Ein weiterer war die ständige Bewegung. Wenige Monate nach ihrer Ankunft in Wladiwostok saßen Farida und ihre vier Kinder wieder in der Transsibirischen Eisenbahn, diesmal in Begleitung von Hamnet und auf dem Weg zurück nach Moskau. Reisen, das wußten die Kinder schon, gehörte für ihren Vater zu seinem Wesen, und diesen Charakterzug sollte auch sein Sohn erben.[5] Hamnet, ein Sohn des neuen Rußland, arbeitete für das überaus wichtige sowjetische Militär, was ihn zwang, ständig unterwegs zu sein. Er gehörte zu der neuen

Truppe von »Politruks«, die die Sowjetregierung eingesetzt hatte. Die Politruks, die zu den entschlossensten Dogmatikern des neuen Rußland zählten,[6] waren Soldaten, denen die Aufgabe zufiel, ihre Genossen in der großen Geschichte Mütterchen Rußlands zu unterweisen, in den Ruhmestaten der Partei und vor allem in ihrem Glück, einen so fabelhaften Führer wie Stalin zu haben. Hamnet stand zwar ziemlich weit unten in der Machthierarchie, hatte jedoch zumindest garantierten Zugang zum Wohlwollen der Mächtigen. Für seine Arbeit mußte er ständig von einem Bataillon zum nächsten reisen, im allgemeinen ohne seine junge Familie. Aber als er am Vorabend eines neuen Kriegs in Europa nach Moskau zurückversetzt wurde, nahm er seine Familie mit in die vermeintliche Sicherheit der Hauptstadt, dem Machtzentrum des stalinistischen Reichs.

In den Dreißigern war Moskau als Zentrum der Macht des neuen Rußland an die Stelle von Leningrad getreten. Stalin und sein Kabinett von harten Burschen konnten wenig anfangen mit der Eleganz und dem Fortschrittsglauben des »Fensters zum Westen« von Peter dem Großen. Stalin, der aus Georgien aus sehr einfachen Verhältnissen stammte – die wenigen Fotos, die es von seiner Mutter gibt, erklären die Hälfte seiner Neurosen – verlegte die Macht aus den Marmorsälen des Winterpalasts und des Taurischen Palais von St. Petersburg, das inzwischen Leningrad hieß, in den Kreml, die uralte Moskauer Festung, deren Geschichte den Tower in London wie Disneyland erscheinen läßt. Stalin wollte Moskau zur Superstadt der Zukunft machen, zum Beispiel für die großartigen sowjetischen Fortschritte urbaner Technologie, wie etwa das weitreichende neue U-Bahn-Netz, das 1935 von einer aufstrebenden neuen Parteigröße, Nikita Chruschtschow, fertiggestellt wurde.

Der Zeitpunkt der Ankunft der Nurejews in Moskau hätte gar nicht schlechter sein können. In der ganzen Stadt herrschte unterschwellige Angst, ausgelöst durch die letzten Schauprozesse, und angesichts des Vormarsches der deutschen Wehrmacht erwies sich die Hauptstadt bald als alles andere denn ein Refugium. Hamnet war in weniger als zwei Jahren wieder unterwegs. Operation Barbarossa, der überraschende Einmarsch der Deutschen in Rußland im Sommer 1941, rief ihn an die Front, wobei er sein Politruk-Handbuch gegen ein Gewehr eintauschte. Die Familie, die er zurückgelassen hatte, begab sich gleichfalls wieder auf eine Reise, und zwar kurz nach ihm, nachdem eine der ersten deutschen Bomben, die auf die Stadt fielen, geradewegs auf ihrem Wohnblock gelandet war. Es war eine plötzliche Flucht, die Rudik seine erste Lektion erteilte, wie man mit wenig Gepäck reist. Die Hast ihrer Abreise zwang Farida dazu, fast alle ihrer ohnehin wenigen Habseligkeiten zurückzulassen. Ihr Sohn erinnert sich daran, wie er die Stadt »auf einem Schubkarren, an dem ein Kessel baumelte« verließ.[7]

Diesmal war Faridas Reiseziel das winzige Baschkirendorf Tschitschuna[8] in der Nähe von Tscheljabinsk[9] an der Ostseite des Ural. Aus den zwei Jahren, in denen sie mit ihren Kindern in diesem Bergdorf lebte, stammen die ersten bewußten visuellen Eindrücke ihres Sohnes. In Anbetracht seines wilden Erwachsenenlebens ist es interessant zu bemerken, daß Nurejews früheste Kindheitserinnerungen mit Angst zu tun hatten. Er erinnerte sich daran, auf einem Segelboot mitten auf einem See festzusitzen und »vor Angst zu weinen und zu schreien«; er erinnerte sich auch sehr deutlich »an die enormen Schneewehen an beiden Seiten der einzigen Straße, die zum Dorf führte ... Diese Schneehaufen kamen mir wie dreckige Berge auf beiden Seiten eines engen, beängstigenden Pfads vor. So kam es, daß die ersten Bilder meiner frühen Kindheit mir eine eisige, dunkle und vor allem hungrige Welt zeigten.«[10] Außerdem gab es noch eine Reihe von »ersten Malen«, die Nurejew in Tschitschuna erwarteten und ihn bis zu seinem Lebensende beeinflussen sollten. Zunächst einmal lernte Rudik zu mogeln. Und bevor die Familie zwei Jahre später ein weiteres Mal umzog, bekam Rudik etwas Unerhörtes: ein Geschenk, völlig ohne Gegenleistungen, etwas, das einzig und allein ihm gehörte.

Die winzige *isba*, eine Behelfsunterkunft, die nur aus einem einzigen Raum bestand, in der Farida und ihre Kinder in Tschitschuna lebten, hätte geradewegs aus den düstersten Kapiteln eines Tolstoi-Epos stammen können. In solchen Behausungen lebten die ärmsten der russischen Bergbauern seit Jahrhunderten; Annehmlichkeiten wie etwa eine Toilette waren hier unbekannt. Farida und ihre Kinder mußten diese enge Unterkunft noch mit anderen Leuten teilen. Ihre genaue Anzahl variiert, je nachdem, wer die Geschichte erzählt. Mindestens zwei weitere Personen gab es jedoch auf jeden Fall: einen alten, tiefreligiösen Mann und seine Frau, die in einer mit Ikonen vollgehängten Ecke des Raumes hausten; vor dem Bild der Jungfrau Maria brannte immer ein Öllämpchen. (Ein Opferlicht war ein ziemlicher Luxus in dieser Zeit, sowohl politisch als auch praktisch gesehen, denn mit dem Öl hätte man die Hütte auch heizen können.)

Rudik, der bereits ein recht guter Beobachter war, begriff auf der Stelle, daß er ein paar Extrabissen als Belohnung einheimsen konnte, wenn er sich dem alten Ehepaar bei seinem frühmorgendlichen Gebet anschloß. Nachdem er diese Lektion gelernt hatte, verschaffte ihm ein Haushaltsunfall eine zweite Vergünstigung, die völlig überraschend kam und die er nie vergessen sollte. Rudik, auch als Kind schon sehr lebhaft und ständig in Bewegung, schaffte es eines Abends, den Topf, in dem die abendliche Kartoffelration der Familie kochte, umzustoßen. (Nurejew nannte diese Zeit später seine »Kartoffelzeit«). Die Familie kam um ihr Abendessen, und das Wasser verbrühte das Kind so schwer, daß es in ein Krankenhaus nach Tscheljabinsk gebracht werden mußte. Die Beachtung, die die Ärzte und Schwestern ihm zukommen ließen, war eine völlig neue Erfahrung für Rudik, und dann übertraf Farida sogar noch den Genuß all dieser Aufmerksamkeit. Sie brachte ihm ein paar Buntstifte und ein Heft mit Kühen, die er ausmalen konnte. Bis dahin hatte Rudik noch nie etwas Richtiges geschenkt bekommen; diese Dinge waren seine ersten Besitztümer und brachten ihm zum erstenmal auf den Gedanken, daß das Leben auch seine Reize haben kann. Er war vier Jahre alt. »Diese Verbrennung«, schrieb Nurejew später, »ist mir als angenehm im Gedächtnis geblieben.«[11]

Auf dem Höhepunkt des Krieges mit Deutschland beschloß Farida, ihre Familie ein weiteres Mal umzusiedeln. 1943, als die Nurejew-Kinder erneut aus ihrer gewohnten Umgebung gerissen wurden, waren siebzig Prozent des deutschen Militärs an die russische Front geschickt worden. Die Last des Lebens in Tschitschuna wurde für Farida tagtäglich schwerer. Ihre Töchter wurden schnell groß. Die älteste, Rosa, war schon fünfzehn, ein Alter, in dem Bauernmädchen normalerweise verheiratet wurden. Das letzte, was Farida jetzt brauchte, war der Verlust einer helfenden Hand in dem unaufhörlichen Kampf um das tägliche Brot, vor allem in einem derart abgelegenen Dorf wie Tschitschuna. Außerdem hatte Farida das alte Ehepaar und seine Ikonen satt; sie sorgte sich wegen des Einflusses, den diese auf ihren dickköpfigen Jungen haben konnten. Wie ihr Mann war auch Farida eine leidenschaftliche Kommunistin; für sie war der religiöse Wahn des Alten Rußland sowohl politisch als auch praktisch gesehen ein Fluch. Farida, die kaum lesen und schreiben konnte, hatte niemals Marx zum Thema »Opium des Volkes« gelesen, aber ihre Lebensumstände bewiesen ihr, daß ihre Familie nicht eben auf der Prioritätenliste Gottes stand, wenn es denn einen gab.[12] Natürlich lehnte sie das alte Ehepaar nicht dafür ab, daß es Rudik als Belohnung für seine Gebete ein paar Bissen Süßkartoffel oder Ziegenkäse abgab, aber die Willenskraft ihres Jüngsten nahm allmählich beängstigende Ausmaße an. Egal, wie ärgerlich Farida wegen der Gebete wurde – Rudik, inzwischen vier, weigerte sich einfach, die Gelegenheit, ein paar Extrahappen zu bekommen, verstreichen zu lassen. Essen war so knapp, daß der Kleine im allgemeinen ohne Abendessen ins Bett ging; wenn die abendlichen Kartoffeln endlich gegart waren, schlief er bereits tief und fest. Man mußte ihn im Schlaf mit dem Löffel füttern, und so wachte er jeden Morgen wieder hungrig auf, ohne sich an die letzte Mahlzeit erinnern zu können. Doch Farida hatte einen anderen Grund, die alten Leute abzulehnen – sie brachten ihre Familie in Gefahr. Auch Stalin haßte die Religion des Alten Rußland[13] – wie die alten Revolutionäre, derer er sich zu Tausenden entledigte, betrachtete er die Religion als eine Brutstätte des Widerstands –, und wenn man sich schuldig machte, indem man eine Verbindung zur Religion hatte, hatte man eine gute Chance auf eine Reise ohne Wiederkehr. Ebenso beängstigend war die Tatsache, daß die wenigen Berichte von der Front, die bis in den Ural vordrangen, doppeldeutig waren. Der Widerstand in Leningrad und Stalingrad gegen die Nazi-Belagerung war bereits legendär – der Kampf des Volkes so heroisch wie noch nie –, aber die beunruhigenden Nachrichten waren begleitet von schreckenerregenden Gerüchten, erschrockenem Flüstern, wie viele Verluste der Sieg gekostet habe.[14] Wenn und falls der Krieg schließlich vorbei war, wer würde dann noch zurückkommen? Am besten war es wohl, bei Leuten zu sein, die einen aufnehmen mußten.

1943 zogen die Nurejews wieder einmal über den Ural. Das einzige Familienmitglied, das sich über diesen Umzug freute, war Rudik. Er begriff nur, daß sie nun in eine Stadt umzogen und daß es dort viele Menschen geben würde. Diesmal war ihr Reiseziel Ufa, die Hauptstadt von Baschkir, und dort richtete sich die Familie eine dauerhafte Bleibe ein, als Hamnet aus dem Krieg zurückgekommen war. Ein Bruder Hamnets lebte in Ufa, und wieder einmal fanden sich seine Frau und seine Kinder dicht zusammengedrängt mit vielen anderen Menschen in einem Zimmer.[15] Wie viele der baufälligen Behausungen, die noch heute dicht zusammengedrängt in den ärmsten Ecken von Ufa stehen, wo die vorherrschende Tristheit nur von wenigen leuchtend bunt bemalten Häuserfronten unterbrochen wird, maß das neue Heim der Nurejews kaum zehn Quadratmeter. Es gab keinen Fußboden, nur die blanke Erde und ein nachträglich errichtetes Dach mit einem schmalen Dachboden, den die Familie jedoch nie nutzen konnte, weil er nicht beheizbar war. Wieder einmal gab es keinerlei sanitäre Einrichtungen, nicht einmal die primitivsten. Nurejew pflegte später über die Mängel seines ersten tatsächlichen Zuhauses und die damit einhergehenden Probleme zu scherzen, wie etwa, daß man damals nie wußte, was man denn bloß mit seinen Körperfunktionen im Januar anstellen sollte. Die Erinnerung blieb unauslöschlich.

Das, was Nurejew später als die »alptraumhaften Bedingungen«[16] in Ufa beschrieb, wurde Tag für Tag durch bittere Armut verstärkt. Wie in Tschitschuna und überall in der Sowjetunion waren nach der Revolution von 1917 alle enteignet worden. Niemand besaß noch irgend etwas von Wert, vor allem nicht die ärmsten Schichten, die es noch weniger als früher schafften, dem System ein Schnippchen zu schlagen. Daher war jeder arm, aber die Lage der Nurejews war besonders kritisch. Als Flüchtlinge mußten sie alles nehmen, was sie nur kriegen konnten, überallhin gehen, wo man sie aufnahm. Farida und ihre Kinder waren gezwungen, die Stadt nach allem abzusuchen, was sie finden konnten, das ihnen entweder Nahrung oder Geld einbrachte – alte Flaschen, Brennholz, Stoffreste. Die Verzweiflung barg durchaus reale Gefahren. Nurejews Berichte aus seiner frühen Kindheit rückten immer ein kritisches Ereignis in den Vordergrund, das seiner Mutter fast das Leben gekostet hätte. In den letzten Kriegstagen veranlaßte die ständige Suche nach Nahrung Farida zu einem Besuch bei Verwandten von Hamnet, die etwa dreißig Kilometer von Ufa entfernt lebten. Sie machte sich mitten im Winter im Morgengrauen auf den Weg, der zu Fuß zurückgelegt werden mußte, und zwar an einem Tag hin, am nächsten zurück. Die Verwandten hatten ihr Nahrungsmittel versprochen als Gegenleistung für die letzten Reste von Hamnets Zivilkleidung. Farida ahnte Böses, denn dies war der erste Ausflug, auf den sie nicht zumindest ihre älteste Tochter mitnahm. Ihre Vorahnungen wurden fast zur tödlichen Realität, als sie mit der düsteren Wahrheit hinter einer Legende aus dieser Gegend konfrontiert wurde. Nachdem sie einen ganzen Tag lang gewandert war, hielt Farida schließlich inne, um sich in einem

Tannendickicht ein wenig auszuruhen. Bald merkte sie, daß sie nicht allein war. Schon lange gab es das Gerücht, daß in den Wäldern um Ufa Wolfsrudel hausten, die sich, wie die Menschen auch, gierig auf alles Eßbare stürzten. Farida war eine Traummahlzeit und hätte auch als solche geendet, wäre sie nicht eine geborene Kämpferin gewesen. Sie setzte ihre einzige Decke in Brand und vertrieb mit den Flammen die Wölfe. Diese Erfahrung erschütterte sie jedoch derart, daß sie erst Jahre später, nachdem Hamnet bei seiner Familie schon längst wieder den Haushaltsvorstand übernommen hatte, darüber sprechen konnte. In Patricia Foys Dokumentarfilm *Nureyev* aus dem Jahr 1991 bedenkt Nurejew Farida mit einem großen Kompliment: »Sie hatte richtig Mumm in den Knochen!«

Hamnets Rückkehr führte zu einem neuen Problem, das die Familie den Rest ihres Lebens begleiten sollte.[17] Die Reibereien zwischen Vater und Sohn wurden schnell zur wahren Hölle. So sehr Farida darauf gewartet hatte, daß ihr Mann heil zurückkehrte – bald gerieten die beiden in Streit über ihren Jüngsten. Hamnet und Farida hatten extrem unterschiedliche Pläne für ihren einzigen Sohn. Rudik war schon acht Jahre alt, als sein Vater schließlich als hochdekorierter Militärheld seinen Weg nach Ufa zurückfand.[18] Dort mußte er zu seinem großen Mißfallen feststellen, daß sein Sohn ein Muttersöhnchen schlimmsten Ausmaßes war. Farida unterstützte die kreativen Seiten Rudiks, die sich bereits in diesem Alter deutlich zeigten. (Unter all den Geschenken, die sie ihm ins Krankenhaus von Tscheljabinsk hätte bringen können, waren die Farbstifte und das Malbuch eine vielsagende Auswahl, vor allem, weil sie nicht die Art von Spielzeug waren, die man selbst herstellen konnte. Sie kosteten eine Menge Geld, das auch für Nahrungsmittel hätte ausgegeben werden können.) Nurejew hatte seine Mutter immer als traurige Frau in Erinnerung, mit vierzig bereits alt; ihm fiel nicht eine einzige Gelegenheit ein, bei der sie je laut gelacht hätte.[19] Trotzdem hatte sie etwas Feinsinniges, eine Sensibilität, die ihr impulsiver Sohn immer wieder zum Schwingen brachte. In all den harten Jahren seit Moskau, in denen sie sämtliche Besitztümer versetzt hatte, um ihre Familie am Leben zu halten, hielt sie standhaft an etwas fest, das ihr das meiste Geld hätte bringen können, an dem Radiogerät der Familie. Rudik liebte Musik, seit er zwei Jahre alt war. Als Hamnet schließlich endgültig nach Ufa zurückkehrte, war Rudik schon so erpicht auf Bewegung und Musik, daß er keinen Augenblick stillhielt. Am liebsten hüpfte er von einem der wackeligen Stühle auf den nächsten, ohne die geringste Ahnung, daß er damit sich und die Stühle in Gefahr brachte.

Die Sprünge und die Sprunghaftigkeit seines Sohnes gefielen einem so ernsten und zurückhaltenden Mann wie Hamnet natürlich wenig,[20] aber die Probleme, die sofort zwischen Vater und Sohn zu wuchern begannen, reichten tiefer. Rudik fürchtete sich vor seinem Vater. Er konnte Hamnet nicht einmal direkt in die Augen blicken, bevor er zum Teenager herangewachsen war. Hamnet war ebenso wenig angetan von seinem Sohn. Die Armut der Nurejews hatte zu einer ziemlich seltsamen Gewohnheit geführt: Von Geburt an war Rudik in die abgelegten Kleider seiner Schwestern gesteckt worden. Farida änderte die Kleider der Mädchen nie für den Jungen ab. Bis zu seinem Schuleintritt war der kleine Rudik oft wie ein Mädchen gekleidet. Das war so ungewöhnlich, daß sich die wenigen noch lebenden Nachbarn der Nurejews aus dieser Zeit sogar noch heute, fünfzig Jahre danach, deutlich daran erinnern. Aber das änderte sich, als Hamnet wieder daheim war. Aus dem Militär entlassen, fand er Arbeit in der Eisenbahnindustrie, doch sein vorrangiges Projekt war sein Sohn. Hamnet begann, Rudik in männliche Vergnügungen einzuführen – Jagen, Fischen und was immer ihm sonst noch als passend erschien. Rudik haßte sie wie nichts sonst auf der Welt. Im frühen Morgengrauen aufzustehen und dann stundenlang in Kälte und Dunkelheit herumzusitzen, um auf Tiere zu warten, die er nicht töten wollte – ein Spaß war dies nicht für den Jungen. Das Leben war schon anstrengend genug, er hatte keinerlei Interesse an weiteren Strapazen. Hamnet, einer jener Väter, die Söhne als »kleine Männer« betrachten, sobald sie den Geburtskanal verlassen haben, hatte keinerlei Skrupel bei der Wahl seiner Mittel, seinen Sohn zu einem kleinen Mann zu stählen. Auf ihrem ersten gemeinsamen Jagdausflug in die Wälder um Ufa ließ Hamnet seinen Sohn eine volle Stunde – eine schiere Ewigkeit – allein. Bis zur Rückkehr seines Vaters kauerte sich Rudik, vor Angst wie gelähmt, in einen Rucksack. Farida, die sich noch gut an die Wölfe erinnerte, vergaß diesen Vorfall nie und verzieh ihn ihrem Mann auch niemals.

Hamnet war jedoch gewissermaßen zu spät gekommen. Rudik hatte bereits einen eigenen Willen, und er hatte ein Ziel vor Augen, das das Leben aller Familienmitglieder verändern sollte. Am ersten Januar 1945, dem Jahr, in dem Rudik eingeschult werden sollte, dem Jahr, in dem es schien, als wollte der Krieg nie enden, hatte Farida es geschafft, eine Eintrittskarte für eine Ballettgala an der Oper von Ufa zu ergattern. Selbst zu Zeiten der Zaren hatte sich die Große Oper in Ufa eines mehr als nur respektablen Rufs erfreuen können, nicht nur wegen des erstaunlich prunkvollen Gebäudes, sondern auch wegen der Qualität ihrer Stars.[21] Die nachfolgende Sowjetregierung hatte den Standard weiterhin hoch gehalten, wenn auch eher unabsichtlich. Seit den frühesten Tagen der Revolution waren unerwünschte Elemente einschließlich vieler Intellektueller aus St. Petersburg und Moskau nach Ufa geschickt worden. Die neue Politik der Regierung, staatlich ausgebildete Künstler in die Provinzen zu versetzen, war für Städte wie Ufa ein kultureller Gewinn. Anstatt ihre Versetzung in die Provinz zu beklagen, stritten sich die Künstler um diese Auftritte – sie boten relative Sicherheit weitab von den Kampfschauplätzen. Die Tänzer, die Nurejew an seinem ersten Ballettabend sah, stammten alle aus dem Ballettmekka – der berühmten Leningrader Tanzakademie, die wie das Ensemble, in das die Schüler aufstiegen, unter den Romanows als Marijinskij-Ballett (Marientheater-Ballett) und nach Stalin als Kirow-Ballett bekannt war.[22] Die Primaballerina dieses Abends hatte in jener Abteilung der Kirow-Akademie studiert, die Tänzer für die Republik Baschkir ausbildete; sie wurde später mit der höchsten Auszeichnung der Sowjetregierung, dem Titel »Verdienter Künstler des Volkes« geehrt.[23]

An diesem Neujahrsabend wurde *Der Gesang des Kranichs* aufgeführt, das erste der neuen Nationalballette, die die Sowjetregierung unbedingt fördern wollte.[24] Basierend auf einer lokalen Legende, die an *Schwanensee* erinnert,[25] handelt es sich um eine klassische Geschichte vom Kampf zwischen Gut und Böse, in der der Held, ein Schäfer, den bösen Landbesitzer besiegt und die Hand der Dorfschönheit gewinnt. Für Farida und ihre Kinder war schon der Eintritt zur Vorstellung ein Kampf gewesen, der mit den Ereignissen auf der Bühne durchaus konkurrieren konnte. Farida hatte nur eine einzige Eintrittskarte für sie alle, aber schließlich waren sie dank des riesigen Menschenandrangs doch zu fünft hineingelangt. In großer russischer Manier stürmte das Publikum die Tore des Theaters und den Zuschauersaal. Diesen schon fast an einen Aufstand grenzenden Tumult hatte Rudik jedoch sofort vergessen, als er das Innere des Opernhauses erblickte. Die unerwartete neue Welt - schillernd, luxuriös, hell erleuchtet - bot ihm seinen ersten Blick auf Reichtum. Das Ballett war sogar noch besser: Kulissen und Kostüme in lebhaften Farben, seine erste Begegnung mit Orchestermusik, Männer, die flogen, und Frauen, die auf den Zehenspitzen schwebten. In einer einzigen Nacht veränderte sich Rudiks Leben. Er wollte Ballettänzer werden.

Der Staat und auch Hamnet, immer noch der treue Soldat, hatten andere Pläne. Die Sowjets begriffen sehr schnell, daß es wichtig war, ihre Kinder auszubilden. Die Voraussetzung für eine dauerhafte Sowjetutopie bestand darin, Kinder von der Partei erziehen zu lassen, und die ersten Generationen von Sowjetkindern, also die in Rudiks Alter, waren die wichtigsten. In den ersten offiziellen Lehrbüchern lernten die jungen Sowjetschüler das Schreiben durch die Wiederholung einfacher Sätze: »Der Staat ist gut. Der Staat ist groß. Der Staat wird mich schützen.« Die Auswirkungen gingen über eine reine Konditionierung hinaus. Sie führten gewissermaßen zu einer

»sicheren Gewißheit und zum blinden Vertrauen, daß das System (jedem) einen Platz finden und über ihn wachen würde«.[26] Die russische Revolution war eine einzigartige politische Umwälzung, die die Macht von einem Herrscherhaus abzog und direkt in die niedrigsten Schichten der Gesellschaft überführte, nicht in eine bürgerliche Mittelschicht. Die Gelegenheit, eine Schulbildung zu erhalten, war einer der wichtigsten Anziehungspunkte für das Proletariat. Unter den Zaren war es Hamnet und seinen Altersgenossen nicht gestattet gewesen, zur Schule zu gehen. Als Rudik eingeschult wurde, gab es eine vom Staat organisierte und überwachte Schulbildung. Der Staat hatte eine Schulpflicht von sieben Jahren festgelegt; mit sieben sollten die Kinder in die Schule eintreten, in der die Beurteilung auf einer Fünfpunkteskala erfolgte. Höhere Schulbildung war nach wie vor nicht jedem zugänglich; Priorität hatten die Privilegierten und diejenigen, die besondere Verbindungen hatten. Kinder wie Rudik konnten bestenfalls darauf hoffen, eine Berufsausbildung zu bekommen, dazu angelegt, das Fußvolk einer industriellen Nation hervorzubringen. Es gab »kein Curriculum der freien Künste im Sowjetsystem, das es einem Schüler ermöglicht hätte, in Ruhe nach seinem speziellen Eignungs- und Fertigkeitsbereich zu suchen«.[27] Jungen wurden in Richtung Industrie oder Landwirtschaft gelenkt. Die Eltern sahen in dieser neuen, systematisierten Berufsausbildung einen freien Zugang zu richtigen Arbeitsstellen, und ihr Glaube an die beruflichen Möglichkeiten nahm die Inbrunst einer neuen Religion an,[28] wurde zur einzigen Hoffnung, aus »Arbeitern und Kleinbauern Mechaniker und Ingenieure werden zu lassen, neue Kader, die gebraucht wurden, um die alte Intelligenzija zu ersetzen«.[29]

Rudik kam also in die Schule. An seinem ersten Schultag wurde er in dem abgetragenen Cape seiner Schwester Lida auf dem Rücken seiner Mutter zur Schule getragen, weil er keine Schuhe hatte. Anfangs war der Junge von der Schule hellauf begeistert. Das neue Wissen war aufregend, und er lernte leicht. Die ersten Begegnungen mit Gleichaltrigen verliefen weniger reibungslos. Seine ungewöhnliche Kleidung, genau das, was andere Kinder gemein werden läßt, brachte ihm vom ersten Tag an Ärger ein, und sofort wurde er zum Mittelpunkt kollektiven Gespötts. Sein Gefallen an Musik und Bewegung machte die Sache nicht leichter. Seine Folterknechte entwickelten einen verhaßten Spitznamen für den kleinen Jungen: »Ballerina« (den Hamnet übrigens auch benutzte). Schlimmer noch, Rudik war die Art Kind, die Jungen am liebsten quälen, eine einfache Zielscheibe des Spotts, und so wurde er regelmäßig gehänselt, gejagt und verprügelt.

Faridas Sohn nahm dies nicht einfach hin, zumindest nicht lange. In der vierten Klasse beschrieben ihn seine Lehrer im Abschlußzeugnis als Jungen, der »viel weint«.[30] Im nächsten Jahr änderte sich dies. In der fünften Klasse hieß es: »Der Junge ist sehr unstet, aber auch diszipliniert. Manchmal ist er grob seinen Kameraden gegenüber, manchmal kann er sehr beleidigend sein.« Siebte Klasse: »Nurejew ist sehr nervös, neigt zu Wutausbrüchen, ... und kämpft viel mit seinen Kameraden.« Achte Klasse: »Er ist sehr nervös, fast schon jähzornig, und prügelt sich oft mit seinen Klassenkameraden.« Auch die Nachbarn der Nurejews bemerkten, daß der lebhafte kleine Junge sich in seinen ersten Schuljahren sehr veränderte. Rudik zog sich immer mehr in sich selbst zurück; die wenige ihm verbleibende Freizeit verbrachte er allein in den Hügeln um Ufa, wo er sich von dem einzigen Lebenszeichen der Stadt gefangennehmen ließ, dem schaurigen Nachhall der Züge, die den Bahnhof von Ufa verließen und ein paar glücklichere Menschen an einen anderen Ort brachten.

Aber es gab noch einen weiteren Zeitvertreib, und zwar einen wichtigen, der in der Familie einen regelrechten Krieg auslöste. Nach der Neujahrsoffenbarung 1945 in der Oper von Ufa kam Rudik mit einer Art von Tanz in Berührung, die er selbst bereits ausführen konnte. Als Teil der Bemühungen, den Schülern Stolz auf ihre Herkunft zu vermitteln, sah der Lehrplan auch eine Unterweisung in nationalen Volkstänzen vor. Die Volkstänze der Baschkiren, schnelle Reigentänze mit präzisen Figuren, gefielen Rudik sehr. Seine Begabung machte sich sofort bemerkbar: eine natürliche körperliche Gewandtheit und ein angeborener Sinn dafür, diese in eine Darstellung umzusetzen.[31] Ebenso erfreulich war es für Rudik, zum erstenmal gelobt zu werden und stolz auf seine Fähigkeiten zu sein. Die Volkstanzgruppe der Kinder aus seiner Schule wurde in der Gegend recht bekannt, nachdem sie angefangen hatte, für die Patienten der Krankenhäuser von Ufa zu tanzen.[32] Rudik bekam immer öfter einen Solopart. Mit zehn Jahren trat er in die Volkstanzgruppe der Jungen Pioniere ein, der von der Partei geförderten Jugendorganisation, der alle sowjetischen Kinder beitreten mußten. Die Komplimente für Rudik gipfelten immer wieder in den magischen Worten: »Du solltest nach Leningrad gehen!«

Die Chancen dafür standen nicht besonders gut, und dies nicht nur, weil Rudik ein armseliger Bauernsohn war, der Tausende Kilometer von Leningrad entfernt lebte. Das Tanzen erboste Hamnet, vor allem, weil Rudiks schulische Leistungen um so mehr abfielen, je mehr er sich für das Tanzen engagierte. Während des letzten Schuljahres in Ufa waren Rudiks Noten bestenfalls noch durchschnittlich. Seine Lehrer wußten, daß er eigentlich mehr hätte leisten können, waren sich jedoch auch bewußt, daß er »gern tanzt und darin völlig aufgeht. Jeden Tag erscheint er sehr pünktlich im choreographischen Zentrum der Oper. Er träumt davon, Ballettänzer zu werden, und bei den Abendveranstaltungen der Schule tritt er regelmäßig bei den Tanzvorstellungen auf.«[33] Die sinkenden Noten und der steigende Bekanntheitsgrad im Ort – als der Junge, der tanzt – wurden daheim wenig begeistert aufgenommen. Farida und seine Schwester Rosa waren Rudiks einzige Verbündete. Farida beschwichtigte Hamnet, und Rosa, die eine Lehrerinnenausbildung machte, hatte Zugriff auf Bücher und Broschüren, die das Interesse ihres Bruders wach hielten. (Rosa schaffte es sogar irgendwie, Tutus heimzubringen, die ihr Bruder anfassen und begutachten konnte.)

Hamnet war ganz anderer Ansicht. Ein Kind aus seinem

Fleisch und Blut als Berufstänzer – das traf ihn tief, tiefer noch als das Thema Männlichkeit. Der Ehrgeiz seines Sohnes ging deutlich über die Volkstänze der Baschkiren hinaus. Er wollte im Ballett tanzen – zaristische Kindereien. Rudik verspielte die Erziehung, die er selbst nie hatte haben können. Schlimmer noch, indem er seine Schulaufgaben vernachlässigte, drückte sich Rudik vor seiner wichtigsten Pflicht – ein produktiver, nützlicher Bürger einer Nation zu werden, die sämtliche Hände brauchte, um die Zukunft zu gestalten.[34] Sein ganzes Leben lang hatte Hamnet um diese Zukunft gekämpft. Und nun wandte sein eigener Sohn diesem Kampf mit zehn Jahren den Rücken zu! Die Tanzerei mußte ein Ende haben.

Rudik war anderer Meinung. Trotz seiner Angst vor Hamnet studierte und tanzte er weiter, wenn nötig auch heimlich oder unter irgendeinem Vorwand. Er blieb dabei, selbst als Hamnets Widerstand gröbere Ausmaße annahm und Schläge Teil des Alltags wurden. Zu dieser Zeit hatte der Junge seine erste Glückssträhne; elterliche Proteste konnten nichts mehr ausrichten. Er hatte den Punkt erreicht, an dem es kein Zurück mehr gibt. Mit elf wurde Rudik einer älteren Dame namens Anna Udelzowa vorgestellt, die die Kindertanzklassen in Ufa unterrichtete. Udelzowa hatte dem Diaghilew-Corps de ballet angehört und lebte seit der Revolution in Ufa, nachdem sie und ihr Mann, ein Offizier der zaristischen Armee, in die Verbannung geschickt worden waren. Als Probe seines Könnens führte Rudik einige Volkstänze vor. Udelzowa, eine Frau von gutem Geschmack und Urteilsvermögen,[35] erkannte, daß sie eine außergewöhnliche Begabung vor sich hatte, trotz der Tatsache, daß das Kind ein »Bengel, ein einfacher kleiner Tatarenjunge« war.[36] Aber sie erkannte auch, daß der Junge seine Arbeit ungewöhnlich ernst nahm und daß er eine musikalische Sensibilität besaß, die nicht gelehrt werden kann. Udelzowa begann, Rudik seinen ersten Ballettunterricht zu erteilen, und zwar gratis; nun wurden ihm die grundlegenden Ballettschritte und Positionen gezeigt, nach denen er sich so gesehnt hatte und die die Basis einer sicheren Tanztechnik sind. Die Frau machte ihm auch noch ein weiteres, ebenso wichtiges Geschenk. In Rudiks Augen war Anna Udelzowa eine erfahrene Frau von Welt, die sein Tanzen ernst nahm und mit ihm über die Verantwortung sprach, die mit seinem Talent einherging. Nach einem Jahr wußte sie, daß sie Rudik so viel beigebracht hatte, wie er von ihr lernen konnte. Sie schickte ihn zu einer professionellen Lehrerin, einer Frau Waitowitsch, die früher einmal Solotänzerin am Kirow gewesen war,[37] und gab ihm noch einen letzten Rat: »Du solltest nach Leningrad gehen. Du mußt unbedingt am Kirow studieren!«

Die Entscheidung waren gefallen, egal, wieviel dagegen sprach. Ungewiß war jetzt nur noch der Weg zu Rudiks Ziel.

Kapitel 3

Die personifizierte Krise

»Venedig ist Spitze, Petersburg Marmor.«
Alexandra Danilowa, *New Orleans Times-Picayune*

Die Antwort auf die Frage, die Rudik quälte – wie sollte er bloß nach Leningrad kommen –, wurde Bestandteil der Nurejew-Saga. Es ist ein romantisches Märchen in drei Akten, genau so beschaffen, daß es die Sowjets hätten nutzen können, um ihrer Jugend die Macht des Proletariats nahezubringen. Hier gibt es keine blassen Wunschdenker à la Tschechow. Der Held ist ein tatkräftiger junger Mann. Die Elemente der Handlung stammen ohnehin aus einer anderen Zeit: der leidenschaftliche junge Liebhaber, die Schöne im Turm, die räumliche Distanz und die dunklen Mächte, die sie trennen. Im ersten Akt wird die ganze Geschichte aufgebaut. Der kühne junge Held hatte nur einen äußerst flüchtigen Blick auf seine Geliebte erhaschen können, aber er weiß genau, diese und keine andere. Natürlich kommt er aus den einfachsten bäuerlichen Verhältnissen, und vieles stellt sich ihm in den Weg, etwa ein verbitterter, böser Elternteil, der seine Bemühungen zunichte machen will. Aber unser Held ist wild entschlossen und außerdem auch einfallsreich; nie versäumt er auch nur eine Gelegenheit, seinem Ziel näher zu kommen, und wenn der Vorhang am Schluß dieses Aktes fällt, schwirren

Tausende von Plänen in seinem Kopf herum. Der zweite Akt schickt ihn in die weite Welt; nur seine Willensstärke und seine Gewitztheit helfen ihm weiter. Die Mutproben und unerläßlichen Katastrophen, die ihn beinahe scheitern lassen, leiten über zum dritten Akt, vor die Tore des Palasts. Diese öffnen sich weit und der Gegenstand seiner Träume schließt ihn in die Arme.

Und das ist im großen und ganzen die Art und Weise, wie der siebzehnjährige Rudolf Nurejew am 17. August 1955 in die bezaubernde kleine Straße geriet, die Carlo Rossi im 19. Jahrhundert für die Unterbringung der Ballett-, Musik- und Theaterakademien des Kaiserlichen Theaters von St. Petersburg geschaffen hatte.[1] Für den Weg in die Rossi-Straße nach dem Unterricht bei Udelzowa und Waitowitsch hatte Rudik vier Jahre gebraucht. Er hatte weiterhin bei der Baschkirentruppe aus Ufa getanzt, die auch die umliegenden Dörfer besuchte, obwohl viele seiner Altersgenossen nach und nach ihre ersten richtigen Arbeitsstellen antraten und anfingen, einen dringend benötigten Beitrag zum Familieneinkommen zu leisten. Rudik zog nur einen einzigen Gewinn aus seiner Tanzerei: Erfahrung und die vielen komischen Ereignisse, diese unausweichlichen Mißgeschicke auf der Bühne, an die sich Darsteller so gerne erinnern. In jeder Truppe gibt es einen Menschen, der solche Mißgeschicke anzieht, und Rudik war so jemand. Um ihn herum stürzten die Kulissen ein. Bei einem einzigen Auftritt rutschte ihm die Hose zweimal bis zu den Knöcheln herunter. Doch nichts konnte ihn von seinem Ziel fernhalten, nicht einmal Pech. Mit sechzehn fand er heraus, daß eine Truppe Baschkirentänzer zu einem Auftritt nach Moskau eingeladen worden war. Trotz Hamnets vehementer Ablehnung bei der bloßen Erwähnung von »Tanz« – Meinungsverschiedenheiten wurden noch immer mittels Schlägen ausgetragen – bearbeitete Rudik seinen Vater so lange, bis dieser zur Oper ging und sich nach der Tournee erkundigte. Hamnet hatte es jedoch so lange aufgeschoben, daß er diesmal die Oberhand behielt. Die Truppe war schon abgereist.

Der Rest der Geschichte ist eine Mischung aus *Die Roten Schuhe* und *Forty-Second Street.* Das Versäumen der Tournee war zwar eine bittere Enttäuschung, aber doch nur ein kleiner Rückschlag, denn Rudik hatte an der Oper von Ufa einen Job als Statist ergattert. Das war nun Arbeit am Theater, und der erste Auftritt auf einer richtigen Bühne, den er dank seiner angeborenen Unverfrorenheit und Anpassungsfähigkeit erhielt, war sein zweiter Glückstreffer. Die häuslichen Spannungen lockerten sich etwas, nachdem er seinen Status zu dem eines »Künstlers an der Oper von Ufa« hatte aufwerten können, und er durfte nun auch privat Tanzstunden geben. Schließlich verdiente Rudik so viel wie sein Vater und manchmal sogar noch mehr, was die familiäre Situation vielleicht entspannt hat, vielleicht aber auch nicht (und was möglicherweise erklärt, warum Hamnet so dagegen war, daß sein Sohn sich selbständig machte). Aber das beste daran war, daß das Traumziel endlich in den Bereich des Möglichen rückte. Rudik lernte auch die wichtigste Theaterregel: Wenn du nicht weggehst, müssen sie dich irgendwann einmal einsetzen. Er wurde zu einer Art Faktotum des Opernballetts und ging bei jeder Gelegenheit auf die Bühne, jedesmal, wenn das Skript irgendeinen Speerträger oder Dorfbewohner erforderte. Er nahm mit der Truppe am Unterricht teil, wann immer man es ihm gestattete, und trotz seines Rufs, aufbrausend und jähzornig zu sein, bot man ihm schließlich einen Vertrag an. Doch er hatte Höheres im Sinn und ließ ein sicheres Geschäft sausen. Er lehnte den Vertrag ab.

Und dann kam sie – die große Chance. Im Sommer 1955 plante Moskau ein Festival, auf dem die Kunst der Baschkiren vorgestellt werden sollte, und die Ballettkompanie der Oper in Ufa war eingeladen. In letzter Minute fehlte ein Solotänzer für den *Gesang des Kranichs*, das erste Ballett, das Rudik am Neujahrstag vor zehn Jahren gesehen hatte. Er meldete sich für die Rolle, ohne einen einzigen Schritt der Choreographie zu kennen, und bekam sie. Als die Truppe in Moskau ankam, hatte er bereits so intensiv geprobt, daß er sich dabei eine üble Fußverletzung zugezogen hatte, die nach Meinung der Ärzte bis zur

Ausheilung mehrere Monate brauchen würde. Innerhalb einer Woche stand er wieder auf der Bühne. Das Bolschoi-Ballett, Moskauer Rivale des Kirow, war auch geladen. Es war noch nicht das Kirow, aber es war auch nicht mehr Ufa. Durch den Korrepetitor des Ufa-Ensembles, einen Verbündeten aus den Zeiten bei den Jungen Pionieren, geriet Rudik sofort direkt an die Quelle – Unterricht bei dem berühmtesten Lehrer des Bolschoi, dem großen Asaf Messerer persönlich.[2] Messerer sagte ihm, er solle den Unterricht genau beobachten, und anschließend würden sie darüber reden. Das Gespräch fand nie statt. Messerer wurde weggerufen, bevor der Unterricht beendet war. Dennoch kam eine Einladung, an der Bolschoi-Schule zu studieren, nachdem Rudik einem anderen Lehrer vorgetanzt hatte. Aber sie brachte ein Problem mit sich: Das Kirow verfügte über ein Internat für seine Schüler, das Bolschoi nicht. Das Moskauer Angebot bezog sich ausschließlich auf den Unterricht ohne Unterkunft und Verpflegung. Wieder einmal setzte Rudik alles auf eine Karte. Er kratzte sein ganzes Geld zusammen und erstand eine einfache Fahrkarte nach Leningrad. Dort ging er geradewegs zur Kirow-Schule an der Rossi-Straße und öffnete die Tür.

Der Tatarenbengel, der da vor der mit eleganten Säulen verzierten Fassade der Kirow-Schule stand, war nicht nur eine romantische Figur. So poetisch das Bild auch gewesen sein mag – bis hin zu dem zerrissenen Regenmantel, der mitten im August an seinem zu dünnen Körper herabhing –, im Grunde symbolisierte er auch die reine Unverfrorenheit. Selbst die kleine Dorothy Gale schaffte es nur mit drei tatkräftigen Helfern in die Smaragdstadt des Zauberers von Oz. Wenn es denn jemals ein Zauberreich in der realen Welt gegeben hat, dann war es die Stadt, in der der siebzehnjährige Rudik nun zum erstenmal in seinem Leben völlig auf sich allein gestellt war, ohne Übernachtungsmöglichkeit oder einen Rückfahrschein nach Hause.

Leningrad war nicht nur eine königliche Stadt, es war eine

Kaiserstadt, und für Rudik tauchte diese Stadt nun buchstäblich aus den Wolken auf. Er war in Moskau in den falschen Zug eingestiegen; statt acht Stunden hatte die Reise sechzehn gedauert, die er in einem überfüllten Korridor verbracht hatte. Er hatte sich so nach einem ersten Blick auf den berühmten Admiralitätsturm gesehnt, und nun sah er nur eine dunkle, riesige Wolke von Industrieabgasen, die aus den Fabrikschloten in den weit entfernt liegenden Vorstädten der Stadt über dem Horizont schwebte. Schließlich kam der Zug am Bahnhof an, und da stand Rudik nun, in der Stadt, die Somerset Maugham einst an Venedig und Amsterdam erinnert hatte, nur in der Weise, »daß der Unterschied deutlicher heraustritt. Die Farben sind blaß und weich, wie Pastelltöne, aber von einer Zartheit, die auf Bildern selten erreicht wird. Man findet ein traumhaftes Blau, ein erlöschendes Rosa wie auf Skizzen Quentin de Latours, oder grüne und gelbe Farbtöne wie im Innern einer Rose.«[3] Außerdem machte die Ausgewogenheit, die Symmetrie und die Pracht der Stadt einen so tiefen Eindruck auf den Jungen, daß er ihn nie vergessen sollte. Zum erstenmal seit seinem schrecklichen ersten Schultag in der Grundschule von Ufa schämte sich Rudik seiner schäbigen Kleidung, des alten Regenmantels, den er übergezogen hatte, weil er den Fabrikrauch fälschlicherweise für Regenwolken gehalten hatte. Jahre später bewirkte die Erinnerung an Leningrad noch immer eines der wenigen Eingeständnisse des erwachsenen Nurejew, daß es eine göttliche Macht gebe – er bezeichnete die Stadt als ein Geschenk Gottes.

Sie ist mit Sicherheit etwas Besonderes. Die Stadt, die in der Geschichte der Neuzeit am häufigsten umbenannt worden ist, wurde den stehenden Sümpfen im Newa-Delta wortwörtlich abgerungen.[4] Dort, wo die Newa »den Ladogasee in den brakkigen finnischen Meerbusen entleert, breitet sie sich auf einer Anhäufung von Inseln aus, auf denen seit vielen Jahrhunderten finnische Fischer und Bauern lebten«.[5] Auf diesen Newa-Inseln errichtete Peter der Große im ersten Jahrzehnt des achtzehnten Jahrhunderts auf dem geographischen Breitengrad von Juneau in Alaska seine neue russische Hauptstadt. (Peters Hauptstadt liegt de facto sogar noch etwas nördlicher. Im Winter ist es dort so kalt, daß der Dichter, Kritiker und Ballettomane Théophile Gautier während eines Besuchs im Jahr 1843 entdeckte, daß das feuchte Ende seiner Zigarre gefror, während die Spitze weiterhin brannte.) Obgleich Peter anfänglich nur einen Militärstützpunkt im Sinn hatte, um die Flanken seines Reichs vor schwedischen Eindringlingen zu schützen, wurde die neue Stadt in weniger als einem Jahrzehnt zur Reichshauptstadt.[6]

Peter führte auch den Brauch ein, italienische und französische Architekten aus dem Paris Ludwigs XIV. zu importieren – Trezzini, Leblond, Rastrelli, Quarenghi –, die seine Stadt zu einer ebenbürtigen Rivalin der größten europäischen Hauptstädte gestalteten.[7] In den nächsten zwei Jahrhunderten machten die kaiserlichen Architekten St. Petersburg zu einer luxuriösen Stadt von einzigartiger Anmut, einem geometrischen Netzwerk von Inseln und Kanälen. Die auf Peter folgenden Herrscherinnen wirkten in seinem Sinne weiter, weiteten seinen glanzvollen Pomp noch aus, fügten jedoch noch den akademischen Klassizismus der Aufklärung hinzu.[8] Paris ist eine Stadt, in der Paläste aus dem Nichts herausragen, Peters Stadt scheint nur aus Palästen zu bestehen. Die Farben der Petersburger Paläste reflektieren das blasse Licht der Arktis, spiegeln seinen Glanz – hier weich, dort stark, dann plötzlich scharlachrot, wie das Anitschkow-Palais am Newski-Prospekt, in dem Nikolaus II. aufwuchs, dann wieder ockergelb, wie das Jussupow-Palais am Moika-Kanal, in dem Rasputin ermordet wurde.[9] Das Kronjuwel ist der barocke Winterpalast aus seegrünem Stein, der für die Zarin Elisabeth Mitte des achtzehnten Jahrhunderts von Rastrelli erbaut wurde – tausend Zimmer, zweitausend Fenster, zweihundert Treppenaufgänge, und davor ein Platz, der einer halben Million Menschen Raum bietet.

Trotz des Größenwahns der Romanows wurde eine kurze Nebenstraße zum architektonischen Mittelpunkt der Hauptstadt. Die Rossi-Straße ist St. Petersburgs architektonisches Gegenstück zu den Fabergé-Eiern der letzten Romanows.

Carlo Rossi, ein weiterer importierter italienischer Architekt, war bereits länger in der Stadt tätig gewesen, als Nikolaus I. ihn beauftragte, bestimmte Hauptbereiche neu zu gestalten. Nikolaus stand in dem Ruf, sich nur für zwei Dinge wirklich zu interessieren – für das Militär und das Ballett –, und er wußte, daß Rossi die darstellenden Künste sehr schätzte.[10] (Rossis Mutter war Ballettänzerin.) 1836 ließ Nikolaus ihn die kurze Straße hinter dem Alexandra-Theater neu gestalten, dem Sitz des Kaiserlichen Theaterensembles. Die Straße umfaßt nur einen einzigen Häuserblock und endet auf der einen Seite an einem Komplex von Regierungsgebäuden, an der anderen an den Schulen, die Darsteller für die diversen kaiserlichen Theater einschließlich des Balletts ausbilden. Das Ergebnis war ein perfekt ausgewogenes Ensemble in einer Stadt von einzigartiger visueller Poesie, zwar klein wie die Fabergé-Eier, jedoch die gleiche Art von andächtigem Staunen weckend, damals wie heute. Die Fabergé-Phantasien wirken durch ihre kunstvolle Ausführung, ihre Farbenvielfalt und ihre Raffinesse.[11] Die Rossi-Straße (oder Theater-Straße, wie sie bei vielen Generationen von Ballettänzern hieß) besticht durch ihre Einfachheit. Zwei gegenüberliegende identische Gebäudefassaden erstrecken sich über die nur zweihundert Meter lange Straße; im Hauptgeschoß gibt es je 23 Paare dorischer Halbsäulen über einem Rustikasockel mit halbrunden Fenstern – das Ganze aus blaßrosa Stein und von vollkommener Harmonie.

Hier also stand Rudik, viel zu warm angezogen für diesen schwülen Augustmorgen. In den zehn Jahren seit dem *Gesang des Kranichs* hatte der Junge, der sich kaum mit schulischem Lernstoff befassen wollte, jegliche ihm zugängliche Information über das Ballett und seine Geschichte absorbiert. In jeder Geschichte führten alle Wege und Straßen nach Leningrad zu den schweren Holztoren, vor denen er nun stand. Rudik wußte, daß die bedeutendsten Füße in dieser Branche diese Schwelle überquert hatten. Nicht bewußt war ihm, daß all die legendären Tänzer, zu denen bald auch er gehören würde, den

Höhepunkt ihres Ruhms erst erreichten, nachdem sie sich von der Kirow-Schule und der Kompanie getrennt hatten – Nijinsky und Karsawina mit Diaghilew in Paris; Pawlowa auf jeder Bühne der Welt, die bedeutend genug für einen sterbenden Schwan war; Ulanowa mit dem Bolschoi in Moskau (auf Stalins Einladung hin).[12] Ebensowenig war er sich der Tatsache bewußt, daß selbst die hochfliegendsten Vorhaben nicht nur der Begeisterung, sondern auch der Planung bedürfen. Diese Lektion bewältigte er in weniger als zwei Wochen, was die Schulverwaltung, die sich bald als sehr großzügig ihm gegenüber erweisen sollte, anhaltend konsternierte.

Die drängendsten Probleme an diesem ersten Sommermorgen waren jedoch praktischer Art – wieder einmal hatte er die Rechnung ohne den Wirt gemacht. Trotz der vielen Reisen, die er später zurücklegen, und dem Adlerauge, das er sich für die kleinsten Details eines Vertrags und der finanziellen Verhandlungen zulegen würde, sollten die organisatorischen Aspekte einer Reise nie Nurejews Spezialität werden. Mit diesen langweiligen Dingen lernte er andere Leute zu beauftragen. (»Rudolf konnte sich über alle Maßen über ein Detail aufregen, das auf der Bühne in die Hosen ging«, so die Zusammenfassung einer erfahrenen Ballerina nach zahlreichen Tourneen mit Nurejew auf strapaziösen, ländlichen Pauschalreisen, bei denen die Truppe in Lastwagen verfrachtet wurde, während Nurejew in eine Limousine stieg. »Warum sollte er sich auch noch mit Beamten an Flugschaltern herumärgern?«[13]) Sein erstes Solo-Abenteuer war bezeichnend: zuerst die Zugverwechslung in Moskau und dann die Entdeckung, daß die Schule wegen der Sommerferien noch geschlossen war und erst in zwei Wochen den Unterricht wiederaufnehmen würde. Rudiks erster Blick auf die geheiligten Kirow-Korridore war alles andere als erhebend: keine Sylphen, keine Schwäne, nur Arbeiter und Putzfrauen, die eifrig das Gebäude für das neue Semester vorbereiteten. Doch Rudik ließ sich nicht abschrecken; er hielt den ersten Menschen seines Alters an und fragte ihn nach dem Büro von Tschelkow, dem Schuldirektor.

Wieder einmal wollte er gleich an die Spitze. Die Antwort kam von einem Mann in mittleren Jahren, der an den beiden Jungen vorbeiging. »Ich bin Tschelkow. Wer sind Sie?« Rudik antwortete genauso direkt: »Ich bin Rudolf Nurejew, ein Künstler von der Oper in Ufa. Ich würde gerne hier studieren.«[14] Der Mut dieses Jungen imponierte dem Direktor. Tschelkow sagte ihm, er solle in einer Woche zum Vortanzen zurückkommen. Dies war der einzige höfliche Wortwechsel, den die beiden jemals haben sollten.

Nurejews erfolgreiche Aufnahme in die Kirow-Schule genau eine Woche später ist ein weiteres der bedeutenden Ereignisse seiner Karriere, das im Lauf der Jahre ziemlich ausgeschmückt wurde. So war sie zum Beispiel nicht die große Ausnahme, die Chance von eins zu einer Million, zu der sie von vielen nachfolgenden Chronisten erhoben wurde. Die Wahrscheinlichkeit, daß Nurejew nicht in die Kirow-Schule aufgenommen würde, war zwar ziemlich hoch, aber wenigstens diesmal war sein sozialer Status kein Hindernis. Die Kaiserlichen Akademien hatten schon von Anfang an ihre Studenten aus den Ärmsten der Armen rekrutiert. Die allerersten Schüler waren »Söhne und Töchter von Hofbediensteten und Chorsängern«[15], und selbst die geheiligte Pawlowa war, Richard Buckles unvergeßlicher Formulierung zufolge, »die uneheliche Tochter einer jüdischen Wäscherin«.[16] Und Nurejews Alter zum Zeitpunkt seines Eintritts in die Kirow-Schule ist nur insofern ungewöhnlich, wenn man seine späteren Leistungen betrachtet, nicht wenn man sich überlegt, wo und wann er tatsächlich ernsthaft zu studieren begann. Die Kaiserliche Ballettschule hatte ihre Tänzer schon als Kinder, etwa im Alter von sechs Jahren, zur Ausbildung aufgenommen. Aus rein praktischen Gründen, weil sie nämlich kaum mehr Kinder in diesem Alter bekam, hatten die Sowjets diese Usance in den zwanziger Jahren etwas gelockert; in den Dreißigern waren die männlichen Anfänger im Durchschnitt zwischen zehn und sechzehn Jahre alt. Messerer nahm seine Ausbildung in den frühen

Teenagerjahren auf, und der berühmte Wachtang Tschabukiani begann seine Leningrader Ausbildung im gleichen Alter wie Nurejew.[17]

Das eigentliche Vortanzen war kein rauschender Erfolg. Nurejew mußte zweimal auf die Bühne. Beim erstenmal wurde er zusammen mit einer Gruppe lettischer Jugendlicher geprüft, die in den dem sowjetischen Kulturplan so am Herzen liegenden Volkstänzen ausgebildet werden sollten. Beim zweitenmal sollte er auf der Bühne des Studiotheaters der Schule vor einer Handvoll Lehrer und einigen fortgeschrittenen Schülern, die bereits für das neue Semester zurückgekehrt waren, eine Solonummer aus dem klassischen Repertoire vorführen. Die Runde mit den Letten legt nahe, daß das Kirow keinen schillernden neuen Tänzer erwartete, sondern Nachwuchs für die nützlicheren Volkstanzgruppen, die dazu bestimmt waren, die Massen in ihrem Nationalstolz zu bestärken. Die Einzelprüfung war eher eine Bestätigung für diese Annahme. Nurejew, der ja bisher nur eine einzige klassische Variation vor einem richtigen Publikum getanzt hatte, und dies genau vor einem Monat auf dem Baschkiren-Festival in Moskau, wählte die bravouröse Variation aus dem Pas de deux von *Diana und Aktäon* aus, ein Auszug aus dem alten kaiserlichen Standardstück *Esmeralda*, das Tschabukiani in den Dreißigern umgearbeitet und dem er einige akrobatische Effekte hinzugefügt hatte. Laut einem der Zuschauer war Nurejews Vorstellung »nicht besonders gut. Keine Linie, schlechte Fußarbeit, kein Raumgefühl. Nichts paßte so recht zusammen.« Am Ende seiner Darbietung kam die erfahrene Kirow-Lehrerin Vera Kostrawitskaja auf den atemlosen jungen Tänzer zu und sagte: »Junger Mann, entweder Sie werden ein brillanter Tänzer oder ein totaler Versager, und letzteres ist wahrscheinlicher!«

Rudik begriff auf der Stelle, daß ihre Bemerkung eine Herausforderung war, kein Vernichtungsschlag, und bis an sein Lebensende nannte er die Kostrawitskaja »die beste Ballettlehrerin Rußlands.«[18]

Er war aufgenommen.

Schon vor dem 1. September 1955, dem Tag, an dem er Internatsschüler der Kirow-Schule wurde, hatte das Leben Nurejew in vielerlei Hinsicht auf den bevorstehenden Aufstieg vorbereitet. Wie immens wichtig Zielstrebigkeit ist, hatte er bereits gelernt. Er konnte für sich selbst eintreten und jeden Gegner wittern, und zwar mit derselben Sicherheit, mit der Ingrid Bergman in *Mord im Orientexpreß* »Schlangen atmen hören konnte«.[19] Aber Selbstbewußtsein war in der rigiden Hierarchie der Ballettwelt nie ein besonders willkommener Zug, was mit Sicherheit einer der Gründe ist, warum selbst die hervorragendsten Ballerinen für ihre Wutausbrüche genauso gefeiert worden sind wie für ihr Können. Nach all den Jahren der Auseinandersetzung mit seinem Vater war der siebzehnjährige Nurejew gewöhnt, Entscheidungen allein zu fällen und deren Durchsetzung zu erkämpfen, ohne Rücksicht auf die möglichen Konsequenzen. Und noch ein weiterer seiner Charakterzüge war für einen Studenten wenig vorteilhaft: Aus reinem Selbsterhaltungstrieb hatte er gelernt, Leute auf den ersten Blick richtig einzuschätzen. Im Lauf der Zeit hatte er auch gelernt, auf wen er besser nicht hören sollte. Bis zu diesem Zeitpunkt hatte er nur drei Menschen als Autoritätspersonen akzeptiert, und zwar ausschließlich Frauen – zuerst seine Mutter, dann Anna Udelzowa und zuletzt die Waitowitsch.

Diese Eigenschaften sorgten für stürmische Zeiten in der Rossi-Straße. Nach Tschitschuna und Ufa war Rudik an ein Leben in der Gemeinschaft gewöhnt, es war das einzige, das er jemals kennengelernt hatte. Doch leider waren die neunzehn anderen Leute in seinem Schlafsaal noch schlimmer als seine eigentlichen Altersgenossen, obgleich das Leben in deren Gesellschaft vermutlich schon schlimm genug gewesen wäre. Der Lehrplan am Kirow basierte auf einer neunjährigen Ausbildung, nach der die achtzehn- bis neunzehnjährigen Absolventen ihre Berufslaufbahn aufnahmen. Tschelkow hatte beschlossen, daß Rudik, dem noch so viele Grundlagen fehlten, in der sechsten Klasse anfangen sollte, die er selbst unterrichtete. Daher wurde der Junge aus Baschkir dem Schlafsaal zugeteilt, der unter den Schülern den Namen »Mongolenschlafsaal« trug und in dem die Zöglinge erst fünfzehn oder noch jünger waren. Rudik war nicht nur der älteste im Saal, sondern auch der größte, und mit seinem Untertauchen in der Menge war es ein für allemal vorbei. Die Lage war äußerst explosiv, und es kam denn auch oft genug zu einem handfesten Krach. »Rudolf«, erinnert sich ein Kirow-Abgänger aus dieser Zeit, »terrorisierte diese armen Kinder richtiggehend.« Das, was Rudik in den *isbas* im Ural gelernt hatte, war ihm noch lebhaft in Erinnerung. Er steckte sofort eine entfernte Ecke des Raums als seinen Privatbereich ab, und jeder Eindringling wurde brutal vertrieben. Eine Mitstudentin erinnert sich an einen charakteristischen Vorfall: Eines Tages entdeckte sie eine ungewöhnlich große Anzahl der Kleineren zusammengekauert vor der Tür ihres Schlafsaals; offensichtlich wollten sie gerne in den Raum, aber ebenso offensichtlich hatten sie Angst, die Tür zu öffnen. Sie warf einen raschen Blick durch den Türspalt, und selbst fast vierzig Jahre nach diesem Vorfall hat sie noch zwei Dinge deutlich vor Augen: Das eine war ein Stiefel, der in ihre Richtung geschleudert wurde, begleitet von einem bellenden: »Raus mit dir!«, das andere war Rudik, der im Schneidersitz auf seinem Bett saß und einem Bachkonzert lauschte.

Rudik bekam auch Probleme mit dem Stundenplan. Die strenge Zucht der Kaiserlichen Ballettschule ist Teil ihres legendären Rufs,[20] und die Sowjets wären die letzten gewesen, eine Gelegenheit, andere Menschen zu gängeln, verstreichen zu lassen. Die Kirow-Schüler absolvierten einen Elfstundentag: Morgens um sieben gab es Frühstück, bis zum frühen Nachmittag gab es abwechselnd Unterricht in akademischen Fächern und in Tanztechnik, dann eine Stunde Mittagspause, danach noch einmal drei bis vier weitere Unterrichtsstunden. Die tägliche Routine war streng festgelegt und wurde gründlich überwacht. Eine Auflehnung zog nicht nur professionelle Konsequenzen nach sich; in dem Jahrzehnt nach dem Zweiten Weltkrieg war strikte politische Repression zu einer herausragenden Eigenschaft des sowjetischen Schulsystems geworden. Das Einhalten der Regeln diente nicht nur der Leistungsbewertung, sondern auch der Einschätzung der politischen Zuverlässigkeit eines Schülers. Schlechte Schüler waren schlechte Kommunisten.

Leider hatte Rudik die Mehrheit seiner siebzehn Jahre nach seinen eigenen Regeln gelebt. Das starre Schulsystem verstärkte nur seine Ungeduld. Er hatte nie ein Problem, zu den zwei Stunden Ballettunterricht am Mittag oder der Stunde Rollentanz am späten Nachmittag zu erscheinen. Andere Dinge irritierten ihn jedoch immens, so etwa die Tatsache, daß er nicht nur mit Kindern zusammenleben mußte, sondern auch noch mit ihnen essen sollte. Seine erste – kleinere – Auflehnung bestand darin, zu verschlafen und damit den langweiligen Tee und Haferschleim in der Frühstückskantine zu vermeiden. Bald weitete sie sich jedoch aus, etwa auf die rein schulischen Unterrichtsfächer, die von den Sowjets landesweit gefördert wurden. In der Kaiserzeit hatten Ballettschüler nur eine Grundschulbildung erhalten; mit ihrem zwölften Lebensjahr hatten sie die akademischen Lehrinhalte so gut wie hinter sich gebracht. Als Rudik in die Rossi-Straße kam, hatten die Sowjets das Szenario jedoch umgeschrieben; die Schüler sollten nun eine sehr viel gründlichere, etwa dem Realschullehrplan entsprechende Ausbildung erhalten. Rudik war jedoch kein Schüler, dessen Aufmerksamkeit erzwungen werden konnte. Bis an sein Lebensende konnte Nurejew sich gründlich in Themen vertiefen, die ihn interessierten – Ballett und Musik, Malerei, Bildhauerei und Philosophie.[21] Aber leider hatten seine Interessen im sowjetischen Lehrplan keine besondere Priorität. »Mathematik!« schrie er einmal einen frustrierten Lehrer an. »Wofür soll ich das lernen? Um Geld zu zählen? Das kann ich bereits!« Für ihn war es reine Zeitverschwendung, sich mit irgend etwas zu beschäftigen, das nichts mit Tanzen zu tun hatte.

Es dauerte keine Woche, da kam das Faß zum Überlaufen. Gegen sämtliche Regeln für die Schüler aus der sechsten Klasse verstoßend – egal, wie alt sie nun tatsächlich waren –, verließ

Rudik eines Abends ohne Erlaubnis das Schulgelände, um sich eine Vorstellung in einem nahegelegenen Staatstheater anzusehen. Bei seiner Rückkehr stellte er fest, daß sein Bettzeug ebenso wie seine Essensgutscheine eingezogen worden waren. Scarlett O'Hara hätte mit dem Dilemma nicht besser umgehen können. Nach einer Nacht auf dem Fußboden und ohne Frühstück kam Rudik am nächsten Tag zu seinem Ballettunterricht und wurde prompt ohnmächtig, was zum ersten einer langen Reihe von angespannten Besuchen in Tschelkows Büro führte.

Nurejews erste direkte Auseinandersetzung mit Tschelkow wurde zum Präzedenzfall, zum Vorspiel einer Reihe gefährlicher Szenen, die bis zum letzten Tag, an dem der tatarische Störenfried von der Schule sein Abschlußzeugnis ausgehändigt bekam, aufeinander folgen sollten. De facto war es wohl eine schmeichelhafte erste Anerkennung von Nurejews Talent, daß die Kirow-Schule ihn überhaupt behielt. Ein Mitschüler und Exilrusse, der inzwischen verstorbene Alexander Minz, erinnerte sich daran, daß »alles, buchstäblich alles, was Rudolf tat, bei Tschelkow auf Widerstand stieß. Wenn Rudolf auch nur ›Hallo‹ sagte, schrie ihn Tschelkow an, daß er es falsch gesagt habe.«[22] Das Problem ging über die reine Disziplinfrage hinaus; es ging nicht nur darum, daß ein Schüler verschlief oder in seinen Studien und seiner Kleiderwahl nachlässig war. Wenn es um das Ballett ging, beeindruckte Nurejews Disziplin Freunde und Kollegen bis ans Ende seines Lebens; egal, wie spät es am Abend vorher geworden war, immer war Nurejew am nächsten Tag im Unterricht. Die eigentliche Schwierigkeit lag in dem Wesen seiner Auflehnung. Dieser Junge war offensichtlich nicht dazu auserkoren, ein kooperatives Mitglied des Sowjetstaates zu werden. Sein Auftreten, sein Selbstbewußtsein und seine Einstellung wirkten in einem System, in dem blinder Gehorsam das oberste Gebot war, zutiefst beunruhigend. »Er war einfach ein Wilder«, erinnerte sich ein weiterer Kirow-Mitschüler. »Wenn man ein wildes Tier im Haus hat, muß man damit rechnen, von ihm gebissen zu werden, oder?«

In den drei Jahren, die Nurejew auf der Kirow-Akademie

verbrachte, terrorisierte er die Schulleitung, indem er ständig die wichtigsten Grundsätze dieser Zeit verhöhnte. Innerhalb kürzester Zeit war er zur »personifizierten Krise« geworden, wie es ein anderer seiner Mitschüler formulierte. Im persönlichen Umgang verhielt sich Nurejew kaum versöhnlicher. Wie in den Zeiten der Romanows mußten die Schüler eine Uniform tragen. An der Kaiserlichen Schule hatten die Jungen nette »Tuniken,... an beiden Kragenseiten bestickt mit silbernen Lyren, umrahmt von Palmen und mit einer Krone versehen« getragen.[23] Als Schüler aus dem Volk trugen die Kirow-Jungen zu Nurejews Zeiten proletarischere Uniformen, weitgeschnittene Hosen und rustikale Hemden mit Stehkragen, die aus einem schweren (und kratzigen), vielseitig verwendbaren grauen Stoff hergestellt waren. Selbst nachdem er aus den meisten seiner Kleidungsstücke herausgewachsen war, zog Rudik die abgetragenen eigenen Kleider dieser erzwungenen Uniformität vor, wie etwa einen breiten Ledergürtel, den er immer ganz eng schnürte, weil er, wie sich ein Klassenkamerad erinnerte, sehr dünn war und »eine Taille haben wollte.« Er weigerte sich nicht nur, sich so zu kleiden wie seine Altersgenossen, er ließ sich auch das Haar viel länger wachsen, als es der vorgeschriebene Bürstenschnitt vorsah. Eine Mitschülerin erinnert sich noch, wie sie Nurejew zum erstenmal in einer Klasse erblickte: »Ich dachte, ach du liebe Güte, Dschingis Khan! Lange Haare, wilde Augen, mißtrauisch, ein wildes kleines Tier mit einer wahnsinnigen Energie.«

Rudik kam den Erwartungen nach, die sein Aussehen bei anderen erweckte, und übertraf sie noch. Minz erinnerte sich, daß Rudik, als er neu in der Schule war, bereits so in sich gekehrt war und eine derart klare Vorstellung von seinem Leben und seinem Wesen hatte, daß die meisten Leute ihn einfach nicht verstehen konnten und ihn deshalb nicht mochten. Und dann, als die Direktoren praktisch vom ersten Tag an Druck auf ihn ausübten, damit er sich füge, wurde er noch verschlossener. Jeden Tag gab es Neuigkeiten über eine neue »Schandtat«, die Rudolf begangen hatte – ob es sich dabei nun um die Wahl eines Kleidungsstücks, eine Aussage oder eine bestimmte Vorliebe handelte. Alle hielten ihn für eine Art Fanatiker. Niemand konnte etwas Rechtes mit ihm anfangen, und so hielten alle Distanz zu ihm.[24]

Sergiu Stefanski, ein rumänischer Zögling, dessen Bett gegenüber dem Nurejews stand, konnte in den drei Jahren, die sie an der Schule verbrachten, kaum eine Nacht durchschlafen:

> Jede Nacht sprang Rudi, sobald die Lichter aus waren und die Tür hinter uns geschlossen war, aus dem Bett und rief: »Aufstehen, aufstehen!« Und dann tanzten wir bis ein oder zwei Uhr morgens. Wir tanzten alles – Jungensolos, Mädchensolos, sämtliche Pas de deux. Wir wechselten uns in den Rollen immer ab. Wir waren wirklich fanatisch. Am Ende unseres ersten Jahres zogen wir von unserem Schlafraum im dritten Stock in einen im Erdgeschoß um. Danach machten wir einfach die Fenster auf, sobald das Licht gelöscht war, kletterten auf die Straße hinaus und wanderten in der Stadt umher. Ich habe noch immer ein besonderes Bild von Rudi aus dieser Zeit im Kopf – es war eine mondhelle Nacht, und Rudolf vollführte eine Grand manège von Jetés coupés[26] um den Obelisken auf dem Platz vor dem Winterpalast.

Rudik brach noch mehr Regeln außer der Sperrstunde. Er bot dem ungeschriebenen Gesetz die Stirn, daß Jungen am besten auch wirklich Jungen sein und sich auch permanent als Jungen aufführen sollten. Männliche Verhaltensweisen wurden nicht leichtfertig beiseite geschoben in einer Zeit, in der selbst der kleinste Hinweis auf sexuell verdächtiges Verhalten eine neue Akte beim KGB eröffnen konnte.[27] Als Schüler hatte Nurejew einfach zu viel zu tun, um sich mit solchem Unfug abzugeben. Er mußte zu schnell zu viel lernen. Ein späterer Kirow-Schüler, Michail Baryschnikow, bemerkte einmal, daß »Rudolf vor dem Unterricht, wenn jeder sich mit Aufwärmübungen beschäftigte, ganz andere Dinge tat, etwa Kitris Solo tanzte – die Frauenvariation aus dem ersten Akt von *Don Quixote* – das Ganze von Anfang bis Ende, mit vielen Ausschmückungen. Alle standen einfach nur da und staunten«.[28] In Nurejews Studentenzeit erwartete man von Männern nicht, Beine hochstrecken zu können; das war den Ballerinen vorbehalten. Rudik, der sehr wohl wußte, daß sein später Start ihm einen gravierenden Rückstand eingebracht hatte, was das Dehnen seiner Muskeln anbelangte, schloß sich schließlich den vor dem täglichen Unterricht stattfindenden Dehnwettbewerben der Schülerinnen an (und gewann einen Teil davon). Ein derartiges Verhalten ließ die Augenbrauen der Direktion in die Höhe schnellen. Das androgyne Element, das in Nurejews Tanzen zutage trat, beunruhigte viele Bürokraten. Minz berichtet:

> Zu dieser Zeit war es für das Publikum und sogar für die Kritiker nahezu unmöglich, mit sexuellen Anspielungen auf der Bühne umzugehen. Die meisten schoben diesen Aspekt einfach beiseite. Die übrigen hatten keine adäquaten Worte, um das, was sie sahen, zu diskutieren. Sexualität auf der Bühne war etwas, worüber man weder sprach noch schrieb. Jegliches Anzeichen dafür wurde als etwas fast Krankhaftes aufgefaßt und als Form von Anarchismus denunziert. Wahrscheinlich hatte auch Tschelkow diese Einstellung. Als Rudik in der Schule war, ließ Tschelkow ihn zum Beispiel mit Vorliebe in sein Büro kommen, um lange Gespräche über Sex mit ihm zu führen. Er hatte wohl eine Art sadistisches Vergnügen daran.[29]

Und was am schlimmsten war: Rudik bedachte die Grundlage der sowjetischen Gesellschaft, die Partei, mit der schlimmsten Beleidigung – einem völligen Desinteresse ohne die geringste Neigung, sich für das Geschenk seiner Ausbildung dankbar zu erweisen. Bei der Szene mit Tschelkow nach seinem Ohnmachtsanfall zeigte Nurejew keinerlei Reue und übertrumpfte Tschelkows Hinweis auf seine bäuerliche Ignoranz, indem er ihn darauf hinwies, daß er unter Alexander I.,[30] jenem Zaren, der als erster den Lehrplan des russischen Universitätssystems mit starren intellektuellen Einschränkungen versehen hatte, wohl eine bessere Behandlung erfahren hätte. Das Gespräch endete mit einem verblüffenden Vorwurf seitens Nurejews: »Ich weiß, was Sie im Unterricht zu tun versuchen, Genosse Tschelkow, Sie versuchen, jeden so aussehen zu lassen wie Sie. Und wer will das schon?« Und obendrein weigerte sich Nurejew auch noch, in den Komsomol einzutreten, die Jugendorganisation, die auf die Jungen Pioniere folgte und in die jeder Heranwachsende eintreten sollte. »Die Theaterfunktionäre versuchten ihr Bestes, ihn anzuwerben«, erinnert sich ein weiterer Kollege. »Aber es war unmöglich. Je mehr sie ihn bearbeiteten, desto störrischer wurde er. Rudi konnte sich einfach nicht dieser Sklavenmentalität unterordnen.«[31]

Nach einer weiteren Woche hatte er dem System bereits ein Schnippchen geschlagen. Rudik hatte sofort bemerkt, daß der Unterricht bei Tschelkow ihn nicht weit bringen würde. Tschelkows Ansatz in bezug auf einen so intelligenten, scharfsichtigen und motivierten Schüler wie Nurejew war vollkommen verkehrt. Er hatte beschlossen, ihn einzuschüchtern. Mit dieser Taktik war schon Hamnet gescheitert, und auch diesmal funktionierte sie nicht. Tschelkow quälte seinen neuen Schüler vom ersten Unterrichtstag an mit verletzenden Anspielungen auf seine einfache Herkunft,[32] seinen technischen Rückstand und seine ländliche Schwerfälligkeit mit allen erniedrigenden Beleidigungen, die ein skrupelloser Lehrmeister in eine tägliche Routine einflechten kann. Nurejew erinnerte sich später, daß seine Trikots die Anzeichen der Strapazen als erstes auf der Rückseite zeigten, weil Tschelkow seinen mongolischen Störenfried bei den Gruppenübungen stets an die hintere Wand des Saals plazierte. Wahr oder auch nicht, eine gewisse Aussage enthält die Geschichte auf jeden Fall. Damals wie heute hat die Aufstellung der Ballettschüler im Saal die allergrößte hierarchische Bedeutung, und die Schüler selbst sind sich dessen nur zu bewußt. Der letzte Ort, an dem ein ehrgeiziger Ballettschüler sich Tag für Tag wiederfinden will, ist eine letzte Reihe.[33]

Etwas mußte geschehen, und zwar schnell. Die Atmosphäre in Tschelkows Klasse wurde immer gespannter; wieder einmal war jegliche Chance, unauffällig mitzulernen, durch Tschelkows Strom von Beschimpfungen zunichte gemacht worden; und obendrein gelang es Nurejew mit der Kaltschnäuzigkeit eines Jugendlichen, Tschelkows pädagogische Fähigkeiten klar einzuschätzen. Er fand Mängel. Rudik erkannte rasch, daß Tschelkow als Lehrer nicht das Niveau hatte, das er brauchte, und ebenso rasch hatte er herausgefunden, daß ein anderer Lehrer an der Schule sehr wohl darüber verfügte. Die Mittel, die ein siebzehnjähriger Provinzler einsetzte, um von dem einen Lehrer zum anderen zu gelangen, waren schlichtweg genial. Eine Woche nach dem Ohnmachtsanfall erschien Rudik ein weiteres Mal in Tschelkows Büro, diesmal auf eigene Veranlassung. Ein Gedanke, der ihm vor kurzem gekommen sei, beunruhige ihn sehr, und nun wolle er Tschelkows Rat einholen. Wenn er den vorgeschriebenen dreijährigen Studienverlauf absolviere, würde er nach seinem Schulabschluß sofort zum Militärdienst eingezogen. Seine Karriere wäre vorbei, bevor sie überhaupt begonnen hätte, und all die Zeit und das Geld, die die Schule in ihn investiere, wäre umsonst gewesen. Tschelkow nahm Rudik seine Argumentation ab, obgleich die drei Jahre, die er als Hauptargument vorbrachte, ironischerweise genau die Zeit waren, die Nurejew schließlich tatsächlich freiwillig an der Schule bleiben sollte. Zu Beginn der nächsten Unterrichtswoche wurde Rudik in die achte Jahrgangsstufe versetzt, die der ersehnte Lehrer unterrichtete: Alexander Puschkin, ein sehr erfahrener Ballettpädagoge. Rudik kam zu dem Mann, der sein Leben ändern sollte, mit einer (bösen) Empfehlung von Tschelkow: »Ich schicke Ihnen einen starrköpfigen kleinen Idioten, einen bösartigen Jungen, der keine Ahnung vom Ballett hat. Er hat geringe Sprungkraft und kann nicht einmal die Grundpositionen korrekt halten. Machen Sie sich selbst ein Bild; wenn er so weitermacht, wird uns nichts anderes übrigbleiben, als ihn aus der Schule zu werfen.«[34]

Es entbehrt nicht einer gewissen Ironie, daß zwei Puschkins das Leben von Rudolf Nurejew prägen sollten. Nurejew war noch nicht auf die Werke von Alexander Puschkin gestoßen, dem russischen Nationaldichter seit dem ersten Viertel des neunzehnten Jahrhunderts, als er mit dem Kirow-Lehrer Alexander Puschkin zu arbeiten anfing, dem männlichen Aushängeschild des russischen Balletts des zwanzigsten Jahrhunderts. Die einzige Lektüre, die Rudik während des endlosen Literaturunterrichts wachhalten konnte, war der großartige, stürmische Dostojewski. Eine Begegnung mit Puschkins literarischem Werk scheint unausweichlich für einen jungen Mann, der sich zu Dostojewski wegen dessen »Großzügigkeit und Gewalt«[35] hingezogen fühlte, und Nurejews Gefallen an Puschkin wuchs mit der Zeit immer mehr.[36] Die ersten Worte, die auf Nurejews Beerdigung in Paris fielen, stammten aus Puschkins *Eugen Onegin*. Puschkin, der mit achtunddreißig Jahren nach einem Duell starb, faszinierte den geborenen Rebellen Nurejew offensichtlich immens.[37] Puschkins feurige Persönlichkeit ist eine fast gespenstische Vorwegnahme dessen, was Nurejew werden sollte. Sein offener Widerstand gegen die politische Repression seiner Zeit machten ihn bei den Romanowschen Behörden äußerst unbeliebt. Sie verbannten ihn schließlich aus St. Petersburg. Seinen eigenen Angaben zufolge war seine Ehefrau, deren Untreue zu dem tödlichen Duell führte, seine einhundertdreizehnte Geliebte gewesen.

Im Gegensatz dazu war der Alexander Puschkin, dessen Unterricht Nurejews Tanzen beflügeln sollte, ein Mann, der niemals seine Stimme erhob. In jedem Gespräch, das Schüler und Kollegen über Puschkin führten, fiel unausweichlich der Begriff »gütig«. Freundlich, zurückhaltend, ein Gentleman im wahrsten Sinn des Wortes, hatte Puschkin 1925 seine Unterrichtstätigkeit bei Kirow aufgenommen, in dem Jahr, in dem er zu einem Solisten des Hauptensembles ernannt wurde.[38] Als

Nurejew in seiner Klasse landete, war Puschkin der landesweit bedeutendste Tanzpädagoge für Männer. Selbst nachdem die Schüler in die Kirow-Kompanie aufgestiegen waren, arbeiteten die führenden Tänzer regelmäßig weiter bei Puschkin in einer Spezialklasse für Kompaniemitglieder. Puschkins Ansatz war das genaue Gegenteil von dem Tschelkows und hatte auch genau den gegenteiligen Effekt auf Nurejew. Wie Balanchine lehrte Puschkin eher dadurch, daß er die Schüler selbst ihre Schlüsse ziehen ließ, als sie ständig zu korrigieren. In der Entwicklung der Tanztechnik kommt es hierbei zu einer Darstellungsweise, die auf Eigeninitiative und persönlichkeitsbezogenem Ausdruck basiert. Anders als Tschelkows Kommandos – »So sollst du das machen! So!« – brachten Puschkins Vorschläge seine Studenten ganz locker dazu, die Übungen auszuführen. Er gehörte zu der seltenen Art von Tanzpädagogen, die ihre Schüler durch die innere Logik und die instinktive Musikalität ihrer Schrittkombinationen »auf die Beine« bekommen. »Wenn man seine Kombinationen täglich übte, fing man von alleine an zu tanzen«, erinnert sich einer seiner Absolventen. Puschkins zurückhaltende persönliche Art und die scheinbare Ungezwungenheit seiner Unterrichtsmethode weckten jedoch großen Eifer. »Er inspirierte seine Schüler«, so einer seiner bekanntesten, Baryschnikow, »er steckte sie richtiggehend an mit seinen Ideen.«[39] Der andere, Nurejew, äußert sich ähnlich nachdrücklich: »Er impfte seinen Schülern regelrecht eine Begeisterung für das Tanzen ein.«[40]

Puschkin war auch klug genug, den »bösen Buben« Nurejew im ersten Unterrichtsjahr in Ruhe zu lassen. Puschkin, so schrieb Nurejew später, »sah in den ersten paar Wochen nicht einmal in meine Richtung ... Ich glaube, daß damals alle dachten, ich würde zwei Jahre lang studieren, mich durch die achte und neunte Klasse kämpfen, und dann das Ballett für immer vergessen.«[41] Der relative Mangel an Aufmerksamkeit war genau das, was Rudik brauchte. Es entmutigte ihn keineswegs, sondern regte ihn an. Zum erstenmal durfte Rudik selbständig denken, seine eigene Methode von innen heraus entwickeln.

Diese Vorgehensweise funktionierte sogar noch besser, als selbst ein so erfahrener Profi wie Puschkin es erwartet hatte. Am Ende des Schuljahres sollten die Schüler ein klassisches Solo auf der Schulbühne vorführen; die Prüfungsvorstellungen gehörten zu den aufregendsten Ereignissen des Schuljahres. Nach dem ersten Jahr gemeinsamer Arbeit hatte Puschkin befunden, Nurejew sei noch nicht soweit, vor einem richtigen Publikum bestehen zu können, und schloß ihn von den Schülervorführungen im Frühjahr 1956 aus. Er sollte eine Überraschung erleben. Nurejew holte seinen Lehrer eines Tages in eines der Studios, schloß die Tür und tanzte dann ein männliches Solo aus *Diana und Aktäon*, eben jenes Solo, mit dem er vor einem Jahr seine Aufnahmeprüfung knapp bestanden hatte. Puschkin setzte Nurejews Namen noch nachträglich auf die Liste der Schülervorführungen, und damit hatte sich ein Muster von Geben und Nehmen etabliert, das später Nurejews erfolgreichste Darbietungen charakterisieren sollte.[42]

Am Ende des nächsten Jahres, nachdem Puschkin intensiver mit ihm gearbeitet hatte, mußte Nurejew zum erstenmal in seinem Leben einen Kompromiß eingehen. Das neunte Unterrichtsjahr hätte sein letztes bei Kirow sein sollen. Auf Puschkins Vorschlag hin blieb Nurejew ein weiteres Jahr an der Schule. Die zusätzliche Arbeit mit Puschkin an den bedeutendsten männlichen Rollen des klassischen Repertoires festigte nicht nur seine Technik, sie wurde auch zur Grundlage von Nurejews erstaunlicher Repertoirekenntnis. (John Gielguds Gedächtnis, so heißt es, umfaßt jedes Wort, das Shakespeare je geschrieben hat; ähnliches wird von Nurejews Wissen um das klassische Ballettrepertoire behauptet, inklusive sämtlicher Variationen, die im Lauf der Zeit hinzu kamen, aller Pas de deux und Corpstänze, und auch noch, von wem sie wann hinzugefügt worden sind.) Als die Mehrheit der Kirow-Hauptkompanie sich während Nurejews zweitem neunten Schuljahr auf eine Tournee durch Osteuropa begab, bekam Nurejew die einmalige Gelegenheit, die männlichen Hauptrollen in neun Standardwerken des Repertoires auf der geheiligten Bühne des

Kirow zu tanzen, von der Titelrolle in *Le Corsaire* bis hin zu Prinz Siegfried im *Schwanensee*, der angesehensten Rolle des klassischen Balletts überhaupt.

Nurejews letzte zwei Auftritte als Schüler – bei einem nationalen Wettbewerb im Sommer 1958 in Moskau und dann seine Abschlußvorführung am Schultheater des Kirow zwei Wochen darauf – waren der Anfang seines beruflichen Erfolgs. Für Moskau griff Nurejew wieder auf *Diana und Aktäon* zurück, und bei den beiden Vorführungen tanzten er und Alla Sisowa einen Ausschnitt, für den er noch sehr berühmt werden sollte, den Pas de deux aus *Le Corsaire*. Seine *Corsaire*-Variation in Moskau wurde in einen staatlich geförderten Film über das russische Ballett aufgenommen, und zwar als einziger Tanz eines Kirow-Schülers.[43] Der Applaus, den er und Sisowa nach ihrer Abschlußprüfung erhielten, »ließ die Wände zittern. Vergessen Sie nicht, dies war nur eine Schülervorstellung. Noch nie hatte ich einen derartigen Beifallssturm in diesem Theater erlebt«, so ein erfahrener Tänzer aus dem Publikum.

Der Unterricht bei Puschkin und dann der erste richtige Applaus mögen den späteren Verlauf von Nurejews Karriere bestimmt haben, änderten jedoch wenig an der Last auf seinen Schultern, die tagtäglich schwerer wurde. Die Ankunft eines vielversprechenden neuen Schülers löst in einer Ballettschule stets eine gewisse Unruhe aus, vor allem in einer Institution mit einem derart hohen Standard wie die, in die Rudik eingetreten war. Die Mitschüler bemerken die Konkurrenz, die Lehrer bemerken, daß da jemand ist, der der Kunst an sich und der Schule ein erhebliches Maß an Ruhm einbringen könnte, und schon fängt das Getuschel über »den Neuen« an. Nurejew war bereits über ein Jahr in Puschkins Klasse, bevor sich die Nachricht verbreitete, daß dieser ungehobelte Tatar tatsächlich etwas Besonderes an sich haben könnte. Er bot der Schulverwaltung regelmäßig Grund zu außerplanmäßigen Konferenzen wegen seiner anderen Eigenschaften, und bald sprach man über seine »Skandalsucht«. Die anfängliche Auflehnung wuchs sich zu regelmäßigen Zusammenstößen aus. Szenen mit Tschelkow waren an der Tagesordnung und wurden immer häßlicher, weil Nurejew seine Verachtung für diesen Mann immer unverhüllter und unerschrockener äußerte. »Ich habe einfach keine Zeit für all diesen Unsinn«, schrie Nurejew den Schuldirektor bei einer besonders harten Auseinandersetzung über seine schulischen Leistungen an. »Warum verstehen Sie das nicht, Sie Idiot?« Das Verhältnis zu seinen Altersgenossen war manchmal ebenso stürmisch, vor allem, als er in die Pas-de-deux-Klassen aufgestiegen war und zum erstenmal seine Schritte mit einem anderen Tänzer abstimmen mußte. Mehr als eine aufstrebende Ballerina, die sich zur falschen Zeit am falschen Ort befand, wurde von ihm einfach aus dem Weg geschubst. Wie bei seiner ersten Auseinandersetzung in Tschelkows Büro zeigte Nurejew oft wenig Reue über ein Mißgeschick. »Nicht meine Schuld«, meinte er ungerührt, nachdem er eine Partnerin auf den Fußboden hatte krachen lassen. Sie hatten eine Hebefigur versucht, die beide nicht korrekt hätten ausführen können, weil es ihnen zu dem Zeitpunkt noch an Erfahrung mangelte. »Sie hätte mir mehr helfen sollen.«

Die Spannungen hinter den Kulissen hielten bis zu seinem allerletzten Schultag beim Kirow an. Vor dem Abschluß drohte Tschelkow Nurejew noch ein letztes Mal. Der Schuldirektor wollte Nurejew Vorschriften für die Abschlußfeierlichkeiten machen. Er sagte ihm klipp und klar, daß er angemessen gekleidet zu erscheinen habe, und zwar mit einem weißen Hemd, einer Krawatte, einem Anzug und einem ordentlichen Haarschnitt. Eine Mitabsolventin erinnert sich noch gut an Nurejews Aufzug: keine Krawatte, kein Jackett, schwarze, an den Knien abgewetzte Samthosen, und sein Haar »tat, was immer es wollte. Ich sagte zu ihm: ›Du spinnst wohl! Tschelkow wird dir das nie durchgehen lassen. Du wirst dein Abschlußdiplom nicht bekommen.‹ Er sagte nur: ›Wir werden ja sehen!‹« Die beiden setzten sich nebeneinander, und als es schließlich an der Zeit war, die Diplome in Empfang zu nehmen, war sogar Nurejew so aufgeregt, daß die beiden sich fest an den Händen hielten.

Tschelkow rief Nurejews Namen auf.

Nurejew trat nach vorn, um sein Diplom in Empfang zu nehmen, kam wieder zu seinem Platz zurück und blickte seiner nervösen Freundin geradewegs ins Gesicht.

»Siehst du wohl«, sagte er, »du darfst ihnen einfach nie zeigen, daß du Angst hast. Wenn du das tust, bist du verloren.«

Kapitel 4

Bühnenmitte

»Er war wie ein Panzer – einfach nicht aufzuhalten.«
Michail Baryschnikow, *Vogue*, März 1993

Nach dem Wettbewerb in Moskau und seiner Prüfungsvorstellung war der Balletttänzer Nurejew in Rußland in aller Munde. Und das beste daran war, daß man ihm nun bereitwillig Geld anbot. Am Ende dieses Sommers bekam Nurejew sowohl vom Kirow als auch von den beiden führenden Moskauer Kompanien, dem Bolschoi und dem Stanislawskij, Angebote für einen Solovertrag. Alle drei verzichteten zum erstenmal in der Ballettgeschichte auf die eigentlich üblichen ersten Jahre im Corps de ballet. (In seinen dreiunddreißig Jahren auf der Ballettbühne tanzte Nurejew kein einziges Mal eine Corpsrolle.) Zwar waren die Angebote zugegebenermaßen attraktiv, aber nach einem kurzen Gespräch während des Empfangs nach der Abschlußvorstellung in Leningrad dachte Nurejew nicht weiter darüber nach. Ein vergleichbares Gespräch hatte nur ein einziges Mal zuvor in der dreihundertjährigen Ballettgeschichte Rußlands stattgefunden, und Nurejew kannte diese Geschichte gut genug, um dies auch zu wissen. Im April 1907, nach Waslaw Nijinskys Prüfungsvorstellung, war Mathilde Kschessinskaja, die Primaballerina assoluta des Kaiserlichen Theaters und mächtigste Frau im russischen Ballett, geradewegs auf den Absolventen Nijinsky zugegangen und hatte zu ihm gesagt: »Junger Mann, Sie sind soeben mein Partner geworden!« Einundfünfzig Sommer später wiederholte sich die Geschichte mit ebenso weitreichenden Folgen. Die große Dudinskaja persönlich,[1] die gefeierte Primaballerina des Kirow und Ehefrau des Direktors, Konstantin Sergejew, machte Nurejew praktisch dasselbe Angebot. Eines der wenigen Male in ihren Karrieren taten sowohl Nijinsky als auch Nurejew das, worum sie gebeten worden waren.

Nijinsky wurde bekanntermaßen aus dem Kaiserlichen Theater hinausgeworfen. Seine Karriere in Rußland dauerte kaum vier Jahre; wie Balanchine hielt sich Nurejew weniger als drei. Nijinsky verließ Rußland, weil er ein besseres Angebot bekam. Balanchine ging, weil er gehen wollte. Nurejew ging, weil er gehen mußte, und zwar nicht aus jenen Gründen, die zur Standardbegründung seines »Sprungs in die Freiheit« wurden. Die Bedrohung, vor der Nurejew am Tag seiner Flucht stand, ging über das rein Berufliche hinaus, reichte tiefer als der Mangel an künstlerischer Freiheit. Sein Leben war in Gefahr. Nurejews Homosexualität lieferte seinen Gegnern einen Trumpf. Zwar war er irritierend, provokant, trotzig – er war nicht in den Komsomol eingetreten und kleidete sich nicht so wie alle anderen –, aber dies allein war noch kein Verbrechen. Doch wegen Homosexualität konnte man in ein Arbeitslager geschickt werden oder noch Schlimmeres erleiden.

1961 war Nurejews KGB-Akte ziemlich umfangreich. Als er sich am Tag der Abreise nach dem Pariser Gastspiel am Flughafen Le Bourget alles vor Augen führte, befürchtete er noch ganz andere Katastrophen, als nie mehr zu tanzen. An diesem Morgen wußte nur eine weitere Person, daß in Nurejews Jackentasche eine geschliffene Schere steckte. »Wenn Sie mich nicht aus diesem Flugzeug herausbekommen«, drohte Nurejew dem französischen Tänzer und Choreographen Pierre Lacotte, »dann bringe ich mich an Ort und Stelle um!« Das klingt nicht nach dem Mann, dessen Lebenswille später ein ganzes Jahrzehnt lang Aids Paroli bieten sollte.

Dudinskajas Angebot nach der Prüfungsvorstellung hätte vielleicht Nurejews Zukunft gesichert, aber die maßgeblichen Stellen waren entschlossen, ihn noch etwas zappeln zu lassen. Nach der doppelten *Tour de force* der Auftritte in Moskau und Leningrad befand Nurejew, daß selbst er sich nun ein wenig Erholung verdient hätte, und gönnte sich den ersten Urlaub seines Lebens. Er verbrachte den beim Kirow üblichen Augusturlaub an einem Strand auf der Krim (wo er dennoch täglich zwei Stunden an der Stange trainierte). Als er nach Leningrad zurückkehrte, um sein erstes Jahr am Kirow anzutreten, erwartete ihn eine böse Überraschung: Da die Regionalregierung von Baschkir die Hälfte seiner Unterrichtsgebühren übernommen hatte, sollte seine Karriere als eine Art Rückzahlung dieses Darlehens auch in Baschkir beginnen. Er sollte also nicht auf der Kirow-Bühne anfangen, sondern im Corps de ballet des Opernhauses in Ufa. Diese erste Androhung einer Verbannung erwies sich im nachhinein als sorgfältig inszenierte Warnung, aber sie schreckte Nurejew derart, daß er in Panik geriet. Er nahm den ersten Flug nach Moskau, um sich dort Gehör zu verschaffen. Der zuständige Beamte im Kulturministerium sagte ihm, daß es in der Sache Kirow versus Ufa kaum Handlungsspielraum gebe, daß jedoch ein zweites Angebot des Bolschoi in Betracht gezogen werden könne. Nurejew nahm das Moskauer Angebot an und kehrte nach Leningrad zurück, um seine Sachen zu packen. Was danach passierte, berichtete er später in Kurzform: »Als der Direktor des Kirow hörte, daß ich wieder in der Stadt sei, rief er mich in sein Büro und sagte mir ganz ruhig und sachlich: ›Es stand nie zur Diskussion, Sie aus dem Kirow hinauszuwerfen. Sie packen Ihre Sachen jetzt wieder aus und bleiben bei uns. Ihr Gehalt wartet schon auf Sie.‹«[2] Andere erinnern sich an eine komplexere Abfolge der Ereignisse. Für Sisowa, Nurejews Partnerin bei der Prüfungsvorstellung, zeigte sich bei diesem Vorfall eine bislang unbekannte Seite Nurejews: »Ein anderer Aspekt seines Charakters kam zum Vorschein. Ich erinnere mich daran, daß er Puschkin und alle anderen Lehrer aufsuchte. Er bettelte alle an, ihn doch beim Kirow bleiben zu lassen. Ich weiß noch, daß er sogar weinend sagte: ›Ich will nicht zurück! Ich will hierbleiben!‹« Nachdem alle möglichen Fäden gezogen worden waren, vor allem von Puschkin, gaben die Behörden nach, aber die Einschüchterung war heftig und durchaus beabsichtigt.

Nurejew hatte seinen ersten offiziellen Auftritt als Mitglied des Kirow im November 1958.[3] Er übernahm sofort die männliche Hauptrolle in einer Standardinszenierung der Kompanie, *Laurencia*,[4] und zwar, wie abgesprochen, als Partner der Dudinskaja. Die Aufführung war ein voller Erfolg. »Die *Laurencia!*« erinnerte sich Alexander Minz viele Jahre später. »Es war wie ein Ausbruch des Vesuvs!«[5] Der Schülerstar wurde über Nacht zu einem neuen Stern am Balletthimmel. Die Presse verfiel in Ekstase, das Publikum war verrückt nach ihm, und die Dudinskaja machte ihm das größte Kompliment, das eine berühmte Ballerina einem potentiellen Nachfolger nur machen kann: Sie behandelte Nurejew wie einen Gleichgestellten und deckte seine Unerfahrenheit. Trotz des Altersabstandes und des unterschiedlichen professionellen Kalibers – die Dudinskaja war schon sechsundvierzig, als sie und Nurejew zum erstenmal gemeinsam auftraten –, vermied sie jede Bloßstellung ihres nervösen jungen Partners. Sie tanzte ihre Paraderolle mit erneuerter Vitalität und Hingabe, sie labte sich wortwörtlich an der Energie und dem Schwung ihres jungen Partners. An diesem ersten Abend brachte Nurejews mangelnde Erfahrung die Dudinskaja gelegentlich in Schwierigkeiten, was im Ballett kein hübscher Anblick ist. (»Wenn der Junge nicht da ist«, erklärte ein langjähriger Kirow-Anhänger, »dann fällt das Mädel runter.«) Sie deckte Nurejews Premiere-Schnitzer mit der Großzügigkeit des überlegenen Profis und genoß die Aufführung offensichtlich sehr. An einem besonders kitzligen Punkt in einem langsamen Pas de deux war Nurejews Timing um Haaresbreite zu langsam, und er versäumte den Punkt, an dem er die Dudinskaja für eine längere Balance »auf die Spitze« hätte befördern sollen; die Dudinskaja griff auf ihre berühmte technische Stärke zurück und kam von allein in die richtige Position. Als sie alles unter Kontrolle hatte, zeigte sie ihrem zerknirschten Kavalier ihr berühmtes hinreißendes Lächeln und tanzte weiter.

Dieser Augenblick ließ bereits Nurejews Wirkung auf Fonteyn und andere Partnerinnen erahnen. Es war ein erster Blick auf einen Bereich, in dem Nurejew zunehmend Bedeutung erlangen sollte, abgesehen von seinem immensen späteren Einfluß auf die männliche Ballettechnik der Moderne. Seine Partnerinnen waren sich alle in einem Punkt einig: »Bei Rudolf mußtest du einfach dein Bestes geben«, erklärt Antoinette Sibley. »Er ließ mäßige Leistungen einfach nicht durchgehen.« – »Rudolf war nie gleichgültig auf der Bühne«, erinnert sich ein Kirow-Stammgast, »und ließ nicht zu, daß andere auf der Bühne gleichgültig waren. Kolpakowa[6] hielt ihn zum Beispiel anfangs nur für einen ganz normalen weiteren Partner. Doch ihre Darbietungen mit ihm waren ganz außergewöhnlich. Wenn die beiden in *Giselle* zusammen auftraten, tanzte er den zärtlichen Liebhaber Albrecht und erwärmte mit seinen Gefühlen ihr Tanzen. Man hatte den Eindruck, als schmelze sie in seinen Händen. Manche Leute warfen ihr vor, als Tänzerin kalt zu sein. Wenn die beiden zusammen tanzten, konnte man ihr diesen Vorwurf nicht mehr machen.«

Gleichgültigkeit zeigte sich auch nicht auf der anderen Seite des Rampenlichts, und auch nicht hinter den Kulissen. Schon vor seiner ersten *Laurencia* war ein Nurejew-Kult entstanden. Seine Schulvorstellungen hatten ihm bereits eine Gruppe von Anhängern beschert, die bald manische Züge entwickelten. Die russische Ballettomanie hatte schon im neunzehnten Jahrhundert ein einzigartiges Niveau erreicht. Damals liefen Studenten der berühmten italienischen Ballerina Virginia Zucchi hinterher, die regelmäßig am Kaiserlichen Theater gastierte, spannten die Pferde ihrer Kutsche aus und zogen die Zucchi eigenhändig durch die Straßen.[7] Egal, wie kalt die russischen Nächte waren, Dudinskajas Anhänger, so einer von ihnen, »warteten stets nach der Vorstellung auf sie. Sie brauchte gewöhnlich mindestens eine Stunde, bis sie fertig war, so daß wir, wenn wir auf sie warteten, nicht mehr auf die andere Seite der Newa gelangen konnten, weil die Brücken nachts immer hochgezogen wurden. Das Vergnügen, die Dudinskaja noch einmal beim Verlassen des Theaters zu sehen, war aber einfach stärker, so daß wir gewöhnlich blieben.« Wie schon Tschabukiani vor ihm wurde Dudinskajas Gatte, Konstantin Sergejew, der Direktor des Kirow und bedeutendster Tänzer der fünfziger Jahre,[8] von einer größtenteils männlichen und besonders eifrigen Anhängerschar verehrt, die zu allen seinen Vorstellungen ins Kirow drängte und um die Aufmerksamkeit ihres Helden auch außerhalb des Theaters buhlte. Nurejews Anhängerschar formierte sich als einzige schon, bevor er Berufstänzer wurde; sie bestand, so ein Kollege, »aus einer Gruppe junger Mädchen, die niemals auch nur eine seiner Vorstellungen versäumten ... Wenn er die Stadt aus irgendeinem Grund verließ, verabschiedeten sie sich am Bahnhof von ihm und wünschten ihm eine gute Reise, und danach gingen sie immer noch irgendwohin, um jedes Detail ausgiebigst zu erörtern. Sie waren völlig fanatisch.« Als Nurejew ins Kirow aufgenommen wurde, gerieten seine Anhängerinnen wie auch ihr Held völlig außer Rand und Band. »Es war damals absolut verboten, Blumen auf die Bühne zu werfen«, erinnert sich ein weiterer Bekannter aus Leningrad. »Aber diesen Mädchen war das egal. Sie gingen auf den vierten Rang, den höchsten des Theaters, wobei sie die Blumen unter ihren Röcken verborgen hatten – noch dazu große Blumen, Pfingstrosen etwa. Am Schluß der Vorstellung ließen sie ihre Blumen für Rudik auf die Bühne regnen. Das war noch nie dagewesen, vor allem nicht für einen Mann. Nicht einmal für eine Ballerina – einfach noch nie dagewesen.«

Wie man sich wohl denken kann, brachte diese Anbetung nicht immer die besten Seiten Nurejews zum Vorschein.

Er konnte es sich auch leisten, seine Bewunderer vor den Kopf zu stoßen. Es war absolut undenkbar, daß ein Künstler Blumen, die er von seinen Bewunderern nach den Vorstellungen bekam, jemand anderem weiterreichte. Ich erinnere mich noch deutlich, wie Nurejew eines Nachmittags nach einer Matinee von *Don Quixote* das Theater verließ. Damals war gerade *My Fair Lady* in der UdSSR auf Tournee. Später überreichte er dann vor den Augen dieser jungen Mädchen, seinen Anhängerinnen, den großen Blumenstrauß, den sie ihm gerade geschenkt hatten, der Darstellerin der Eliza Doolittle. Normalerweise hätten sich Bewunderer nach einer derartigen Geste von einer solchen Person abgewendet und sich ein neues Objekt für ihre Bewunderung gesucht. Aber bei Rudik war immer alles anders. Seine Anhängerinnen verziehen ihm und blieben ihm treu, obwohl seine Geste gemein und schrecklich taktlos gewesen war.

Die Kirow-Verwaltung bot den Nurejew-Fans eine ganze Menge. Obwohl Nurejew auch zu kämpfen hatte – Sergejew, der Kirow-Direktor, gehörte nicht zu seinen Anhängern –, baute er in seinen drei Jahren am Kirow ein Ballettrepertoire auf, für das die meisten sowjetischen Tänzer ein ganzes Leben lang brauchten. Zusätzlich zu den herkömmlichen Rollen für aufstrebende Tänzer, mit denen sie ihre zunehmende Reife unter Beweis stellen dürfen – der männliche Pas de quatre aus *Raymonda*, der Pas de trois aus dem ersten Akt von *Schwanensee*, der Pas de deux des Blauen Vogels in *Dornröschen* – tanzte Nurejew in experimentellen Balletten wie etwa Jacobsons *Valse Volonté*. Er tanzte Rollen aus dem ganzen Spektrum des »sowjetischen Balletts«, das politisch nie aus der Mode kam, einschließlich Wainonens fackelbeleuchteter Suite in *Gajaneh* und des revolutionären Feuerwerks des Pas des deux in *Die Flammen von Paris*. Außerdem bekam er die männlichen Hauptrollen in nahezu allen traditionellen Klassikern – *Giselle, Don Quixote, La Bayadère, Schwanensee, Nußknacker* und *Dornröschen*. Fast augenblicklich begann er, die Choreographie nach seinem Geschmack und seinen persönlichen Fähigkeiten zu verändern, und beinahe ebenso schnell wurden seine Änderungen zum Standard. Er war der

Partner von mindestens der Hälfte der ansehnlichen Liste von Ballerinen der Kompanie[9], und die meisten wollten ihn mehr als einmal und auf ihren eigenen Wunsch hin zum Partner haben. Nurejews schneller Aufstieg am Kirow wirkt noch beeindruckender angesichts der Tatsache, daß das Kirow damals eine strikt hierarchisch geführte Kompanie war, deren zwanzig Haupttänzer um weniger als fünfzehn Vorstellungen pro Monat konkurrierten. Nurejew war der einzige Tänzer, der nicht warten mußte, bis er an der Reihe war. Und noch erstaunlicher: Als er zum zweitenmal in *Laurencia* auf der Bühne stand, hatte Nurejew bereits die schmuddelige schwarze Perücke der Rolle[10] abgeschafft, die Tunika des Kostüms neu entworfen und angefangen, einiges an der Choreographie umzuschreiben. Er durfte so gut wie alles tun, was er wollte. Keinem anderen Kirow-Tänzer war jemals so viel Einfluß gewährt worden.

Aber für jeden Schritt vorwärts in seiner Berufslaufbahn unternahm Nurejew auch zwei Schritte auf gefährliches politisches Terrain. Die ihm zugestandenen Freiheiten – eigene Freunde, eigene Tanzschritte, eigene Kostüme – waren noch nie dagewesen. Nurejew tat praktisch alles, was er wollte, und die Sowjets ließen es ihm durchgehen. Wenn man die damalige Zeit betrachtet, kamen Nurejews Neuerungen allerdings nicht völlig überraschend. Die Tauperiode der frühen Chruschtschow-Jahre hatte sich auch beim Kirow bemerkbar gemacht. Als Nurejew in die Kompanie eintrat, so Irina Kolpakowa, seine erste Giselle, »war es eine neue Zeit. Viele Leute taten neue Dinge, oder sie taten etwas auf neue Weise.« 1956 wurde Sergejew als Direktor abgesetzt und durch Feodor Lopukhow, einen Zögling der Kaiserlichen Akademie, ersetzt. Lopukhow war ein erfahrener Kenner der Petipa-Klassiker und als Choreograph[11] einer der großen Erneuerer des russischen Balletts der frühen Sowjetära. Der Schwerpunkt des Kompanierepertoires verlagerte sich von den traditionellen Standarddarbietungen, die ein Jahrzehnt lang von Dudinskaja und Sergejew dominiert worden waren, hin zu einer Ära der

Neueinstudierungen. Mit Grigorowitsch hatte das Kirow einen vielversprechenden jungen Hauschoreographen, und Boris Fenster, ein etablierter Choreograph mit einem Gespür für Neues, wurde von seiner kleinen experimentellen Kompanie zur Haupttruppe des Kirow versetzt.

Der frische Wind, den Nurejews Tanzen brachte, war das Richtige zur richtigen Zeit, und seine Energie war ansteckend. »Er wollte die Aufführungen nach seinen eigenen Ansichten gestalten«, erinnert sich Kolpakowa.

> Er wollte nicht »die ausgefahrenen Wege« beschreiten, wie es die Russen nennen. Anfangs gab es keine großen Skandale, aber es war auch nicht jeder glücklich mit dem, was Rudi tat. Innovationen im Theater sind nicht immer willkommen oder notwendigerweise gut. Neues muß einen Grund haben, sonst geht die Vergangenheit verloren. Aber wenn jemand hervortritt und auf kraftvolle, intelligente Art tanzt, wie Rudi es tat, kann eine Veränderung für alle gut sein. So änderte Rudi zum Beispiel bei unserer *Giselle*[12] die Choreographie der Coda. Ich kann mich nicht erinnern, daß dies jemals ein anderer vor ihm getan hat. Und er tanzte die neuen Pas so ausdrucksstark, so dynamisch, mit solchem Glanz, so seelen- und gefühlvoll, daß seine Versionen bald von jedem getanzt wurden.[13]

Was die Reaktion der Kirow-Direktion auf Nurejew so verdächtig machte, war das Ausmaß an Freiheit, das sie ihrem Ärgernis Nummer eins zugestand. Die dominanten Aspekte von Nurejews Karriere am Kirow – die Schnelligkeit, die Innovationen und die Intrigen – waren keine Zufälle. Nurejew hatte Pläne für seine Zukunft, aber seine Vorgesetzten ebenso. Die zwei Entwürfe standen gegeneinander. Nurejew wußte zum Beispiel ganz genau, wie er auf der Bühne aussehen wollte. Die veralteten Kirow-Kostüme paßten nicht in seine Vorstellung. Zusätzlich zu den Veränderungen seines *Laurencia*-Kostüms überarbeitete Nurejew alles, was er auf der Bühne trug. Bei seinem ersten *Bayadère*-Auftritt versah er Solors Turban mit einer funkelnden Straßbrosche und weigerte sich schlichtweg, die kurzen schwarzen Pumphosen zu tragen, die seit der Jahrhundertwende Teil des Kostüms von Albrecht, dem Helden in *Giselle*, waren.[14] Er weigerte sich, die *Laurencia*-Perücke zu tragen. Er weigerte sich, überhaupt irgendeine Perücke zu tragen. Bis Nurejew auf die Bühne trat, trugen die Männer am Kirow Haarteile, die alle geradewegs aus der Mottenkiste zu stammen schienen. Wie Albrechts den Schritt verhüllende Pumphosen schmeichelten auch die primitiven, glänzenden Perücken niemandem. Nurejew wurde zum ersten Tänzer in der Geschichte des Kirow, der mit einem zeitgenössischen Haarschnitt auf der Bühne erschien. Sein zerzauster, rebellischer Haarschopf erinnerte an die Halbstarken und war etwa ebenso beliebt bei den maßgeblichen Stellen.

Natürlich mußte Nurejew kämpfen, um seinen Kurs halten zu können, aber seine Altersgenossen hatten es in seinem Fahrwasser auch nicht gerade leicht. Sie waren gezwungen, tatenlos zuzusehen, wie Nurejew sich Freiheiten erstritt, die ihnen nie zugestanden wurden. »Man kann sich gar nicht vorstellen, wie sehr sie ihn haßten«, erinnert sich ein Kollege aus dieser Zeit, »wie sehr die Tänzer – vor allem die Männer – ihn ablehnten wegen all der Dinge, die er ungeschoren tun konnte.« Wie früher in der Schule wuchs die Liste seiner Feinde von Tag zu Tag, vor allem, nachdem Sergejew 1960 wieder zum Direktor ernannt worden war. Er war damals fast fünfzig und hatte ein sehr klares und eng begrenztes Bild vom klassischen Ballettänzer, von einem weiteren Kirow-Mitglied kurz geschildert als »eine romantisierte Version eines verzauberten Vogels. Dieser Vorstellung entsprach Nurejew keineswegs, und deshalb mußte Rudolf so hart darum kämpfen, die großen Ballette zu bekommen und auch erneut darin aufzutreten.« Noch schlimmer wurde die Situation, als Sergejew sah, wie sich die Scheinwerfer, in denen er sich zwei Jahrzehnte lang gesonnt hatte, nun auf diesen Emporkömmling aus Baschkir richteten. Seine Feindschaft sollte weitreichende Folgen und sein erneutes Auftauchen als Kirow-Direktor in eben der Zeit, in der die ersten Pläne für die schicksalhafte Tournee nach Paris gemacht wurden, noch gespenstische Nachwirkungen haben. Die aufstrebenden Tänzer, die ebenfalls von Nurejew in den Schatten gestellt wurden, sahen eine Gelegenheit, sich beim Direktor einzuschmeicheln, und zwar in altehrwürdiger sowjetischer Manier. In den KGB-Büros begann die Nurejew-Akte anzuschwellen.

Nurejews Benehmen außerhalb des Theaters war auch wenig hilfreich. Er lächelte selten und war meist zu angespannt, um in Gesellschaft angenehm zu wirken. Seine Angespanntheit wurde leicht mit Arroganz verwechselt, und Nurejew bemühte sich kaum, diesen Eindruck zu berichtigen. »Ich glaube nicht, daß seine Neuerungen der Grund für seine Probleme waren«, behauptet Kolpakowa. »Es war seine Art. Wie ich schon sagte, gab es auch andere Leute, die Dinge veränderten, aber sie taten es langsam, Schritt für Schritt. Bei Rudi passierten solche Sachen schlagartig, sprunghaft. Er hatte keinerlei Taktgefühl, und das regte viele Leute auf.« Nurejews Haltung im Unterricht war besonders irritierend. Er fluchte während des Unterrichts, ließ Schimpfkanonaden los, die man nie zuvor in den gedämpften Kirow-Studios gehört hatte. Zu den täglichen Pflichten der jungen Tänzer zur Zeit von Nurejews Aufstieg gehörte unter anderem das Befeuchten der alten Fußböden des Studios, damit die Übungen darauf besser ausgeführt werden konnten. Wieder einmal legte sich Nurejew quer. »Er sagte einfach nur: ›Das tue ich nicht‹«, erinnert sich Sisowa. »Wir waren die jungen Tänzer, die Anfänger, und es gab große Stars im Unterricht der Kompanie – alle Stars der Kompanie. Die jüngsten Tänzer befeuchteten den Boden für die Stars. Aber Rudi weigerte sich einfach. Können Sie sich das vorstellen?«[15] (In diesem Punkt gab Nurejew schließlich nach, zumindest bis zu einem gewissen Grad. Er erklärte sich bereit, die Stelle zu befeuchten, an der er selbst stand.)

Sein Verhalten blieb nicht folgenlos. Als Grigorowitsch

anfing, während Nurejews erstem Jahr am Kirow ein neues, abendfüllendes Werk vorzubereiten, besetzte er die männliche Hauptrolle mit dem neuen Star. Die Zusammenarbeit endete noch vor der ersten Kostümprobe. Nurejew interessierte sich mehr für die Proben von *Laurencia* und *La Bayadère* mit der Dudinskaja als für die Arbeit an einem Ballett, das erst in einem Jahr auf die Bühne kommen sollte, trotz der Tatsache, daß man ihm den Traum eines jeden russischen Tänzers angeboten hatte – eine Hauptrolle in einem neuen abendfüllenden Ballett, für das sämtliche Ressourcen des Kirow aufgeboten wurden. »Rudik kam immer zu spät zu den Proben mit Grigorowitsch«, erinnert sich ein Mitglied aus der Besetzung des neuen Balletts, »oder er kam überhaupt nicht, oder er kam in Turnschuhen. Schließlich sagte Grigorowitsch. ›Gehen Sie. Adieu! Sie brauchen nicht mehr wiederzukommen!‹«

Und ein weiteres Problem nahm immer größeren Umfang an, eines, das erst an einem Morgen in Paris am Flughafen gelöst werden sollte. Im Gegensatz zu Nijinsky, der in seiner ganzen Zeit an der Kaiserlichen Schule keine Freundschaften schloß, hatte sich Nurejew während seiner Schulzeit eine Handvoll Freundschaften erworben, die ein Leben lang bestehenbleiben sollten. Dies änderte sich, als er in die Kirow-Kompanie aufstieg. Nurejew schloß nur eine einzige neue Freundschaft in den Kirow-Jahren, und zwar mit einer Kollegin namens Nina Alifimowa, angeblich die Tochter eines anderen großen sowjetischen Erneuerers der Choreographie in den zwanziger Jahren, Kasian Goleizowski.[16] Ansonsten suchte er sich seine Freunde außerhalb der Ballettwelt, ein weiteres Beispiel für Nurejews Vorliebe, immer genau das Falsche zu tun. Die Direktion mißbilligte Nurejews persönliche Unabhängigkeit[17] und sein von ihm so sorgfältig gehegtes Privatleben sogar noch heftiger als sein ungebührliches Benehmen im Unterricht und auf der Bühne. (Bei dem ersten Kampf, den Nurejew in seiner ersten Woche an der Kirow-Akademie mit Tschelkow ausfocht, hatte Tschelkow als erstes verlangt, daß er ihm sein Adreßbuch aushändige. Nurejew hatte sich geweigert.) Zumindest in der Rossi-Straße konnte Nurejew überwacht werden, nicht jedoch dann, wenn er privat oder mit Freunden unterwegs war, und dies setzte die Regierungsmaschinerie in Bewegung.

Das Ergebnis war ständige Überwachung sowjetischen Stils. Nurejew wurde tunlichst dort gehalten, wo man ihn sehen konnte; jegliche Kontakte mit Ausländern waren ihm verwehrt. Wenn ausländische Kompanien nach Leningrad kamen, wurde er auf Tournee geschickt, und auch das sogenannte Privileg zu tanzen, wenn wichtige Regierungsbeamte im Publikum saßen, wurde ihm nicht zugestanden.[18] Trotz all der Freiheiten, die ihm die Kirow-Direktion gewährte, waren die Zügel letztlich sehr straff gespannt. In den drei Jahren bei Kirow tanzte Nurejew nur dreimal außerhalb von Leningrad. Beim erstenmal handelte es sich um eine unter einem unglücklichen Stern stehende Reise nach Wien im Jahr 1959 als Teil des Kirow-Kontingents bei einem internationalen Tanzfestival. Es fing damit an, daß Nurejew sich über die Bedingungen in den Moskauer Probestudios aufregte, als man dort mit den Bolschoi-Teilnehmern zu Proben zusammenkam. Dann bedachte er die entsetzte Kompanie mit einem ausführlichen – und lautstarken – Vortrag zur Priorität der persönlichen Meinung über die kollektive Dienstbarkeit. Danach wurde Nurejew von Kompanietourneen ferngehalten, mit zwei Ausnahmen: einer Busreise nach Berlin mit einer Zirkustruppe, und ein Jahr später im Dezember eine Pflichtreise mit derselben Truppe von Zirkusdarstellern zu der polaren Außenstelle Ioschkar Ola.

Als bekannt wurde, daß im Sommer 1961 eine Tournee nach Paris geplant sei, war sich Nurejew sicher, daß er nicht mitkommen sollte, und so war es auch. Aber im letzten Moment änderten sich die Tourneepläne. Die Organisatoren in Paris stellten fest, daß sie lieber jüngere Tänzer als Dudinskaja und Sergejew sehen wollten. Nurejew erfuhr als letzter, daß sein Name nun doch auf der Liste der Tourneeteilnehmer stand. »Eine meiner damaligen Bekannten«, erinnert sich ein Kollege,

»fand eines Tages zufällig heraus, daß Nurejew demnächst mit der Kompanie ins Ausland reisen sollte. Als sie ihn an diesem Abend im Theater sah, sagte sie zu ihm: ›Du wirst ja bald ins Ausland gehen.‹ Er wollte erst gar nicht glauben, daß man ihn mitnehmen würde. Sie sagte mir, daß diese Neuigkeit ihn tief beeindruckt hätte. Sie war die erste gewesen, die ihm davon erzählt hatte.« Nurejew war zwar begeistert, aber auch etwas besorgt über den Meinungswechsel der Direktion. »Es war wohl keine leichte Entscheidung (für Sergejew) gewesen«, schrieb Nurejew in seiner Autobiographie.[19] »Er, der mächtigste, konformistische Direktor der Kompanie und ich, ihr rebellischstes nichtkonformistisches Mitglied.« Die Entscheidung war jedoch leichter gewesen, als Nurejew ahnte. Es war eine Falle aufgestellt worden, und Nurejew, der begierig darauf war, die große weite Welt kennenzulernen, tappte voll in diese Falle hinein.

Nurejew hätte aus einem Erlebnis, das sein erster längerfristiger Liebhaber während einer staatlich geförderten Reise nach Paris im Jahr zuvor gehabt hatte, eine Lehre ziehen sollen.

> Alexei,[20] erinnert sich ein gemeinsamer Freund, sah Jean Marais extrem ähnlich. In Paris trafen sich Alexei und Jean Marais auf irgendeinem Empfang. Jean Marais konnte gar nicht umhin, Alexei zu bemerken, weil dieser so außergewöhnlich gut aussah. Er sah so gut aus, daß man zu Hause in Leningrad mit ihm kaum auf dem Newski-Prospekt spazierengehen konnte, weil jeder sich nach ihm umdrehte. Jean Marais lud Alexei also zu sich nach Hause ein. Alexei, damals zwanzig, wußte nicht, was er tun sollte. Schließlich nahm er die Einladung an, er konnte ja gar nicht anders, aber was sollte er als nächstes tun? Sollte er wirklich hingehen? Alexei fiel nichts Besseres ein, als die Situation mit dem KGB-Beamten zu besprechen, der ihm im Ausland als Begleiter zugewiesen worden war. Dieser Beamte sagte zu ihm: »Du wirst wohl hingehen müssen, aber ich komme

mit!« Alexei wollte eigentlich lieber allein gehen, aber der Beamte blieb dabei: »Nein, ich werde mitkommen!«

Zurück in Leningrad beschrieb uns Alexei die Szene. Er und sein Beamter kamen zu dem wunderschönen Haus von Jean Marais, der sie in einem seidenen Morgenmantel persönlich an der Tür empfing. Im Speisezimmer war der Tisch für zwei Personen gedeckt. Das Gedeck für die dritte wurde sofort aufgelegt.

So amüsant die Geschichte für Nurejews Freunde im Leningrader Schwulenuntergrund gewesen sein mag, sie deutete die Gefahren an, die in der Lichterstadt Paris auf Nurejew lauerten. Paris kann einem sehr leicht zu Kopf steigen. Nurejew ließ sich von der Lichterstadt benebeln und beging zum erstenmal von sich aus einen großen Fehler. Er machte einem vom KGB gestellten Lockvogel sexuelle Avancen.

Kapitel 5

Der Sprung, oder: Zuviel Freiraum

»Was für eine Geschichte! Alles bis auf Bluthunde, die nach ihrem Hintern schnappen.«
Miss Birdie Coonan in *Alles über Eva*

Die Szene spielt an einem Teetisch in einem stillen Apartment in St. Petersburg. Die Spitzenvorhänge sind dicht zugezogen. Die schmuddeligen Wände sind gespickt mit Schnappschüssen aus vergangenen Zeiten. Die zwei Gäste wagen nur ein paar schnelle Seitenblicke auf die Fotos. Ihr Gastgeber, ein Herr Ende Fünfzig, der offensichtlich am liebsten nur flüstert, scheint zu nervös, um zudringliche Neugierde angebracht erscheinen zu lassen. Auch er neigt zu schnellen Seitenblicken, die in seinem Fall offensichtlich eine lebenslange Gewohnheit sind.

Damals gab es eine Menge Gerüchte, daß es nicht so abgelaufen war, wie er es beschrieben hatte. Sergejew, der wieder der Direktor des Theaters war, ließ die Sache in einem ganz anderen Licht erscheinen, aber ich glaube nur Rudolf. Es war ihm aufgezwungen worden. Er war provoziert worden. Von den Umständen dazu gezwungen. Jemand hatte ihm einen großen Schrecken eingejagt. Sie können sich ja überhaupt nicht vorstellen, was es bedeutete, so nach

Hause geschickt zu werden. Vor dem Ende der Tournee. Das ist das Ende! Es heißt nicht nur, daß du niemals wieder ins Ausland gehen wirst, es kann auch Sibirien heißen, oder was noch alles. Aus diesem Grund ist er weggelaufen.

Nicht umsonst betitelt er dieses Kapitel in seinem Buch »Die Pariser Situation«. Zwei oder drei Jahre, nachdem er weggegangen war, hat er mir sein Buch geschickt. Eigentlich schickte er zwei Exemplare, eines für Alexei[1] und eines für mich. Dieses Buch berichtet von seinem Leben; es ist auf englisch geschrieben. Er legte ein Lesezeichen an den Anfang des Pariser Kapitels und schrieb noch eine kleine Bemerkung dazu: »Alles, was passiert ist, ist so passiert, wie ich es hier beschreibe. Nur dem hier darfst du glauben!«

Die Szene spielt in einem Pariser Restaurant, das an ein Piaf-Lied erinnert. Rotkarierte Tischtücher, keine Tasse ohne angeschlagenen Rand, Kellnerinnen, die niemals jung waren, in schwarzen Uniformen, die niemals neu waren. Der Sprecher hat sein Mahl genossen und genießt nun seine Erinnerung an eine aufregende Zeit. Als echter Franzose hat er es geschafft, den unbequemen Formen einer mit Kunstleder bezogenen schmalen Bank die Aura einer Couch zu verleihen.

Natürlich war jeder verrückt danach, die Kirow-Tänzer zu treffen. Wir sahen so etwas zum ersten Mal. Nach der ersten Vorstellung ... es war *Dornröschen*, aber Rudolf trat nicht darin auf. Nein, er kam erst am zweiten Abend – in *La Bayadère*, aber eigentlich tanzte er die *Bayadère*-Variation auch nicht. Er tanzte ein Solo aus dem *Corsaire*. Aber wir wußten schon einiges über ihn. Also – nach *Dornröschen* gab es einen kleinen Empfang im Foyer, und die Leute, mit denen ich zusammen war, fragten Rudolf, ob er mit uns zum Abendessen gehen wolle. Rudolf sagte also: »O ja, gerne, aber ich glaube, es muß noch jemand mitkommen.« Er durfte nicht allein weggehen. Ein anderes Kompaniemitglied mußte immer dabei sein. So schloß sich uns Solowjew an.

Die Szene spielt in einem ziemlich vornehmen New Yorker Restaurant, einem, in dem der beste Tisch nicht in einer Ecke steht, sondern genau in der Mitte vor einem riesengroßen Aussichtsfenster. Unser Tisch fällt auf, dank einer Wolke von Zigarettenrauch. Der Sprecher, ein Russe, ist zu sehr mit dem Anzünden einer weiteren Zigarette beschäftigt, um das Starren der anderen Gäste zu bemerken.

> Sie müssen verstehen, daß Rudolf in Solowjew verliebt war. Er war ein Engel. O nein, nicht Rudolf. Der war vieles, aber ein Engel? Das nun wirklich nicht! Nein, nein. Solowjew. Er sah aus wie ein Engel, er tanzte wie ein Engel, und der Mann – nun, das ist das einzige Wort, das ihn beschreibt: Engel. In diesem Monat in Paris teilten sie sich ein Hotelzimmer. So versuchte Rudolf sein Glück, und Solowjew bekam schreckliche Angst und erzählte es der Leitung.

Ein weiterer Brunch, eine große amerikanische Ballerina, die Nurejew schon lange nicht mehr verehrt. Sie ist jedoch noch immer erschüttert.

»Ja, ich glaube, ich nehme noch so einen Drink. Bitten Sie sie doch, diesen mit mehr – nun, mit mehr Gewürzen und – na, Sie wissen schon … zu machen.«

Ich komme ihrem Auftrag nach.

»Es tut mir leid, aber ich glaube, ich kann jetzt nicht weitererzählen. Wir sprechen ein andermal darüber, das verspreche ich Ihnen.«

Sie starrt in ihr Glas, bis ich den Kasettenrecorder abschalte. Zum erstenmal verhärten sich ihre Gesichtszüge.

»Sie müssen wissen, diese Fahnenflucht ging total daneben.«

»Wie bitte?«

»Total. So war es eigentlich überhaupt nicht vorgesehen. Er hatte keine andere Wahl. Er wurde von jemandem verraten, der sich später erschossen hat.«

Jetzt erstarre ich.

»Aber das kann ja nur einer gewesen sein, Solowjew.«[2]

»Das habe ich nie gesagt. Aber das eine sage ich Ihnen: Wenn Sie jemals diese Feststellung mit meinem Namen in Verbindung bringen, werde ich einfach sagen, daß Sie lügen. O ja, dieser Drink schmeckt viel besser.«

Drei Jahrzehnte später scheint die Kirow-Tournee, die zu Nurejews Bruch mit seiner Heimat führte, mehr gewesen zu sein als nur ein willkommener künstlerischer Austausch in einer politisch angespannten Zeit. Doppeldeutigkeiten und Hintergedanken lagen in der Luft. Jeder hatte irgend etwas im Sinn. Selbst der Zeitpunkt für die Tournee erscheint merkwürdig. In Anbetracht der damaligen Eskalation des kalten Krieges hätte das Kirow sich keinen ungeeigneteren Zeitpunkt für sein Debüt in Westeuropa aussuchen können. Die Kompanie fuhr genau einen Monat nach dem Fiasko in der Schweinebucht nach Paris; am Ende ihrer Juli-Saison in London begann der Bau der Berliner Mauer.

Die Kirow-Tournee war Bestandteil eines unter einem sehr ungünstigen Stern stehenden Versuchs der Chruschtschow-Regierung, ihren Gegnern im Westen ein freundlicheres Gesicht zu zeigen. Stalin hatte Kontakt mit dem Westen abgelehnt; die wenigen Begegnungen, zu denen es überhaupt gekommen war, hatten unter strengster Überwachung stattgefunden. Ein Kirow-Gastspiel in Stockholm im Jahr 1947 war genau in die einzige Woche des Jahres gelegt worden, in der die ansässigen Ballettänzer nicht in der Stadt waren. Aber nur ein Jahr nach Stalins Tod probte ein Kontingent von mindestens vierundvierzig Tänzern aus dem Kirow und dem Bolschoi für ein dreiwöchiges Gastspiel in Paris. Die Kompanien boten ihre prominentesten Solisten auf – nicht nur Dudinskaja aus Leningrad, sondern auch Ulanowa[3] sowie die strahlende Raisa Strutschkowa[4] aus Moskau. Aber im letzten Moment fand die französische Regierung, daß die Woche unmittelbar nach dem Fall von Dien Bien Phu vielleicht nicht der geeignete Zeitpunkt für ein sowjetisches Gastspiel wäre, und zog ihre Einladung zurück. Die politische Bedeutung des sowjetischen Auftritts kann man daraus ersehen, daß die internationale Presse, die sich bereits in Paris für das russische Gastspiel versammelt hatte, wie etwa John Martin von der *New York Times*, ihre Reisen nach Leningrad ausdehnte.

Der nächste Versuch eines Austausches fand zwei Jahre später statt. Das Ballett-Äquivalent zur Parade am ersten Mai, das Londoner Debüt des Bolschoi im Herbst 1956, war ein historischer Erfolg. Die Sowjets eroberten das europäische Ballett im Sturm. Die Energie und Virilität der Bolschoi-Tänzer riß das europäische Publikum zu Begeisterungsstürmen hin. Margot Fonteyn gab später zu, daß ihr erster Blick auf Galina Ulanowa sehr beunruhigend war, die erste Herausforderung an ihre überlegene Position seit vielen Jahren. Der Erfolg der Tournee hatte noch den öffentlichkeitswirksamen Vorteil, die Aufmerksamkeit von wenig erfreulichen Nachrichten aus der Heimat abzulenken. Im Sommer 1956 hatte Boris Pasternak begonnen, *Doktor Schiwago* zur Veröffentlichung anzubieten, und als die Botschafter des guten Willens, das Bolschoi, in London eintrafen, war das Manuskript von der sowjetischen Regierung bereits mit einem Bann belegt worden. Das Gastspiel begann genau einen Tag vor den ersten bewaffneten Zusammenstößen in Budapest, die weniger als eine Woche darauf zum sowjetischen Einmarsch in Ungarn führten.

Die Kirow-Tournee 1961 war ein noch umfangreicheres Unterfangen als der Besuch des Bolschoi. Diesmal war mehr als nur ein Städtebesuch geplant. Die Kompanie sollte am 22. Mai ihre Tournee mit einem zweiwöchigen Gastspiel an der Pariser Oper eröffnen und dann für weitere zwei Wochen in die Vorstädte von Paris ziehen, und zwar in das riesige Palais des Sports. Ein Monat im Covent Garden sollte vor den jährlichen Augustferien absolviert werden. Danach sollte die Kompanie im Metropolitan Opera House ihr amerikanisches Debüt geben und eine siebenwöchige Tournee durch Nordamerika anschließen.[5] Man reiste nicht mit leichtem Gepäck. Zusätzlich zu der abendfüllenden *Giselle* und zwei Glanzstücken des Repertoires einschließlich der Schattenszene aus

La Bayadère, sah die Kirow-Tournee zwei der größten, technisch komplexesten Ballette vor – *Schwanensee* (vier Akte, wovon die Hälfte Palastkulissen erfordert), *Dornröschen* (Prolog und drei Akte, zwei in Palästen), und Grigorowitschs *Steinerne Blume* (drei Akte in acht Szenen, einschließlich einer im unterirdischen Reich des Kupferbergs). Die einhundertzwanzig Tänzer machten kaum die Hälfte der gesamten Kompanie aus, die auch noch die Musiker, die Bühnentechniker, das Verwaltungspersonal und Sicherheitskräfte umfaßte, die die Belegschaft unter Kontrolle halten sollten. Das ganze Unternehmen war äußerst problematisch. So mußten etwa Simon Wirsaladzes prächtige, eindrucksvolle Bühnenbilder, die für die kammerspielartigen Proportionen des Kirow-Theaters angelegt waren, den Bühnen der Pariser Oper und des Covent Garden angepaßt werden, und dies von Bühnentechnikern, die kein Wort Französisch oder Englisch konnten.

Bei einem Unternehmen dieser Größenordnung war ein Unruhestifter wie Nurejew das letzte, was die Sowjets brauchen konnten. Dennoch wurde er ausgewählt, was nur eine von mehreren Auffälligkeiten ist. Das Kirow war dem Bolschoi künstlerisch immer überlegen und wird es wahrscheinlich auch in Zukunft weiterhin sein; die Truppe, die Leningrad im Mai 1961 verließ, konnte sich mit jeder Ballettkompanie in Europa messen. Unterstützt von erfahrenen Spitzenkünstlern wie Osipenko und Schelest, umfaßte die Gruppe aufstrebender Tänzer, die einmal Dudinskaja und Sergejew ersetzen sollten, bei den Frauen Kolpakowa und Sisowa und bei den Männern zusätzlich zu Nurejew den pulsierenden jungen Yuri Solowjew. (Nurejews Auftritt war erst für den fünften Abend des Pariser Gastspiels vorgesehen, obwohl er bei der Generalprobe eingesetzt wurde, die bei der Pariser Oper traditionellerweise als Eröffnungsabend gilt.[6]) Merkwürdiger noch, als Nurejew mitzunehmen und ihn dann nicht voll und ganz einzusetzen, war, daß die Art von Aufmerksamkeit, die er voraussichtlich auf sich ziehen würde, eben diejenige war, die den Sowjets ganz und gar nicht paßte - leidenschaftlich und stark personenbezogen. Warum machte man aus Nurejew ohne ersichtlichen Grund einen Star? Würde neuer Erfolg ihn nicht noch kühner machen, vielleicht sogar kühn genug, um endgültig seine Grenzen zu überschreiten?

Und was am verdächtigsten an der Sache war: Warum wurden ihm so außergewöhnliche Freiheiten zugestanden, und zwar sowohl auf der Bühne als auch außerhalb des Theaters, und noch dazu in einem fremden Land? Obgleich er ständig von KGB-Agenten beschattet wurde, ließ man Nurejew doch einen erstaunlichen Bewegungsspielraum in Paris, selbst nachdem er aufgrund seiner außerplanmäßigen Aktivitäten regelmäßig zu spät zu den Proben erschien. Von dem ersten Empfang im Foyer der Oper an pflegte Nurejew einen neuen Kreis von Bekannten, die ihm alle nur zu gerne Paris zeigen wollten, wie es eben nur Pariser können. Die übrigen Kompaniemitglieder sahen die Sehenswürdigkeiten hauptsächlich durch die Fenster des Charterbusses, der sie zwischen der Oper und dem Hotel Moderne am Place de la République,[7] nicht gerade dem lebhaftesten Stadtteil von Paris, hin- und herkutschierte. Nurejew aß in den Studentenhochburgen von St-Michel und St-Germain-des-Près zu Mittag. Er sah Notre-Dame und den Louvre bei Tag, Montmartre und Pigalle bei Nacht. Er ging ins Kino und sah *Ben-Hur*. Er machte eine Nachtfahrt auf der Seine in einem der hellerleuchteten Ausflugsdampfer und kaufte (oder vielmehr wurde damit beschenkt, denn der Rubel genoß an der Börse nicht gerade hohes Ansehen) eine teure Spielzeugeisenbahn im exklusivsten Spielwarenladen von Paris, Le Nain Bleu an der Rue St-Honoré. Jeden Abend um elf, wenn die anderen Tänzer in den Bus kletterten, der sie zurück zum Hotel bringen sollte, gesellte sich Nurejew zu seinen neuen Pariser Freunden, die ihn am Bühnenausgang erwarteten, und entschwand mit ihnen in die Nacht. Nurejews Begleitung war die örtliche Crème de la crème; regelmäßig mit dabei waren unter anderen die hervorragende Ballerina Claire Motte, der vielversprechende junge

Tänzer und Choreograph Pierre Lacotte und vor allem eine zwanzigjährige reiche Chilenin, Clara Saint, die früher einmal mit dem Sohn des französischen Kulturministers verlobt gewesen war und sich als Schlüsselfigur bei den Ereignissen am Flughafen Le Bourget erweisen sollte.

Die Freiheiten, die Nurejew genoß, beschränkten sich nicht nur auf sein Leben außerhalb des Theaters. Bei einem der Auftritte im Palais des Sports ärgerte sich Nurejew dermaßen über die unregelmäßigen Tempi des Orchesters, daß er eines Abends einfach während der Vorstellung die Bühne verließ, ein Vergehen, das in der Heimat sofortige Sanktionen nach sich gezogen hätte und doppelt ungehörig war für jemanden, der die sowjetische Kunst im Ausland präsentieren sollte. Bei der nächsten Vorstellung stand Nurejew wieder auf der Bühne, und zwar ohne ein einziges Mal offiziell gerügt worden zu sein.

Nurejews Entscheidung, sich ins Exil zu begeben, wurde damals wie heute ganz unterschiedlich ausgelegt. Die Einschätzungen reichen von »für seine Weltkarriere ausschlaggebend« bis hin zum »Beginn einer neuen Ära des Balletts«. Es ist verblüffend, in wie vielen unterschiedlichen Varianten die Ereignisse letztlich kolportiert wurden. Kein anderer Vorfall in Nurejews wechselvollem Leben wurde so oft umgeschrieben wie diese berühmten Wochen im Juni 1961. Der hartnäckigste Variierer war Nurejew persönlich, der den Begriff »Fahnenflucht« bis zu seinem Tod haßte. Sein Bericht von seinem Absprung am Flughafen wurde zum Gegenstück seiner Nummer »Geboren im Zug«. Letztere wurde im Lauf der Zeit immer mehr ausgeschmückt, erstere immer mehr heruntergespielt. Nurejew erzählte gern von seiner Geburt, an die er sich natürlich gar nicht erinnern konnte, aber er vermied es, den dunstigen Pariser Morgen zu beschreiben, der sein Leben veränderte – eine sonderbare Einstellung zu einem Schritt, der von dem Wunsch nach Meinungsfreiheit inspiriert gewesen sein soll. Bis zu Nurejews letztem Interview[8] waren nur drei Aspekte der »Pariser Situation« unbestritten: Ein dreiundzwanzigjähriger sowjetischer Tänzer hatte sich eine neue Adresse verschafft. Der Lauf der Ballettgeschichte änderte sich schlagartig. Ein Jahrzehnt der Gewalt und Leidenschaft nahm seinen Anfang.

Nurejew zog sich zunächst völlig aus der Öffentlichkeit zurück. Der französischen Presse gelang es noch eher, die algerischen Terroristen aufzuspüren, die damals die Straßen von Paris unsicher machten. Die Hartnäckigkeit der Journalisten bewirkte bei Nurejew eine Abneigung gegen die Presse, die er niemals ablegen sollte. Ihre Taktik erinnerte ihn zu sehr an zu Hause: »Es gefiel mir nicht, als Sensation aufgetischt zu werden, und ich haßte die Neugier der Öffentlichkeit auf alles, was mit meiner Person zu tun hatte.«[9] In der Woche, in der der Papierkram für seinen Antrag auf politisches Asyl erledigt wurde, sprach Nurejew kaum mit Reportern. Wenn er doch mit ihnen in Berührung kam, »vergaß« er fast sein gesamtes Englisch,[10] aber bei der abschließenden Bemerkung seines ersten Interviews schaffte er immerhin noch die korrekten Zeitformen: »Ich werde niemals in mein Land zurückkehren, aber ich werde auch niemals in Ihrem Land glücklich sein.« Er überließ es den sowjetischen Behörden, die Fakten zu bestätigen, was zu einer Menge Fehlinformationen führte. In London weigerte sich der Leiter der Kirow-Truppe zuzugeben, daß jemand die Kompanie verlassen hatte. (Er wurde am selben Tag aus seiner Position entfernt.) Die Londoner *Sunday Times* identifizierte die Hauptfigur bei diesen Ereignissen als Yuri Nurejew. Die ersten Fotos, die zur Verfügung gestellt wurden, zeigten alle Solowjew, ebenso jene, die in der *New York Times*, in der *New York Herald Tribune* und dem *Time-Magazine* eine ganze Woche später erschienen. Die Kirow-Tänzer selbst hatten keine Ahnung, ob Nurejew in Paris geblieben oder nach Rußland zurückgekehrt war. Und während Nurejew den Tag seines Absprungs auf Samstag, den 17. Juni, festlegte – und darin ein weiteres Beispiel für die Siebzehn als seine Glückszahl sah –, lautet das Datum der ersten Berichte über den Vorfall auf dem Flughafen Le Bourget Freitag, 16. Juni.

Wie immer in solchen Fällen scheint es, als hätten sowohl Nurejew als auch die Behörden ihre Absichten methodisch verfolgt. Aus der Distanz von dreißig Jahren betrachtet, wirkt Nurejew wie jemand, der einen Plan hatte. Es fiel ihm leicht, in Paris Leute kennenzulernen, weil er der einzige Kirow-Tänzer war, der eine Fremdsprache, Englisch, sprach. Zwar war sein Entzücken anläßlich seines privilegierten Blicks auf Paris offensichtlich echt, aber er trug die »Unschuld vom Lande«-Nummer auch reichlich dick auf. Sie funktionierte immer. (Obwohl sie sich später aus den Augen verloren, erinnert sich Saint noch immer gern an Nurejews Staunen über die Buchhandlungen am linken Seineufer. Er war schier überwältigt bei dem Gedanken, daß dies keine Bibliotheken waren, daß ihre Schätze jedem zugänglich waren – trotz der Tatsache, daß er seit seiner Ankunft an der Newa regelmäßig die Leningrader Buchhändler heimgesucht hatte.) Am auffälligsten war jedoch – und dies legt auch nahe, daß nicht nur die Kirow-Behörden Hintergedanken hatten –, daß Nurejew bei seinen Einkaufsbummeln immer wieder Theaterperücken erstand. Er suchte Paris richtiggehend nach ihnen ab. Perücken scheinen ein merkwürdiger Kaufgegenstand für einen Tänzer, der sich drei Jahre lang weigerte, welche zu tragen. Die Wahrscheinlichkeit, daß hier eine persönliche Garderobe für eine neue Solokarriere angelegt werden sollte, scheint glaubhaft angesichts einer Entscheidung, die Nurejew traf, kurz bevor er Leningrad verließ. Nach sechs Jahren als langhaariger Rebell am Kirow ließ er sich sein Haar kurz und ordentlich schneiden, was ihn nicht nur vorzeigbar, sondern entschieden angepaßt wirken ließ.

Wieder einmal strebten Nurejew und die Direktion des Kirow gegensätzliche Ziele an. Die Dinge spitzten sich zu, als die Kompanie Paris verlassen und nach London weiterfliegen sollte. Später bestand Nurejew darauf, daß er nichts von einem drohenden Eklat ahnte, bis die Kompanie an diesem letzten Morgen den Flughafenbus bestieg und ein Beamter anfing, jedem der Mitfahrenden einen Flugschein nach London auszuhändigen. Die Kirow-Truppe reiste immer als Gemeinschaft, die Tänzer bekamen nie ihre Flugscheine in die Hand. Erst in diesem Augenblick, so sagte Nurejew später, wurde er hellhörig. Etwas war los, und was immer es auch war, es verdichtete sich, als die Kompanie in Le Bourget ankam und die Flugscheine wieder eingesammelt wurden. Sowjetische Bürokraten halsten sich nie grundlos zusätzliche Arbeit auf.

Tatsächlich war sich Nurejew seit einiger Zeit durchaus im klaren, daß Ärger auf ihn zukam. Seine Beziehungen zur Direktion hatten sich stetig verschlechtert, seit die Tournee sich als voller Erfolg erwies und im Palais des Sports der Rubel zu rollen begann. Nurejew nahm sich immer mehr Freiheiten heraus, und der KGB kreiste ihn immer dichter ein. Trotz all dieser Spannungen hatte er wohl noch nicht die Absicht, in Paris zu bleiben. Clara Saint erinnert sich noch gut an Nurejews letzten Abend als Kirow-Tänzer:

> An diesem letzten Abend, nach der *Bayadère*, gingen wir noch mit Claire Motte aus. Er wollte überhaupt nicht schlafen gehen. Er wollte noch einmal ganz Paris sehen. Ich weiß nicht mehr, wo wir aßen, aber ich weiß noch, wie wir immer wieder über die Seine-Brücken gingen. Schließlich ging Claire nach Hause und ich blieb mit ihm allein. Etwa um vier Uhr früh begleitete ich ihn zu seinem Hotel. Wir verabschiedeten uns, aber ich erinnerte ihn daran, daß wir ja bald wieder in London zusammenkommen würden. Er sagte, daß er sich schon auf London freue.[11]

Was immer als nächstes geschehen sein mag, innerhalb weniger Stunden war Nurejew ein anderer Mensch. Um sieben Uhr früh hatte der romantische Pariser Traum ein Ende. Nurejew rief Pierre Lacotte an, einen französischen Tänzer, mit dem er während des Gastspiels viel Zeit verbracht hatte. Er bat ihn inständig, zum Hotel zu kommen und ihn mit seinem Auto zum Flughafen zu fahren. Lacotte beruhigte Nurejew und überzeugte ihn, daß eine europäische Eskorte nicht die beste Taktik sei. Nurejew verließ das Hotel mit der Kompanie, aber die Schere befand sich schon in seiner Jackentasche. Lacotte fuhr nach Le Bourget und gesellte sich zu Nurejew, Dudinskaja, Sergejew und Claire Motte an die Kaffeebar. »Wir tranken gerade alle zusammen Kaffee«, erinnert sich Lacotte, »als Sergejew sagte, er müsse Nurejew unter vier Augen sprechen. Sie entfernten sich vom Tisch und Sergejew sagte etwas zu Rudolf, woraufhin dieser kreidebleich wurde. Sergejew kam zum Tisch zurück und sagte uns, daß Rudolf nicht nach London mitkommen, sondern mit der nächsten Maschine zurück nach Moskau fliegen würde. Seine Mutter sei schwer erkrankt. Alle standen auf und gingen zu Rudolf hinüber, der sich nicht von der Stelle gerührt hatte. Als die anderen wieder weg waren, sagte er zu mir: ›Das war's. Ich bin am Ende. Hilf mir, sonst bringe ich mich um.‹«[12] Schon fingen KGB-Agenten an, Nurejew zu umzingeln. Nurejew zeigte Lacotte die Schere und wiederholte seine Drohung.

Um acht Uhr dreißig war Clara Saint auf dem Weg zum Flughafen. Sie war von einem Tänzer der Pariser Oper, Jean-Pierre Bonnefous, angerufen worden, der mit einigen Freunden zum Flughafen gekommen war, um sich von den Kirow-Tänzern zu verabschieden. Lacotte hatte ein paar Zettel verteilt, und dabei war Bonnefous ein Papierfetzen mit Saints Telefonnummer in die Hand gedrückt worden; er sollte ihr ausrichten, daß sie sofort zum Flughafen kommen solle. Saint erinnert sich daran, daß Bonnefous ihr mitteilte, daß die russische Gruppe nach London aufbrechen würde, daß aber Rudolf von zwei Repräsentanten der russischen Botschaft daran gehindert worden sei, ins Flugzeug zu steigen.

> Ich nahm ein Taxi zum Flughafen, wo man mir sagte, er sei in der Bar. Zwei riesige Männer bewachten ihn. Wie schrecklich, dachte ich. Wenn er nach Rußland zurückgeht, wird man ihn nie wieder herauslassen! Alle sagten, wir könnten jetzt nichts mehr tun. Die anderen Tänzer seien nach London geflogen, und Rudolf würde in ein oder zwei

Stunden nach Moskau fliegen. Ich ging auf ihn zu, aber die zwei Männer stellten sich mir in den Weg. »Was tun Sie hier? Was wollen Sie?« fragten sie mich. Ich sagte, daß ich mich nur von Mr. Nurejew verabschieden wolle. Ich ging zu ihm und gab ihm einen Abschiedskuß, während er mir zuflüsterte: »Unternimm etwas!«

Ich hatte keine Ahnung, was ich tun sollte. Da bemerkte ich einen Pfeil an der Wand, auf dem »Polizei« stand; er wies auf eine Treppe in den ersten Stock. Ich ging hinauf, klopfte an die Tür und traf auf zwei uniformierte Beamte, denen ich erklärte, in welchem Schlamassel Rudolf steckte. Als sie sich vergewissert hatten, daß er ein Tänzer sei, nicht »irgendein Wissenschaftler«, sagten sie mir, daß sie im Rahmen des Gesetzes nur helfen könnten, wenn Rudolf sie darum bäte. Also ging ich wieder nach unten und ein weiteres Mal auf Rudolf zu, und wieder stellten sich mir seine Bewacher in den Weg und fragten mich, was ich denn jetzt noch wollte. Ich sagte noch einmal das gleiche wie vorher. Dann beugte ich mich zu Rudolf hin, küßte ihn auf beide Wangen und erklärte ihm flüsternd, was er tun müsse, damit die französische Polizei ihn unter ihren Schutz stellen könne. Wie versprochen, waren die französischen Polizisten mir unauffällig gefolgt und standen nun an der Bar. Die zwei Bewacher hatten sie nicht bemerkt, und etwa fünf Minuten später, sobald Rudolf das Gefühl hatte, seine Bewacher hätten sich entspannt, lief er die sieben oder acht Meter zu den wartenden Polizisten. Die Russen kamen hinterher, und es gab eine Rangelei zwischen den französischen Polizisten und den russischen Bewachern. Schließlich stellte einer der französischen Polizisten fest, daß dies französisches Territorium sei; den Russen blieb nichts anderes übrig, als nachzugeben, und Rudolf ging mit den französischen Polizisten weg. Ein Attaché der russischen Botschaft kam zur Flughafenpolizei und sprach mit Rudolf. Sie unterhielten sich auf Russisch, aber ich vermute, er versuchte, ihn umzustimmen. Nach etwa zwanzig Minuten ging er wieder.[13]

Es war kurz vor zehn. Die ganze Geschichte hatte kaum eine Stunde gedauert.

Nurejew war wieder auf freiem Fuß. Allerdings hatte er nicht einmal ein Hemd zum Wechseln und nur knapp zehn Dollar in der Tasche.

Alle, die irgendwie mit dieser Flughafengeschichte in Berührung kamen, sind sich einig, daß Nurejew sich spontan entschloß, in Paris zu bleiben, buchstäblich aus dem Stand. »Osipenko kam als letzte ins Flugzeug«, erinnerte sich ein Leningrader Kollege. »Sie sagte mir, daß er dort draußen stünde und weine. Sie hatte die Tränen in seinen Augen gesehen. Er war total erschüttert.« Aber Nurejew hatte mit Sicherheit die Möglichkeit eines Absprungs erwogen: die Englischstunden, eine neue Sprache, die er kaum mit seinen Kirow-Genossen üben, jedoch im Ausland jederzeit einsetzen konnte; der Kreis neuer, einflußreicher Freunde, die ihm alle bei der Beschaffung eines Jobs behilflich sein konnten; die Perücken. Es muß einen Grund gegeben haben, warum Nurejew so viel Zeit und Energie auf diese außerplanmäßigen Aktivitäten verwendete. (Und auf jeden Fall muß es einen wichtigen Grund gegeben haben, warum er das wenige Geld, das er zur Verfügung hatte, für eigene Kostüme ausgab, eine Ausgabe, die, falls er geplant hatte, nach Rußland zurückzugehen, völlig überflüssig gewesen wäre, denn für solche Dinge kam immer die Kompanie auf.) Seine Kirow-Kollegen meinen jedenfalls einstimmig, daß eine Trennung unvermeidbar war, und offensichtlich war Nurejew auch dieser Ansicht. Mit dreiundzwanzig kämpfte er noch immer gegen die Nachteile an, die ihm aus seinem späten Start als Tänzer erwachsen waren, und er war kein Mensch, der seine Energien vergeudete. Wie die Behörden tat auch Nurejew nichts ohne Grund.

Dieser Aspekt seines Charakters kam der Direktion des Kirow schließlich sehr gelegen, denn er machte Nurejew ungeduldig und letztlich auch unvorsichtig. Die Direktoren schafften es, während des Gastspiels der Kompanie in Paris aus Nurejews stürmischem Temperament Nutzen zu ziehen. Nurejew war ihnen zwar sechs Jahre lang ein Dorn im Auge gewesen, aber er hatte, soweit man außerhalb der Kirow-Verwaltung wußte, nie etwas eigentlich Illegales getan, sich nie etwas zuschulden kommen lassen, das als Begründung für eine Verbannung ausgereicht hätte. Dies änderte sich jedoch in Paris, als die plötzliche Entscheidung, Nurejew nach Rußland zurückzuschicken, ihn von einem bloßen Störenfried zu einem Staatsfeind machte. Nicht einmal die eifrigsten Kommunisten unter den Tänzern glaubten auch nur eine Sekunde lang, daß Nurejews Mutter tatsächlich krank sei. Nurejew sollte nach Rußland zurückgeschafft werden, wo ihn bestenfalls die Verbannung erwartete. Etwas mußte in Paris vorgefallen sein, das einen unbestreitbaren Grund für ernsthafte Beschuldigungen lieferte. Schließlich war Nurejew die Sensation der Pariser Saison gewesen, und London erwartete die Ankunft des Wunderkindes mit angehaltenem Atem. Knapp ein Jahr, nachdem sie Pasternak in einen frühen Tod getrieben hatten, konnten die Sowjets schlecht riskieren, sich schon wieder aufgrund eines ungerechtfertigten Angriffs auf einen weiteren ihrer Künstler, vor allem einen, der so jung und kommerziell so vielversprechend war wie Nurejew, international zu blamieren. Was immer die Behörden in Erfahrung gebracht hatten, dem geborenen Kämpfer Nurejew war sichtlich klar, daß sie ihn diesmal festnageln konnten. Es muß ganz besonders bitter für ihn gewesen sein zu merken, daß seine Feinde ihm einfach zuviel Freiraum gelassen hatten.

Kolpakowa beschreibt die KGB-Agenten, die Nurejew in Paris verfolgten, als »völlige Idioten und Cretins …, (die) jede Nacht im Hotel saßen und beobachteten, wann wir heimkamen«.[14] Doch irgendeiner war wohl klug genug zu wissen, daß Paris, falls Nurejew jemals über die Stränge schlagen würde, das geeignete Terrain war, um ihn zu Fall zu bringen. Zwei Vorgehensweisen standen gegeneinander. Die erste bestand darin, Nurejew alles tun zu lassen, was er wollte, und darauf zu warten, daß er dabei stolperte, daher die strikte

Überwachung, nachdem Nurejew die ersten zwei Wochen Pariser Leben hinter sich hatte. Aber Nurejew war anfangs zu schlau für sie. Seine Aktivitäten spielten sich in aller Öffentlichkeit ab, in voller Sichtweite seiner Bewacher, die, wie er wußte, ständig um ihn waren. Seine Begleitung war von untadeligem Ruf; Saint hatte sich erst kürzlich mit einer Persönlichkeit aus dem öffentlichen Leben verlobt, was möglichen Gerüchten einer Liebesromanze jeden Boden entzog. Er stellte keine Versuche an, die Presse zu kontaktieren, und äußerte kein schlechtes Wort über irgend jemanden. Er war zwar abends immer lange unterwegs, verbrachte aber jede Nacht in seinem Hotelzimmer.

Plan Nummer eins – laß Nurejew alles tun, was er will, dann wird er schließlich schon zu weit gehen – klappte also nicht. Der zweite Plan funktionierte besser. Der ungewöhnlichste Aspekt von Nurejews Teilnahme an der Pariser Tournee – vor allem in Hinblick auf die Geschichte der Schwulen in der Sowjetunion – ist die Tatsache, daß damit ein ungeschriebenes Gesetz des Kirow umgangen wurde: Nur verheiratete Paare waren zu Tourneen zugelassen. Dank der Information, die der KGB durch seine Überwachungen und die hilfreichen Winke von Nurejews Feinden beim Kirow erhalten hatte, wußte man dort, warum Nurejew mit dreiundzwanzig noch nicht verheiratet war. Er war bereits eine bekannte Gestalt in Leningrads Schwulenuntergrund. Unter Stalin war Sex zwischen Männern wieder unter Strafe gestellt worden.[15] Als Nurejew nach Leningrad kam, war Homosexualität für jeden Erpresser ein wahrer Glücksfall – nicht nur gesetzeswidrig, sondern obendrein noch ein Verstoß gegen alle gesellschaftlichen und moralischen Normen in einer äußerst homophoben Gesellschaft. Bis zur Pariser Zeit war es Nurejew immer gelungen, seine Spuren zu verwischen, trotz der Tatsache, daß der öffentliche Park in der Nähe des Kirow der berüchtigtste Treff der Leningrader Homosexuellen war. »Stellen Sie sich vor«, erinnert sich einer von Nurejews Kollegen aus den Kirow-Tagen noch sehr lebhaft, »ich bin ein kleiner Junge aus der Provinz.

Ich bin vierzehn Jahre alt und gehe an meinem ersten Tag in Leningrad ein wenig spazieren, und dieser Mann im Park macht plötzlich seinen Regenmantel auf und entblößt sich vor mir. Wer wußte denn schon über solche Dinge Bescheid?«

Nurejew achtete sorgsam darauf, der Öffentlichkeit keinen Anlaß für Spekulationen zu geben, und hielt seine Schwulenkontakte klugerweise von seinen Ballettkollegen fern. Er war sehr darauf bedacht, sein Privatleben abzuschotten, und schaffte es immer, einen Schritt voraus zu sein: Er blieb gerade noch innerhalb der Grenze des Erlaubten. So war er zum Beispiel viel zu umsichtig, um sich in den öffentlichen Anlagen, die die Rossi-Straße vom Newski-Prospekt trennen, herumzutreiben. Elena Tschernitschowa, die im gleichen Jahr wie Nurejew ihre Abschlußprüfungen beim Kirow machte und bis zu seinem Tod mit ihm befreundet war, ist durchaus eine kluge, aufmerksame Frau. Sie erinnert sich daran, daß sie »damals absolut keine Ahnung hatte, daß Nurejew homosexuell war. Der Gedanke kam mir kein einziges Mal.« Seine schwulen Freunde entstammten den lokalen Künstler- und Intellektuellenkreisen, die sich eher in Wohnungen als in öffentlichen Einrichtungen trafen. Leute aus der Gruppe um Nurejew berichten heute, daß er vor seiner Flucht mindestens eine lang anhaltende, allerdings auch streng geheimgehaltene Beziehung zu einem Mann hatte. Sisowa erinnert sich, daß Nurejew in der Zeit, in der sie mit ihm eine Wohnung teilte, kaum zu Hause war. Er war in seiner Freizeit fast immer mit seinen Freunden zusammen; seine Schwester Rosa, die damals als Lehrerin in Leningrad arbeitete, benutzte die Wohnung häufiger als Nurejew. Er war so diskret, daß sogar Sisowa damals nicht wußte, daß er seine Nächte auf heimlichen Schwulenzusammenkünften oder »mit seinem speziellen Freund« verbrachte.

Der KGB wußte jedoch, daß Nurejew de facto mit Alexei zusammenlebte, und gab ihm, indem er gegensätzliche Charaktere meisterhaft gegeneinander ausspielte, eine Versuchung für die Pariser Tournee mit, für den Fall, daß die ihm in Paris gewährten Freiheiten ihn nicht ausreichend kompromittierten. Er teilte ihm Juri Solowjew als Zimmergenossen zu; Solowjews Frau, die Solotänzerin Tatiana Legat, mußte aus unbekannten Gründen zu Hause in Rußland bleiben (obgleich sie später während des zweiten Tourneeabschnitts in Amerika mittanzte). Solowjew, ein Mann, der als eine Mischung aus Engel und Lastwagenfahrer beschrieben wird, war Nurejews einziger Rivale auf der Bühne, der einzige Tänzer, von dem Nurejew etwas hielt bis auf den großen dänischen Tänzer Erik Bruhn, und er war äußerst gefügig. Nurejew schnappte nach dem Köder. In der letzten Woche der Tournee machte er schließlich sexuelle Annäherungsversuche Solowjew gegenüber, und dieser geriet in Panik. Solowjew brach unter den Verhören zusammen. Der KGB hatte Nurejew am Haken, und Nurejew wußte dies auch. Die Mindeststrafe waren sieben Jahre Zwangsarbeit. Es blieb ihm nichts anderes übrig, als sich abzusetzen.

Obgleich Nurejew jemand war, der Groll durchaus hegen und pflegen konnte, äußerte er bis an sein Lebensende nie ein schlechtes Wort über Solowjew. Als er 1972 mit dem jungen kanadischen Tänzer Frank Augustyn dessen erste Darbietung des Pas de deux des Blauen Vogels aus *Dornröschen* einstudierte, eine Rolle, die maßgeblich zu Nurejews früher Bekanntheit beim Kirow beigetragen hatte, gab er nach dem Ballett nur einen einzigen Kommentar ab. Augustyn, der beim National Ballet of Canada eine steile Karriere machen sollte und inzwischen das Ottawa-Ballett leitet, erinnert sich noch an Nurejews Worte: »Er sagte«, so Augustyn, »›Du bist jetzt der beste Blaue Vogel der Welt, mit einer Ausnahme: Solowjew.‹«[16]

Das Kirow gab sein Londoner Debüt wie geplant am 19. Juni, wenn auch das Premierenprogramm in letzter Minute geändert wurde und nicht mehr *Dornröschen*, sondern die eher sowjetisch angehauchte *Steinerne Blume* aufgeführt wurde. Vier Tage später trat Nurejew zum erstenmal mit einer westlichen Kompanie auf, dem International Ballet of the Marquis de Cuevas, im Pas de deux des Blauen Vogels. Die Aufführung provozierte sowjetische Sympathisanten. Sie bewarfen die Bühne mit Münzen und füllten das Théatre des Champs-Elysées mit barschen »Verräter!«-Rufen.[17] Obwohl Nurejew einen Vertrag über ein halbes Jahr bei Cuevas unterschrieben hatte, verließ er die Kompanie am Ende des Sommers und zog bald darauf nach Kopenhagen unter dem Vorwand, bei der exilierten russischen Lehrerin Vera Volkova Unterricht zu nehmen. Kopenhagen war auch die Heimat des großen dänischen Klassikers Erik Bruhn; daheim in Rußland hatte Nurejew einen kurzen Film über Bruhn gesehen und wollte ihn unbedingt kennenlernen. Dies geschah, und für beide begann die große Liebe ihres Lebens, wie übereinstimmend berichtet wird.

Ein unerwarteter Telefonanruf veränderte auch Nurejews Berufsleben. Kurz nach seiner Ankunft in Kopenhagen rief Margot Fonteyn, die eine Benefizveranstaltung in London plante, bei Vera Volkova an.

»Vera«, fragte Margot Fonteyn, »weißt du vielleicht, wo ich diesen russischen Jungen finden kann?«

»Ja, das weiß ich«, antwortete diese und eröffnete damit ein wichtiges Kapitel in der Ballettgeschichte des zwanzigsten Jahrhunderts. »Er ist hier bei mir.«

ZWEITER TEIL

Rudi

Kapitel 6

Eine neue Gattung

»Er war nie zu stolz, etwas Neues zu lernen.«
Ninette de Valois bei einem Interview in London

Mit großer Aufmerksamkeit nahm die Tanzwelt Nurejews Londoner Debüt auf Fonteyns Wohltätigkeitsgala für die Royal Academy of Dancing am 2. November 1961 zur Kenntnis. Die Londoner *Weekend Review* meinte zusammenfassend: »Es war, als hätte man ein wildes Tier in einem Salon freigelassen.«[1] Trotz seines anfänglichen Wunsches, als Partner seiner Gastgeberin aufzutreten, zog Fonteyn es vor, den ersten Tanz auszuschlagen und abzuwarten. Statt dessen tanzte Nurejew den Pas de deux des Schwarzen Schwans aus dem *Schwanensee* mit Rosella Hightower, und ein Solo, *Poème tragique*, das der Choreograph des Royal Ballet, Frederick Ashton, speziell für ihn gestaltet hatte. (Die Musik von Scriabin hatte Nurejew persönlich ausgesucht.) In allen Berichten klingt an, daß die Leute, die die Ashton-Variation sahen, niemals ihren ersten Blick auf Nurejews nackte Brust vergaßen. »Nurejew stürmte zur Bühnenrampe«, schrieb der britische Kritiker und Nurejew-Biograph John Percival, »und wirbelte in eine kurze, schnelle Abfolge höllisch schwieriger Schritte. Den tiefsten Eindruck hinterließ jedoch nicht seine Virtuosität, sondern sein Temperament und seine Dramaturgie. Es gab genügend

Leute, die darauf hinwiesen, daß Nurejew manchmal nach einem Sprung schwer aufkam und daß seine Tours en l'air nicht exakt vertikal waren, aber niemandem entging das lodernde Feuer in seinen Augen oder die merkwürdig entspannte Intensität, die darauf hinwies, daß noch aufregendere Dinge kommen sollten.«[2]

Dreißig Jahre danach, da die Ballett-Technik ein noch nie dagewesenes Niveau erreicht hat und das Publikum kaum noch beeindruckt werden kann, ist schwer nachzuvollziehen, was genau Kritiker und Zuschauer bei Nurejews ersten Auftritten im Westen so sehr in Ekstase versetzte. Ausgehend von seinen frühen Tanzfilmen, vor allem zusammen mit Fonteyn – etwa *An Evening with The Royal Ballet*, in dem er *Les Sylphides* und den Pas de deux aus dem *Corsaire* tanzte, oder auch *Giselle*, in dem die beiden zusammen auftraten, sowie Kenneth MacMillans *Romeo und Julia* – und den noch heute schwärmerischen Erinnerungen seiner Freunde und Anhänger wird eines absolut klar: Das, was auf der Bühne ablief, ging weit über das Tanzen hinaus. Sicherlich war Nurejew in der Lage, einige atemberaubende technische Höchstleistungen zu erbringen – seine berühmten explodierenden Jetés, die in der Luft hängenzubleiben schienen wie die Sterne eines Feuerwerks, oder auch seine derwischartigen wilden Drehungen. Seine Wirkung auf das Publikum war jedoch niemals nur ein Ergebnis dessen, was Nurejew tat. Sie lag darin, wie er es tat – die erregende Geschmeidigkeit seines *Corsaire*-Solos, die melancholische Hingabe seines Albrecht in *Giselle*, sein leidender, glühender Romeo. Nurejews erste Kritiken griffen alle auf eine gefühlsgeladene, höchst persönliche Wortwahl zurück, die nahelegt, daß auf beiden Seiten des Proszeniums die Hormone außer Kontrolle geraten waren. Es fielen Begriffe wie seit Nijinsky nicht mehr, um einen Tänzer zu beschreiben: fremdartig, androgyn, raubkatzenhaft, exotisch. »Nurejew setzte seinen Körper nicht einfach nur ein«, erinnert sich die große französische Ballerina Violette Verdy. »Er benutzte ihn, um Stimmungen zu erzeugen – wie ein Instrument. Noch nie hatte ich eine so verletzliche Preisgabe der eigenen Persönlichkeit gesehen.«[3] Schon allein aufgrund seiner körperlichen Schönheit – und seines geschickten Einsatzes derselben – ging Nurejews Ausstrahlung unter die Haut. »Rudi war auf der Bühne immer ein Wilder«, erinnert sich seine Kirow-Kollegin Elena Tschernitschowa. »Er tat einfach, was ihm gerade einfiel. Natürlich waren die Leute da schockiert.« Nurejew tat de facto mehr, als sein Publikum nur zu schockieren. Er verbreitete eine ungeheure Spannung. »Er betrat die Bühne wie eine Arena«, erinnert sich Verdy. »Wird er nun von den Löwen gefressen werden oder nicht? Dieses Gefühl von Gefahr vermittelte er uns Zuschauern. Er tanzte sozusagen ohne Netz.«[4]

Nie zuvor hatte man so etwas gesehen. Nurejew tauchte im Westen auf wie einer dieser Fremden in Schlangenlederjacken im Spätwerk von Tennessee Williams – ein Mann mit Vergangenheit, schüchtern, doch sich seiner Schönheit bewußt und Chaos auslösend. Während Nurejews Karriere kamen die Zuschauer ins Theater, um mehr zu sehen als nur Tanzschritte. Sie wollten sich in Erstaunen versetzen lassen. Dreißig Jahre danach ist es immer noch verblüffend, wie oft Begriffe wie »aus einer anderen Welt« und »fast übermenschlich« in Nurejews frühen Kritiken auftauchen. Zusätzlich zu seiner exotischen Körperlichkeit – die hohen Wangenknochen, seine Geschmeidigkeit, seine Ausstrahlung – brachte Nurejew persönliche Eigenschaften mit, die in seinen Tanzstil einflossen. Es waren Eigenschaften, die traditionellerweise nicht mit männlichen Tänzern in Verbindung gebracht wurden. Der Biograph David Daniel stellt fest, daß Nurejew der erste Tänzer seit Nijinsky war, dessen Darbietungen etwas Geheimnisvolles anhaftete, etwas Ambivalentes, Bisexuelles. »Der junge Nurejew war immer für eine Überraschung gut«, erinnert sich Daniel. »Man wußte nie, was er als nächstes tun würde, selbst bei seinen Vorhängen. Er konnte vor dem Vorhang stehen und langsam, ganz bewußt seine Arme zum Publikum hin ausbreiten. Oder aber er verneigte sich kurz und stürzte von der Bühne, um nicht mehr wiederzukommen, egal, wie stark der Applaus war. Er umgab alles, was er tat, mit einer Aura des Unvorhersehbaren.«[5] Bei seiner Arbeit vermittelte er den Eindruck, als würde er von einem überaus scharfen Verstand geleitet, der ebenso agil und geschmeidig war wie sein Körper.

Die deutlichste Aussage zu Nurejews angeborener Intelligenz stammt von Dame Ninette de Valois, der Gründerin des Royal Ballet und Nurejews größter Fürsprecherin im Westen. »Wie viele Leute haben Sie für dieses Buch interviewt?« fragte Madame de Valois bei einem Gespräch über Nurejew, das ich kürzlich mit ihr führte. »Wie viele davon waren Tänzer? Und wie viele waren klug?«[6] Nurejews Einzigartigkeit führte dazu, daß der männliche Ballettanz – nicht nur die Charaktere im Ballett, sondern auch der Impuls hinter ihrem Tanz – sich unwiderruflich veränderte.

Nurejew tat Dinge, die kein Tänzer vor ihm jemals getan hatte. Er war furchtlos. Er hatte eine unglaubliche sexuelle Ausstrahlungskraft. Er trat mit einem Minimum an Kostümierung und einem Maximum an Schminke auf. (Es heißt, Nurejew sei einmal zu einer seiner frühen Proben mit Lockenwicklern im Haar erschienen.) Nurejew selbst wollte sich nicht festlegen, wenn man ihn fragte, was er auf der Bühne zu erreichen versuchte: »Ein Tänzer muß Ballette sehr unterschiedlich interpretieren«, erklärte er der Londoner *Times*, kurz nachdem er sich dem Royal angeschlossen hatte, »so, als wären sie Gedichte.« In ihrer eigenen, unnachahmlich knappen Art kam Martha Graham in ihrer posthum erschienenen Autobiographie *Blood Memory* (*Der Tanz – mein Leben*) Nurejews Art von Poesie sehr nahe: »Ich bin auch gefragt worden, warum ich *Lucifer* mit Rudolf Nurejew choreographiert hätte. Luzifer ist der Lichtbringer. Als ihm die göttliche Gnade entzogen wurde, verhöhnte er Gott. Er wurde halb Gott, halb Mensch. In seiner Eigenschaft als Mensch wußte er um die Ängste der Menschen, ihre Seelenqualen und Bedrohungen. Er wurde zum Gott des Lichts. Jeder Künstler ist ein Lichtbringer. Deswegen arbeitete ich mit Nurejew zusammen. Er ist ein Gott des Lichts.«[7]

Wie poetisch auch immer seine Ambitionen gewesen sein mögen, Nurejew führte noch eine weitere Neuerung ein, nämlich überaus klug gewählte Show-Effekte. Er war gewitzt wie ein Vaudevilleveteran. Maria Tallchief erinnert sich an eine Probe für Nurejews amerikanisches Debüt, als er anläßlich einer *Bell-Telephone-Hour*-Sendung im Januar 1962 mit ihr den Pas de deux aus *Das Blumenfest von Genzano* tanzte. Bei den Proben war Tallchief nicht besonders beeindruckt von Nurejew. »Er hatte keine Höhe, keine Sprungkraft, und ich dachte nur, was soll dieser ganze Rummel? In der eigentlichen Vorstellung fand ich es dann heraus, als er nur so über die Bühne flog. Das Studio hatte einen Zementfußboden, müssen Sie wissen, und er hatte sich geschont. Rudolf war sehr klug, sehr gewitzt, was solche Sachen anbelangte.«[8] Er verstand es, das Publikum sofort in Begeisterung zu versetzen, und seine technische Meisterschaft war nur ein Teil dessen, was ihn von Anfang an so berühmt machte. Nurejew war tatsächlich der rebellische Poet, auf den das Ballett im Westen gewartet hatte, aber er verfügte auch über einen erstklassigen Bühneninstinkt. Die Kombination aus Idealismus und krudem Pragmatismus war unwiderstehlich. »Rudolf wußte ganz genau, wann er sein Publikum einschüchtern mußte«, erinnert sich John Wilson, ein ehemaliger Manager für Hurok Concerts, »und er wußte ebenso gut, wann er lächeln mußte. Er konnte seine Zuschauer stets dazu bringen, das zu tun, was er wollte.«[9] Eine langjährige Nurejew-Anhängerin erklärt es noch genauer: »Jede Frau in diesem Theater wußte tief in ihrer Seele, daß er einzig und allein für sie tanzte. Es war wie bei Frank Sinatra. Er versetzte die Frauen in Hochspannung. Und mindestens der Hälfte der Männer ging es ebenso.« Die Welt hat mit Sicherheit stärkere, technisch perfektere Tänzer gesehen – André Eglevsky, Igor Youskevitsch und Royes Fernandez in den Vereinigten Staaten, Erik Bruhn und ganze Generationen dänischer Tänzer –, aber keiner ähnelte diesem schlanken, wilden Pan, der aus den servilen Ballettprinzen auf offener Bühne Stars machte, so schillernd – und so bedeutsam – wie jede Ballerina.

Verständlicherweise wurde Nurejew nach seiner Flucht zu jenem Tänzer, den jeder Ballettfan einfach sehen mußte. Und er wurde zu dem Mann, den auch jeder außerhalb des Theaters kennenlernen wollte, und zwar nach Möglichkeit im biblischen Sinn des Worts. Wie sehr sich Nurejew auch im Applaus seines westlichen Publikums sonnte, dessen Zudringlichkeit nahm er weniger gelassen hin. Innerhalb der ersten sechs Monate nach seiner Flucht legte er sich einen engen Kreis von ergebenen Freunden zu, um damit unerwünschtes Interesse an seiner Person abzuwehren. Dieses »Gefolge« bestimmte schließlich Nurejews persönlichen Umgang und trug zu der ihn umgebenden Aura von geheimnisvoller Distanz bei. Die Gesichter in diesem Kreis wechselten zwar im Lauf der Jahre, als sich Nurejew immer freier in den neuen Welten des Show-Busineß, der internationalen Gesellschaft und der besseren Schwulenkreise bewegte. Doch in seiner Anfangszeit im Westen hätte über Nurejews Kopf genauso gut ein Schild hängen können, das hinter der Bühne eines jedes Opernhauses der Welt zu finden ist: Zutritt nur für Tänzer! Bitte keine Besucher!

Selbst als die Mitglieder dieses Gefolges nur aus dem Kreis der Kollegen vom Unterricht und den Proben rekrutiert wurden, blieb Nurejew ein Rätsel für nahezu jeden um ihn herum. Darauf achtete er persönlich. Unter den Leuten, die Nurejew als erste im Westen kennenlernten, gibt es keine zwei, die diesen Wunderknaben auf die gleiche Art und Weise beschreiben. Nurejews persönliche Zurückhaltung, die seinem angeborenen Mißtrauen Fremden gegenüber entstammte – ganz zu schweigen von seiner bewußt schwankenden Beherrschung der englischen Sprache –, ließ seinen neuen Freunden freie Hand bei der Einschätzung seiner Person. Ihre Erinnerungen sind erstaunlich kontrovers. Viele waren fasziniert von ihm, ebenso viele abgestoßen. Manche sahen nur seinen Charme, andere kamen nicht über seine Verschlagenheit hinweg. Manche, vor allem Frauen, sahen einen einsamen, mutigen jungen Adonis, allein in einer fremden Welt. Andere, vor allem Männer, sahen einen groben, gemeinen, fluchenden Emporkömmling, der die Rolle der Primadonna bereits viel zu gut beherrschte. Und dann gab es noch solche, unter anderem auch Fonteyn, die beide Seiten sahen und denen diese Widersprüchlichkeiten wie auch die stets drohenden Wutausbrüche Nurejews völlig gleichgültig waren. »Ja, ich weiß, daß er schrecklich sein kann«, pflegte Fonteyn zu sagen, »aber schließlich ist es die Sache wert, oder?« Durch Nurejews nachfolgende Berühmtheit wurde größtenteils die Tatsache verdrängt, daß es – zumindest am Anfang seiner Karriere im Westen – viele gab, die Fonteyns begeisterte Einschätzung eindeutig ablehnten. Richard Buckle, ein führender englischer Kritiker, hielt Solowjew für den weitaus besseren Tänzer und beschrieb Nurejew als »den Tänzer mit der größten Publicity«. John Martin, der mächtigste Rezensent dieser Zeit und prominentester Tanzkritiker der *New York Times*, nahm den größten Anstoß an Nurejew. »Als Tatare«, schrieb Martin in einem berühmten Bericht über Nurejews erste Amerikatournee mit dem Royal, »hat Nurejew die Raubgier eines etwas älteren und bisher bekannteren Vorfahren, Dschingis Khan, geerbt. Mit anderen Worten: Er kommt und siegt.« Für Martin war Nurejew »unberechenbar, unzuverlässig und launisch, und er läßt sich nur dann herab, gut zu tanzen, wenn der Wind aus der richtigen Richtung weht.« Selbst Fonteyn konnte seinem Unwillen nicht entkommen: »Offensichtlich hat sie sich einen Gigolo als Tanzpartner gewählt.«

Da Nurejew der Welt viele Gründe neben den rein beruflichen lieferte, ihn zu bemerken – sein Absprung, sein launisches Wesen, seine Wutanfälle, seine unübersehbare sexuelle Ausstrahlung – tritt die Frage nach seinem tänzerischen Können oft hinter die nach den Gründen für seinen persönlichen Magnetismus zurück. Seine Berühmtheit basierte sicherlich nicht auf der Reinheit seiner klassischen Technik, trotz seiner sofortigen Ernennung zum neuen Nijinsky durch Kritiker, die Nijinsky nie hatten tanzen sehen. Eine Frau, die es wissen mußte, die große Tamara Karsawina, Diaghilews Primaballerina und Nijinskys Partnerin, war der Ansicht, daß Nurejew tatsächlich ein besserer Tänzer war als ihr berühmter Kollege – weniger aufgrund seiner technischen Fähigkeiten, als vielmehr wegen seiner Vielseitigkeit und seiner Begabung als Partner. Nurejews Leistung bei seiner ersten *Laurencia* mag in dieser Hinsicht etwas dürftig gewesen sein, aber bald entwickelte er sich zu einem außerordentlich verläßlichen und einfallsreichen Partner. »Sie haben Glück, einen solch wundervollen Partner zu haben«, erklärte Karsawina Fonteyn, als sie einmal mit ihr und Nurejew *Giselle* einstudierte, und fügte, traurig den Kopf senkend, hinzu: »Ich … hatte Nijinsky.«

Niemand wußte besser als Nurejew selbst, daß er noch viel an sich arbeiten mußte, wenn er das werden wollte, was ihm am meisten am Herzen lag, ein Danseur noble in der klassischen Tradition und nicht der Demi-Charakter unter »ferner liefen«, der ihm eigentlich aufgrund seines Körperbaus zugeschrieben war. Er war entschlossen, seine Technik auszufeilen, und deshalb in Kopenhagen, als ihn Fonteyns schicksalhafter Telefonanruf erreichte. Nurejew hatte sich vergewissert, daß Erik Bruhn in Kopenhagen war, wo er eine Reihe von Gastspielen mit dem Königlich Dänischen Ballett gab, und er wußte auch noch etwas: Ohne Bruhn jemals selbst gesehen zu haben, hielt Nurejew ihn für »den einzigen Tänzer, der mir noch etwas beibringen kann, was ich noch nicht kenne«.[11] Nurejew war auf seine erste Tournee nach Ost-Berlin verfrachtet worden, als Bruhn, der große klassische Tänzer dieser Zeit, 1960 mit dem American Ballet Theatre in Leningrad gastierte. Kurz vor seinem Absprung hatte Nurejew jedoch die Raubkopie eines Kurzfilms gesehen, in dem Bruhn Balanchines *Theme and Variations* auf der Rußlandtournee des Ballet Theatre tanzte. Blitzartig erkannte er in Bruhn die Verkörperung des idealen Tänzers, ein Vorbild, nach dem er seinen widerspenstigen Körper unbedingt formen wollte – nicht der vierschrötige, untersetzte, kräftige Handwerker, wie es der Idealvorstellung sowjetischer Männlichkeit entsprach, sondern eine große, schlanke königliche Erscheinung, elegant proportioniert und ausdrucksstark. Bruhn verkörperte alles, was Nurejew als Tänzer unbedingt werden wollte.

Bruhn zu finden wurde Nurejews oberstes Anliegen, als er nun mit ausreichend Bargeld aus den Cuevas-Tourneen im Westen auf sich allein gestellt war. Maria Tallchief arrangierte ein Treffen, und so lernte Nurejew im Herbst 1961 sein Idol im Hotel Angleterre in Kopenhagen kennen. Diese Begegnung veränderte den Lebenslauf der beiden Männer, und zwar sowohl auf der Bühne als auch privat. Sonia Arova war damals eine bekannte Ballerina und trat in die kleine Tourneetruppe ein, die Bruhn und Nurejew bald zusammenstellten. »Rudis Achtung, sein Respekt für Eriks Tanzen«, erinnert sie sich, »war die Grundlage ihrer gesamten Beziehung. Rudi hatte sich Erik ausgesucht, um von ihm zu lernen. Was immer später noch hinzukam, damit fing alles an.«[12] Unter Bruhns Schirmherrschaft begann Nurejew bei der dänischen Kompanie und bei Volkova im besonderen Unterricht zu nehmen. Wie Nurejew stammte Vera Volkova aus Rußland und war eine Absolventin seiner Alma mater, der Kirow-Akademie, wenn auch aus der Zeit, als diese noch Kaiserliche Ballettschule hieß. Nach ihrer Emigration mit ihrem britischen Ehemann in den Westen war sie zu einer der einflußreichsten Ballettlehrerinnen Europas geworden.[13] Der neue russische Besucher in Kopenhagen hinterließ einen tiefen Eindruck bei einem fünfzehnjährigen Eleven der Königlich Dänischen Kompanie, Peter Martins: »Rudi war das, was wir einen ›unreinen‹ Tänzer nennen. Nicht rein, noch nicht vollendet. Russisch. Ein roher, roher ... am liebsten würde ich ›Diamant‹ sagen, aber das trifft auch nicht genau zu. Rudi brauchte viele Jahre, in denen er sich voll konzentrierte, um seine Technik zu verfeinern, um herauszufinden, daß das Tanzen mehr beinhaltet als das, was er in Rußland gelernt hatte. Er arbeitete sein ganzes Leben lang daran, ein reiner, klassischer Tänzer zu werden wie Bruhn. Mr. Clean ist er dennoch niemals geworden.«[14]

Weder auf noch hinter der Bühne.

Wie schon in Rußland hinterließen Nurejews aggressives

Auftreten, seine Gabe, andere zu beleidigen, und seine gnadenlos schlechten Manieren einen ziemlich üblen Eindruck bei seinen Mitmenschen. Trotz seiner Stellung in Dänemark als Bruhns Gast war Nurejews Verhalten den Dänen gegenüber, wie Martins sich ebenfalls erinnert, »einfach ziemlich übel. Wer oder was war er denn eigentlich? Zweiundzwanzig, vielleicht auch dreiundzwanzig Jahre alt und voller Starallüren! Ich war schon in den Erwachsenenklassen, als er zum erstenmal in Kopenhagen auftauchte, und mein erster Eindruck von ihm war, daß er grob war, immens grob allen gegenüber – zu den andern Tänzern, den Pianisten, jedem einzelnen Lehrer gegenüber bis auf die Volkova. Und Erik ließ ihm alles durchgehen, oder er versuchte, alles nur als Spaß hinzustellen.«[15] Nicht jeder konnte darüber lachen, und Nurejews sprödes, bissiges Gehabe wirkte sich tatsächlich ziemlich nachteilig aus, als er Kopenhagen verließ und sich auf Arbeitsuche begab. Auch wenn es aus der Distanz dreier Jahrzehnte scheint, daß Nurejew kaum Probleme haben konnte, Arbeit zu finden, weisen die Fakten seines ersten Jahres im Westen darauf hin, daß dies vielleicht doch der Fall war. Trotz des Erfolgs bei seinem Londoner Debüt auf Fonteyns RAD-Gala und der Sensation, die seine ersten *Giselles* mit Fonteyn im Februar und im März 1962 verursachten, war sich Ninette de Valois fast ein Jahr lang nach diesen beiden Vorstellungen unschlüssig, ob sie Nurejew nun als reguläres Mitglied in das Royal aufnehmen sollte. In der Zwischenzeit klopfte er auch an andere Türen – ohne Erfolg. Das größte Problem war sein vorlautes Mundwerk. Im Winter 1962 nahm Lucia Chase, die Gründerin des American Ballet Theatre, ihn auf Bruhns Vorschlag hin in ihre Kompanie auf, trotz inoffiziellen sowjetischen Drucks, Nurejew in Amerika keine Heimat finden zu lassen. Er hielt sich eine Woche lang, bis er Chase einmal zu oft beleidigte. Seine Manieren besserten sich auch nicht, nachdem de Valois ihm eine Stellung als »Dauergast« in London angeboten hatte. Er schaffte es sogar, den Choreographen, der die Kompanie mitgegründet hatte, den großen Frederick Ashton, vor den Kopf zu stoßen.

»Wie alle Russen«, erklärte Nurejew Anna Kisselgoff, der prominentesten Tanzkritikerin der *New York Times*, »dachte ich, daß ich so gut wie sonst keiner über die Klassiker Bescheid wüßte.«[16] Schließlich erzürnte Nurejew Ashton dermaßen, daß dieser trotz der ekstatischen Reaktion auf *Marguerite und Armand*, das er 1963 für Fonteyn und Nurejew kreiert hatte, ganze fünf Jahre verstreichen ließ, bevor er eine weitere Rolle für Nurejew schuf.

Nurejews technische Unzulänglichkeiten und seine schlechten Manieren wirkten sich jedoch nicht auf seine Darbietungen aus. Er war mehr als nur ein Vorreiter einer neuen Generation von Tänzern, er war eine völlig neue Spezies; die tanzenden Männer lernten eine völlig neue Sprache. »Rudolf hat den männlichen Tanz revolutioniert«, erklärt Tschernitschowa. »Neben ihm wirkten alle anderen plötzlich wie Lastwagenfahrer.«[17]

Bis zu Nurejews Ankunft im Westen beherrschte der Danseur nur eines – den Platz hinter der Primaballerina. Balanchines berühmte Behauptung: »Ballett, das sind die Frauen«, war mehr als nur eine persönliche Meinung, es war eine Stellenbeschreibung für den Tänzer: da einen Schwan stützen, dort eine Sylphe stemmen. Als Diaghilew, der die Hauptrollen in seinen Ballets Russes seiner Reihe von Wunderknaben – zuerst Nijinsky, dann Léonide Massine und Anton Dolin, und zuletzt Serge Lifar – vorbehalten hatte, 1929 starb, verloren die Ballettchoreographen größtenteils das Interesse an Männern, es sei denn, sie kreierten Ballette für sich selbst, wie Lifar an der Pariser Oper, Robert Helpman am Sadler's Wells in London oder Tschabukiani in der Sowjetunion. An allen anderen Orten stand die Ballerina an erster Stelle. Ashton fand seine Muse in Margot Fonteyn, und in den Vereinigten Staaten schuf Balanchine, der Ziegfeld des Balletts, ein Repertoire und eine Kompanie, die den langen Gliedmaßen und der unerschöpflichen Energie des amerikanischen Mädchentyps huldigte. Die Tänzer standen an zweiter Stelle, weshalb selbst die großen, bedeutenden Danseurs des zwanzigsten Jahrhunderts immer mit einer einzigen herrschenden Ballerina in Verbindung gebracht wurden – Dolin mit Markowa, Frederic Franklin mit Danilowa, Youskevitsch mit Alicia Alonso, Eglevsky mit Maria Tallchief. Richtig, Nurejew hatte Fonteyn als Partnerin, aber seine Liste von Partnerinnen klingt wie ein »Who is Who« des Balletts: Lucette Aldous, Sonia Arova, Yvette Chauviré, Eva Evdokimova, Carla Fracci, Cynthia Gregory, Sylvie Guillem, Marcia Haydée, Rosella Hightower, Patricia McBride, Natalia Makarowa, Yoko Morishita, Merle Park, Nöella Pontois, Lynn Seymour, Antoinette Sibley, Maria Tallchief, Ghislaine Thesmar, Martine van Hamel. Wie Nijinsky hätte er es trotzdem auch noch als Solotänzer geschafft.

Nurejew schaffte den zweitrangigen Status des Ballettänzers ab. Unter seiner Schirmherrschaft lernten die Männer im Ballett drei Dinge: sich gehenzulassen, vorzutreten und sich zu behaupten. Nurejews Neuerungen wurzelten in seiner Suche nach dem heiligen Gral, in seinem Kampf, seinen widerspenstigen Körper neu zu formen und zu definieren. Ein Ballettänzer, so heißt es, muß mit zwei Gaben geboren sein: dem richtigen Körper und den richtigen Eltern. Nurejew war in beiden Punkten benachteiligt. Einen wichtigen Beitrag, den seine Eltern zu seinem Erfolg leisteten, war eher ein Versehen: Eine Mutter, die ihrem Lieblingskind unbedingt einen Sinn für das Schöne vermitteln will, und ein Vater, der entschlossen ist, die Zukunft seines einzigen Sohns zu diktieren, können genügend Reibung hervorrufen, um ein lebhaftes Feuer zu entfachen. Diese Kombination trug mit Sicherheit zu der blinden Entschlußkraft bei, die Nurejews Leben vom Anfang bis zum Ende bestimmen sollte.

Auch was seinen Körperbau betraf, war das Schicksal nicht viel gnädiger gewesen. Nurejew war nicht hochgewachsen und breitschultrig wie Bruhn; er war knapp einen Meter fünfundsiebzig groß und wog zwischen siebenundsechzig und zweiundsiebzig Kilo. Er verfügte auch über keine der körperlichen

Eigenschaften, die Ballettänzer brauchen, um erfolgreich zu sein. Nurejew kämpfte ein Leben lang gegen seinen Körper an, hörte nie damit auf, nicht einmal in dem schmerzhaften letzten Jahrzehnt seiner Karriere, als er die meisten seiner Auftritte in Binden und Bandagen tanzte, die er wegen immer neuer Verletzungen tragen mußte. (Einmal meinte er, daß er sich als Tänzer dann am wohlsten fühle, wenn er am müdesten sei, und eine ganze Reihe seiner späten Partnerinnen pflichten ihm darin bei.) Mit einer einzigen Ausnahme, der für den Körper eines Tänzers immens wichtigen Fähigkeit, sich aus seinem Zentrum heraus zu entfalten, waren die angeborenen Gaben, die die Karriere eines Ballettänzers bestimmen – die richtigen Proportionen, eine natürliche Biegsamkeit, stählerne Riste – einfach nicht vorhanden. Laut Georgina Parkinson, einer frühen Kollegin bei der Royal Academy, »fiel das Ballett Rudi nie leicht. Er mußte schrecklich hart an dem arbeiten, was er hatte. Und er war bereit, dafür Blut zu schwitzen.«[18] Verdy, die Nurejew aus seinen Anfangszeiten bei de Cuevas kannte, ist der gleichen Ansicht: »Mit Rudis Körper ließ sich nicht so leicht arbeiten. Er schuf ihn sich mehr oder weniger selbst. Er schuf sich seinen Körper – machte ein Werkzeug daraus, und gleichzeitig entwickelten sich seine Seele und sein Talent. Er war von Anfang an das Schlachtfeld, auf dem all dies stattfand.«[19]

Selbst Nurejews berühmter explodierender Jeté war ein Geschenk, das Nurejew sich selbst gemacht hatte. »Rudolf hatte keine richtige, keine natürliche Sprungkraft«, erklärt Tschernitschowa. »Er war nicht wie Mischa, der eine wohl angeborene, absolut erstaunliche Koordination besitzt. Wirf ihn aus einem Fenster, und er wird auf seinen Füßen landen. Rudolf war nicht so. Er brachte sich das Springen selbst bei.« Sein Ziel hatte Nurejew ebenso klar vor Augen wie den Widerstand, auf den er stieß. »Diese Idioten!« beschwerte sich der Student Nurejew bei Tschernitschowa, als er wieder einmal im Unterricht korrigiert worden war, weil er Pirouetten aus einer gestreckten Stellung auf Spitze tanzte, nicht dem Boden nahe wie die ›richtigen‹ Männer. »Sie sind einfach blöd! Verstehen sie denn nicht, daß ich schlechte Proportionen habe? Ich habe kurze Beine und einen langen Körper. Ich muß einfach auf einer hohen Demi-pointe stehen, sonst wirke ich lächerlich!«

»Dies war zum großen Teil der Grund, weshalb die Kompanie ihn haßte, und ich meine dies wortwörtlich. Er war nicht rein klassisch. Er war ein Wilder auf der Bühne. Er tanzte auf einer hohen Demi-pointe. Er streckte sich. Dies stand alles im Widerspruch zu sämtlichen Prinzipien der Kirow-Ausbildung. Aber er wußte genau, was bei ihm richtig aussah.«[20] Sonia Arova ist derselben Meinung: »Alles, was Rudolf an Technik hatte, war hart erarbeitet. Er arbeitete wirklich an jedem Sprung, er arbeitete gründlich und sorgfältig an seinem Kopf, an seiner Schulterhaltung. Und zwar auf seine Art. Rudolf tat immer das, was er tun wollte.«[21]

Bis zu seinen letzten Lebensmonaten setzte Nurejew sich immer hohe Ziele und gab sich partout nicht mit weniger zufrieden, selbst nachdem er sich leicht auf seinen Spezialitäten hätte ausruhen können. Sein Widerstand gegen den einfacheren Weg zeigt sich schon sehr früh, zum Beispiel in dem Film von seinem *Corsaire*-Solo auf dem Moskauer Tanzwettbewerb 1958. Auf dem Höhepunkt der Variation – die im Grunde vom Anfang bis zum Ende ein Feuerwerk von aufeinander folgenden Sprüngen ist – muß der Tänzer in einer Diagonalen eine Serie von drei Drehungen in der Luft vollziehen. Dabei handelt es sich nicht um die Standardversion der »Doppeldrehungen« von hoch, runter und zweimal um die eigene Körperachse; es sind vielmehr sowjetische Tours en l'air, auf Spitze getanzte zylindrische Drehungen. Um so viele Schwierigkeiten wie möglich zu zeigen, muß sich der Tänzer rückwärts in seiner Diagonalen bewegen, das Gesicht dem Publikum zugewandt, angefangen genau unter dem Proszenium bis zur weitest entfernten Bühnenecke. Er dreht sich in der Luft um die eigene Achse, nicht nach außen hin wie bei den leichteren »Außendrehungen«. Gleichzeitig bringt er beide Beine eng an seinen Körper, wobei die Arme um die Schultern geschlungen werden. Bei der Moskauer Vorstellung kommt Nurejew aus seinem ersten Durchgang heraus wie Karen Black bei der Kontrolle des Jumbo Jets in *Giganten am Himmel.* »Ich kann dieses Flugzeug nicht fliegen! Ich kann es nicht fliegen!« Nurejews hinterer Fuß läßt ihn bei der Landung völlig im Stich, die als tiefer, ausufernder Ausfall gedacht ist, und er steht kurz vor dem Fall. Statt es bei der nächsten Drehung leichter anzugehen, gibt Nurejew noch einmal Vollgas. Die zweite Drehung ist höher, schneller und sauberer, und er kommt nahezu in einem vollen Spagat auf, fest wie ein Felsen.

Nurejew verlor nie diese Lust am Risiko. Im Westen hielt er sich nicht an das, was er tun konnte – nein, er stellte sich bis zum Ende seiner Karriere unermüdlich neuen technischen Herausforderungen. Verdy erinnert sich, daß Nurejew »sich selbst gegenüber keine Gnade kannte. Die Solos, die er in *Dornröschen* für sich selbst gestaltete, hätten andere Leute nur sehr zögernd und nur im Studio ausprobiert.«[22] Sie waren auch der Beweis, daß Nurejews Karriere, wie einträglich sie auch immer gewesen sein mag, viel mehr war als nur ein kommerzielles Unterfangen. Nurejew ging Risiken ein, die er nicht hätte eingehen müssen. Die russische Schule des elementaren männlichen Tanzes hatte er gemeistert. Im Westen nahm er sich als erstes die aus dem neunzehnten Jahrhundert stammenden teuflisch filigranen Ballette des dänischen Choreographen August Bournonville vor. Der Bournonville-Danseur, den Bruhn verkörperte, ist alles, was der russische Tänzer nicht ist – beschwingt, nicht überschwenglich, präzise, nicht draufgängerisch, artikuliert, nicht laut. Eigentlich hätte Nurejew nur ein Haremskostüm tragen müssen, um das Publikum in Ekstase zu versetzen, aber er war entschlossen, die Feinheiten der Bournonville-Technik zu meistern. Als er 1989 endlich einmal eingeladen wurde, im Kirow-Theater aufzutreten, bewies seine Wahl des Balletts, mit dem er seinen früheren Genossen zeigen wollte, was er im Westen gelern hatte, wie tief seine Zielstrebigkeit noch immer reichte: Bournonvilles *La Sylphide.* Nurejews Wille, besser zu tanzen – und immer noch besser – schuf neue Möglichkeiten für den männlichen Ballettdarsteller.

»Was auch immer die anderen über Rudolf sagen mögen«, faßt Peter Martins zusammen, »und ich habe die ganzen Geschichten gehört – daß er ein richtiges Ekel sein konnte, und so weiter –, letztlich hätte sich Rudolf, wenn er sich denn zwischen dem glanzvollen Leben, dem Geld, der Aufmerksamkeit und seinem Tanzen hätte entscheiden müssen, auf jeden Fall für das Tanzen entschieden.«[23]

»Die klassischen Tänzer«, schrieb Arlene Croce in *The New Yorker* kurz nach Nurejews Tod, »waren damals nicht halb so prominent wie heute, und es war Nurejew, der den entscheidenden Anstoß gab. Aber als er zum erstenmal mit seinen Füßen in der zweiten Position – Viertel-nach-neun – auftauchte, wirkte er völlig absurd. Und er wußte es genau. Der wirklich bemerkenswerte Zug seines wesentlichen Schrittes – das Doppel-Assemblé – war die enge Fünfte, die er vom Anfang bis zum Ende durchhielt. Auffällig war die doppelte Drehung in der Luft, und anfangs stolperte jeder, der diesen Schritt versuchte, beim Herunterkommen, wie es auch Nurejew selbst manchmal tat. Dann kapierten es seine Nachahmer, und heute ist der Schritt einhergehend mit einer vollen Drehung ein Allgemeingut. Nurejew begab sich in seine perfekte Fünfte, selbst wenn er eigentlich nur seine Partnerin unterstützen mußte. Er streckte sich mit geschlossenen Füßen und hocherhobenem Kopf, und erst dann bot er seiner Ballerina die Hand an, als wolle er sagen: ›Laß uns das richtig machen!‹«

Nurejews Bestreben, seine Technik zu verfeinern, hat letztlich das männliche Ballett verändert. Eben als er das erste Mal richtig berühmt wurde, kämpfte Nurejew vorrangig darum, Bruhns Eleganz und die Perfektion seiner Ausführung zu übernehmen. »Rudolf war der letzte in der Reihe der Tänzer«, erklärt Heather Watts, Solistin beim New York City Ballet, »der nicht immer in der fünften Position landete, aber nach der Landung pflegte er seine Fünfte stets zu festigen. Er konnte es sich leisten, auf der Bühne pedantisch zu sein, wenn er wollte, weil er auch so vieles andere bestens beherrschte.«[24] Als berühmtester Tänzer der Welt hat er seinem Vorbild Bruhn weltweite

Aufmerksamkeit und Ruhm verschafft. Nurejew verkörperte sein Ideal zwar nie zur Gänze, aber er brachte seine Altersgenossen dazu, sich in diese Richtung zu bewegen.

Er hinterließ auch noch ein unerwartetes Selbstporträt – seine Ballette.

Im Werk eines Künstlers Autobiographisches auszumachen, ähnelt dem Versuch, Medusa eine Dauerwelle zu verpassen. Nurejews choreographisches Werk umfaßt sowohl eigene Ballette als auch seine Versionen der traditionellen Klassiker. Nichts davon wurde einstimmig gelobt. Nurejews eigene Ballette neigten dazu, von anderen Dingen erdrückt zu werden, denn sein Interesse galt eher poetischen oder thematischen Belangen als den feineren Aspekten der Choreographie. Seine Bearbeitungen des Petipa-Repertoires waren ebenso persönlich gefärbt und zeigten eine eher betäubende Fülle von ständiger Bewegung: Jede Note wird von einem Schritt begleitet. Als Regisseur und als Choreograph verwickelte sich Nurejew oft in freudsche Fehlleistungen; etwas stimmt nicht mit einem Choreographen, der Prokofjews *Cinderella* in eine eiskalte Abhandlung über Zynismus und Habsucht verwandelt.

Die Person Nurejew wird seinem Publikum am ehesten durch seine Ballette verständlich. Seine erste eigene Choreographie, *Tancredi*, 1966 an der Wiener Staatsoper zur Aufführung gebracht, war bezeichnend. Nurejew war nicht nur der Hauptdarsteller, sondern dem Konzept nach der einzige Darsteller in diesem Ballett. Die anderen Tänzer waren entweder Projektionen seiner selbst oder Dämonen, die ihn verfolgten. »Er ist eigentlich zwischen der reinen und der irdischen Liebe hin- und hergerissen«, schrieb Alexander Bland[25] über die Uraufführung. »Nach einer Reihe halluzinatorischer Erlebnisse zerbricht seine Persönlichkeit schließlich in zwei Teile, und nach einem letzten Kampf sinkt er zurück in das Urchaos, aus dem wir ihn erstehen haben sehen.«[26] Das Bild war kaum fröhlicher bei Nurejews Byron-Ballett *Manfred*, das er fünfzehn Jahre später an der Pariser Oper einstudierte. Wieder war

Nurejew der Mittelpunkt des Balletts, und alle um ihn herum hatten dieselbe bedrängende Funktion wie die Tänzer in *Tancredi.* Endlos verfolgt von maskierten Gestalten, ist Nurejews Byron-Figur ein Held, der sich immer abseits hält, ein einsamer, gejagter, geächteter Mensch. Schließlich wird er von einem Meer aus tiefblauer Seide verschluckt.

Trotz all seines geheiligten Engagements, Petipas Arbeit zu erhalten, stehen die Bilder, die Nurejew den traditionellen Klassikern beifügte, zumindest nach Alexander Bland für »den Jung des Herzens«.[27] Zwei Produktionen sind besonders aufschlußreich. Ninette de Valois betrachtete Nurejews Einstudierung des *Nußknacker* als »die beste, die ich je gesehen habe«[28]; in den fünfundzwanzig Jahren seit seiner Premiere an der Königlichen Oper in Stockholm ist das Stück in dieser Fassung von mehr Kompanien und Theatern aufgeführt worden als jede andere Inszenierung dieses Balletts. Nurejew dehnte den *Nußknacker* sogar ins Soziologische aus. Die Gäste, die zur traditionellen Weihnachtsfeier kommen, müssen sich erst durch Straßengangs und den einen oder anderen Raubüberfall durchkämpfen. Das Unerwartete wird zur Norm in einem *Nußknacker – Nußknacker*! –, in dem der arabische Tanz in einer Lasterhöhle stattfindet, die Partygäste auch als Vampire auftreten und der jungen Heldin ein unbescheiden überdimensionierter Nußknacker überreicht wird. Nurejews umstrittene Einstudierung von *Schwanensee* für das Ballett der Pariser Oper im Jahr 1984 liegt ebenfalls auf dieser Linie, wenn auch etwas gedämpfter. Das gesamte Ballett spielt sich in einem geschlossenen Raum ab, aus dem es kein Entkommen gibt.

Nurejew mag sein Leben lang ständig unterwegs gewesen sein. Vor dem Hintergrund seines kreativen Schaffens scheint sein überfüllter Terminplan wie der Schrei eines Mannes, der sich als verfolgt, als in einer Falle sitzend empfindet.

Kapitel 7

Die letzte kaiserliche Ballerina

»And all that's best of dark and bright
Meet in her aspect and her eyes«
George Gordon, Lord Byron, *»She Walks in Beauty«*

Jeder, der eine Biographie über Rudolf Nurejew zu verfassen versucht, begibt sich damit freiwillig in ein Minenfeld. Die Hälfte der Geschichte konzentriert sich auf Themen, über die man in Anwesenheit von Damen eigentlich nicht spricht - Sex, Geld, Gewalt, Leidenschaften, die eine Brontë erblassen lassen würden. Die erste Hälfte seines Lebens verbrachte Nurejew an einem Ort, in dem Verschwiegenheit die Norm war, die zweite in einem Berufsstand, in dem man ständig im Gespräch bleiben muß, gleichzeitig jedoch flüstert: »Aber zitieren Sie bitte nicht mich!«

Das größte Problem ist nicht der Schleier, den Nurejew über sein Privatleben zog und es damit abschottete. Es ist die Göttin aus Alabaster und Ebenholz, Dame Margot Fonteyn, geborene Peggy Hookham, die Nurejew lenkte und sein Berufsleben und seine Berufsauffassung prägte.[1] Fonteyns Leben und Karriere waren in jeder Hinsicht ebenso dramatisch wie Nurejews. Nurejew sprang über den Eisernen Vorhang, Fonteyn wurde wegen Waffenschmuggels aus Panama abgeschoben. Die endlosen Schwärmereien über das Techtelmechtel zwischen der elfenbeinzarten Assoluta des Royal Ballet und dem mongolischen Tiger gehen am wichtigsten Punkt der Geschichte vorbei, dem Grund, warum die beiden das waren, was sie zusammen waren: Unterschiedlich wie Tag und Nacht, waren Fonteyn und Nurejew de facto Variationen des gleichen Themas. Will man die Darbietungen dieser beiden in den Zeiten, als das Phänomen Fonteyn/Nurejew in höchster Blüte stand, richtig einschätzen, so ist dies deswegen so schwierig, weil man nicht vergessen darf, Nurejew zu beobachten. Nicht, daß er im *Corsaire* oder bei *Romeo und Julia* oder auch *Giselle*, ja selbst bei einem so kraftlosen Werk wie Ashtons *Marguerite und Armand*, in irgendeiner Weise unter seinen Höchstleistungen tanzt. Es ist einfach der Unterschied zwischen Hitze und Licht. Fonteyn ist Ballett als reinstes Licht. Versuchen Sie doch einmal, Ihren Blick von ihr abzuwenden. Nurejew wird dies nicht zulassen, denn er kann es auch nicht.

Fonteyns Anruf bei Vera Volkova im Herbst 1961 war ein passender Anfang für die dauerhafte und komplexe Beziehung zweier äußerst gewitzter Profis. Trotz der pro forma gestellten Frage: »Wissen Sie vielleicht, wo dieser russische Junge steckt?« wußte Fonteyn ganz genau, wo Nurejew sich zu diesem Zeitpunkt aufhielt. Die Ballettwelt ist klein und eng verwoben. Nachrichten verbreiten sich schnell. Fonteyn war nach ihrer Chefin, de Valois, die mächtigste Frau im europäischen Ballett, und obendrein war sie auch noch mit einem Diplomaten verheiratet. Ihr Mann, Roberto de Arias, entstammte einer einflußreichen panamaischen Politikerfamilie. Eine Weile war er Panamas Botschafter am Hof von St. James. Zwar war sich Fonteyn bewußt, daß sich Nurejews Anwesenheit für ihre Wohltätigkeitsmatinee, die sie jedes Jahr für die Royal Academy veranstaltete, durchaus bezahlt machen würde. Sie war jedoch nicht auf der Suche nach einem neuen Partner, als sie Nurejew anbot, sein Londoner Debüt, das durch seinen Absprung verschoben worden war, doch noch zu geben. Ihre beruflichen Pläne gingen in eine völlig andere Richtung. Nach dem Rußland-Gastspiel der Royal Academy im Juli 1961 hatte Michael Somes, Fonteyns wichtigster Partner der letzten fünfzehn Jahre, seinen Rücktritt angekündigt. Mit zweiundvierzig erwog Fonteyn diese Möglichkeit durchaus auch für sich selbst. Kurz vor Nurejews Ankunft anläßlich der RAD-Gala hatte sie ihre »Abschiedsvorstellung« in einer ihrer vielen Paraderollen, dem *Schwanensee*, gegeben.

Der Gedanke an einen neuen Partner lag Fonteyn völlig fern. Als Nurejew, wieder einmal nach den Sternen greifend, sie als seine Partnerin auf der Wohltätigkeitsgala haben wollte, zog sie es vor, die eher anspruchslose Rolle der schlafwandelnden Heldin in Fokines *Spectre de la Rose* zusammen mit dem großen englischen Danseur John Gilpin zu übernehmen. Nurejews Beharren, bei seinem Debüt Fonteyns Partner zu sein – Volkova ließ Fonteyn wissen, daß er in diesem Punkt wirklich sehr »hartnäckig« sei –, machte keinen sehr guten Eindruck. »Je mehr ich über ihn höre«, bemerkte Fonteyn zu einer Bekannten, »desto abschreckender wird er für mich. Ich meine nicht als Tänzer, aber warum sollte er unbedingt mit mir tanzen wollen? Er ist erst dreiundzwanzig, und ich kenne ihn überhaupt nicht. Er hört sich an wie eine Nervensäge.«[2] Nurejew beugte sich schließlich Fonteyns Einwänden und flog unter einem Pseudonym, um die Presse fernzuhalten, zu den Proben nach London. Die zukünftigen Partner trafen sich an Nurejews erstem Nachmittag in London zum Tee in Fonteyns Heim. Die Unterhaltung war anfangs ziemlich gedämpft, höflich und kraftlos, bis Fonteyn, wie sie in ihrer Autobiographie schrieb, »irgendeine alberne Bemerkung machte. Plötzlich lachte er, und sein ganzes Gesicht veränderte sich. ›Oh, Gott sei Dank!‹ rief ich. ›Ich wußte gar nicht, daß Russen auch lachen können.‹«[3]

Trotz dieses positiveren Bildes zögerte Fonteyn noch immer, mit Nurejew zu tanzen, als de Valois ihn einlud, im Frühjahr 1962 in *Giselle* als Gast mit dem Royal aufzutreten. (De Valois sagte später, daß sie bei seinem letzten Vorhang bei der RAD-

Matinee auf die Idee gekommen war, Nurejew einzuladen. »Er machte eine ziemlich spontane Geste, streckte einen Arm dem Publikum entgegen«, erinnert sich de Valois, »und ich sah ihn sofort in *Giselle.*«[4]) Fonteyn, ganz Profi, bat, sich de Valois' Angebot, mit dem Wunderknaben zu arbeiten, noch eine Weile überlegen zu dürfen. »Ich dachte sofort daran, daß er dreiundzwanzig, ich jedoch bereits zweiundvierzig sei. Das wäre genau, als wenn das Lamm mit dem Wolf tanzen wollte. Also sagte ich, daß ich es mir erst noch überlegen müsse. Und das tat ich auch, und plötzlich dachte ich: Er wird die Sensation der kommenden Saison sein. Wenn ich nicht mit ihm tanze, werde ich abgedrängt, ein Nichts, denn alle werden in die Vorstellungen stürmen, um Nurejew zu sehen, und er wird mit einer anderen Partnerin tanzen. Also nahm ich meinen ganzen Mut zusammen und sagte: ›Ja, ich werde *Giselle* mit Nurejew machen.‹«[5]

Die Partnerschaft begann mit den ersten Aufführungen der Fonteyn/Nurejew-*Giselle* am 21. Februar und am 1. und 6. März 1962. Alle waren überrascht (außer de Valois). Selbst für mehrere Mitglieder des Royal Ballet waren die Vorstellungen eine Überraschung. Mit einigem Getöse war verkündet worden, daß Bruhn im März als Gast, und zwar als Partner von Nadia Nerina im *Schwanensee*, auftreten würde, der erste Gast-Danseur, der im Convent Garden mit einer Royal-Ballerina auftreten sollte. Zehn Tage vor Bruhns geplantem Debüt mit der Kompanie wurden die Fonteyn/Nurejew-*Giselles* nachträglich noch auf das normale Programm gesetzt, und zwar auf Fonteyns Drängen hin, wie aus informierter Quelle zu vernehmen war. Trotz der Neugier, die die Aussicht auf eine Fonteyn/Nurejew-*Giselle* hervorrief, standen die Chancen sehr gut, daß das Ganze nicht mehr als ein flüchtiges PR-Ereignis werden würde. Der Altersunterschied von zwanzig Jahren und die unterschiedlichen Tanzerfahrungen waren noch das geringste Problem. Es hätte keine zwei unterschiedlicheren Tänzer geben können, was Stil, Temperament und Ansatz, aber auch Autorität anging. Fonteyn war *die* klassische Ballerina –

kultiviert, reserviert, makellos. (Bis hin zu ihren Fingernägeln. Laut einem Mitglied des Royal in den Fünfzigern waren die tadellos manikürten Hände Fonteyns eine stillschweigend anerkannte Vorgabe für alle Ballerinen der Kompanie: »Niemand konnte sich jemals schmutzige Fingernägel leisten, weil Margot nie welche hatte.«) Nurejew war Bacchus im Trikot. Fonteyn war dafür bekannt, sich niemals über irgend etwas zu beschweren. Nurejews Launen waren bereits legendär. Nach vielen Jahren als Star ihres Berufsstandes – »Das Royal glaubt nicht so sehr an *Dornröschen*«, schrieb die amerikanische Kritikerin Arlene Croce einmal, als sie Fonteyn in einer ihrer Glanzrollen, der Prinzessin Aurora in *Dornröschen*, besprach, »es glaubt an Margot.«[6] – war Fonteyn einfach nicht daran gewöhnt, in Frage gestellt zu werden. Nurejew stellte jeden und alles in Frage. Die Stimmung bei den ersten Proben zu *Giselle* war angespannt und gereizt, bis schließlich, so Nurejew später einmal, »Margot anfing, mir zu trauen«.[7] Der Rest ist Geschichte. Fonteyn unterließ es von da an, einen Rücktritt auch nur zu erwähnen.

Beide Tänzer veränderten sich gewaltig. »Für eine gute Partnerschaft«, erklärt de Valois, »muß jede Seite der anderen etwas entlocken, was dieser nicht bewußt ist. Das war auch bei diesen beiden so. Bei manchen ihrer Auftritte brachte er bei ihr ein zuvor nie dagewesenes Leuchten zum Vorschein, und sie unterstrich die poetische Seite seiner Arbeit – nicht nur was seine Technik belangte, sondern auch seine angeborene Extravaganz.«[8] Der englische Kritiker Clement Crisp wurde noch deutlicher: »Es war eine auf offener Bühne ausgelebte Liebesgeschichte zweier Künstler.«[9] Die romantische Aura, zur Hälfte Barbara Cartland, zur Hälfte Joyce Carol Oates, ist dem Charakter der Mitwirkenden zu verdanken. Ältere Frau, jüngerer Mann. Erfahrene Frau von Welt, Hinterwäldlerjunge. Emily Post und Brandos »Wilder«.

Fonteyn war fast zwei Jahrzehnte lang Europas führende Ballerina gewesen, als sie Nurejew traf. In einer der Lieblingslegenden aus Ballettkreisen hatte de Valois die vierzehnjährige

Peggy Hookham während des Unterrichts an der Vic-Wells-Schule zum erstenmal gesehen. De Valois wandte sich, so die Geschichte, an die Lehrerin und wollte von ihr wissen: »Wer ist denn die kleine Chinesin dort in der Ecke?« Fonteyns glänzender schwarzer Pagenkopf hatte de Valois bezüglich Fonteyns Herkunft auf eine falsche Fährte gelockt, aber sie hatte ihr Talent auf der Stelle erkannt. Fonteyn gab mit fünfzehn ihr Debüt am Vic-Wells Ballet (dem Vorläufer des Sadler's Wells Ballet, das 1956 zum Royal wurde) als Schneeflocke im *Nußknacker.* Sie tanzte ihre erste Odette/Odile in einer *Schwanensee*-Aufführung in dem Jahr, in dem Nurejew geboren wurde. Als die Primaballerina der Kompanie, Alicia Markowa, das Vic-Wells verließ, um eine eigene Truppe zu gründen, stellte de Valois Fonteyn in die Mitte der Bühne und beließ sie die nächsten dreißig Jahre an diesem Ort.

Als Fonteyn Nurejew kennenlernte, war sie nicht nur ein strahlender internationaler Superstar, sie war eine Institution, Mount Margot, der Gipfel der Tanzkunst in Europa.[10] »Keine heutige Tänzerin kann sich mit Margot Fonteyn messen, was Methodik und Bewegung betrifft«, schrieb der englische Kritiker Alexander Bland 1956 über Fonteyns Prinzessin Aurora in *Dornröschen*, eine Rolle, die sie zu diesem Zeitpunkt bereits seit siebzehn Jahren tanzte. »Dem hat sie nun noch sehr erfolgreich dramatische Spannung hinzugefügt, eine Begeisterung für das Tanzen, weil sie es liebt, eine inhärente Meisterschaft, die das Publikum in wahre Begeisterungsstürme ausbrechen ließ.«[11] (An der Kasse des Covent Garden gab es unterschiedliche Preiskategorien für Matinee-, Abend-, Wochenend- und Fonteyn-Vorstellungen). Wie durch ein Wunder steigerte sich Fonteyns Leistung tatsächlich noch, als sie mit Nurejew zu tanzen begann – es war, als hätten die Caballé oder Aretha Franklin plötzlich am obersten Ende ihres Stimmbereichs eine weitere Oktave entdeckt. Ballette, die von Fonteyn bislang nicht getanzt worden waren, wie etwa *Giselle*, kamen plötzlich noch auf die Liste ihrer Paraderollen, und sogar ihre Technik wurde noch ausgefeilter. »Margot hatte die meiste Zeit ihrer Karriere eigentlich keine rechte Sprungkraft«, erinnert sich ein Kollege aus den Nurejew-Jahren. »Rudolf kommt daher, und plötzlich schafft sie große, wunderbare Sprünge.« Die persönlichen Qualitäten ihres Tanzes gewannen zusätzliche Kraft. »Margots Partnerschaft mit Rudi flößte ihr neues Leben ein«, erklärt die Royal-Ballet-Ballerina Nadia Nerina, »und zum erstenmal tanzte sie mit weiblicher Hingabe, ihre Bewegungen wurden fließend, wahrhaft sinnlich. Sie ›gab sich‹ auch als Frau. Natürlich war sie in ihn verliebt, und dies verlieh ihren Bewegungen eine Wärme und Weichheit, die in ihrem Tanz zuvor nicht sichtbar gewesen waren.«[12] Nurejew faßte selbst zusammen, welche Bedeutung Fonteyn für ihn hatte: »Als erstes brachte sie mir absolute Professionalität bei – ihre Arbeitsweise. Sie arbeitete extrem gründlich. Trau dich nach vorn, tu es, tu es gut und genieß es! Bummle nicht rum! Los, mach schon!«[13]

Sie wurden zum »heißesten kleinen Team im Show-Geschäft«[14], so *Time*; sie gingen in den Gaben des jeweils anderen auf und spornten sich gegenseitig zu immer größeren Leistungen an. »Das Publikum war entzückt«, erklärte Nurejew später. »Ich glaube, das Publikum war entzückt, weil auch wir voneinander entzückt waren, von dem, was wir mit den Rollen taten.«[15] Die Herausforderung, der sich die beiden zum erstenmal in dieser Form gegenübergestellt sahen, war überlagert von dem reinen Vergnügen, das beiden aus der Anwesenheit des anderen erwuchs. Fonteyn und Nurejew waren bekannt dafür, sich auf der Bühne Grimassen zu schneiden, die Lippen zu spitzen, als wollten sie sagen: »Nun sieh mal an, heute abend sind wir aber wieder gut!« oder auch die Augen zu verdrehen, was wohl heißen sollte: »Was war denn das für ein Schritt?« Sie wurden zu einem künstlerischen Phänomen, das das Ballett populär wie noch nie machte. Die Zuschauer waren verrückt nach ihnen. »Ich hatte auch früher schon Hysterie erlebt«, sagt John Wilson, ein wichtiger Mitarbeiter der Konzertagentur Hurok während der amerikanischen Gastspiele des Royal in den Sechzigern, »aber so etwas noch nie. Die Leute zelteten tagelang vor der Metropolitan Opera, um noch eine Eintrittskarte zu ergattern. Leute mit den besten Verbindungen, die noch nie Schwierigkeiten gehabt hatten, einen Platz für irgend etwas zu bekommen, riefen an und bettelten: ›Ich würde alles dafür tun.‹ Sonderbarerweise verdarben Margot und Rudolf die Preise. Schon früher konnten wir das Royal immer verkaufen, aber jetzt liefen nur noch die beiden. Ich erinnere mich an eine New Yorker Tournee, bei der eine *Giselle*-Matinee angesetzt wurde, die sich gar nicht verkaufen wollte. Ich erwähnte dies Mr. Hurok gegenüber, der sagte: ›Hängen Sie doch ein Plakat raus, auf dem steht: ›*Giselle*, Fonteyn und Nurejew.‹ Innerhalb weniger Stunden war sie ausverkauft.«[16]

Es drängt sich natürlich die Frage auf, warum zwei so unterschiedliche starke Persönlichkeiten so wunderbar zusammenpaßten. Der erste Hinweis findet sich in Nurejews Verhalten Fonteyn gegenüber, und zwar von Anfang an. Nurejew hatte ja bereits auf dem Pausenhof seiner Grundschule in Ufa gelernt, die Leute um sich herum auf der Stelle zu durchschauen. Nach Aussage der großartigen holländischen Ballerina Martine van Hamel war er »ein sehr sensibler Mensch, der die Motive der Leute sofort erkannte. Er schätzte Menschen auch richtig und sehr präzise ein, vor allem wenn jemand versuchte, ihn auszunutzen.«[17] Sonia Arova ist der gleichen Meinung: »Rudi war sehr gewitzt und hielt immer Distanz, bis er wußte, ob sich ihm jemand als Freund näherte oder etwas von ihm wollte.«[18] Und er war ein Weltmeister im Austesten von Grenzen; schon in seinen ersten Wochen in Kopenhagen bei Bruhn, erinnert sich Peter Martins noch gut, »probierte er immer aus, womit er durchkommen, wie weit er gehen konnte«.[19] Zwanzig Jahre später war diese Einstellung noch immer da. Laura Young, Solistin des Boston Ballet, die mit Nurejew eine Tournee absolvierte, erinnert sich an ihn als einen Mann, »der einen ständig auf die Probe stellte. Man durfte ihm gegenüber niemals Angst oder Schüchternheit zeigen. Wenn er merkte, daß er die Oberhand hatte, ging er dir an die Kehle.«[20]

Aber nie bei Fonteyn. Er wußte auf den ersten Blick, daß

Fonteyn ein anderes Kaliber war. Die Tatsache, daß sich Nurejew mit Fonteyns Weigerung, mit ihm auf der RAD-Gala zu tanzen, abfand, war völlig untypisch für ihn. Seit seiner Flucht war es das erste Mal, daß er nicht genau und auf der Stelle das bekommen hatte, was er wollte. Seine sichtbare Bereitschaft, bei den *Giselle*-Proben mit Fonteyn zusammenzuarbeiten – Vorschläge zu machen, statt Forderungen zu stellen, seine Vertrauenswürdigkeit unter Beweis zu stellen – deutet darauf hin, daß Nurejew rasch begriffen hatte, daß er bei Fonteyn mit Überheblichkeit nicht durchkommen würde. »Sie kamen deshalb so gut miteinander aus«, erklärt die französische Ballerina Ghislaine Thesmar, »weil Rudolf zum erstenmal in seinem Leben mit gleicher Münze heimgezahlt bekam.«[21] Man kann sich gut vorstellen, was Fonteyn bei ihrer ersten Begegnung durch den Kopf ging: »Mein lieber Junge, dich durchschaue ich voll und ganz«, während Nurejew wohl dachte: »Ach du meine Güte, ich bin ja ein offenes Buch für sie.« Bei einem Interview für Patricia Foys Dokumentarfilm über Nurejew im Jahr 1991 bestätigt Fonteyn dies fast wörtlich: »Als erstes kam mir der Gedanke, daß er blaß und verkniffen wirkte. Das hatte ich so nicht erwartet. Ich würde sagen, wir musterten uns beide gegenseitig ein wenig, versuchten, uns einzuschätzen. Kurz darauf fand eine Pressekonferenz zu seinem Auftritt statt, und er gab ein Fernsehinterview. Ich dachte, daß ich wohl besser nachsehen sollte, ob er Hilfe bräuchte. Aber nachdem er ein bis zwei Fragen beantwortet hatte, merkte ich, daß dieser Junge überhaupt keine Hilfe brauchte. Er wußte ganz genau, was er sagen wollte. Er schaffte es immer, den Nagel auf den Kopf zu treffen und seine Ansichten klarzumachen.«[22] Nurejew faßte einmal selbst zusammen, welch läuternde Wirkung Fonteyns Klugheit auf ihn hatte. Kurz nach ihrer ersten *Giselle* lud Fonteyn Nurejew zu einer ihrer *Schwanensee*-Vorstellungen ein und sagte ihm, er solle sich überlegen, ob er das Ballett mit ihr tanzen wolle. Nurejew kam nach der Vorstellung in Fonteyns Garderobe, wobei er gebührend beeindruckt, jedoch auch überzeugt schien, er würde die erhabene Vollkommenheit von

Fonteyns Auftritt nur stören. »Ich fürchte, ich werde Ihren *Schwanensee* ruinieren.« Fonteyn blickte ihm fest in die Augen und sagte: »Unterstehen Sie sich!«[23]

Es war mehr im Spiel als die Kunst, dem anderen immer um eine Nasenlänge voraus zu sein. Fonteyn erkannte den wahren Grund für Nurejews Auftreten, denn in ihrer eigenen stillen Art tat sie schon seit langem, schon bevor Nurejew geboren war, das gleiche. Überraschenderweise gibt es in ihren Vorgeschichten mehr Ähnlichkeiten als Unterschiede. Fonteyn war zwar niemals so exzentrisch wie Nurejew – keine Wutanfälle, kein Gefluche, keine zerschmetterten Möbel –, aber sie war auch nie die klischeehaft unterwürfige, rehäugige Dancerette. Als Fonteyns Mutter ihre sechsjährige Tochter zu einer Vorstellung der Pawlowa in *Fairy Doll* mitnahm, kam das kleine Mädchen ziemlich unbeeindruckt aus dem Theater. Sie hatte zu jener Zeit schließlich schon fast zwei Jahre Ballettunterricht genommen und dachte nur, »daß ich auch nicht schlecht tanzte, vor allem meinen Lieblingstanz, den Irischen Waschfrauen-Jig. Ich mochte Ballett eigentlich gar nicht so besonders, weil es mir starr und steif vorkam, offen gestanden sehr langweilig. Ich mochte die Art von Tanz, bei dem ich auf einem Tamburin trommeln und mit Stöckelschuhen herumklappern konnte. Rhythmus und Bewegung, das war das, was mir gefiel.«[24] Als Tochter eines einflußreichen internationalen Geschäftsmanns war Fonteyns Kindheit von Sicherheit und Privilegien geprägt, die zu der Armut in Nurejews Jugend im Ural im krassesten Gegensatz standen, aber sie zog in dieser Zeit ebenso viel umher wie er. Im reifen Alter von acht Jahren sah sie die berühmte Seepromenade von Shanghai, nachdem ihr Vater nach Asien versetzt worden war. In ihrer Jugend reiste sie ständig zwischen London und China hin und her, bis ihre Mutter, die sich große Mühe gab, herauszufinden, ob ihr dunkeläugiges Töchterchen tatsächlich Aussichten auf eine große Tanzkarriere hätte, sie schließlich mit vierzehn beim Vic-Wells anmeldete.

In einem fast gespenstisch anmutenden Anklang an Nurejews frühes Verhalten fügte sich Fonteyn, sobald sie die Favoritin für die Ballerinenrolle des Vic-Wells geworden war, nicht passiv in den reibungslosen Ablauf. Sobald das Gespräch auf die aufstrebende Fonteyn kam, griffen de Valois und Ashton immer wieder auf die Adjektive »dickköpfig« und »willensstark« zurück. Fonteyn teilte diese Einschätzung durchaus. »Ich galt als dickköpfig und als ›kleiner Teufelsbraten‹«, schrieb sie in ihrer Autobiographie. »Nachdem ich jedoch einige Zeit an der Schule war, hatte ich heraus, daß bei Miss de Valois die Neuankömmlinge in zwei Kategorien eingeteilt wurden. ›Ein nettes Kind‹ oder ›ein ausgesprochener Teufelsbraten, aber sehr begabt‹. Der Erfolg schien der letztgenannten Gruppe treu zu sein. Dennoch versuchte ich, ein nettes Kind zu sein. Ich begriff aber, daß es eine Auszeichnung bedeutete, den ganzen Tag angeschrien zu werden.«[25]

Ashton erzählte später eine ziemlich gruselige Geschichte über die Mittel, die er einsetzen mußte, um den neuen Star, der seine Muse werden sollte, zu zähmen: »Ich kam nicht mit ihr zurecht. Ich fand Unzulänglichkeiten in ihrem Tanz, und sie schien mir eine Art von Arroganz an sich zu haben, die mir gar nicht gefiel. Und außerdem spürte ich eine ausgeprägte Dickköpfigkeit. Während einer Probe zu *Der Kuß der Fee*, Ashtons erster Choreographie für Fonteyn, schrie ich sie permanent an. Sie wurde immer nervöser, und schließlich brach sie in Tränen aus, stürzte zu mir, legte die Arme um mich und sagte: ›Es tut mir leid, ich tue mein Bestes, mehr kann ich nicht tun.‹ Da merkte ich, daß sie sich mir wirklich gefügt hatte, und von da an konnten wir zusammenarbeiten.«[26]

De Valois, einer gebürtigen Irin, gefiel Fonteyns wie später auch Nurejews Willensstärke. »Ich kenne keinen großen Künstler, der nicht irgendwo in seinem Wesen etwas Dickköpfiges hatte. Sonst wären sie wohl keine großen Künstler geworden. Denn große Künstler müssen wissen, wie sie eine Rolle wirklich ausfüllen wollen. Ob dies nun richtig ist oder nicht – es ist eine Vorstellung, es ist kreativ. Lieber rede ich einem Künstler eine falsche Vorstellung aus, als mit jemandem zu arbeiten, der überhaupt keine eigenen Vorstellungen hat. Fonteyn hatte eine Menge südamerikanisches Blut in ihren Adern, müssen Sie wissen. Sie hatte auch irisches Blut. Sie war keinesfalls hundertprozentig englisch.«[27]

Fonteyn hatte mit Nurejew noch mehr gemeinsam als nur die Fähigkeit, für die eigenen Interessen einzutreten. So hatte sie zum Beispiel einen großartigen Sinn für Humor: Die Strumpfhosen, die Barbra Streisand in der *Schwanensee*-Parodie am Ende von *Funny Girl* trägt (»Was wolln Se denn nu tun, die Schwäne abknallen?«), waren ein Geschenk Fonteyns. Trotz ihres schimmernden Bühnenimages stießen nicht alle Gemeinsamkeiten mit ihrem neuen Partner auf ungeteilte Bewunderung. »Sehen Sie sich doch mal die Geschichte des Royal Ballet an«, erklärt eine erfahrene, international bekannte Tänzerin, »und zwar von der Zeit an, in der Fonteyn an Markowas Stelle trat, bis zu – nun, die darauffolgenden fünfunddreißig Jahre. Nennen Sie mir eine weitere Ballerina dieser Kompanie, die so viel getanzt hat wie Margot, die so bekannt wurde. Glauben Sie, daß das ein Zufall war? Die Frau war nicht dumm.« De Valois war natürlich die Schlüsselfigur in dieser Konstellation. Kurz bevor das Royal, damals noch das Sadler's Wells, im Oktober 1949 sein berühmtes New Yorker Debüt gab, fragte der Impresario Sol Hurok, der die Tournee betreute, wen er denn als Primaballerina der Kompanie ankündigen solle. Obwohl Moira Shearer aufgrund ihres Vorjahreserfolges in *Die Roten Schuhe* in den USA der bekanntere Star war, sagte ihm de Valois, er solle Fonteyn in den Vordergrund stellen. (In Chicago tauschten die Leute, die die Rothaarige aus *Die Roten Schuhe* sehen wollten, ihre Fonteyn-Eintrittskarten gegen Shearer-Vorstellungen um.) Hurok brachte Fonteyn auf das Titelblatt der *Time*; *Newsweek* nahm die Story auf und setzte ihr Foto in der gleichen Woche ebenfalls aufs Titelblatt, und damit war Fonteyns Herrschaft über das Royal de facto gesichert. Bei der Eröffnungsvorstellung in *Dornröschen* bekam Fonteyn fünfunddreißig Vorhänge.

Fonteyn liebte die Scheinwerfer und umgekehrt. Ihr Appetit auf die Bühnenmitte konnte sich durchaus mit dem Nurejews messen. Noch bevor ihre Partnerschaft zwei Jahre alt geworden war, hatten sie bereits fast zweihundert Vorstellungen gemeinsam getanzt.[28] Zu dieser Zeit hatte Fonteyn ihre Position zwei Jahrzehnte lang mit der Gewitztheit eines knallharten Profis sorgfältig gehütet: Als Tamara Karsawina, die erste Interpretin von Fokines *Feuervogel*, mit Fonteyn diese Rolle einstudierte, wurde den übrigen Kompaniemitgliedern auf Fonteyns Beharren hin der Zutritt zu den Studioproben untersagt. Wie Nurejew konnte Fonteyn sogar schon bei den Proben ein Haus in Spannung versetzen. Ein amerikanischer Kritiker erinnert sich an den Besuch einer Probe des Royal Ballet, bei der Fonteyn, sobald sie erfuhr, daß Presse anwesend war, ihre Probentätigkeit für die Kritiker umkrempelte. »Natürlich war für (Fonteyn) der Einfluß der Kompanie hilfreich, in der sie sich entwickelte«, bemerkte der Kritiker Clive Barnes bei einer Gedenkveranstaltung zu Ehren Fonteyns kurz nach ihrem Tod. »Es beeinflußte sie stark, die auserkorene Muse des großen Choreographen Frederick Ashton zu sein. Aber sie strengte sich auch immens an, mit einem – wie ich sagen würde – fast stählernen Ehrgeiz ... Sicher, abseits der Bühne wirkte sie immer sehr bescheiden, zumindest in der Öffentlichkeit. Aber ich habe den Verdacht, daß sie in manchen Aspekten nicht ganz so bescheiden war, und ich glaube, daß sie von überwältigendem Ehrgeiz angetrieben wurde.«[29]

Nurejews Eintritt in das Royal wirkte sich auf die männlichen Solisten negativ aus, so wie die Tatsache, daß Fonteyn hartnäckig ihren ersten Platz verteidigte, letztlich andere Solistinnen der Kompanie entmutigte, die oft nicht mehr als einen einzigen Auftritt alle sechs Wochen bekamen. Als die Royal-Solistin Beryl Grey 1953 einen beträchtlichen persönlichen Erfolg am Königlichen Opernhaus in Schweden verbuchen konnte, fühlte sich David Webster, der Verwaltungsdirektor des Covent Garden, veranlaßt, einen Beschwerdebrief an den Herausgeber des schwedischen *News Chronicle* zu schreiben:

»In einem Artikel Ihrer Zeitschrift wird in der Schlagzeile: ›Violetta (Elvin) bekommt ihre Chance in den USA‹ (*News Chronicle* vom 22. April) vermutet, daß die Rolle der Primaballerina bei der bevorstehenden Amerika-Tournee des Sadler's Wells zwischen Margot Fonteyn und Violetta Elvin aufgeteilt wird. Das stimmt nicht. Miss Fonteyn ist die Primaballerina assoluta der Kompanie und teilt diese Stellung mit keiner anderen Person. Der Kompanie gehören drei Solistinnen an, und zwar – in alphabetischer Reihenfolge: Violetta Elvin, Beryl Grey und Nadia Nerina.«[30] Mitte der fünfziger Jahre hatten Shearer, Elvin und Grey, alle drei kaum dreißig Jahre alt, das Royal freundlicherer Gefilde zuliebe verlassen. »Niemand bezweifelte, daß (Fonteyn) ihre herausragende Stellung als Primaballerina assoluta wirklich verdient hatte«, so Greys Biograph David Gillard, »aber mit dem Ausmaß, in dem sie die britische Ballettszene dominierte, konnten sich (die anderen Ballerinen des Royal) nur schwer abfinden. Schon seit den Zeiten, als das Royal noch Vic-Wells hieß, war jede Ballerina in Fonteyns Schatten aufgewachsen. Und der Schatten wurde im Lauf der Jahre immer länger. Sogar die nächste Generation britischer Tänzerinnen (nach Grey und Co.), angeführt von Antoinette Sibley, fand sich manchmal gehemmt und oft eingeschüchtert durch die Größe der Legende Fonteyns.«[31] In ihrem Buch *Ballet Master*, das das gesamte Feld des Tanzes im zwanzigsten Jahrhundert abdeckt, von Nijinsky bis zu Lincoln Kirstein, erwähnt Moira Shearer Margot Fonteyn kein einziges Mal.

Die Art und Weise, wie Fonteyn ihre Position im Royal hielt, und Nurejew seine – zuerst im Royal, dann im National Ballet of Canada und schließlich im Ballett der Pariser Oper –, unterscheidet sich vor allem in einem Punkt: der Vorgehensweise. Arroganz – Kommentare wie etwa Nurejews lähmende Behauptung, Bruhn sei der einzige Mensch, der derzeit mehr vom Tanzen verstünde als er selbst, und das mit dreiundzwanzig – war niemals Fonteyns Stil. In ihren ersten Jahren als Ballerina im Sadler's Wells teilte Fonteyn eine Wohnung mit zwei anderen Tänzerinnen der Kompanie, kaum die Haltung einer Assoluta. Später, vor allem nach ihrer Hochzeit mit Roberto de Arias, Panamas Vertreter am Hof von St. James, also als Frau eines Botschafters, war Fonteyn zwar nicht mehr »eines der Mädchen«, aber die neue Distanz ergab sich aus praktischen Gründen. Sie nahm an allen geselligen Zusammenkünften der Kompanie teil – Picknicks, Ausflüge oder ähnlichem –, und wenn sie als Repräsentantin des Royal Ballet eingeladen wurde, schlug sie die Einladungen aus, wenn nicht auch die übrigen Kompaniemitglieder geladen waren. »Margot hatte eine Regel«, erklärt Hugh Pickett, ein langjähriger Freund und Kollege, »die ganze Kompanie oder niemand.«[32] Sie gab auch den Ton an. »Wenn die Primaballerina der Kompanie nicht arrogant auftrat«, fügt Pickett noch hinzu, »wie konnten es dann die übrigen Kompaniemitglieder tun?«[33] Zwar verstand Fonteyn es sehr gut, auf wie hinter der Bühne ihre Interessen durchzusetzen, aber sie lernte auch sehr früh eine Lektion, die Nurejew niemals begreifen sollte oder für die er einfach keine Zeit hatte. Fonteyn war ebenso gelassen, wie Nurejew aufbrausend war, und sie hatte genügend Erfahrung, um zu wissen, daß quietschende Räder sehr störend wirken können. Gesegnet mit großer Geduld, brachte sie eher die anderen dazu, sich um anstehende Probleme zu kümmern. So machte sie sich keine Feinde (obwohl man sich erzählt, daß ein Fotograf einmal einen ziemlich großen Teil seiner Kamera verlor, weil er sich etwas zu nah an Fonteyn herangewagt hatte, als diese vor einer großen Probe Schleifchen an ihre Ballettschuhe nähte). Die Tänzerin Joy Brown, über dreißig Jahre lang eine gute Freundin Fonteyns, erinnert sich daran, wie sie einmal Fonteyn bei einer besonders anstrengenden Probe besuchte: »Es war eine lange und mühsame Probe gewesen, und während wir ein wenig plauderten, sagte (Margot) sinngemäß: ›In solchen Zeiten beschwere ich mich am Anfang über gar nichts, was auch immer mich gerade stört, Kostüme, Beleuchtung etc., weil solche Sachen immer auch einem anderen auffallen und dann verbessert werden. Wenn dann am Schluß noch immer etwas nicht stimmt, erwähne ich es, und so habe ich dann nur einen Einwand vorgebracht, nicht ein halbes Dutzend.«[34]

Fonteyn lernte ihren zukünftigen Ehemann – Tito, wie er von seinen vielen Freunden genannt wurde – in den dreißiger Jahren auf einer Tournee des Sadler's Wells kennen. Ihre unterschiedlichen Berufswege ließen sie die nächsten zwei Jahrzehnte in verschiedenen Welten leben. Mitte der fünfziger Jahre trafen sie sich wieder und heirateten im Februar 1955 in Paris unter großer Anteilnahme der Presse – eine der internationalen Liebesgeschichten zwischen Leuten aus der High-Society, die von der Presse und der Öffentlichkeit der Grace Kelly/Prinz Rainier-Zeit so geschätzt wurden. (Das einzige Filmmaterial, das es von einer verärgerten Fonteyn zu sehen gibt, stammt von ihrer Hochzeitsfeier, bei der die Masse der Reporter ihr offensichtlich nicht behagte.)

Etwa zwei Jahre später stand Margot Fonteyn, die Verkörperung der Ruhe und Besonnenheit, plötzlich im Zentrum eines politischen Wirbelsturms. In ihrer »Ballettpause« war sie zu ihrem Mann gereist, um mit ihm einen kleinen Strandurlaub in Mittelamerika zu verbringen. Arias und seine politischen Weggefährten waren gerade dabei, den Sturz der damaligen Regierung Panamas vorzubereiten. Die Beiboote der Jachten an Fonteyns Urlaubsort wurden dazu benutzt, Waffen nach Panama zu schmuggeln. Wenn es denn einen Beweis für Fonteyns absolute Furchtlosigkeit gibt, dann sind dies ihre auf dem Meer aufgenommenen Schnappschüsse von Booten aus, von denen sie wußte, daß sie falsche Böden hatten und daß die Hohlräume mit Waffen und Munition vollgestopft waren. Der Plan flog auf, und die Behörden schritten ein. Überwachungsflugzeuge kreisten über Fonteyn und Arias, die auf verschiedenen Schiffen in entgegengesetzte Richtungen davonsegelten, da Fonteyns Schiff als Ablenkungsmanöver für Arias' Flucht gedacht war. Prompt wurde sie eine Nacht lang ins Gefängnis gesteckt und danach nach Miami abgeschoben.

Fonteyn hinterließ ein filmisches Vermächtnis vieler außergewöhnlicher Vorstellungen. Ihre wahrscheinlich am wenigsten gelobte Begabung war ihr ausgeprägter schauspielerischer Instinkt. (In Ashtons *Marguerite und Armand* ist sie die einzige, die der Garbo als Kameliendame das Wasser reichen kann.) Nichts, was davon noch vorhanden ist, kann sich mit ihrer Vorstellung messen, als sie nach ihrem Rausschmiß aus Panama nach New York zurückkehrte. Nie wirkte sie verzagt, nie verflüchtigte sich ihr Lächeln, nicht einmal, als eine New Yorker Reporterin ihr das Mikrofon direkt unter die Nase hielt und ihr die schwülstige Frage stellte: »Miss Fontanne (sic), wie fühlt sich denn eine Ballerina hinter Gittern?« Sie wand sich aalglatt aus einer Situation heraus, die die Karriere eines weniger selbstsicheren Künstlers hätte vernichten können, und erzählte der Presse absolut nichts. »Was wollen Sie denn eigentlich von mir hören?« fragte sie einen besonders hartnäckigen Reporter kichernd. »Warum sagen Sie mir nicht einfach, was Sie hören wollen, und dann sage ich Ihnen, ob ich es auch selber sagen will oder nicht. Denn Sie zielen hier doch auf etwas ab, und ich weiß einfach nicht, worauf.«[35]

Arias politische Mißgeschicke führten letztlich zu einer wirklichen Katastrophe, sowohl für ihn selbst als auch für seine Frau. Im Juni 1964 war Fonteyn gerade bei den Schlußproben für Nurejews Inszenierung von *Raymonda* für das Spoleto-Festival, als Arias lebensgefährlich bei etwas verletzt wurde, das als »politisches Attentat« bezeichnet wurde. Trotz der anhaltenden Gerüchte, daß Fonteyn sich von Arias scheiden lassen wollte, weil dieser in aller Öffentlichkeit immer wieder mit anderen Frauen anbandelte, eilte sie geradewegs zu seinem Krankenbett, an dem sie die nächsten fünfundzwanzig Jahre verweilen sollte. Fonteyns Berichten zufolge überlebte Arias ein Fieber, das bis auf 42,8 Grad angestiegen war, aber aufgrund der Verletzungen aus einem Kugelhagel war er vom Hals abwärts gelähmt. Die astronomischen Kosten für die den Rest seines Lebens notwendige medizinische Betreuung spielen eine ebenso große Rolle für Fonteyns lange Berufstätigkeit – fünfundvierzig Jahre – wie Nurejews Auftauchen. Sie blieb immer an Arias' Seite. In dem Dokumentarfilm *Margot Fonteyn* aus dem Jahr 1989 erklärt Ida Bromley, eine Therapeutin der Stoke-Mandeville-Klinik in England, in der sich Arias zur Weiterbehandlung und für mögliche Reha-Maßnahmen befand, wie sehr sich Fonteyn um ihren Mann kümmerte: »Wenn ein so stark behinderter Patient heimkommt, muß die Familie sich darauf einstellen. So muß zum Beispiel jede Nacht jemand aufstehen und den Patienten umdrehen, und zwar mindestens einmal, vielleicht aber auch zwei- oder dreimal pro Nacht. Und danach muß man sich von der Pflege weg zur Rehabilitation orientieren. Die Tatsache, daß Tito nach fast fünfundzwanzig Jahren so gut in Form und dazu imstande ist, seine Farm zu leiten und in der ganzen Welt herumzureisen, ist größtenteils auf seinen unbezwingbaren Willen und auf Margots unermüdliche Pflege zurückzuführen.« Wenn sie gerade einmal nicht unterwegs war, um ihren (gemeinsamen) Lebensunterhalt zu verdienen, war Fonteyn diejenige, die Arias nachts umdrehte. Sie tat dies trotz eines Faktums, das ein enger Freundeskreis als striktes Geheimnis hütete: Arias war in Wahrheit nicht bei einem politisch motivierten Anschlag zum Krüppel geschossen worden. Der Attentäter war kein politisch Andersdenkender, sondern ein eifersüchtiger Ehemann, der herausgefunden hatte, daß Arias und seine Frau ein Verhältnis hatten. Die Identität des Schützen ist nach wie vor unbekannt, und niemand wurde jemals wegen dieses Verbrechens vor Gericht gestellt. Die einen behaupten, daß Arias von seinem Chauffeur angeschossen wurde, da dessen Frau, eine Hausangestellte, eine Affäre mit Arias hatte.[36] Die anderen, allen voran Peter Watson in *Nurejew: Die Biographie*, beschuldigen einen von Arias' Politikerkollegen, er habe sich durch die Beziehung seiner Ehefrau zu Arias zu dem Verbrechen hinreißen lassen. Watson zufolge verwirrte Fonteyn durch ihre erste Reaktion auf die Nachricht das ganze Bild noch zusätzlich. Als ein guter Freund ihr mitteilte, daß der Attentäter ein alter politischer Rivale sei, habe ihre Antwort darauf gelautet: »Nein! Das hast du völlig mißverstanden! Nein, nein!«

Der Nurejew-Biograph David Daniel beschreibt Fonteyn als

»gleichzeitig warmherzig und eiskalt«. – »Sie war die wohlerzogenste Frau, die ich je getroffen habe«, erinnert sich Heather Watts, Ballerina am New York City Ballet. »Ich lernte sie in ihrem Londoner Haus kennen und wurde dabei auch ihrem Mann vorgestellt. Damals war ich etwa siebzehn, jung genug, um ihm meine Hand entgegenzustrecken, damit er sie schüttele, und da nahm sie einfach seine Hand und legte sie in meine. Sie machte meinen Fehler wett. Stellen Sie sich nur dieses dumme Gör vor, das einem völlig Gelähmten seine Hand entgegenstreckt! So hielt sie also einfach seine Hand in meiner fest.«[37]

Waren Nurejew und Fonteyn ein Liebespaar? Die einen sagen, sie waren es, andere sagen, sie waren es nicht, und dann gibt es noch solche, darunter auch gute Freunde, die schwören, daß Fonteyn von Nurejew schwanger wurde und eine Fehlgeburt hatte. Peter Watson zufolge war die Fehlgeburt ein Glückstreffer. »(Fonteyn) war fünfundvierzig und wollte ohnehin eine Abtreibung vornehmen lassen. Und so brauchte sie sich nicht entwürdigenden Arztbesuchen zu unterziehen und die Ärzte zu dem Eingriff zu überreden. Sie sagte Nurejew nicht, daß sie ein Kind von ihm erwartete, erzählte es ihm erst, als es schon zu spät war ...«[38]

Für einen Homosexuellen hatte Nurejew bereits eine ansehnliche Reihe heterosexueller Eroberungen gemacht. In Rußland hatte er eine sexuelle Beziehung zu Puschkins Frau, und Maria Tallchief gibt zumindest einen Flirt mit Nurejew in seinen ersten Pariser Monaten zu.[39] Fonteyn war offenkundig Nurejew gegenüber sehr besitzergreifend. »Margot ließ Rudi kaum aus den Augen«, erinnert sich eine Kollegin vom Royal. Sie tat auch Dinge für Nurejew, die sie nie für einen anderen getan hätte. So räumte sie etwa seine Garderobe auf. Als Hugh Picket eines Abends nach einer Vorstellung in Vancouver an Nurejews Garderobe vorbeiging, sah er »Margot, und sie hob sein Trikot, seine Schuhe, seine Beinwärmer auf und packte seine Taschen.«[40]

Ein weiterer Vorfall ist noch bezeichnender. Mitte der sechziger Jahre, nachdem Nurejew begonnen hatte, mit Sol Hurok zusammenzuarbeiten, geriet Fonteyn einmal in eine heftige Auseinandersetzung zwischen Nurejew und Hurok. Als die Gemüter auf beiden Seiten an den Siedepunkt gekommen waren, wurde sie zu einem Galadiner eingeladen, auf das – auf Nurejews Wunsch hin – Hurok nicht geladen war. Fonteyn war ein äußerst loyaler Mensch, und Hurok hatte viel für ihre Karriere getan. Er hatte sie beim New Yorker Debüt des Royal nicht nur zum internationalen Star gemacht, sondern auch zu einer der Künstlerinnen, die regelmäßig in den Genuß seiner Großzügigkeit kamen.[41] Bei jedem ihrer New Yorker Debüts in einer bedeutenden klassischen Rolle überreichte Hurok Fonteyn ein besonderes Premierengeschenk, etwa einen Ring mit einer Korallenrose für *Dornröschen*, eine Perle mit einer riesigen Krone beim *Schwanensee*, einen Diamanten in Form eines Tautropfens für *La Bayadère*. Als Fonteyn bei dem Streit zwischen Nurejew und Hurok gezwungen war, Partei zu ergreifen, entschied sie sich für Nurejew. Sie nahm die Einladung zum Diner an, obwohl sie damit Hurok brüskierte. Nurejew hingegen nahm nie einen klaren Standpunkt ein. »Bei Proben mit Fonteyn«, erinnert sich ein Mitglied des Royal Ballet, »spielte Rudi oft den Idioten. Häufig behandelte er sie herablassend, war grob zu ihr und zeigte gern, daß er der dominante Partner in der Beziehung war. Das war den anderen Kompaniemitgliedern ziemlich peinlich; sie wandten sich dann ab und taten so, als hätten sie nicht bemerkt, wie sie von ihm erniedrigt wurde.« Nadia Nerina erinnert sich an Nurejews Hang zur Provokation:

> Ein paar Jahre später passierte einmal eine ziemliche Peinlichkeit bei einem Sonntagsessen im »Mediterranée« in Paris. Die Kompanie trat gerade im Théatre des Champs-Elysées auf. Das Mittagessen war Margots Idee gewesen. Mit dabei waren mein Mann Charles Gordon und ich, Yves St-Laurent und seine Chefverkäuferin, Margot und Tito, Rudi und

Claire Motte (die französische Ballerina). Während des Essens kam der Maître und rief Rudi ans Telefon. Nach ein paar Minuten kehrte dieser zurück und verkündete: »Noch bin ich nicht Mr. Fonteyn!« Dann wandte er sich an Tito und sagte: »Tito, es ist für dich.« Alle erstarrten, Yves wäre am liebsten unter den Tisch gekrochen. Tito begab sich kommentarlos ans Telefon, Rudi setzte sich schweigend hin. Er hatte gemerkt, daß er zu weit gegangen war. Aber wie üblich machte er keinerlei Schuldeingeständnis. Er bemerkte, daß Margot Charles mit Blicken um Hilfe bat, und sagte: »Charlik, du hältst mich für einen schlechten Tänzer.« – »Nicht schlecht, Rudi, sehr schlecht!« antwortete Charles, ohne zu zögern. Rudi bekam einen Lachanfall, Margot entspannte sich. Yves kroch wieder unter dem Tisch hervor. Tito kam lächelnd zurück – schließlich war er einmal ein erfolgreicher Diplomat gewesen –, und das Essen wurde dann doch noch recht fröhlich.[42]

Im Film *An Evening with The Royal Ballet* gibt es einen bezeichnenden Augenblick fast am Ende des Adagio aus dem *Corsaire*, das Fonteyn und Nurejew tanzen. Es ist ein kurzer Moment, ein relativ unwichtiger Übergangsschritt auf dem hinteren Teil der Bühne. Trotz aller Symmetrie ihres Tanzes sind die beiden noch immer ein eher erstaunliches Paar – Nurejew in seinen Haremshosen und Goldarmbändern, Fonteyn in ihrem filigranen Tüll-Tutu. Zur Vorbereitung auf die nächste Schrittfolge strecken sie einen Fuß nach vorne und schwingen die Arme himmelwärts in großen, kreisenden Port de bras. Ohne das geringste Zeichen von Anstrengung harmonisieren ihre Arme bis hin zur Krümmung der kleinen Finger. Nurejew hebt Fonteyn gen Himmel und kniet dann zu ihren Füßen, und da wird plötzlich deutlich: Fonteyn/Nurejew: der entfesselte Priapos in Anbetung versunken – vor dem Ideal in Weiß.

Kapitel 8

Pop-Danseur

»Ich kenne eine Dame in Venedig, die wäre barfuß nach Palästina gepilgert, um nur einmal seine Lippen zu berühren«
Emilia, in *Othello*

Schauplatz ist die italienische Adriaküste. Ein Sonnenuntergang im Sommer 1983, eine weite smaragdgrüne Wasserfläche, die sich bis zum Horizont erstreckt, an dem sich die letzten Streifen des Tageslichts abzeichnen. Unter einem wogenden weißen Baldachin feiern Belegschaft und Tänzer des Boston Ballet das Ende einer anstrengenden Tournee, während der sie drei Wochen lang im Bus und aus Koffern gelebt haben. Die langen Picknicktische biegen sich unter der Last diverser lokaler Köstlichkeiten – Berge frisch zubereiteter Pasta, kiloweise Antipasti, Ströme vollmundigen Chiantis. Gute Laune gibt es im gleichen Überfluß wie den Wein.

Plötzlich ein Geräusch, laut, dumpf und kurz. Wie ein Donner.

Oder ein Schlag.

Und dann Schweigen, als die gesamte Kompanie sich diesem Geräusch zuwendet, ein Geräusch, das man als letztes auf einem Abschlußfest erwartet hätte.

Es kam offensichtlich von einem weiter entfernt stehenden Tisch, an dem der Star der Tournee, Rudolf Nurejew, mit dem

Direktor, der lebhaften französischen Ballerina Violette Verdy und mehreren Solisten der Truppe sitzt. Nurejew sitzt neben einem der jungen Hauptdarsteller, dessen Gesicht gerade einen unerwarteten Farbwechsel durchmacht – zumindest auf der einen Seite, auf der ein tiefroter Handabdruck erblüht.

Nach ein paar angespannten Minuten steht Nurejew auf, um die Runde zu verlassen, gefolgt von seinem getreuen italienischen Masseur und Leibwächter Luigi. Alle Augen folgen Nurejews Abgang, er erwidert die starren Blicke. Er streckt einen Arm aus, die Finger bewegen sich nach Art der Baschkiren, um den bösen Blick abzuwehren.

Die Bostoner Tänzer kennen natürlich nicht die diversen Gesten gegen böse Blicke und nehmen an, daß Nurejew, der zu Beginn dieses Abends noch recht guter Laune gewesen war, ihnen zum Abschied zuwinkt. Sie fangen also an zurückzuwinken.

»Tschüs, Rudolf!«

»Bis später, Rudolf!«

Dieses Mißverständnis läßt Rudolf hochgehen. Er stößt einen Schwall Beschimpfungen aus. Bevor er damit zu Ende ist, hat ein Gentleman vom Corps de ballet, dessen Hand sich immer fester um ein volles Bierglas schließt, genug von den Beleidigungen. Er hebt sein Glas hoch und wendet sich Nurejew zu.

Der Produzent der Tournee beschließt, lieber woanders zu sitzen, und läuft direkt in den Schwall Flüssigkeit, der sich auf Nurejew ergießen sollte. Er bekommt ihn voll ab, aber ein paar Tropfen erwischen auch Nurejew, und an diesem Punkt hat Luigi die Nase voll.

Bevor ihn jemand aufhalten kann, hat er schon den Corpstänzer am Kragen gepackt und preßt ihn nun gegen den Picknicktisch; seine Faust nähert sich dem Gesicht des jungen Mannes, berührt ihn aber nicht wirklich; er möchte ihn wohl nur einschüchtern. Von weitem sieht es jedoch aus, als bekäme der Corpstänzer die Tracht Prügel seines Lebens, was die Kollegen dazu veranlaßt, aufzuspringen und sich in Richtung dieses Handgemenges zu begeben.

An diesem Punkt greift Nurejew nach der nächstbesten Nudelplatte und schleudert sie direkt in die Menge. In wenigen Augenblicken sind alle ausgiebig mit Marinara bedeckt.

Drei Wochen später sind Nurejew und das Boston Ballet wieder gemeinsam auf Tournee.

Es gab nie einen Unterschied zwischen dem öffentlichen und dem privaten Nurejew. Die beiden ähnelten sich sogar so sehr, daß Nurejew auf der Bühne manchmal wirkte, als würde er es sich in seinem Wohnzimmer gemütlich machen. »Rudolf war so völlig zu Hause auf der Bühne, daß er wirklich erstaunliche Dinge tun konnte«, erinnert sich ein Tänzerkollege. »Wenn er ein Problem mit seinem Trikot oder sonst irgend etwas, etwa seinen Schuhen, hatte, dann zog und zerrte er eben so lange daran, bis alles stimmte – als wäre er in seiner Garderobe, anstatt vor Publikum. Die Bühne war sein Zuhause, sein Wohnraum. Dort lebte er. Fast so, als wäre er am meisten er selbst, wenn er auf der Bühne stand.« Nurejews herausragende Eigenschaften – seine körperliche Energie und seine Ausdruckskraft – prägten nicht nur das männliche Ballett, sondern auch seine Persönlichkeit im Privatleben. Doch keine dieser Eigenschaften hatte einen so weitreichenden Effekt wie das Manko, das Nurejew für sich in ein Plus verwandelte – seine Starallüren der alten Schule, die die Zuschauer in Scharen ins Theater strömen ließen und Theaterdirektoren dazu brachten, schwermütig aus dem Fenster zu starren. Weniger als ein halbes Jahr nach Nurejews ersten Auftritten in *Giselle* mit Margot Fonteyn erklärte einer der Direktoren von Covent Garden dem *Time*-Magazine: »Ich würde mich lieber mit zehn Callas herumschlagen als mit einem Nurejew.«[1]

Nurejew zeigte den Ballettänzern eine Option auf, die eine ganze Weile in Vergessenheit geraten war: die Möglichkeit, »auszurasten«. Dies war an sich das Vorrecht der Ballerinen und spielte in vielen berühmten Ballettlegenden eine Rolle. In der darstellenden Kunst gibt es Unmengen unterhaltsamer Bühnengeschichten: Opernsängerinnen, die ihre Partner »umhauen«, indem sie vor einer intimen Liebesszene ein wenig Knoblauch zu sich nehmen; die Möglichkeit, in einem Kostüm mit Schleppe plötzlich auf dem Hinterteil zu landen. Callas ausgenommen bekam keine Diva jemals mehr Publicity für ihre Anfälle als die führenden Damen des Balletts, und diejenigen, die sich dabei am meisten hervortaten, waren unweigerlich die brillantesten Tänzerinnen: Pawlowa, Makarowa und natürlich Gelsey Kirkland. In seiner Autobiographie *Far from Denmark* beschreibt Peter Martins einmal, wie eine Ballerina für Insider aussehen kann: »Es gibt alle möglichen Arten von Ballerinen. Manche sind nett, andere weniger nett. Aber sie haben alle etwas gemeinsam, etwas, das für eine Ballerina absolut notwendig ist: Alle sind sie zäh, gnadenlos, selbstsüchtig, engstirnig und ohne jegliches Bewußtsein oder auch nur Interesse für ihren Tanzpartner. Wenn eine Ballerina in die Spiegel des Übungsstudios blickt, sieht sie nur sich selbst. Und wenn ihr Partner in denselben Spiegel blickt, sieht er nicht sich, sondern nur sie.«[2]

Nurejew änderte dies für alle Zeiten, indem er sich die extravagante Haltung der großen Ballerinen zulegte – die dramatischen Ohrfeigen, die verletzenden Erwiderungen, die Drohungen. Nurejews Anfälle, die ebenso gefeiert wurden wie seine Jetés, gab es in sämtlichen Formen, Farben und Größen: kleinere ob einer falsch verstandenen Bitte, täglich wiederkehrende ob der Unfähigkeit der Dirigenten, und besonders in Paris riesige ob der bürokratischen Verwaltung. Die Ausbrüche schienen sich im Lauf der Zeit zu wandeln, von den Wutanfällen der frühen Jahre, in denen er noch ein launischer und verhätschelter Jungstar war, hin zu denen eines erfahrenen Profis, der wußte, wann er hart auftreten mußte – und gegen wen. Wie in Gesprächen über Fonteyns Anfangszeiten immer wieder ihre Willensstärke erwähnt wird, so finden sich in Berichten über den frühen Nurejew unweigerlich Begriffe wie »verwöhnt«, »kindisch« und »fordernd« (um so erstaunlicher, da die Leute, die ihn verwöhnten, vom Kaliber einer de Valois, eines Bruhns und einer Fonteyn waren). In diesen Berichten ist immer wieder die Rede von einer Menge Scherben: Weingläser, Teller, und, einem Gerücht zufolge, die aus dem fünfzehnten Jahrhundert stammende venezianische Glassammlung eines berühmten italienischen Regisseurs, in dessen Haus Nurejew einmal zu Gast war. Auf dem Höhepunkt des »Rudi-Phänomens«, ungefähr Mitte der sechziger Jahre, hatte Nurejew unter Fonteyns Führung gelernt, sich seine Kräfte für berufliche Streitigkeiten und gelegentliche Polizeiarreste aufzusparen. Der nachdenkliche junge Exilrusse begriff allmählich die vor Ort herrschenden Spielregeln. Sheila Porter, zuständig für die Öffentlichkeitsarbeit des Royal Ballet zu der Zeit, als die Rudimanie ihren Höhepunkt erreichte, erinnert sich: »Er stellte sich nie quer. Natürlich gab es Dinge, die er nicht gerne tat, etwa Interviews lange im voraus festzulegen. Dadurch fühlte er sich zu sehr eingeengt. Aber ich hatte nie den Eindruck, daß er gerne absichtlich Ärger machte. Wenn es doch dazu kam, gab es immer einen Grund dafür. Ich erinnere mich an einen Vorfall in New York. Dort gab es einmal ein Problem mit der Reihenfolge der Aufführungen. Rudolf sollte in zu vielen Balletten auftreten und erhob vehement Einspruch. ›Ich weiß, was mein Körper kann‹, sagte er. ›Und so wird die Reihenfolge sein.‹«[3] Aber er warf immer gern mit Dingen um sich, und auch die Gefahr von Gewalttätigkeiten und Verletzungen nahm nicht ab. Angeblich soll Nurejew mindestens zwei Tänzer ins Krankenhaus befördert haben, einen Corpstänzer des Boston Ballett, den er in die Weichteile trat, und einen italienischen Tänzer, dem er bei der letzten »Nurejew & Friends«-Tournee einen Tritt in den Hintern versetzte, beides jeweils während einer Vorstellung.

Zwei Beispiele für den Dämon Nurejew veranschaulichen die Leitsätze seiner Berufsauffassung: Mach deine Sache gut und bring sie hinter dich.

Merle Park war Nurejews Partnerin in der notorischen New Yorker Premiere seines *Nußknacker* im Jahr 1970, bei der er während des Pas de deux zu Beginn des zweiten Aktes von der Bühne des Metropolitan Opera House stürmte:

> Rudolf stand zu jener Zeit enorm unter Druck. Er tanzte ja das Ballett, gleichzeitig war er der Produzent und hatte nur einen Tag, um es auf die Bühne zu bringen. Es regte ihn auf, daß etwas mit den Kulissen nicht stimmte, und im zweiten Akt verließ er die Bühne, weil er fand, daß die Musik zu schnell sei. Die Musik war tatsächlich schnell, und ich tanzte eben schneller, aber er tat es nicht. Er hatte es einfach nicht so schnell erwartet, und dann verhakten sich unsere Füße und wir stolperten. Er sagte: »Hör auf, Mädchen, wir fangen noch mal von vorn an!«, und da sagte ich: »Rudolf, das kannst du doch nicht tun. Mach einfach weiter!« Da wurde es ihm wohl zuviel – er ging nach vorn an die Rampe und hob die Hand, um Jack Lanchbery (dem Dirigenten) zu bedeuten, daß er aufhören solle. Aber Jack senkte nur den Kopf und machte weiter. Also verließ Rudolf die Bühne und ließ mich etwa drei Minuten allein da draußen stehen. Ich improvisierte, ich rannte an die eine Bühnenseite und schrie: »Rudolf! Komm zurück! Ruuuudolf!« Ich hörte ihn draußen herumstampfen und brüllen. Schließlich hatte ihn die Ballettmeisterin soweit, daß er wieder auf die Bühne kam. Nach der Vorstellung kam er in meine Garderobe – es waren Hunderttausende von Leuten da – und entschuldigte sich.[4]

Nach einem berühmt gewordenen ähnlichen Eklat mit Natalia Makarowa drei Jahre darauf kam ein Waffenstillstand erst sehr viel später zustande. Eine Kirow-Abtrünnige wie Nurejew, teilte Makarowa Nurejews Begabung für das Dramatische auf und hinter der Bühne, so daß ein Zusammenstoß bei ihrem ersten gemeinsamen Auftritt nahezu unvermeidlich war. Nurejew und Makarowa sollten mit dem Ballett der Pariser Oper im Hof des Louvre eine Freilichtvorstellung des *Schwanensee* tanzen. Es gibt ganz unterschiedliche Versionen von dem, was an diesem Abend geschah. Nurejew habe Makarowa geohrfeigt. Nurejew habe Makarowa geschubst. Nurejew habe Makarowa stolpern lassen. Nur zwei Dinge stehen fest. Mitten im Adagio des Weißen Schwans kam die Makarowa sehr unschön zu Fall. Am nächsten Morgen gab sie auf einer hastig einberufenen Pressekonferenz das Statement ab: »Ich werde nie mehr mit diesem Mann tanzen!« Nurejew sah ziemlich schlecht aus, Makarowa sehr verletzt. Laut einem Corpstänzer, der den Vorfall aus etwa drei Meter Entfernung beobachtete, war die Wahrheit tatsächlich etwas vielschichtiger:

> Rudolf hat sie weder geschlagen noch absichtlich stolpern lassen. Es war ganz anders. Rudolf hat Natascha eine Lektion erteilt. Natascha war natürlich eine wunderbare Tänzerin, aber – nun, wie soll ich es sagen – sie hörte ihre eigene Musik. Es war wunderbare Musik, aber eben nicht unbedingt die Musik, die aus dem Orchestergraben kam. Und ich nehme an, sie war an Partner gewöhnt, die nichts gegen etwas Mehrarbeit hatten. Rudolf war natürlich ein Perfektionist, und Natascha trieb ihn in den Wahnsinn, weil sie sich nicht an die Musik hielt. Es war fast, als müsse er sie auf der Bühne verfolgen, und irgendwann hatte er wohl genug. Natascha begab sich in eine ihrer wundervollen Balancen, aber eben etwas weiter vorn als vereinbart, und er ließ sie einfach fallen. Dann mußte sie sich alleine hochrappeln, weil Rudolf genau dort stand, wo er stehen sollte, und auf sie wartete.

1965 schloß Nurejew einen Vertrag mit der Agentur Hurok Concerts. Bis dahin hätte er möglicherweise auch nur ein exotischer Ballettänzer bleiben können, bekannt durch seine Flucht, aber mit einem sich größtenteils auf seinen Berufsstand beschränkenden Öffentlichkeitswert. Nachdem Hurok die Beatles gesehen hatte, brauchte er de Valois nicht erst zu fragen, wen er denn groß herausbringen solle, als Nurejew 1965 seine zweite Amerikatournee mit dem Royal absolvierte; Huroks Schöpfung des »Rudi-Ereignisses« zeugt nicht nur von Nurejews Bühnenpräsenz, sondern auch von Huroks Gespür dafür, wen er wann zu fördern hatte. Nurejew war natürlich das PR-Thema der Stunde. Wieder einmal brachte Hurok

Newsweek und *Time* dazu, eine Titelgeschichte zu verfassen, und Nurejew war auf dem Weg in eine völlig neue Sphäre der Bekanntheit. Bis zur Royal-Tournee dieses Jahres, so die amerikanische Tanzkritikerin Arlene Croce, war »der Kassenschlager das Gespann Nurejew/Fonteyn. Nurejew allein brachte keine ausverkaufte Met zuwege, bis das Hurok-Büro 1965 seine Werbekampagne vom Stapel ließ.«[5] Nurejew war niemals ein Künstler, der sich der Presse andiente. »Interviews gehörten bei Rudi nicht zum Standard«, erinnert sich ein ehemaliger Hurok-Mitarbeiter. »Er zeigte sich kaum. So kam er etwa nie eine Woche früher in die Stadt, um ein paar Interviews zu geben.« Bei der 1965er-Tournee schien Nurejew der Presse gegenüber liebenswürdiger zu sein als sonst, auch wenn es bei den Interviews immer wieder zu Spannungen kam, wenn Nurejew sich manipuliert fühlte. Eine Bemerkung, die er einem Reporter der *Los Angeles Times* gegenüber machte – »Ich hasse das Publikum«, während sich seine Fingernägel voller Abscheu in ein Tischtuch krallten –, führte zu einem Sturm der Entrüstung, der jedoch einfach in der Rudi-Lawine unterging. »Hurok kultivierte das Bild großartiger und exotischer Künstler für seine Klientel«, faßt es ein anderer Hurok-Mitarbeiter zusammen. »Und die ganze ›Rudi-Geschichte‹ paßte genau in dieses Bild.« Das Ergebnis war etwas, was die Ballettwelt noch nie gesehen hatte – ein Tänzer, ein Balletttänzer, der es schaffte, einem breiten Publikum zum Begriff zu werden.

Nurejews immense persönliche Ausstrahlung, unterstützt von Huroks Publicity-Maschinerie, riß das Ballett aus seiner Exklusivität heraus und machte es zu einem Kultobjekt. Hurok hätte gar keinen besseren Zeitpunkt finden können. Er leitete das Rudi-Phänomen genau zu dem Zeitpunkt ein, als zwei große kulturelle Phänomene ansetzten, unsere Wahrnehmung der Welt um uns herum zu verändern. Das erste war die Medienexplosion, die weltweite Vernetzung der Medien, das Zeitalter, in dem »das Medium zur Massage« wurde. Die Massenmedien entdeckten, daß sie ebenso Teil der aktuellen

Ereignisse waren wie die Ereignisse selbst. Die Medien begannen sich selbst darzustellen, und das Zeitalter des Medienlieblings war geboren. In dieser Hinsicht gehörte Nurejew zu den ersten einer neuen Gattung, ein Star, der berühmt blieb, weil er berühmt war. Seit die Hollywood-Filmstudios der Welt beigebracht haben, wie man ein Produkt verkauft, konzentrierten sich vor allem die amerikanischen Massenmedien auf individuelle Gesichter. Dieses Vorgehen gefiel den Amerikanern; vor allem nach dem Fernsehboom der fünfziger Jahre kamen Berühmtheiten geradewegs in jedermanns Wohnzimmer marschiert. Der Medienwissenschaftler Jeremy Tunstall behauptet: »Seit ihrer Entstehung rücken die amerikanischen Massenblätter Persönlichkeiten und Berühmtheiten in den Vordergrund. Die Associated Press war von ihrer Entstehung an ein perfekter Mechanismus, um allen Amerikanern ein paar berühmte Namen einzuprägen. Presseagenturen entstanden, um Persönlichkeiten aus der Theaterwelt im Gespräch zu halten.«[6]

Zurück zu Nurejew, einer Bühnenpersönlichkeit, die den Traum eines jeden Publizisten verkörperte. Doch Nurejews überdimensionierte Persönlichkeit – zusammengefügt aus seiner dramatischen Flucht, seinen idealistischen Bestrebungen, seiner scharfen Zunge – hätte wiederum auch ein sich rein auf die Tanzwelt beschränkendes Phänomen bleiben können, hinreichend bekannt, aber nicht jedermanns Sache. Um Nurejews weltweite Berühmtheit zu verstehen, muß man die Zeit bedenken, in der sie entstand. »Als (Nurejew) in den Westen kam«, schrieb Arlene Croce einmal, »machten die öffentlichen Moralvorstellungen und die Popkultur gerade eine Revolution durch. Nurejews Benehmen auf und hinter der Bühne schien mit einem neuen Trend in Verbindung zu stehen, und vielleicht hat er diesen Trend sogar teilweise selbst verursacht. Erstaunlicherweise tauchten urplötzlich viele britische Rockstars auf, die ihm ähnlich sahen.«[7] (Peter Martins erinnert sich daran, daß er, als Nurejew an der Schule des Königlich Dänischen Balletts auftauchte, den Eindruck nicht los wurde, »John Lennon im Unterricht zu haben«.[8]) Die Sechziger waren eine besondere Zeit: »Das waren die Jahre der Massendemonstrationen für Bürgerrechte und Black Power, für liberale Erziehung, für die Armen, für Frauenemanzipation und Schwulenrechte, für Chicanos und Indianer und gegen den Vietnamkrieg.«[9] Überall kam es zu Veränderungen.

Nurejew paßte perfekt in diese Zeit des Umbruchs. Sol Hurok hatte mit Sicherheit die Veränderungen bemerkt, die sich 1964 mit dem veritablen Erdbeben ankündigten, das die Beatles mit ihrem Auftritt in der *Ed Sullivan Show* verursachten. Er stellte eine überaus wichtige gedankliche Verbindung her. Nurejew war der geborene Rebell und als solcher eine mögliche Goldgrube in einer rebellischen Zeit. Das Rudi-Ereignis war im Kommen. Nurejew hatte das drahtige, zerzauste Äußere, das das Massenpublikum in dieser Zeit so lautstark liebte. Bekannt geworden durch einen Akt der Auflehnung, war er auch genau die Art von Held, auf die das Publikum der Sechziger voll abfuhr. Hurok sorgte dafür, daß Nurejew ständig sichtbar blieb, in *Time*, *Life*, *Newsweek* und der *New York Times*, und der Sättigungsgrad war genau richtig. Nurejew fiel einem völlig neuen Publikum ins Auge, der Gegenkultur, die eben anfing, erhebliche Summen für ihr Vergnügen auszugeben. Seine Flucht und seine Haartrachttrugen dazu bei, Nurejew wie einen der besten Vertreter der buntgeschmückten, enthemmten Mitglieder der Gegenkultur erscheinen zu lassen, genau als die Mischung von Widersprüchen, die die Autoritäten so schrecklich verunsicherte: »Clever, unschuldig, zärtlich, spontan, verspielt, fröhlich, spirituell, mystisch, sinnlich, ehrfürchtig, und ebenso ... düster, schmutzig, furchterregend, hirnlos, hemmungslos, einsam, verrückt und verletzend.«[10] Nurejew strahlte auch die Art rebellischer Sexualität aus, die Karrieren großer Stars immer äußerst förderlich war, von Elvis mit seinem berühmten Hüftenwackeln bis zu James Deans schönem Schmollen. Am Ende des Jahrzehnts hatte Nurejew für Rollkragenpullover das gleiche getan wie früher einmal Lana Turner für enge Mohairpullover. Die Quintessenz war auf

Ansteckern der Rudi-Groupies zu lesen: »Wir wollen Rudi nackt!« Nurejew verkörperte in seinem Auftreten, seinem Wesen und seiner persönlichen Geschichte eine Mischung aus Rebell, Poet und Zuchthengst, die geradewegs von Marshall McLuhan hätte stammen können:

> Der Dichter, der Künstler, der Detektiv – wer immer unser Empfindungs- und Wahrnehmungsvermögen schärft, neigt zur Gesellschaftskritik. Da er selten »gut angepaßt« ist, kann er nicht im Strom der Meinungen mitschwimmen. Das sonderbare Band, das Gesellschaftskritiker oft verbindet, ist ihr Vermögen, Umstände so zu sehen, wie sie wirklich sind. Dieses Bedürfnis nach einer machtvollen Gegenüberstellung oder Konfrontation von Sachverhalten zeigt sich in dem bekannten Märchen »Des Kaisers neue Kleider.« Gut angepaßte Höflinge, die über althergebrachte Privilegien verfügten, sahen den Kaiser in schönen Kleidern. Der »gesellschaftsfeindliche« Knirps, dem die alten Umstände nicht vertraut waren, sah deutlich, daß der Kaiser nichts anhatte.[11]

Nurejew schaffte es sogar, verhaftet zu werden, und dies nicht nur ein-, sondern sogar zweimal. Seinen ersten Besuch auf einer Polizeiwache machte er 1963 in Toronto, bei seiner ersten Amerikatournee mit dem Royal Ballet. Nach einem Premierenempfang für das kanadische Publikum und mindestens einer Premierenparty wurde Nurejew verhaftet, weil er mitten auf der vielbefahrenen Yonge Street, dem lebhaften Mittelpunkt von Torontos Schwulenbezirk, tanzte. Nurejew berichtete einem Freund, daß ihn ein Polizeibeamter ansprach und mitteilte, er werde ihn wegen gemeingefährlichen und unstatthaften Verhaltens auf die Polizeiwache bringen. »Sie können mich nicht verhaften«, erklärte Nurejew dem Polizisten. »Ich bin Rudolf Nurejew.« Der Polizist erwiderte prompt: »Ach ja? Und ich bin Fred Astaire! Rein ins Auto mit Ihnen!« Nurejew wurde eine Stunde lang auf der Wache festgehalten und dann wieder auf freien Fuß gesetzt.

Beim zweitenmal wurde er etwas länger festgehalten. Es handelte sich um die berühmte »Marihuanaverhaftung« mit Fonteyn 1967 in San Francisco. Fonteyn und Nurejew in Polizeigewahrsam – das sorgte für weltweite Schlagzeilen und machte die beiden völlig unerwartet zu Helden der Hippie-Welt. Fonteyn legte während des ganzen Vorfalls nicht einmal ihren weißen Pelzmantel ab.

Am Abend vor dem letzten Auftritt des Royal Ballet in San Francisco hatten Nurejew und Fonteyn eine Einladung auf eine Party in das damals sehr belebte Haight-Ashbury-Viertel erhalten. Sie kamen spät an, etwa drei Uhr morgens. Zu diesem Zeitpunkt war die Party schon eine Weile im Gang und wurde zunehmend lauter. Als dann auch noch ein paar Bongos das Getöse zu übertönen versuchten, beschwerten sich die Nachbarn bei der Polizei, die kurz nach Fonteyns und Nurejews Ankunft auf die Party kam. Zwar hatten die Polizisten ursprünglich nur eine Warnung äußern wollen, doch die Sache nahm eine andere Wendung, als die Beamten eine Handvoll Marihuana-Joints auf einem Tisch liegen sahen. Plötzlich suchten die Partygäste das Weite; manche hasteten die Treppen in den nächsten Stock hinauf, manche bis zu den Dächern, andere auf die Straße. Nurejew und Fonteyn wurden schließlich auf den Dächern zweier nebeneinanderliegender Gebäude entdeckt, Nurejew flach auf dem Rücken liegend, Fonteyn mit ihrem langen weißen Hermelinmantel in einer dunklen Ecke kauernd. Sie wurden mit den übrigen Nachtschwärmern in eine grüne Minna verfrachtet und zuerst zur Polizeiwache, dann ins städtische Gefängnis gebracht, dort fotografiert und dann die nächsten vier Stunden hinter Gitter gesteckt.

Wieder einmal bewahrte Fonteyn lächelnd ihre Haltung in einer ziemlich brenzligen Situation, ohne der Presse etwas anderes mitzuteilen als eine einzige kleine Beobachtung: »Wissen Sie, in England hat die Presse keinen Zutritt zu Gefängnissen.«[12] Auf strenge Anweisung von Fonteyn schaffte es auch Nurejew, seinen Mund zu halten und auf die Kaution zu warten, die für jeden auf 330 Dollar festgesetzt worden war. Beinahe schaffte er es. »Würden Sie bitte einen Polizisten rufen«, rief er einem neugierigen Anwohner zu, als die Partygäste in den Polizeiwagen gedrängt wurden. »Wir müssen noch auf eine andere Party!« Auf der Polizeiwache hauchte Nurejew ziemlich ausgiebig auf die Linse einer Kamera, als ein Fotograf sich etwas zu nahe an ihn herangewagt hatte, und schwärzte damit das Foto. Bei einem zweiten Fotografen fuhr sich Nurejew erst durchs Haar und wischte dann seine Finger an der Kameralinse ab.

Beflügelt von derartiger Publicity wurde Nurejew von einem bloßen Tanzphänomen zu einem Medienstar sehr viel größeren Ausmaßes: Er wurde zu einer der bekanntesten Persönlichkeiten der Welt. »Es machte schon Schlagzeilen, wenn Rudolf sich die Nase putzte«, so der ehemalige Hurok-Manager John Wilson.[13] Als Nurejew bei der *Hollywood Palace Varieté Hour* auftrat, baute ABC den Hollywood Palace vollständig nach, um Nurejews dichtgedrängtem Terminplan entgegenzukommen; dieser Abschnitt, so der Produzent der Show, »kostete mehr als die ganze übrige Show«.[14] Nurejew wurde auch zu einem heißbegehrten Partygast. Gay Talese schrieb in der *New York Times* über die betuchten New Yorker Gastgeberinnen, »die alle um seine Anwesenheit wetteiferten und sich wenig daraus machten, wenn er Teller an die Wand schmetterte, weil Menü oder Service ihm nicht behagten«.[15]

Alles, was Nurejew tat, kam in die Presse – als er sich einer Mandeloperation unterzog, als er von einem Motorrad in London angefahren wurde. Der »Russian Tea Room« setzte einen Nurejew-Cocktail auf seine Getränkekarte – Wodka und weiße Crème de cacao –, und Nurejew durfte als erster Mann ohne Krawatte den »Club 21« betreten. Egal, wie prominent seine Begleiter waren, auf Nurejew richtete sich unweigerlich die größte Aufmerksamkeit. »Jackie, Ari, Rudi und Margot schauten mal kurz bei P. J. Clarke's vorbei«, berichtete die *New York Times* 1968, »und raten Sie mal, wer am meisten angestarrt wurde? Rudi in engen Hosen, Stiefeln, einer Kappe und einer kurzen Pelzjacke.«[16]

Nurejews Medienpräsenz schadete dem Ballett keineswegs, und zwei weitere Traditionen des männlichen Tanzes wurden in eine neue Richtung gelenkt. Nurejew brachte ein völlig neues Publikum ins Ballett, die breite Masse, die den Spitzentanz kaum bemerkt hatte, bis Nurejew ihre Aufmerksamkeit erzwang. Barbara Horgan, Vorsitzende des Balanchine Trust in New York, eine Frau mit vierzig Jahren Erfahrung in Ballettverwaltung und Management, stellt fest:

> Meiner Meinung nach war Rudolf ein Hauptfaktor in der Popularisierung des Tanzes in den USA. Ich glaube wirklich, daß Rudolf – sein Können, seine Macht als Star, seine Persönlichkeit – entschieden dazu beitrug, das Ballett zu der populären Kunst zu machen, zu der es in den späten Sechzigern und Anfang der Siebziger wurde. Eine ganze Reihe von Leuten da draußen hatte nicht die geringste Ahnung vom Ballett. Solche Leute finden Menschen in Trikots und Tutus nur komisch. Aber sie wissen, was das Wort »Nurejew« bedeutet, Star nämlich. Er war bei Ed Sullivan. Er trat im Fernsehen auf. Er war in den Zeitungen, von denen wir damals noch viel mehr hatten. Es gab Bilder, es gab Fotos. Er stand für Glamour.[17]

Peter Martins ist der gleichen Meinung. »Rudolf weckte bei einem großen Publikum Interesse für das Ballett. Bevor es Rudolf gab, waren die Leute sich nicht recht sicher, was es bedeutete, wenn man sich als Ballettänzer vorstellte. Wenn man danach sagte, man sei ein Tänzer, sagten die Leute: ›Oh, ein Tänzer!‹ Zum erstenmal wußten sie, was ein Ballettänzer war, und dies ist Rudolf zu verdanken.«[18] Ein Jahrzehnt vor Nurejews Ankunft im Westen gab es in den USA kaum fünfundsiebzig lokale Tanzkompanien; innerhalb von vier Jahren nach seiner Ankunft waren es 225, und das Verhältnis weiblicher zu männlichen Schülern hatte sich von fünfzig zu eins auf fünfzehn zu eins verlagert. Nurejews Vitalität, Männlichkeit und Präsenz erreichten das Unvorstellbare: Dank ihm war es nun für einen Mann akzeptabel, Trikots anzuziehen. Nurejews erste Fernsehauftritte veränderten zumindest einen Lebenslauf, den eines achtjährigen kanadischen Jungen namens Frank Augustyn, der unter Nurejews Schirmherrschaft der erste kanadische Danseur von Weltrang werden sollte. »Ich hatte noch nie etwas gesehen, das an seine Art, sich zu bewegen heranreichte, männlich und zugleich animalisch«, erinnert sich Augustyn. »Es war, als würde er geradewegs in dein Wohnzimmer reinspringen. Für Jungen, die sportlich erzogen wurden, war es, als würden sie Wayne Gretzky (den sehr erfolgreichen amerikanischen Eishockeyspieler – A. d. Ü.) sehen. Man dachte sofort: Genau das will ich auch tun.«[19]

Ein berühmter Vorfall in Nurejews später Karriere zeigt im kleinen die unterschiedlichen Elemente seines Temperaments, die ihn allseits berühmt machten – seine Ungezwungenheit vor dem Publikum, seine Gabe, sich auf der Bühne so wohl zu fühlen wie in seinem eigenen Wohnzimmer, seinen Hang zu großen Gesten und seine Professionalität, geprägt von dem Leitsatz »Nicht auf meine Kosten«. Nurejew trat als Gast in seinem *Don Quixote* in einem italienischen Opernhaus auf. Mit seinem Einverständnis durfte das italienische Fernsehen drei Minuten Filmaufnahmen machen. Mitten in der Darstellung seines kraftvollen Basil bemerkte Nurejew noch ganz genau, daß die roten Lämpchen der Fernsehkameras angingen. Vier Minuten später wußte er, daß jemand versuchte, ihn übers Ohr zu hauen. Die Produzenten waren offensichtlich der Meinung, daß sie Nurejew in der Zwickmühle hatten. Was konnte er denn schon tun, mitten in der Vorstellung aufhören? Doch genau das tat er. Er schenkte dem Kameramann noch ein paar Sekunden, dann trat er von der Bühne ab und bedeutete dem Dirigenten, mit der Musik aufzuhören. Die Musik hörte nicht auf, also deutete Nurejew auf die zwei Kameras, damit das Publikum sehen konnte, daß gefilmt wurde. Die Kameras liefen weiter, also sprang Nurejew schließlich in den Zuschauersaal, schlenderte zu der Metalltreppe, die zu den Kameras führte, kletterte hinauf und lenkte die Kameras weg von der Bühne.

Die Vorstellung wurde ohne weitere Zwischenfälle fortgesetzt und beendet.

Kapitel 9

Der große Schwulenmythos: »Ich habe mit Nurejew geschlafen«

»Ain't nobody started calling me Mam'selle 'til I was seventeen and getting a little bone structure.«
Madeline Kahn als Trixie Delight in *Paper Moon*

»Le Trap« ist die lockerste, schlüpfrigste, wunderbarste Schwulenbar in Paris. Als Tor zu einer anderen Zeit gehört sie zu der Art von Guckloch-Spelunken, die außer einem blauglitzernden Schriftzug »Bar« kein Schild über ihrer unauffälligen grauen Tür brauchen. Die Leute, die das haben wollen, was »Le Trap« anbietet, finden immer ihren Weg dorthin, egal, wo sie sich gerade aufhalten. Sie wissen auch, daß sie sich bis Mitternacht, wenn »Le Trap« aufmacht, noch anderweitig amüsieren müssen. Eine Minute nach Mitternacht wimmelt es in dieser Kneipe von Schwulen in ihren besten, enganliegendsten Klamotten – besonders eng in den wichtigen Bereichen, um diese in ein günstiges Licht zu rücken (die Beleuchtung ist nicht gerade sehr stark). Leder, wohin man blickt. Wenn man erst einmal an der Tür geklopft hat, sich von dem Türsteher hat anbrummen lassen und sich schließlich seinen Weg zur Bar gebahnt hat, könnte man denken, man wäre in irgendeinem Schwulentreff irgendwo auf der Welt.

Flipper, ein lärmender Musikautomat, vielleicht etwas zuviel rotes Licht.

Und dann bemerkt man die Treppe. Früher einmal, in den frühen Achtzigern, als »sex« noch ein einfaches Tätigkeitswort war, waren die zum Obergeschoß führenden Stufen noch etwas schwerer zu finden. Sie hoben sich kaum von der rückwärtigen Wand ab und hätten auch nur ein Dienstaufgang für die Angestellten sein können, hätte es auf ihnen nicht ein ständiges Kommen und Gehen von Männern gegeben. Die Dienste im Obergeschoß waren (im allgemeinen) nicht für die Angestellten gedacht. Sie wurden für die Gäste und von den Gästen erbracht. Die berühmte Trap-Treppe war de facto eine Eintrittskarte zu einer Welt, in der nur die Zeit stillstand. Alles andere war so betriebsam wie eine öffentliche Badeanstalt. Mitte der Achtziger wurde die Treppe zum Paradies ins Zentrum der Bar gerückt. Ihre neue Präsenz bestärkte den Entschluß, sie zu besteigen.

Es ist ein erstaunlicher Ort, um zum erstenmal einen internationalen Superstar in seiner Freizeit zu Gesicht zu bekommen, mitten in einer Pariser Winternacht des Jahres 1985.

»Schau mal dort rüber!«

»Wo?«

»Dort drüben, fast am Ende der Bar. Der Typ mit der Lederkappe!«

»Welcher?«

»Der, der gerade lacht. Wer ist das wohl?«

»O Gott!«

Nurejew.

In einer ganz normalen Nacht mitten unter der Woche, bequem an die Bar gelehnt, offensichtlich bestens gelaunt, keinerlei Versuche anstellend, Aufmerksamkeit auf sich zu lenken, was ja wahrhaftig auch nicht nötig ist. Mit einem letzten Schluck aus seinem Glas tippt Nurejew noch einmal kurz an seine Kappe, um sich von dem Witzbold zu verabschieden, der ihn gerade unterhalten hat, und erklimmt die Stufen. Die übrigen Gäste folgen ihm, zuerst nur zögernd, dann en masse. Was als nächstes kam, und zwar mehr als nur einmal, war ein urwüchsiger blonder Jüngling, der breit grinste, sobald er wieder gerade stehen konnte, und das auch noch inmitten der vor Neugier glühenden Zuschauer von Nurejews Aufstieg – eine Paparazzi-Affäre ohne Kameras.

Trotz aller Egozentrik hat Nurejew während seiner Karriere eine nahezu ununterbrochene Folge wichtiger Beiträge zur Ballettgeschichte geleistet. Er hinterließ zwar auch eine ganze Reihe von Flops – *Valentino*, *Washington Square* oder seine berüchtigten Werbefotos für Blackglama-Nerze mit Graham und Fonteyn (zusammengerechnet 164 Jahre alt), die er der Öffentlichkeit schließlich vorenthielt. Aber er hinterließ der Tanzwelt auch mehr als ein herausragendes Geschenk.

Wie etwa seinen unkomplizierten Umgang mit dem Thema Sex.

Abseits der Bühne war Nurejew berühmt dafür, daß er die ganze Nacht das tat, wofür die meisten Leute eine ganze Nacht brauchen. Seine Sexualisierung des Balletts prägte die Tanzwelt. Seine Beiträge zum Sexualvokabular des Tanzes liegen in der Mitte zwischen denen seiner großen Vorgänger in diesem Bereich. Balanchine hat die Interaktion der Schritte erotisiert, Graham die Projektion ihrer eigenen Person. (»Ich bin mein ganzes Leben lang eine begeisterte Anhängerin von Sexualität im richtig verstandenen Wortsinn gewesen«, schrieb Graham. »Ich meine damit die körperliche Erfüllung im Gegensatz zur Fortpflanzung, andernfalls hätte ich Kinder gehabt.«[1]) Balanchine und Graham machten Sex zu einem unverzichtbaren Bestandteil ihrer Meisterwerke; Nurejew war die Verkörperung von Sex. Er erotisierte die Luft um sich. »Er braucht nur mit einer Zehe zu wackeln«, beobachtete ein Londoner Kritiker zu Anfang seiner Karriere, »und schon fängt der Puls seiner Zuschauer zu rasen an.«[2]

Bis Nurejew auftauchte, trug der Tänzer im Ballett eine Art maßgeschneiderte Zwangsjacke. Sexuelle Projektionen waren verpönt.[3] Dieses Neutralisieren entstammte größtenteils der

Ambivalenz des Publikums wie auch der Tänzer selbst einem Mann in einem Trikot gegenüber. Das Thema verschwand jedoch völlig von der Bildfläche, sobald Nurejew zum erstenmal einen Fuß auf die Bühne setzte. Er hatte keine Zeit für die sexuelle Identitätskrise des Balletts. Wieder einmal tat Nurejew Dinge, die kein Mann vor ihm getan hatte. Bei den Klassikern, vor allem bei *Giselle*, brauchte er sich gar nicht zu bewegen, um zum erstenmal klarzumachen, daß sein Albrecht wirklich und wahrhaftig Giselle deflorierte. Die weniger traditionellen Stücke, etwa der *Corsaire*-Pas-de-deux, *La Bayadère* oder MacMillans *Romeo und Julia*, boten ihm mehr Freiraum für seine Sinnlichkeit, den er durchaus nutzte. Niemand hat sich jemals so begnadet erotisch bewegt wie Nurejew, und dennoch schaffte er es immer, absolut männlich zu wirken. An die Stelle der platten Körpersprache, die den männlichen Ballettdarstellern aufgezwungen worden war – »Sprechen Sie nur, wenn Sie angesprochen werden!« – führte Nurejew Kurven, Drehungen und Hüften ein, wo immer möglich, und wirkte dennoch immer wie ein klassischer Tänzer. Die amerikanische Ballerina Eleanor d'Antuono, ein erfahrener Profi, die drei Jahrzehnte bei dem American Ballet Theatre verbrachte, erinnert sich noch deutlich an ihren ersten *Corsaire* mit Nurejew, vor allem an ihren Auftritt: »Ich machte meine vorgeschriebenen Bourrées auf die Bühne, hin zu der Stelle, an der Rudi kniete. Als ich bei ihm ankam und auf diesen unglaublich attraktiven Mann blickte, der sich zu meinen Füßen wand, raubte mir dieser Anblick tatsächlich den Atem. Zum ersten und einzigen Mal in meiner Berufslaufbahn wußte ich nicht mehr, wo ich war.«[4]

Nurejew wußte genau, wo er war und was er tat. In seiner frühen Laufbahn in Rußland und im Westen wurde er für seine Neigung berühmt, seine Auftritte mit so wenig Kleidung wie möglich zu absolvieren – am Kirow entledigte er sich der Albrechts Lenden bedeckenden Pumphosen, im *Corsaire* und selbst im *Don Quixote* trat er mit nackter Brust auf, er trug gern ein weißes Trikot über einem Paar reinseidener weißer Strumpfhosen, um nackte Haut zu simulieren. Er wurde ein wahrer Meister in der Kunst des Aufreizens und brachte sein Publikum dazu, darauf zu lauern. In der *Dornröschen*-Version, die er 1972 für das National Ballet of Canada schuf, trat Nurejew auf eigenen Wunsch in einem bodenlangen Cape auf die Bühne. Um besagtes Cape zu entfernen, wandte Nurejew dem Publikum den Rücken zu und streifte das Cape langsam, unendlich langsam, von den Schultern, bis es schließlich vorübergehend kurz unterhalb seines edelsten Körperteils zum Stillstand kam. Nurejew nutzte diese Geste während seiner Karriere immer wieder. Eine Besucherin, die viele Nurejew-Vorstellungen erlebt hat, lächelte kurz und angespannt auf die Frage, ob sie denn jemals gesehen habe, daß er auf der Bühne bewußt einen anderen Tänzer ausstach. Dann lächelte sie wirklich: »Ja. Rudolf tat etwas mit ziemlicher Regelmäßigkeit, wenn er gerade nicht selbst tanzte und das Tanzen der anderen nicht besonders interessant fand. Er ging an die hintere Bühnenseite, wandte dem Publikum den Rücken zu und spannte sein Hinterteil an. Das funktionierte jedesmal.« Die französische Ballerina Violette Verdy hält selbst Nurejews intensive sexuelle Vitalität für einen weiteren Zug seines widersprüchlichen Wesens:

> Rudi (war) ein Tänzer von derart vielfältiger Schönheit, daß man fast sagen könnte, daß er auf kein Geschlecht festgelegt war, oder vielmehr, daß er als Tänzer beide Geschlechter hatte. Er reichte über den regulären, normalen, einfachen männlichen Tänzer hinaus. Und es handelt sich nicht einfach nur darum, daß er auch feminine Eigenschaften besaß. Es scheint fast, als habe er eine völlig andere Art von Geschlecht geschaffen. Er war eine Art Tanzkreatur. Man sah kein männliches oder weibliches Wesen, man sah einen Tänzer, und zwar einen großartigen Tänzer, so etwas wie einen Faun oder einen Vogel, etwas Wildes und unheimlich Schönes. Er hatte alle sexuellen Eigenschaften. Wenn er mit einer Frau tanzte, war es einfach nur eine Dreingabe – bei ihm bot die Ballerina etwas Notwendiges an, um die Kommunikation zu vervollständigen, aber in sich selbst war Rudolf vollständig.[5]

Lincoln Kirstein, der unerbittlichste Beobachter des Balletts unserer Zeit, macht eine unerwartete Bemerkung in den ersten Seiten seines Werks *Dance: A Short History of Classic Theatrical Dancing*. Nach einer ausführlichen, weitschweifigen Analyse des menschlichen Bewegungstriebs, bei der er die bacchantischen Mainaden, D. H. Lawrence und afro-amerikanische Spirituals mit ins Spiel bringt, findet Kirstein eine überraschende Verbindung, eine, die 1935 keiner außer ihm herzustellen gewagt hätte. Unsere Körper, so Kirstein, sind »die elegantesten und freimütigsten Instrumente für unsere gesamten geistigen und körperlichen Aktionen«.[6] Wenn der Körper für die außerordentlichen Ansprüche des Balletts trainiert wird, entsteht ein zusätzliches Element: »Professioneller Tanz weist auf sexuelle Kraft hin.«[7]

Nurejew war ein extrem professioneller Tänzer von Anfang bis Ende, von vorn bis hinten und umgekehrt. Seit dem dramatischen Höhepunkt seines ersten notorischen Bekanntwerden, als die »Royal Vauxhall Tavern«, eine Schwulenbar in Süd-London, ein riesiges Foto von Nurejew mit nacktem Oberkörper ins Fenster hängte, ist die Anzahl seiner sexuellen Abenteuer wohl oft übertrieben worden. »Ich weiß, daß sein Bett oft leer war«, erinnert sich einer von Nurejews Nachtclubbegleitern in Paris. Wenn alle die Leute, die behaupten, mit Nurejew geschlafen zu haben – vor allem unter den Schwulen einer bestimmten Altersklasse –, es wirklich getan hätten, dann hätte er keine Zeit mehr für seine Karriere gehabt. Welche Geschichten auch immer im Umlauf sein mögen, Nurejews Sexualleben war nicht einfach nur ein weiterer Beweis dafür, daß alles möglich ist.

Gerüchten über ein kaltes Herz zum Trotz war Nurejew durchaus zu tiefen, dauerhaften Liebesbeziehungen fähig, die das Leben seiner Partner unwiderruflich veränderten. Trotz seiner vielen Reisen gab es fast ständig eine wichtige Person nicht allzu weit weg im Hintergrund – Bruhn in den Sechzigern, Wallace Potts in den späten Sechzigern und Anfang der Siebziger, Robert Tracy in Nurejews letztem Lebensjahrzehnt.

Seine Beziehungen zu Potts und Tracy zeigen, wie unterschiedlich er sich auf die Menschen auswirken konnte, die ihm am nächsten standen.

Die beiden Beziehungen waren extrem verschieden. Potts, ein Südstaaten-Gentleman im wahrsten Sinn des Wortes, lernte Nurejew kennen, als er an der Technischen Hochschule von Georgia Sport studierte, wobei er noch diverse andere Interessen verfolgte (später produzierte er zum Beispiel einen klassischen Schwulenporno, *Le Beau Mec*). Potts zufolge »war es beim ersten Blick reine Ehrfurcht. Und als ich ihn schließlich besser kennenlernte … nun, er war der einzige Mensch, den ich jemals geliebt habe.«[8] Nurejew und Potts lebten fast sieben Jahre zusammen in Nurejews weiträumigem Anwesen im Richmond Park in den Außenbezirken von London. »(Das Haus) lag gleich neben East Sheen Common, das an Richmond Park angrenzt«, erinnerte sich Potts nach Nurejews Tod, »was es so idyllisch machte. Und dann trennten wir uns. Warum? Ich weiß es nicht. Ich wollte ein eigenes Leben haben. Aber wir blieben Freunde. Vielleicht wurden wir sogar noch bessere Freunde. Man teilt zwar nicht mehr die Leidenschaft, aber dafür gibt es auch keine Verbitterung oder Eifersucht mehr.«[9] Potts blieb ein treuer Anhänger von Nurejew bis zu dessen Tod und war ein wichtiges Mitglied des Freundeskreises, der Nurejew durch die letzten Jahre seiner Krankheit begleitete.

1979 während der Proben für Balanchines *Bourgeois Gentilhomme* lernte Nurejew Tracy kennen. Tracy studierte an der Schule des American Ballet und gehörte zu einem Dutzend Tanzschüler, die Balanchine auserkoren hatte, im Ballett dem Helden, Nurejew, als Lakaien zur Seite zu stehen. Seiner eigenen Einschätzung nach behielt Tracy in den nächsten dreizehn Jahren diese Rolle bei. Die Beziehung war sehr stürmisch, aber sie kam beiden Männern bis zu einem gewissen Punkt sehr gelegen. Nurejew fand einen festen Liebespartner, der gleichzeitig sein Diener war, und Tracy fand sich in täglichem Kontakt zu Leuten wie Judy Peabody, Jessye Norman und Jacqueline Onassis wieder. Schließlich lief die Geschichte jedoch für beide schief. »Vom ersten Tag an«, erzählte Tracy Bob Colacello in *Vanity Fair*, »testete Rudolf mich, wollte sehen, ob ich ihm Tee machen, ihm eine Cola bringen würde ... Er wollte seine Freunde auch als Diener haben, weil er zu geizig war, einen Diener zu bezahlen.«[10] Eine Woche vor Nurejews Tod schickte dessen Rechtsanwalt Tracy einen Räumungsbescheid für das New Yorker Apartment im Dakota. Tracy hatte bereits Marvin Mitchelson als Rechtsberater für eine angedrohte Unterhaltsklage angeheuert. (Die streitenden Parteien kamen offensichtlich zu einer Einigung; Tracy arbeitete auch kurz bei der Nurejew-Stiftung mit.)

Nurejews Beziehung zu Bruhn fiel in eine andere Kategorie, war vielschichtiger und ziemlich explosiv. Auch wenn ihre Verbindung unter dem Druck zweier nicht unerheblicher Karrieren – und Nurejews Hang zu Abenteuern – zerbrach, blieben die gegenseitige Zuneigung und Achtung doch ein Leben lang bestehen. »Ihre sexuelle Beziehung dauerte nicht sehr lange«, erinnert sich ein Freund der beiden. »Rudi zeigte bald Interesse an anderen Affären, was Erik nicht verkraften konnte.« Die berufliche Konkurrenz erwies sich als sehr schädlich. »Rudolf überflügelte Erik in allem«, faßt ihre Partnerin Sonia Arova zusammen. »Erik hatte ja schon lange vor Rudolf eine berufliche Existenz und Erfolg, eine große Karriere gehabt, und dann richtete sich plötzlich die ganze Aufmerksamkeit auf Rudolf, Rudolf und nochmals Rudolf. Ich glaube, das ging ihm tief unter die Haut, verletzte ihn sehr.«[11] Ein weiterer Freund ist der gleichen Meinung:

> Eben als Erik so richtig in Schwung kam, tauchte dieser animalische Magnet, dieses Feuerwerk auf. Europäer waren Stars, aber ein »echter Russe« war damals eine Art wildes Tier. Ich habe den Eindruck, daß Erik durch das Geld, den Starrummel und Glamour einfach überrollt wurde. Als ich Erik Anfang der Siebziger kennenlernte, war er sehr verbittert. Er fühlte sich betrogen. Er war ein wirklich großer Tänzer, aber eben auf den Tanz beschränkt. Er war zwar

auch in der Öffentlichkeit bekannt, aber nicht mit Rudolf zu vergleichen, weder in bezug auf das Geld noch auf den Berühmtheitsgrad.

Manche Leute sind der Ansicht, daß Nurejew an dieser Entwicklung nicht ganz unschuldig war. »Rudi hatte eine verheerende Wirkung auf Erik«, erinnert sich ein Kollege aus dem Royal. Bruhns sollte 1962 beim Royal gastieren, nur ein paar Wochen nach dem Riesenerfolg von Nurejews und Fonteyns *Giselle*. Und das ging ziemlich in die Hosen. »Erik beendete die Spielzeit nicht. Rudi demoralisierte ihn derart, daß er aufhören und sich nach Dänemark in ein Erholungsheim begeben mußte, um wieder zu Kräften zu kommen. Er hat sich nie vollständig erholt. Der Anfang des traurigen Abstiegs dieses hervorragenden Tänzers begann mit seiner Beziehung zu Nurejew.« Der ständige Medienrummel um die beiden Männer machte die Sache keineswegs leichter. »Die Presse sah uns zusammen«, erinnert sich Bruhn später, »und beobachtete uns mit Argusaugen. Es war fast, als hätten sie Wetten abgeschlossen, wer von uns beiden überleben würde.«[12] Eine Freundin Nurejews, die Schauspielerin und Sängerin Monique van Vooren, weiß aus Berichten Nurejews, daß »Erik Rudolf schließlich wegschickte. Er opferte ihre Beziehung um Rudolfs Karriere willen, damit Rudolf sich anschicken konnte, all die Dinge zu tun, die er tun mußte.«[13]

Aber die Verbindung riß nicht völlig ab.

Bei Bruhn wurde Mitte der achtziger Jahre Krebs festgestellt. Sein Gesundheitszustand verschlechterte sich rapide, bis er am 1. April 1986 starb. Nurejew war einer seiner letzten Besucher.

Was auch immer über die Anzahl von Nurejews Affären gemunkelt wurde, seine getriebene, zwiespältige Einstellung zu seiner Sexualität war zu komplex, um sie in eine bestimmte Schublade zu stecken. »Niemand spricht über die Tatsache«, erinnert sich ein Nurejew-Schützling, wenn sie an die gemeinsam verbrachte Zeit denkt, »daß Rudolf auch etwas sehr Prüdes an sich hatte. Er konnte sehr beschützend sein, etwa, indem er sicherstellte, daß unsere Begleiter uns nicht zu nahe traten. Bestimmte Dinge ließ er einfach nicht zu. Einmal hielt er mich davon ab, mich von Mick Jagger von einem Nachtclub nach Hause bringen zu lassen, weil er dachte, daß sich Jagger vielleicht an mich heranmachen würde.« (Nurejew hatte durchaus seine Gründe, Jagger zu mißtrauen. In der neuesten Jagger-Biographie, Christopher Andersens *Mick Jagger*, wird eine kurze Affäre zwischen Jagger und Nurejew in den späten Sechzigern beschrieben. Stellen Sie sich mal diese vier berühmten Lippen in einem Bett vor!) Für einen Mann, der sich weltweit immer unter seinem eigenen Namen in die Gästebücher der Schwulensaunen eintrug, gab es dennoch bestimmte Formen öffentlicher Zurschaustellung, die er einfach nicht akzeptieren konnte. Nurejew hat sich nie öffentlich zu seiner Homosexualität bekannt. Am nächsten kam er der Wahrheit wohl 1979, als er in einem Interview mit Mike Wallace feststellte: »Ich weiß, wie es ist, wie ein Mann und wie eine Frau zu lieben.« (Ähnliche Äußerungen tauchten noch in vielen weiteren Interviews auf.) »Rudolf wagte sich mit seiner Homosexualität ziemlich weit vor, lange, bevor es zu einer Verpflichtung wurde«, faßt es ein New Yorker Freund zusammen. »Er war etwa so weit ›out‹, wie man es in den Siebzigern sein konnte.« Als Nurejew keine Eintrittskarte für die Premiere von *The Boys in the Band (Die Harten und die Zarten)* bekommen konnte, sah er sich die Vorstellung trotzdem an, und zwar auf dem Schoß eines Freundes sitzend.

Die Zahl seiner Eroberungen wird sicherlich etwas zu hoch angesetzt, aber nicht viel zu hoch. Die Geschichten von Nurejews Besuchen in Bädern und öffentlichen Toiletten, den Hinterzimmern von Pornobuchläden und dem »Ramble« am Central Park sind seit der Stonewall-Ära in Schwulenkreisen legendär. In seinen ersten Jahren im Westen verlockte die schiere Menge sich bietender Gelegenheiten zum Sex Nurejew dazu, sich auf die Pirsch zu begeben; er sah unbegrenzte Möglichkeiten, um seine bereits ziemlich zwanghafte Sexualität zu befriedigen, wobei er sich manchmal auf sehr dünnes Eis begab. Eine sehr vertrauenswürdige Quelle berichtet folgende Geschichte: Fonteyn und Nurejew befanden sich auf einer ihrer ersten Gasttourneen und traten gerade in Melbourne mit dem damals neu gegründeten Australian Ballet in einem abendfüllenden Klassiker auf. In der Pause vor dem letzten Akt warf sich Nurejew einen Morgenmantel über, eilte in vollem Bühnen-Make-up (inklusive Perücke) auf die Straße und etwa hundert Meter weiter zu einer öffentlichen Toilettenanlage, der besten Lokalität der Stadt für eine schnelle Nummer. Vor einem »jungen, großen Burschen« knieend, sah sich Nurejew plötzlich mit einem unerwarteten Publikum, der Sittenpolizei, konfrontiert. Nach mehreren hektischen Telefonaten und einer sehr langen Pause kehrte Nurejew ins Theater zurück und tanzte die Vorstellung zu Ende. »Diesmal«, fügt die Quelle hinzu, »war Margot aber tagelang stocksauer auf ihn.«

Trotz Nurejews augenzwinkernder Behauptung, daß er Rußland »fast noch als Jungfrau« verlassen habe, war er zur Zeit seines Absprungs bereits ein Meister darin, im verborgenen zu agieren. Ein alter, von ihm sehr geschätzter russischer Freund behauptet, daß Nurejew selbst zugegeben habe, sowohl zu Puschkin als auch zu dessen Frau eine sexuelle Beziehung gehabt zu haben. Der Überlieferung nach wußten die Puschkins nichts von dem jeweiligen anderen Partner, aber Nurejew erfuhr eine Menge über sich selbst, wie er seinem alten Weggefährten erklärte: »Er sagte mir, daß er in den Pausen mit Puschkins Frau in der Garderobe Sex hatte, und zwar ziemlich häufig. Damals wurde den Männern am Kirow nahegelegt, in den Tagen vor einem Auftritt enthaltsam zu leben, weil sie durch Sex an Energie und Konzentrationsfähigkeit verlieren würden. Ich fragte Rudolf, wie er es bloß schaffe, in den Pausen zu vögeln und danach wieder nach draußen zu gehen und zu tanzen. ›Kein Problem, nie eins gewesen‹, sagte er. ›Ganz im Gegenteil. Es zeigte mir, wieviel Energie ich an solchen Tagen hatte.‹« In den engen, abgeschotteten Schwulenzirkeln Leningrads hatte sich Nurejew schon früh den Ruf zugelegt, der Tatarenjunge mit dem aufbrausenden Temperament zu sein. Ein alter Freund aus Leningrad erinnert sich an die Ausbrüche und zittert noch heute, wenn er an ein mögliches Nachspiel denkt:

Ich bitte Sie inständig, erwähnen Sie keine Namen. Wir müssen die Rechte dieser Menschen respektieren. Es kam immer wieder vor, daß manche, die in ihrer Jugend ganz wild waren, später plötzlich heirateten.

Die Gruppe von Leuten, die ich jetzt beschreibe, und zu der auch ich gehörte, hatte eine sehr gute Beziehung zu Rudik, trotz seiner Ausbrüche. Er war sehr aufbrausend, sehr schnell verletzt. Ich habe ihn im Gespräch mit anderen oft verteidigt. Die Meinungen über ihn gingen weit auseinander. Manche hielten ihn für einen Wilden.

Er hatte eine sehr schwierige Beziehung zu Alexei ... Sie waren beide sehr klug, sehr unabhängig. Alexei war unkompliziert und sehr stolz ... Rudik hatte keine Manieren. Er war immer sehr nervös. Anstandsregeln lagen ihm vollkommen fern.

Eines Abends kamen Alexei, Gregori[14] und Nurejew zu dritt in mein Haus auf dem Land, und zwar sehr spät ... Ich glaube nicht, daß ich Ihnen jetzt die ganzen Details erzählen kann ... Wie dem auch sei ... ein junger Mann aus dem Ort ... besuchte mich häufig ... Plötzlich tauchen völlig unerwartet Rudik, Alexei und Gregori auf. Sie hätten eigentlich nicht kommen sollen ... Sie brachten etwas zu essen und zu trinken mit. Der junge Mann war sehr verärgert. Viel später erzählte er mir einmal, daß er an diesem Abend etwas geplant, eine bestimmte Absicht gehabt habe. Als die drei ankamen, wurde der junge Mann sehr nervös, wie mir auffiel ... Beinahe sofort kam es zu einer Meinungsverschiedenheit zwischen ihm und Rudik. Mitten in ihrem Streit stand Rudik plötzlich auf und sagte zu dem Jungen: »Verschwinde!« Der Junge wollte nicht gehen. Er sagte: »Ich war schon vor euch hier. Wir hatten es uns gemütlich

> gemacht, wir hatten ein interessantes Gespräch. Ich werde nicht gehen.« Rudik sagte: »Keiner will dich hier haben. Geh!« Solche Ausfälle waren typisch für ihn. Ich versuchte, die beiden zu beruhigen, meinte über den jungen Mann: »Er ist ein sehr netter Mensch. Er lebt ganz in der Nähe, hier in diesem Ort!« ... Kurzum, es war eine häßliche Szene. Als es endlich vorbei und der junge Mann gegangen war, warfen alle Rudik sein schlechtes Benehmen vor. Er war jähzornig. Er hatte kein Taktgefühl. Er war alles andere als »galant«.

Nurejews Prägung durch die Jahre in Rußland ist in der überlieferten Geschichte von »Rudolf dem allzeit bereiten« größtenteils übersehen worden. Der Druck während seiner Jugendjahre, die Repression als Norm, die Angst vor Bestrafung – »Die schicken dich in den Gulag!« – prägten Nurejews Einstellung zu seiner Sexualität bis an sein Sterbebett, als er sich weigerte, seine Aids-Erkrankung einzugestehen. Im Russischen gibt es nicht einmal ein Wort für Homosexualität.

Laut Kevin Gardner, einem amerikanischen Aids-Aktivisten, der derzeit in Moskau tätig ist, war Stalins erneute Kriminalisierung des Geschlechtsverkehrs zwischen erwachsenen Männern Mitte der dreißiger Jahre mehr als das beliebte, primitive Schwulenklatschen durch heterosexuelle Männer, die sich ihrer Sexualität nicht sehr sicher sind. »Stalins Aktion legitimierte das Schikanieren von Schwulen«, erklärt Gardner. »Nicht immer war es das Ziel, Homosexuelle loszuwerden, obwohl viele tatsächlich ins Gefängnis wanderten. Man konnte die Leute auch damit erpressen, sie auf die KGB-Listen bringen, damit sie sich dann gegenseitig beschuldigten. Es war ein wirksames Mittel, um Leuten mit einer Gefängnisstrafe zu drohen. Der sowjetische Gesetzeskodex hatte den Vorteil, daß es eine Vielzahl von Gesetzen gab, mit denen man fast jeden einschüchtern konnte. Es gab zwei weitere Gesetze – Artikel 121 über Sodomie und Artikel 120 über Geschlechtsverkehr mit Minderjährigen – die unverhältnismäßig oft gegen Schwule eingesetzt wurden. Die Homosexuellen lebten in permanenter

Angst.« Zu Nurejews Zeiten bestand die einzige Möglichkeit der Kontaktaufnahme für Schwule in »diesen engen Kreisen von Schwulennetzwerken. Um Schwule außerhalb des eigenen Kreises kennenzulernen, gab es nur noch Parkanlagen und öffentliche Toiletten, mit Ausnahme eines einzigen Clubs, von dem man mir berichtet hat. Etwas Ähnliches gab es in den Fünzigern sonst nirgends. Erst im letzten Jahr machten in Moskau und St. Petersburg diese neuen, mehr oder weniger nur im Untergrund bekannten Schwulendiscos und Schwulenbars auf.«

Selbst der sorgfältig abgeschottete Kreis barg äußerst reale Gefahren:

> Die größte Angst der diversen Gruppen war, daß jemand in den Kreis hineingelangte, der sie alle auffliegen lassen würde, und dann würden alle weggeschafft werden. Sie wurden ständig unter Druck gesetzt, Namen zu nennen. Wenn einer von ihnen zur Polizei, zum KGB oder was auch immer zitiert wurde – die arbeiteten alle zusammen –, dann wurde er immer unter Druck gesetzt, andere Leute zu nennen.
>
> Und sie hatten nicht nur Angst, in ein Arbeitslager geschickt zu werden, Angst vor allem, was damit einherging. Nein, es wurde dann natürlich auch aktenkundig, daß man schwul war, ein Homosexueller war. Es wurde in dein kleines Arbeitsbuch gestempelt. Wenn man also jemals wieder aus dem Gefängnis herauskam und versuchte, einen Job zu finden, dann hatte man diesen Stempel in seinen Papieren, den Grund für die Verhaftung. Es verfolgte einen den Rest seines Lebens und machte dieses Leben in Rußland unmöglich – man verlor seinen Wohnsitz und seine Arbeit. Wenn man aus dem Gefängnis kam, konnte man eigentlich nirgendwohin gehen.[15]

Nurejew, auch in diesem Bereich Vorreiter für kulturelle Veränderungen, verkörperte den neuesten Stand der Schwulensexualität, wie sie sich nach der sexuellen Revolution in den

Sechzigern und dem Entstehen der Schwulenbewegung gegen Ende jenes Jahrzehnts entwickelt hatte. In den späten Sechzigern und Anfang der Siebziger entdeckten die Schwulen etwas, das heterosexuelle Männer seit dem Raub der Sabinerinnen entschlossen verschwiegen hatten: die Lust an der männlichen Sexualität und deren Macht. Sex mit einem gleichgeschlechtlichen Partner wandelte sich von etwas, was man tat, wenn man konnte, zu etwas, was man bei jeder Gelegenheit tat. Die großen Schwulenmetropolen – New York, San Francisco, Los Angeles in den Vereinigten Staaten, Amsterdam, Paris und zeitweise auch London in Europa – wurden zu Schauplätzen der schönsten Orgien, seit Messalina in die Pubertät gekommen war. Gutaussehend, reich, ausgestattet mit einer Gabe, die ihm, hätte er sich für eine Karriere als Pornodarsteller entschieden, einen zweistelligen Spitznamen eingebracht hätte, konnte Nurejew völlig souverän agieren. Er wurde zum ersten schwulen Helden, von dem jeder wußte, daß er schwul war, und genoß in vollen Zügen das, was Edith Wharton »das Ding, das es am meisten wert ist, gekannt zu werden« nannte.

Ähnlich wie Marilyn Monroe entwickelte auch Nurejew eine Einstellung zu seiner Sexualität, die trotz ihrer Vehemenz und Konflikte überraschend nüchtern blieb. In den frühesten Berichten ist von einer Vorliebe für Anonymität, aber auch fürs Angebetetwerden die Rede. Regelmäßiger Sex wurde schließlich ein ebenso wichtiger Bestandteil seines Tagesablaufs wie eine gute Mahlzeit zur rechten Zeit. Den meisten Berichten zufolge hatte Nurejew eine klare Einstellung zum Sex: Erst das Bett und dann das Essen. So hielt er es den Rest seines Lebens. »Sie erwarten doch wohl nicht von mir, daß ich es mehr als zehn oder elf Stunden ohne Sex aushalte?« fragte Nurejew den Regisseur James Toback während der Vertragsverhandlungen für *Exposed* (*Gefährliches Dreieck*), offensichtlich in der Erwartung, daß ein ständiger Strom von bereitwilligen jungen Männern Teil seines Vertrags sei. Toback lehnte dieses Arrangement ab, erinnert sich jedoch, daß der Strom männlicher Besucher, den Nurejew auch allein ziemlich gut hinbekam, niemals störte. »Und tatsächlich verschwand Rudolf immer wieder einmal mit einem seiner jungen Männer – er nannte sie seine ›starken Knaben‹ – in seinem Wohnwagen. Aber ich kann Ihnen sagen, er kam immer energiegeladen zurück, immer bereit, sich wieder voll einzusetzen, nie lethargisch oder abgeschlafft. Er ließ sich vom Sex offensichtich inspirieren, nicht dämpfen.«[16] – »Schönheit«, erinnert sich ein Freund, »stand für ihn bei seinen Liebhabern nicht an erster Stelle.« Die wichtigste Eigenschaft war Größe. »Rudolf hatte es gern groß«, erinnert sich ein Gleichgesinnter aus seinem Kreis. »Groß in jeder Hinsicht. Ich glaube nicht, daß er bei dem, was er tat, besonders einfallsreich war. Er mochte es einfach gern und oft.« In der passenden Umgebung hatte er auch nichts gegen Zuschauer. Der inzwischen verstorbene Schwulenaktivist Michael Callen erinnerte sich an einen ekstatischen Abend in einem New Yorker Stadtbad, als er Nurejew dabei zusah, wie dieser es »mit vier großen Schwarzen, einem nach dem anderen« aufnahm.[17]

Hinsichtlich der von Nurejew bevorzugten Stellung beim Geschlechtsakt scheiden sich die Geister. Die einen behaupten, daß Nurejew – wie sich ein Veteran aus dieser Zeit erinnert – nur daran interessiert war, Samen abzugeben, nicht, ihn zu empfangen. Die anderen behaupten das genaue Gegenteil, daß nämlich, in den Worten des Schriftstellers Joel Rodham, Nurejew »ein notorischer Masochist« war. »Ich erinnere mich an eine Gruppenszene in den Everard Baths. Die Leute trugen nur Tangaslips, manche waren nackt bis auf Stiefel, einer hatte Nurejews Penisring übergezogen.«[18] Ein Tänzer der Pariser Oper erinnert sich an eine typische Begebenheit aus Nurejews Sexualleben. Nach einer Reihe von Nurejew & Friends-Tourneen kannte Nurejew diesen Tänzer recht gut, und eines Morgens wurde er in Nurejews Apartment gerufen, um mit ihm ein Ballett durchzugehen, das Nurejew bald zum erstenmal tanzen sollte.

»So ging ich also ins Schlafzimmer, und da sehe ich sie – Nurejew, den Jungen und eine von diesen Frauen aus der besseren Gesellschaft, die sich immer um Rudolf scharten. Auf dem Bett stand Frühstück, und die Frau schenkte Rudolf und dem Jungen Tee aus. Ich sprach mit ihm das Ballett durch, während alle drei gemeinsam im Bett frühstückten. Das hatte schon etwas Surreales!«

Trotz all der sexuellen Schwingungen, die Nurejew in Gang zu setzen schien, hatte seine Sexualität auch dunkle Seiten. Nurejew lernte die Lektion nie, die Paul Monette in *Becoming a Man: Half a Life Story* zusammenfaßte: »Wenn du dich endlich outest, hört ein Schmerz auf, und du weißt, daß du ihn nie wieder empfinden wirst, egal, wieviel du verlierst und auf welch schmerzliche Weise du stirbst.«[19] Nurejews größte Tragödie und einzige Niederlage bestand darin, daß er niemals die Erlösung finden konnte, die Monette beschreibt. Statt dessen wurde er bis hin zu seinem zwanghaften Verhalten zum klassischen Beispiel für die katastrophalen Folgen der Verdrängung von sexuellen Bedürfnissen. »Rudolf wurde gefoltert, gequält von seiner Sexualität«, erklärt Monique van Vooren. »Er schämte sich seiner Homosexualität. Und ich glaube, er wollte erniedrigt werden. Er mochte die Strichjungen, die Abgebrühten, die Typen aus der Gosse.«[20] Die britische Journalistin Lynn Barber hielt einen vielsagenden Vorfall in ihrem Nachruf auf Nurejew in *The Independent on Sunday* fest: »Der junge schottische Tänzer Michael Clark erzählte mir, daß er einmal mit seinem Freund bei Nurejew zum Abendessen eingeladen war. Irgendwann küßte er seinen Freund, und da wurde Nurejew schrecklich böse und warf die beiden praktisch raus.«[21]

Trotz der Tatsache, daß die Mehrzahl der Personen in seinem engeren Kreis Frauen waren – schöne, reiche Frauen aus den besten Kreisen, die bereit waren, Nurejew Tee zu kochen und seine Socken aufzuklauben –, war Nurejew ein eingefleischter Frauenfeind. »Wahrscheinlich bin ich ein Chauvi-Schwein, aber ich bin der Meinung, daß Männer ein besser funktionierendes Gehirn haben, sie können sich besser von der Natur lösen, von ihrer eigenen Natur. Sie besetzen die Spitzenpositionen in sämtlichen Künsten und in der Architektur. Sie sind bessere Soldaten und die besseren Köche. Männer sind eigentlich in allem besser. Vor einer Frau verneigt man sich nicht. Man mißtraut ihr.«[22] (Bis an sein Lebensende hieß Nurejews Lieblingsschimpfwort ›Fotze‹.) Als James Toback Nurejew zu verstehen gab, daß ein wenig Nähe seine Leinwandromanze mit Nastassja Kinski in *Exposed* etwas aufpeppen könnte, erwiderte Nurejew nur: »Schneid ihr die Titten ab und näh ihr einen Schwanz an, dann denk ich noch mal drüber nach!«[23] Hätte Nurejew ein Jahrzehnt länger gelebt, hätte ihm seine Frauenfeindlichkeit wohl über kurz oder lang ein Gerichtsverfahren eingebracht. Ein Solist aus dem Boston Ballet erinnert sich, daß Nurejews Arbeit mit den männlichen Mitgliedern der Kompanie ein über das Berufliche hinausgehendes Element barg: »Rudi zeigte sehr deutlich, wenn er an einem Tänzer interessiert war, was die heterosexuellen Tänzer in Angst und Schrecken versetzte. Wenn er nicht die von ihm gewünschte Reaktion bekam, hakte er immer wieder nach, um zu sehen, wie weit er gehen konnte. Ich bekam zwar nie mit, daß er gegen diejenigen, die sein Angebot schlichtweg ablehnten, einen Groll hegte, aber ich weiß, daß er mit diesem Groll drohte.«

Zwei Begebenheiten aus seinen letzten Lebensjahren fassen Nurejews komplexe, widersprüchliche, zupackende und exhibitionistische Einstellung zur Sexualität zusammen. Einmal kam es bei einer *Giselle*-Aufführung des American Ballet Theatre im Sommer 1988 am Rand der Bühne zu einem Wortwechsel zwischen Nurejew und einem langjährigen Freund. Nurejew hatte mit dieser Kompanie über zehn Jahre nicht mehr getanzt, und inzwischen hatte sich seine Technik so verschlechtert, daß das American Ballet gezögert hatte, ihn wieder aufzunehmen. Als Teil einer Tournee zu seinem fünfzigsten Geburtstag, die Nurejew, so ein Kollege aus der Kompanie, »zwei Jahre in die Länge zog«, war er schließlich für drei *Giselle*-Aufführungen zurückgekehrt.

Nach dem langwierigen Pas d'action, aus dem der Hauptteil

des ersten Akts dieses Balletts besteht, kehrte Nurejew völlig erschöpft und atemlos in die Seitenflügel zurück.

> Rudolf kam von der Bühne (erinnert sich sein Freund), und er war einfach völlig erledigt, schweißtriefend, schwer atmend, hechelnd – gar nicht seine Art. Also ging ich zu ihm und fragte ihn: »Rudi, ist alles in Ordnung?«
>
> Er stand vornübergebeugt da, Hände auf den Knien, und versuchte, seinen Atem wieder zu beruhigen. Er blickte zu mir hoch und brachte fast ein Lächeln zustande.
>
> »Ich bin heute abend sehr müde.«
>
> »Rudolf, dieses Ballett tanzt du doch seit Ewigkeiten! Wie kannst du bloß jetzt schon müde sein?« fragte ich.
>
> »Heute abend ist es eben anders.«
>
> Ich sagte, daß ich ihn nicht recht verstünde, was abgesehen davon sogar stimmte. Rudolf tanzte tatsächlich besser, wenn er müde war. Er hatte dann etwas, das er überwinden konnte.
>
> »Nein, nein, es ist anders. Ich habe die ganze Nacht gevögelt. Ich habe den ganzen Morgen gevögelt, bis zu den Proben. Ich habe keine Energie mehr übrig.«
>
> »Rudolf, bekommst du denn nie genug Sex?« wollte ich wissen.
>
> Er blickte mich voll an und sagte nur: »Nein!«
>
> »Aber, Rudolf, mal ehrlich ...«, erwiderte ich.
>
> »Der Unterschied ist der: Letzte Nacht habe ich gevögelt, heute morgen bin ich gevögelt worden.«

Die letzte Aufnahme von Patricia Foys Dokumentarfilm *Nureyev* vermittelt eine ebenso kräftige Aussage. Foys Bericht von Nurejews Leben und Karriere ist ein schillerndes, bewegendes Porträt von Nurejew in seinen letzten Lebensmonaten. Ausgemergelt, aber braungebrannt, erzählt Nurejew witzig und charmant aus seinem Leben, wobei er einige Fakten, die bestimmte Schlüsselereignisse betreffen – wie etwa seinen Absprung – elegant beiseite läßt. Das Ganze ist offensichtlich

Jack Vartoogjan

Die Männer in seinem Leben: Nurejew hatte drei längere Beziehungen; die erste, leidenschaftlichste mit dem großen dänischen Danseur Erik Bruhn (oben). Nach dieser Beziehung lebte Nurejew sieben Jahre lang mit Wallace Potts (linkes Bild, links neben Nurejew stehend, im Profil) zusammen, mit dem er zeit seines Lebens eine enge Freundschaft aufrechterhielt.

Robert Tracy (unten) traf er in den späten Siebzigern. In seinen letzten Lebensjahren verschlechterte sich die Beziehung zusehends, und es kam auf beiden Seiten zur Androhung von Gerichtsverfahren – wenn auch nicht zu tatsächlichen Gerichtsverhandlungen.

William J. Reilly

Lange bevor Nurejew Rußland verließ, war er bereits ein Mann mit vielen Stimmungen. Im oberen Bild zeigt er sich als moderner Narziß im damaligen Leningrad, links als der nachdenkliche junge Rebell, unten als erblühender Adonis.

Alle Fotos stammen aus der Sammlung von Sergej Sorokin

Nurejew mit dem Mann, der sein Leben veränderte: sein Ballettlehrer an der Kirow-Akademie, der große Alexander Puschkin (oben). Unten links, Nurejew in seiner ersten Rolle am Kirow in dem sowjetischen Repertoire-Standardwerk *Laurencia* als Partner der Primaballerina der Kompanie, Natalia Dudinskaja. Er trägt die berüchtigte »Affenperücke«. Unten rechts als sehr junger Albrecht in *Giselle.*

Zwei Fotos: Mira

UPI/Bettmann

Martha Swope

Nurejews Partnerschaft mit Margot Fonteyn gilt allgemein als der Höhepunkt beider Karrieren. Hier sieht man sie in dreien ihrer berühmtesten Posen: Gegenüberliegende Seite oben: die Paradepose in *La Bayadère*. Gegenüberliegende Seite links unten: die berüchtigte »Fischpose« in Dornröschen; als berauschtes Liebespaar in *Romeo und Julia* (oben) in der Kenneth MacMillan-Version von Prokofjew.
Gegenüberliegende Seite unten rechts: Fonteyn und Nurejew genießen die Mittelmeersonne nach ihrer ersten Tournee.

Zwei Fotos: Louis Peres

Gegenüberliegende Seite: Nurejews feurige Darbietung in *Le Corsaire* war seine bekannteste Rolle in seinem frühen Repertoire.
Rechts: Nurejew verbucht einen nachhaltigen persönlichen Erfolg in Kenneth MacMillans Version von *Romeo und Julia*.
Oben: Nurejew als hochfliegender Siegfried im *Schwanensee*.

Mira

Als Waslaw Nijinskys Faun in *L'Après-Midi d'un Faune*.

Louis Peres

Jack Vartoogian

In George Balanchines neoklassischem Meisterwerk *Apollo*.

Louis Peres

Obgleich Nurejew seine Karriere als Künstler des neunzehnten Jahrhunderts begann und beendete, verbrachte er viel Zeit damit, mit dem zwanzigsten Jahrhundert zu experimentieren. Oben in Martha Grahams *Appalachian Spring*; rechts in *Moments* von Murray Louis.

Jack Vartoogian

Von oben nach unten: Berühmte Persönlichkeiten waren integraler Bestandteil von Nurejews Leben, und als Mitbegründer des internationalen Jetset genoß er hochkarätiges Ansehen. Links: Nurejew und Elizabeth Taylor bei einer Benefiz-Cocktail-Party. Mitte: Mit Shelley Winters und Alexandra Danilowa nach einer Vorstellung. Unten: Auf einem Empfang für das Pennsylvania Ballet mit Merce Cunningham, Suzanne Farrell und Michail Baryschnikow (von links nach rechts).

Fotos: UPI/Bettmann
Jack Vartoogian
Martha Swope (2)
Louis Peres

Trotz seines bekannten Desinteresses an Frauen im allgemeinen war Nurejew mit vielen Frauen eng befreundet, vor allem mit solchen, die etwas älter waren als er. Hier posiert er mit seinen ersten Freundinnen im Westen: Sonia Arova (links) und Maria Tallchief (unten). Tallchief stellte Nurejew Erik Bruhn vor und arrangierte später sein amerikanisches Debüt in *The Bell Telephone Hour*.

Oben: Nurejew ernst und heiter – hinter den Kulissen vor einer Vorstellung.

Links: Nurejews treue Anhänger waren stets wachsam. Er erregt Aufmerksamkeit vor dem Lincoln Center.

Oben: Als charmanter Gast bei einer Talk-Show.

Rechts: Nurejew nimmt die Geburtstagsglückwünsche seiner Fans entgegen.

Fotos: Jack Vartoogian
Louis Peres (3)

Mit einigen wenigen großen Ausnahmen, wie etwa seinem berüchtigten Schlangenlederanzug und Plateaustiefeln (oben links), war Nurejews Garderobe eher schlicht und praktisch. »Seine Kleider waren teuer«, erinnert sich ein Freund, »aber meist recht einfach. So kaufte er sich eine gute Lederkappe und trug sie dann fünfundzwanzig Jahre.«

Eine der herausragendsten Eigenschaften Nurejews war seine Fähigkeit, Unschuld und Erfahrung gleichzeitig zum Ausdruck zu bringen (rechts). Nurejew bei den Proben: auf seinen Auftritt wartend (links unten) und von einer düsteren Wolke umgeben, die einen Ausbruch ankündigt (unten).

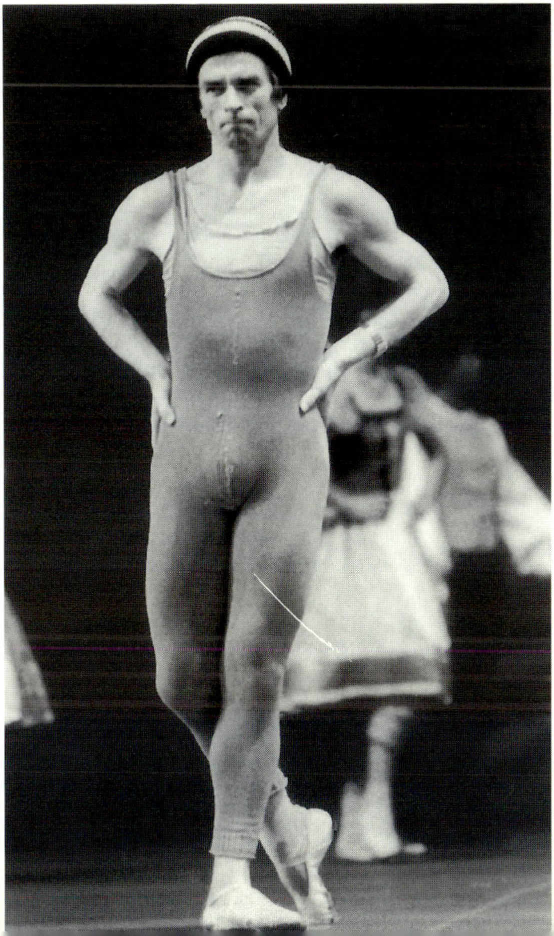

Fotos:
Louis Peres
Linda Vartoogian
Martha Swope
Jack Vartoogian

Nurejews berühmte Vorhangauftritte – ein Arm zum Publikum ausgestreckt – waren integraler Bestandteil seiner Vorstellung.

Louis Peres

das, was Nurejew als offiziellen Bericht hinterlassen will. Während des Abspanns sitzt er nackt auf einer Felsenklippe seiner Insel. Allein und zufrieden blickt er auf das Meer, wie er es oft in den Zeiten nach Fonteyns Tod getan hat.

Von dieser Szene gibt es zwei Fassungen. In der ersten, die für das Fernsehen bestimmt war, endet der Film damit, daß Nurejew noch immer auf dem Felsen sitzt. In der zweiten, für den Videoverleih bestimmten Fassung, läuft der Film weiter, Nurejew steht auf und wendet sich der Kamera zu.

Und was wählte Nurejew als Abschiedsgeste für seinen – wie er sicherlich wußte – letzten Filmauftritt?

Er steht einfach nur da, nackt von Kopf bis Fuß, im Wind leicht schwankend, aber den Blick geradewegs auf sein Publikum gerichtet.

Dritter Teil

Rudolf

Kapitel 10

Hansdampf in allen Gassen

»Freiheit erreicht man nicht einfach nur dadurch, daß man freiberuflich arbeitet.«
Tennessee Williams, zitiert in
Ronald Hayman, *Tennessee Williams*

Das Neuland, das Nurejew nach seinem Absprung erobern wollte, war nicht besser auf die Nurejew-Erfahrung vorbereitet als zuvor die Sowjetunion. Bei dem »Sprung in die Freiheit« ging es weniger darum, daß Nurejew sich eine neue Heimat zu eigen machte, als vielmehr, daß sich seine neue Welt ihm anpaßte. »Er war weit davon entfernt, das zu sein, was wir als einen normalen Menschen bezeichnen«, stellte Nurejews langjährige Freundin und Kollegin aus dem Royal Ballet, Antoinette Sibley, einmal fest. »Er sah nicht so aus und er benahm sich auch nicht so. Er ist während einer Zugfahrt auf die Welt gekommen und verbrachte den Rest seines Lebens damit, sich mit hundertunddreißig Stundenkilometern vorwärtszubewegen.«[1] Nurejew kam nicht in den Westen, um sein Tempo zu drosseln, und ganz gewiß nicht, um einen neuen Kanon von Regeln zu lernen. Ob er es nun bewußt getan hat oder nicht, er kam, um seine eigenen Regeln aufzustellen. Er hatte in Rußland nach seinen Prinzipien gelebt, und genau dies tat er auch im Westen. Eigentlich war Nurejews russische Karriere eine Vorschau auf das, was in der neuen Welt passieren sollte. Die drei Jahrzehnte, die er im Westen auf der Bühne verbrachte, war eine Fortsetzung der rebellischen Kirow-Jahre auf höherem Niveau.

Die Zeit, die Umstände und Nurejews selektives Gedächtnis spielten schließlich zusammen, um die Parallelen zwischen seiner Karriere im Westen und der beim Kirow zu verwischen. Selbst seine Flucht war nicht unbedingt der Bruch mit der Vergangenheit, zu dem Nurejews Chronisten sie gerne verklären wollen, wobei diejenigen unter ihnen, die am meisten Einblick zeigen, Freunde und Berater sind, die noch mit Nurejews persönlichen Berichten arbeiten konnten. Daheim in der UdSSR gestaltete sich sein Bruch mit der Vergangenheit wesentlich drastischer.[2] Bei zwei öffentlichen Versammlungen der Kirow-Kompanie stimmte die Mehrheit der Tänzer in seine Denunzierung ein. Auf einer offiziellen, im Januar 1962 unter Ausschluß der Öffentlichkeit abgehaltenen Gerichtsverhandlung wurde Nurejew von Regierungsbeamten zu dem nur in der Sowjetunion existierenden Status eines Verräters und einer »Unperson« degradiert. Sein Name wurde aus öffentlichen Publikationen gestrichen, sein Gesicht aus Fotos der Kompanie herausgeschnitten, sein künstlerisches Erbe reduziert auf Gemunkel und auf Untergrundrundschreiben. Die Strafe von sieben Jahren Arbeitslager – sollte er jemals nach Rußland zurückkehren – wurde in seiner Abwesenheit über ihn verhängt. Trotz alledem wollte Nurejew sich nicht auf ein permanentes Zuhause im Westen festlegen, bis er zwei Jahre nach Le Bourget oberhalb von Monte Carlo eine Villa, La Turbie, erwarb. Kurz zuvor dachte er offensichtlich noch immer an eine Rückkehr in die Sowjetunion. Einmal gerieten er und Alexandra Danilowa im »Russian Tea Room« bei einem Teller Borschtsch in eine heftige Auseinandersetzung über dieses Thema. Die temperamentvolle Assoluta des Ballet Russe de Monte Carlo bestand einem verstimmten Nurejew gegenüber darauf, daß er keinen weiteren Gedanken an die Möglichkeit verschwenden solle, die er offensichtlich in Erwägung zog: »Danilowa haute auf den Tisch ... und schrie: ›Du darfst nicht zurückgehen ... Was für ein Tänzer wirst du nach fünf oder auch zehn Jahren im Gefängnis wohl noch sein?‹«[3]

Die Frage der Rückkehr war die große Unbekannte in Nurejews früher Karriere. »Der Westen und ich haben uns gegenseitig eine Chance gegeben«, sagte Nurejew in einem seiner ersten längeren Interviews. »Wenn es nicht klappt, werde ich vielleicht zurückgehen.«[4] Nurejew stieß sowohl die Presse als auch sein Publikum unbekümmert vor den Kopf. »Westliche Choreographie ist gut – ja, besser als in Rußland«, erklärte Nurejew einem anderen Reporter. »Sie muß das schlechte Tanzen wettmachen.« *Life* gegenüber klagte er, daß »die westlichen Tänzer technisch gut vorbereitet sind, aber sie haben im großen und ganzen nicht den Verstand der russischen Tänzer«. Zum Thema »neue Intriganten« – die Presse und Impresarios im besonderen – erklärte er *Time*: »Man darf nicht vergessen, daß man Leuten Leckerbissen anbietet, die einen mit Freuden zerstückeln und auffressen würden. Man selber ist derjenige, der immer bezahlt. Die anderen sind diejenigen, die zu essen bekommen und früh zu Bett gehen.«

Nurejews anhaltende Präsenz in der westlichen Öffentlichkeit überlagerte schließlich die Tatsache, daß er, als er Rußland verließ, beruflich und privat ebenso viel mitnahm, wie er zurückließ. Nurejews »Russischsein« war neben seinen ausgeprägten Wangenknochen ein hervorragendes Betriebskapital für das erste Jahrzehnt seiner Karriere im Westen. Zumindest beruflich gelang es ihm, seine Vergangenheit vorteilhaft einzusetzen. »Wenn Nurejew die Bühne betritt«, schrieb die einflußreiche amerikanische Tanzkritikerin Arlene Croce, »bringt er diese magische Aura von unbändiger Freiheit mit, die seine tänzerische Begabung überstrahlt.«[5] Was das Erwecken – und das Fesseln – der öffentlichen Aufmerksamkeit anbelangt, war Nurejew klug genug zu wissen, daß weniger manchmal tatsächlich mehr sein kann. Das garbohafte Ausweichen, das er entwickelte, wenn das Gespräch auf Rußland kam, schützte seine zurückgelassene Familie vor unerwarteten »Unfällen«, machte jedoch seine neue Anhängerschaft um so gieriger auf jedes kleinste Informationsbruchstück, das sie über ihn herausbekommen konnten – und über die anderen, die »Roten«. Die Ballettfans kamen, um den neuen Nijinsky zu sehen, aber zumindest anfangs kam das bald darauffolgende Massenpublikum, um den »Russen« zu sehen. Seit Diaghilew war das internationale Ballett so eng mit den Russen verbunden, daß Lincoln Kirstein, als er in den Dreißigern versuchte, ein amerikanisches Ballett zu gründen, als Erklärung der allgemeinen Vorstellung, die die Öffentlichkeit vom klassischen Tanz hatte, den Begriff »Russianballet« prägte.

Mit Nurejew hatte dieses Publikum zum erstenmal die Gelegenheit, einen echten Russen zu sehen, und die Zuschauer strömten für dieses Spektakel massenweise ins Theater. Der vielleicht ironischste Aspekt an seinem Sprung in die Freiheit war der Wert des Petipa-Repertoires, das Nurejew sich unter Puschkin angeeignet hatte. Nurejew war der erste Ballettänzer, der die Bedeutung des Wortes »Wiederholungshonorar« verstand, und seine klassischen Inszenierungen, von seiner ersten *Bayadère* für das Royal Ballet in London bis zu seiner letzten für die Pariser Oper, garantierten ihm den Rest seines Lebens einen steten Geldfluß.

Nurejews Wesen veränderte sich im Westen nicht; es veränderten sich allein die äußeren Umstände. Der gleiche Held trat nur in einem anderen Stück auf. Nurejew begann seine Kirow-Karriere und seine Karriere im Westen auf das gleiche Stichwort hin und im selben Kostüm. In beiden Fällen tauchte er aus dem Nichts auf, auf sich alleingestellt, Tausende von Meilen entfernt von seiner früheren Heimat, angetrieben von seinem heftigen Verlangen nach Ballett, ohne einen Pfennig in den Taschen und nur mit den Kleidern, die er am Leib hatte. Die Begriffe, mit denen man den Tatarenbengel beschrieben hatte, der das Kirow terrorisierte, sind genau die gleichen wie die, mit denen man weiterhin den ersten Megastar des Balletts beschrieb, bis hin an sein Sterbebett – rastlos, isoliert, unberechenbar, kämpferisch, stets – ob zum guten oder zum schlechten – seinen eigenen Visionen verschrieben. Sie zeigen weniger eine Entwicklung, sondern vielmehr das lehrbuchhafte Porträt eines Kindes als Vater des späteren Mannes.

Der Rebell blieb sich selbst treu. Zwar sind die wichtigsten europäischen Ballettkompanien staatlich finanzierte Institutionen, aber das Ballett hatte im Westen niemals einen ähnlichen Status wie der Tanz in Rußland, der dort immer auch eine politische Verpflichtung beinhaltete. Doch selbst die risikofreudigsten Ballettkompanien im Westen arbeiten noch immer innerhalb eines festen Rahmens, mit Regeln, die man nur unter erheblichem Risiko verletzt. Der Choreograph ist Gott, das Management teilt die Gehälter aus, die Tänzer tun das, was man ihnen sagt, und zwar auf wie außerhalb der Bühne. Nurejew schrieb dieses Szenario für alle Zeiten um, genauso, wie er es in Rußland getan hatte.

Er eskortierte Ihre Hoheit Prinzessin Margaret durchs Nachtleben in einer Ponyfelljacke von Yves St-Laurent mit dazu passenden, bis zu den Oberschenkeln reichenden Stiefeln. Er tanzte für Martha Graham und trug dabei einen goldenen Gürtel Marke Halston. Er war der Partner von Margot Fonteyn und Miss Piggy. Selbst Balanchine – der auf dem Broadway und für Samuel Goldwyn in Hollywood arbeitete, der ein Ballett für vierzig Elefanten der Ringling Brothers choreographierte und der sein New York City Ballet in den entscheidenden Jahren zu jeder möglichen Gelegenheit ins Fernsehen brachte – beschrieb Nurejew einmal als »Liberace des Balletts«[6], ein trügerisches Phänomen, dem Reklametricks mehr bedeuteten als die Kunst.

Nurejews deutlichste Auflehnung gegen Althergebrachtes verursachte ihm schließlich auch den größten persönlichen Schmerz. Traditionell verbringt ein Ballettänzer sein Leben auf Reisen. Die berühmten Ballerinen des neunzehnten Jahrhunderts bereisten Jahr für Jahr die großen europäischen Hauptstädte, und noch in den Neunzigern des vergangenen Jahrhunderts waren die führenden Stars des kaiserlichen Theaters im Romanowschen St. Petersburg eine Reihe von italienischen Gastballerinen, nicht Tänzerinnen aus den einheimischen Kompanien.[7] Mit der Ankunft der Diaghilew-Kompanie in Paris im Jahr 1909 wurde das Ballett ein unabhängiges wirtschaftliches Unternehmen, und die Tourneen wurden zur finanziellen Basis der Ballettkompanien, die in Europa und Amerika bis zum heutigen Tag immer wieder aus dem Boden sprießen.

Aber die großen Ballettkarrieren des zwanzigsten Jahrhunderts gründeten alle in einer langanhaltenden Verbindung mit einer einzigen Truppe, angefangen von Fonteyn mit dem Royal hin zu Tallchief mit dem New York City Ballet und Makarowa und Baryschnikow am American Ballet Theatre. Im Gegensatz dazu führte Nurejew wieder die Freiberuflertradition der großen Ballerinen aus dem neunzehnten Jahrhundert ein. Fast dreißig Jahre lang kam er auf ein durchschnittliches Minimum von zweihundert Auftritten pro Jahr mit verschiedenen Kompanien in jedem Winkel der Erde. Von Anfang an verbrachte er sein neues Leben auf Reisen: die ersten Tourneen mit de Cuevas und danach 1961 das Quartett mit Arova, Bruhn und Hightower,[8] 1962 Fernsehauftritte in Frankfurt, London und New York, 1963 eine fünfwöchige Reise in neun Städte der USA und Kanada mit dem Royal, die er und Fonteyn dann noch auf das Mittelmeer ausdehnten (im Hochsommer). Sie organisierten eine Tournee, die mit einer Gala in Nizza begann, nach Israel und dem Libanon weiterführte und bei dem jährlich stattfindenden Kunstfestival in Athen zu Ende ging.[9] Damit war das Tempo für den Rest seiner Karriere festgelegt. Es sollte bis zu seinen letzten mühsamen Tourneen nach Großbritannien und Australien im Jahr 1991 nicht nachlassen. Zusätzlich zu einer endlosen Folge von individuellen Engagements – an einem Abend tanzte er in Madison, Wisconsin, am nächsten mit größter Selbstverständlichkeit in Rom – wurde Nurejew eine regelmäßige Attraktion bei einer noch nie dagewesenen Anzahl von Kompanien rund um die Welt. Als ein Name, der ein volles Haus garantierte, war er natürlich ein gern gesehener Gast. Er hatte ununterbrochen Kontakt zu den verschiedensten Kompanien, und diese komplexen Verbindungen wurden noch ins Unendliche gesteigert durch die »Nurejew & Friends Concert Tours«, die 1974 anfingen und regelmäßig bis 1991 fortgesetzt wurden. Nurejew blieb bis zu den letzten zwei Jahren seines Lebens nie länger als zwei Wochen der Bühne fern, ausgenommen 1976, als er eine fünfmonatige Tanzpause einlegte, um sein Spielfilmdebüt in Ken Russells *Valentino* zu geben. Primäre Ursache dieser Pause waren jedoch eine Fußverletzung und eine Lungenentzündung, die ernst genug war, daß er sich vier Tage lang im St. John's Hospital in Santa Monica behandeln lassen mußte.

Dreißig Jahre lang war Nurejew überall gleichzeitig. Mit sich selbst als Hauptdarsteller inszenierte er den *Nußknacker* in Stockholm, sein Byron-Ballett *Manfred* in Paris und Zürich und *Romeo und Julia* in London. Sein erster Gastauftritt mit Fonteyn mit dem neu gegründeten Australian Ballet 1962 gipfelte ein Jahrzehnt später in einem Spielfilm seines *Don Quixote* mit den Australiern, produziert von Nurejew, Regie Nurejew, Hauptdarsteller Nurejew. Nach der Premiere seines *Schwanensee* an der Wiener Staatsoper im Jahr 1964 unterhielt er eine immer wieder unterbrochene und erneut aufgenommene Verbindung mit diesem Haus bis zu seinem Debüt als Dirigent 1991, mit der Scala in Mailand von seinem ersten *Dornröschen* 1966, bis die Kompanie 1987 seinen *Don Quixote* in ihr Repertoire aufnahm. 1982, während sein Vertrag als künstlerischer Leiter des Balletts der Pariser Oper ausgehandelt wurde und er mit großen Schritten auf seinen fünfundvierzigsten Geburtstag zueilte, war Nurejew ein Ein-Mann-Multimedia-Festival: ein neues Ballett basierend auf Shakespeares *The Tempest* für das Royal, eine Fernsehfassung des Diaghilew-Programms, das er mit dem Joffrey-Ballet drei Jahre zuvor getanzt hatte, eine viermonatige Tournee mit dem Boston Ballet, ein Monat Arbeit in New York und Paris für seinen zweiten Spielfilm, *Exposed*, und sein erster Werbeauftritt:

Nurejew in schwarzen Lederhosen, schwarzem Rollkragenpullover und einem Pelzhut als Fürsprecher für Suntory, einen japanischen Wodka.[10] »Dauerhafte Ballettkarrieren«, so eine große amerikanische Ballerina,

> »werden nicht aufgebaut, indem man von einer Kompanie zur nächsten hüpft. Karrieren werden aufgebaut, indem man tagaus, tagein am selben Ort arbeitet, mit denselben Leuten, Jahr für Jahr, und indem man immer einen Ort hat, den man als seine künstlerische Heimat betrachten kann. Sehen Sie sich doch die Leute an, die am längsten in diesem Geschäft bleiben – sie haben immer einen festen Punkt, an den sie zurückkehren können. Die einzige Ausnahme, die mir einfällt, ist Nurejew. Denn wo auch immer er sich gerade aufhält, arbeitet Rudolf jeden Tag und permanent auf dem Niveau, das er sich selbst vorgeschrieben hat, einem wirklich extrem hohen Niveau, und alle um ihn herum müssen sich seinem Niveau anpassen.«

Seine Wanderjahre sind jedoch nur scheinbar eine Ausnahme von der Regel. Sie haben genauso viel zu tun mit dem Menschen Nurejew wie mit dem Tänzer Nurejew. Das letzte Bild seines unsteten Lebens zeigt einen Mann, der keine Heimat hat und auch keine finden kann. Nurejew spürte diesen Mangel selbst sehr deutlich.

»Mein ganzes Leben lang bin ich ein Eindringling gewesen«, sagte er gegen Ende seiner Karriere.[11] Seine Kollegen sind einstimmig der Meinung, daß eine Kompanie allein es unmöglich hätte schaffen können, Nurejews Appetit auf das Tanzen und die Scheinwerfer zu stillen.

»Wahrscheinlich ist es eine ziemlich harte Feststellung, wenn man den phänomenalen Einfluß betrachtet, den er, langfristig gesehen, auf das Royal hatte«, erinnert sich Georgina Parkinson, eine frühe Kollegin Nurejews am Royal und langjährige Freundin, »aber Rudolf konnte extrem gierig auf Auftritte sein. Er fand, er habe das Recht, jeden Abend zu tanzen – alles oder nichts.«[12] Nurejews Haltung rief natürlich Ärger hervor. »Rudolf wollte in allen Vorstellungen tanzen«, erinnert sich Dame Merle Park an die Jahre, die Nurejew am Royal verbrachte. »Aber so läuft es einfach nicht – in keiner Kompanie.«[13] Sibley stimmt zu: »Rudolf stürzte sich mit Leidenschaft auf alles – er schaffte mehr an einem Tag, als die meisten Leute in einer ganzen Woche –, aber das Tanzen war sein Leben. Er wäre vollkommen glücklich gewesen, wenn er jeden Abend, in jeder Vorstellung getanzt hätte.«[14]

Die quälenden Erinnerungen an sein Leben in Rußland waren ein ebenso wichtiger Teil dieses Bildes wie sein Verlangen nach der Bühnenmitte. Wie bei einem wißbegierigen, neugierigen Kind, das mit Gewalt zu eng und zu lang an sein Zuhause gefesselt war, war ein bleibendes Zuhause für Nurejew, sobald er einmal den Durchbruch zur Freiheit geschafft hatte, sowohl ein Bedürfnis als auch angsterregend – die Sicherheit barg das Risiko einer weiteren möglichen Falle. Der Junge, der anfangs von seinen Altersgenossen und später von den Sowjetherrschern gehetzt worden war, konnte niemals aufhören, davonzulaufen. »Rudis Antriebskraft seine ganze Karriere hindurch, seine oberste Priorität«, so eine frühe Partnerin am Royal, Nadia Nerina,

> »war es, die verlorenen Jahre seiner ersten Ausbildungszeit wettzumachen. Es hat mich immer überrascht, daß dies denjenigen, die ihn gut kannten, einschließlich der Kritiker, nicht recht klar war. Er war sich bewußt, daß er zu spät mit seiner ernsthaften Ballettausbildung angefangen hatte – er war zu intelligent, sich dessen nicht bewußt zu sein. Diese Jahre waren unwiderruflich verloren. Sie konnten nie mehr nachgeholt werden. Meiner Meinung nach stammten viele seiner Anfälle und Ausbrüche aus einer tiefverwurzelten Furcht und Frustration. Sein unstillbares Bedürfnis zu tanzen, auf der Bühne zu stehen, waren der Versuch, seine ›verlorenen Jahre‹ aufzuholen.«[15]

Dennoch verbrachte Nurejew einen erheblichen Teil seiner Karriere im Westen damit, nach einer beruflichen Heimat zu suchen. Zweimal stand er kurz davor. In beiden Fällen, mit dem Royal Ballet in den Sechzigern und in Paris in den Achtzigern, wiederholte sich das Kirow-Szenario. Ein glanzvolles Debüt, Vorstellungen, die Geschichte machten, offener Krieg auf und hinter der Bühne. Und dann war Nurejew schließlich gezwungen weiterzuziehen – zumindest sah er es so: »Immer wird man hintergangen«[16] wurde Teil seines Credos.

Nurejews Jahre beim Royal wiesen natürlich zumindest einen bedeutenden Unterschied zu seiner Karriere am Kirow auf: Diesmal waren die Bosse auf seiner Seite. Als Nurejew nach den ersten *Giselles* mit Fonteyn 1962 seine ständige Verbindung zum Royal Ballet aufnahm, verlangte die Kompanie eigentlich von ihren festen Mitgliedern, Kinder des britischen Empires zu sein.[17] Wieder einmal war Nurejew eine Ausnahme. Kein anderer Tänzer in der dreißigjährigen Geschichte des Royal debütierte in London in einer maßgeschneiderten Ashton-Rolle, keiner der späteren Gäste des Royal, wie etwa Chauviré aus Paris und dann Bruhn aus Kopenhagen, tanzte mehr als eine Handvoll aufeinanderfolgender Vorstellungen in London. Ende 1962 war Nurejew offensichtlich dazu auserkoren, einen längeren Gastvertrag mit der Kompanie zu bekommen, und angefangen von seinem Status als »Dauergast« war nahezu jeder Aspekt seiner Karriere am Royal einzigartig. Am Ende seines ersten Jahres mit dieser Kompanie umfaßte Nurejews Repertoire bereits Ballette der drei wichtigsten britischen Choreographen dieser Zeit – Ashton, John Cranko und Kenneth MacMillan. Ein Jahr später gliederte er seine eigenen Ballette in das Kompanie-Repertoire ein: die Schattenszene aus *La Bayadère*, ein Pas de six aus *Laurencia*, die erste abendfüllende *Raymonda* im Westen für die Gastspiele der Kompanie. Und obendrein ließ de Valois Nurejew noch gänzlich freie Hand bei seinen Vorstellungen des stehenden Repertoires, bei Balletten, die seit der Sintflut nicht mehr verändert worden waren.

»Madame de Valois ließ niemals jemanden auch nur einen Schritt einer Produktion nach seinem Gutdünken verändern«, behauptet Sibley. »Das Licht wurde ebensowenig verändert wie der erste Auftritt, auch wenn es für einen bestimmten Tänzer vorteilhafter gewesen wäre. Aber Rudolf wollte einen anderen Auftritt. Er wollte anderes Licht, das auch Michael Somes schon jahrelang hatte haben wollen. Er wollte andere Schritte. Madame ließ ihn alles haben, was er wollte.«[18] Kenneth MacMillan hatte 1964 sein *Romeo und Julia* auf die besonderen Talente von Lynn Seymour und Christopher Gable abgestimmt, dennoch ging die Premiere an Fonteyn/Nurejew. Seymour/Gable wurden fünfte Besetzung.

Aber die Sowjets ließen Nurejew nicht in Ruhe; seine ersten Jahre im Westen lebte er in ständiger Angst vor dem KGB. »Vor allem ganz am Anfang«, erinnert sich der Choreograph Glen Tetley, »geriet Rudi jedesmal in Panik, wenn er einen Mann in einem schwarzen Regenmantel sah.«[19] Nurejews KGB-Folterknechte hielten ihn in einem ständigen Zustand von Angst. Noch viele Jahre lang erhielt Nurejew oft kurz vor seinem Auftritt mysteriöse Telefongespräche, davon einige bedrohliche. Am meisten beunruhigte ihn wohl, daß viele dieser Telefonate von seiner Mutter kamen, die offensichtlich unter Druck gesetzt wurde, ihren Sohn zu einer Rückkehr in die Sowjetunion zu bewegen. 1963 verursachte Nurejews Anwesenheit in London einen größeren politischen Wirbel. Die Sowjets kündigten an, sich aus Protest über Nurejews Verbindung zum Royal aus einem erst kürzlich eingeleiteten kulturellen Austauschprogramm mit der britischen Regierung zurückziehen zu wollen. Im Februar 1963 sah sich Sir David Webster, der Direktor des Covent Garden, genötigt, einen Abstecher nach Moskau zu unternehmen, denn die Sowjets drohten, ein einmonatiges Gastpiel des Bolschoi-Balletts abzusagen, das im Juni nach London kommen sollte. Die Lage war so ernst, daß Sol Hurok, der im selben Jahr ein amerikanisches Gastspiel des Royal durchführen wollte, eine Geschäftsreise nach Europa auf einen Kurzbesuch in Moskau ausdehnte, während Webster dort war. Die Briten blieben standhaft, was man von den Franzosen nicht sagen kann. Ein Gastauftritt, den Nurejew im April 1963 in *Giselle* mit Chauviré an der Pariser Oper absolvieren sollte, wurde vom Direktor der Oper abgesagt, der, wie *Variety* behauptet, »aufgab, als offensichtlich wurde, daß der Name Nurejew die guten kulturellen Beziehungen zwischen Rußland und Frankreich stören könnte. Viele russische Sänger und Tänzer waren an der Oper aufgetreten, andere sollten noch kommen; Ballettstars der Oper sollten in der Zeit der Nurejew-Affäre ein Gastspiel in Rußland geben.«[20] Wieder einmal erwies sich die sowjetische Taktik des massiven Drucks als falsch. »Ich hätte nicht den Mut, im Westen zu bleiben, wenn ich nicht dazu provoziert würde«, erklärte Nurejew in einem Interview.[21] Er wurde so eingeschüchtert, daß er schließlich jegliche Hoffnung auf eine Rückkehr aufgab.

Am Covent Garden machte die freie Hand, die Nurejew von de Valois bekam, ihn nicht gerade beliebt bei den anderen Tänzern des Royal. Das Feuer und die Leuchtkraft von Nurejews spektakulärem Stil standen in krassem Gegensatz zu der braven, ordentlichen, zurückhaltenden englischen Ballettschule. Die britische Presse bemerkte denn auch gleich, daß Nurejews Bühnenmanieren etwas Schliff vertragen könnten, vor allem im Vergleich zu seinen sanften britischen Brüdern. Kein englischer Tänzer hätte jemals ein Solo vorzeitig beendet, wie es Nurejew bei der Premiere von *La Bayadère* tat, weil er mit seiner Darbietung bis zu diesem Punkt nicht zufrieden war. Ein britischer Tänzer hätte niemals, wie Nurejew dies bei einer Galamatinee tat, plötzlich seine Schuhe in die Kulissen geworfen und barfuß weitergetanzt. Selbst Sibley, die eine treue Freundin wurde, erinnert sich daran, daß die allgemeine Stimmung recht angespannt war: »Wir waren ziemlich erbost, als wir sahen, daß de Valois Rudolf soviel verändern ließ, aber wir sprangen mit ihm genauso um wie er mit uns. Die Tänzer ließen ihm nichts durchgehen, und ich glaube, er wußte, woran er bei uns war.«[22]

Nurejews Beispiel färbte auf die aufstrebenden jungen britischen Danseurs ab. David Wall, ein Schüler an der Royal Ballet

School als Nurejew nach London kam, der später zu einem der besten Danseurs des Royal wurde, erinnert sich noch gut daran, wie sehr ihn Nurejew beeindruckte: »Sein Magnetismus auf der Bühne, sein technisches Können, sein voller Einsatz – wenn man das mit sechzehn aus der Nähe sah, konnte man sich diesem Einfluß einfach nicht entziehen.«[23] Nurejews Auswirkungen auf die älteren Tänzer der Kompanie waren jedoch, wie sich ein langjähriger Royal-Anhänger erinnert, »verheerend. David Blairs Karriere wurde dadurch zerstört.[24] Und einige der Frauen haßten ihn bald noch mehr. Margot schickte sich endlich an abzutreten. Die anderen sollten endlich ihre Chance bekommen – und dann peng! Nurejew kommt, und sie bleibt.« Nigel Gosling beschrieb einmal, wie ein Freund Nurejews Wirkung auf das Royal zusammenfaßte: »Nurejew war wie der Große Krieg. Er löschte eine ganze Generation von Tänzern aus.«[25]

Wie am Kirow war Nurejews Benehmen abseits der Bühne auch nicht dazu angetan, ihm Freunde zu schaffen. »Anfangs war es hart für Rudi«, erinnert sich Sonia Arova, eine frühe Freundin und Kollegin. »Der Westen war für ihn eine völlig andere Welt, er wußte nicht, wie er sich hier verhalten sollte, wie die Leute hier waren. Er war schlau und hielt Abstand, bis er wußte, ob jemand sich ihm als Freund näherte oder nur etwas von ihm wollte.«[26] Ein nervöser Nurejew wurde schnell zu einem bissigen Nurejew. »Ihr tanzt, als ob ihr Galoschen anhättet!« schrie Nurejew einmal ein versammeltes Royal Corps während einer frühen *Bayadère*-Probe an, etwa um die Zeit, als er sich bei einem britischen Journalisten beschwerte, daß die Bühne des Covent Garden »die beste Bühne der Welt ist – um abzubrennen. Zum Tanzen ist sie extrem mies.«[27] Die Beziehungen blieben angespannt, bis *La Bayadère* 1963 ein voller Erfolg wurde, was laut einer der Nachwuchsballerinen am Royal Ballet, Georgina Parkinson, »die Sache völlig änderte. Nach *La Bayadère* wurde alles anders. Er arbeitete enger mit uns als Tänzer zusammen, und wir fanden heraus, daß er mit seinem Wissen extrem großzügig sein konnte. Bis dahin war sein Benehmen im allgemeinen nicht gerade das beste. Er war sehr aufbrausend, und er hatte mit Sicherheit keine Angst vor uns. Wir waren dazu erzogen worden, das zu tun, was man uns befahl; uns kam es vor, als wäre Rudolf einfach völlig respektlos.«[28] Parkinson erinnert sich auch, daß die Tänzer des Royal trotz ihrer Zurückhaltung auf der Bühne durchaus für sich eintreten konnten, wenn Nurejew zu weit ging:

> Ich erinnere mich an eine Bühnenprobe für *Daphnis und Chloe*. Margot probte mit der Kompanie – ich weiß nicht mehr, mit welchem Partner –, und unmittelbar darauf hatte sie eine Bühnenprobe mit Rudolf für *Corsaire*. Im Bühnenbild für *Daphnis und Chloe* gibt es einen großen, freistehenden Baum auf der Bühne, und während die gesamte Kompanie arbeitet, kommt Rudolf aus den Seitenflügeln auf die Bühne, in seinen diversen Schichten von Kleidungsstücken, die er zu den Proben trägt, hält sich an dem Baum fest und fängt an, seine Aufwärmübungen zu machen. Es war einfach unglaublich. Einige der Solisten – die großen, starken – gingen zu ihm rüber und trugen ihn von der Bühne. Es wäre fast zu einer Schlägerei gekommen.[29]

Der erfahrenen Royal-Ballerina Nadia Nerina zufolge prägten Nurejews persönliche Eigenschaften das zukünftige Geschick des Royal:

> Rudi wirkte wie ein Baby-Gepard. Er erfaßte Situationen innerhalb weniger Sekunden und erriet intuitiv die Schwächen und Stärken der anderen. Madame de Valois hatte keine eigenen Kinder. Er spürte ihre Sehnsucht und schickte sich an, der Sohn zu sein, den sie nie gehabt hatte. Bei den Proben saß er immer im Schneidersitz zu ihren Füßen, blickte zu ihr auf und plauderte und scherzte mit ihr wie ein freches Kind. Einmal brachte er sie mit seinen Schmeicheleien dazu, aufzustehen und Variationen zum Pas de bourrée zu demonstrieren, was sie tatsächlich in bester

Laune tat. Sie war stolz auf die knifflige, schnelle, saubere Fußarbeit der englischen Schule, die sie gegründet hatte, stolz auf ihr Können. Nur Rudi brachte sie dazu, etwas »vorzuführen«. Sie leitete die Tänzer mit eiserner Disziplin. Niemand hätte es gewagt, so mit ihr umzuspringen wie Rudi. Sie benahm sich wie eine vernarrte Mutter ihrem verzogenen Lieblingskind gegenüber, und Rudi reizte diese Rolle voll aus. Wenn er zu den Proben zu spät kam, was Tänzer nahezu nie tun, äffte er sie nach und entwaffnete sie damit völlig. In seinen Jahren bei der Kompanie wurde vor allem das männliche Kontingent durch sein unmögliches Benehmen und Madames Unfähigkeit, ihn in seine Schranken zu verweisen, nicht nur demoralisiert, sondern Madame wurde auch in eine ziemlich fragwürdige Position gedrängt. Meiner Meinung nach fühlte sie sich schließlich so kompromittiert, daß sie meinte, sie müsse abtreten, und zwar viel zu früh. Ihre bedauernswerte Entscheidung ist ein historisch wichtiger Punkt in der Geschichte des Royal Ballet, denn ihr vorzeitiger Rücktritt hat der Kompanie geschadet. Wenn Sie mich nun fragen, ob ich glaube, daß Rudi daran schuld war, lautet meine Antwort: Ja.[30]

Trotz all dieses Sturms und Drangs baute Nurejew in den Jahren beim Royal einige seiner dauerhaftesten Freundschaften auf, vor allem in der Generation der Nachwuchsballerinen, die ihm im Alter viel näher standen als Fonteyn. Er entwickelte eine besonders innige Beziehung zu Lynn Seymour, der großen dramatischen Tänzerin dieser Zeit und einer Frau, deren offenes Wesen und schillernde Persönlichkeit Nurejew sehr schätzte. »Er wußte, daß ich zu allem möglichen Unsinn bereit war«, erinnert sich Seymour. »Wenn er in irgendeine finstere Kneipe oder zu einer Strip-Show oder etwas Ähnlichem gehen wollte, war ich dabei.«[31] Nurejew gab Seymour den Spitznamen Kabuki Lil. »Rudolf hat mir mehrmals das Leben gerettet«, erinnert sich Seymour. »In schlechten Zeiten, wenn ich keine Arbeit hatte, fand er einen Job für mich. Die Leute reden mit

Vorliebe über Rudolfs Wutanfälle – ich habe ihn im Studio niemals ohne guten Grund die Beherrschung verlieren sehen. Und er war auch der großzügigste Freund, den man haben konnte.«[32] Die Freundschaft vertiefte sich noch im Lauf der Zeit. »Wir haben gemeinsame Geheimnisse«, schrieb Seymour in ihrer Autobiographie. »Wir spazierten Arm in Arm auf den Ramblas in Barcelona und schwammen in Tel Aviv im Mittelmeer; wir machten uns gegenseitig mitternächtliche Geständnisse, bis der Himmel sich mit dem Licht eines neuen Tages färbte. Auf Tournee mit dem Royal oder mit anderen Kompanien in *Giselle*, *Schwanensee*, *Romeo* und *Dornröschen* schafften Rudi und ich es immer, nebeneinanderliegende Balkonzimmer zu bekommen. Dann betrachteten wir den Sonnenaufgang, eine Flasche Champagner neben uns, während die Sonne allmählich den Himmel eroberte.«[33] Merle Park hat ähnlich zarte Erinnerungen:

> Rudolf konnte sehr großzügig sein. Bei meiner Scheidung war er unglaublich nett und hilfreich. »Los, Mädchen, ab ins Studio! Wir arbeiten!« Als ich ihm fünf Jahre später mitteilte, daß ich wieder heiraten wolle, sagte er: »Ich will nur das eine wissen: Bringt er dich zum Lachen?« Das war alles. Er fragte weder nach dem Namen meines Mannes noch nach seinem Beruf oder Einkommen. Nur dies: »Bringt er dich zum Lachen?« Er war wirklich wie ein Bruder für mich, und es fällt mir immer noch ziemlich schwer, über ihn zu reden. Er wußte, daß ihm kein langes Leben beschieden sein würde, und er wollte soviel in sein Leben hineinpacken. Ich sagte: »Rudolf, du wirst dich noch umbringen, wenn du nicht langsamer trittst. Wie kannst du nur so weitermachen?« Seine Antwort war einfach: »Mädchen, kennst du einen schöneren Tod?«[34]

»Das Royal Ballet ist meine feste Heimat«, erklärte Nurejew 1965 einem britischen Reporter, während er seine eigentlichen Pläne charakteristischerweise nicht spezifizierte. »Zwar weiß

ich nie genau, was ich bei ihnen zu tun bekomme. Ich unterschreibe keine Verträge. Sie geben mir einen Terminplan – Terminplan? Ist das das richtige Wort? – von den Dingen, die ich tanzen soll. Wenn ich eine größere Lücke sehe, etwa zwei Monate, dann gehe ich woanders hin. Sie sagen mir: ›Weihnachten bist du wieder da!‹ und das bin ich dann auch.«[35] Dies war Nurejews einzige öffentliche Bemerkung über eine dauerhafte Bleibe und wohl als verschlüsselte Botschaft an die Direktion des Royal gedacht. Mitte dieses Jahrzehnts keimte bei Nurejew bereits der Verdacht auf, daß Veränderungen in der Verwaltung des Royal ihn aus dem Mittelpunkt der Aktivitäten der Kompanie hinausdrängten.
Seine Gastauftritte bei anderen Kompanien nahmen zu, ebenso wie die Anzahl der Werke, die er für andere Kompanien zur Aufführung brachte: 1964 *Schwanensee* für die Wiener Staatsoper, 1965 *Raymonda* für das Australian Ballet, 1966 sein erstes eigenes Ballett, *Tancredi* (zur Musik von Hans Werner Henze) und sein erstes *Dornröschen* für die Mailänder Scala. Mindestens bis Anfang der Siebziger hätte er gerne ein festes Engagement am Royal gehabt. Nach einer Reihe von Mietwohnungen hatte Nurejew 1967 sein erstes richtiges Heim erstanden, ein weitläufiges viktorianisches Anwesen in Richmond Park in den Londoner Außenbezirken. Jerome Robbins erinnert sich, daß »viele Engländer fanden, daß (Rudolf) zum erstenmal wie ein Mitglied der Kompanie wirkte«, als er 1970 sein richtungweisendes Chopin-Ballett *Dances at a Gathering* für das Royal auf die Bühne brachte.[36] Ob er sich nun wirklich wohl fühlte oder nicht, Nurejew streckte seine Fühler nach wie vor in alle Richtungen aus. Er fing an, sich auch anderswo umzusehen.

Mitte der Siebziger näherte sich Fonteyn ihrem fünfundfünfzigsten Geburtstag. Sie trat immer seltener im Covent Garden auf, und Nurejew erging es ebenso »Sie haben mich immer nur als Partner von Margot betrachtet«, erinnerte sich Nurejew später, »und in dem Augenblick, in dem sie ging, sagten sie mir: ›Also dann, bis zum nächsten Jahr!‹ und schubsten mich raus.«[37] Von da an gab Nurejew nur noch Anstandsgastspiele am Royal.

Das erneute Exil hinterließ Narben.

»In dem Augenblick, in dem (Margot) zu tanzen aufhörte«, erläuterte Nurejew dem britischen Journalisten Mavis Richardson 1981 in einem Thames-Television-Interview, »gab es einen unglaublichen Druck, mich abzuservieren, mich von einem Jemand in einen Niemand zurückzuverwandeln. Ich war nur dazu gut, das Haus zu füllen, als Stövchen, um den Tee in der Kanne warmzuhalten, und dann wollte man mich loswerden, und zwar so schnell wie möglich. Klar Schiff. Erst die Leute reinholen, und dann fort mit dir. Geh nach Amerika! Füll die Häuser dort! Ein Tritt in den Hintern – raus mit dir!

Da hängt man nicht mehr am Covent Garden rum und bettelt um einen Gefallen. Oder am Kirow oder in Leningrad, immer auf irgend etwas wartend, vielleicht noch auf den Segen der Partei. Nein, da geht man eben und dankt Gott, daß der Westen noch frei ist. Man geht und nimmt sein Leben in die Hand. Wenn man am Covent Garden keine Arbeit bekommt, dann eben woanders. Man setzt seinen Hintern in Bewegung und haut ab.«

Kapitel 11

Der Nurejew-Konzern

»Ich werde Ihnen erklären, wie er zu so viel Geld kam. Der Mann hat sein Leben lang kein einziges Mal eine Runde ausgegeben.«

Ein Pariser, der lieber anonym bleiben möchte

Nach dem Sex ist das Geld der Aspekt in Nurejews Leben, der am häufigsten dazu führt, daß Freunde und Kollegen in Schweiß ausbrechen. Das Gespräch versiegt, Weingläser werden mit einem tiefen Schluck geleert, und das Thema ist im Handumdrehen abgeschlossen. (Ich erlebte einmal tatsächlich persönlich, wie ein großer europäischer Choreograph, ein Mann, der nicht dafür bekannt war, ein Blatt vor den Mund zu nehmen, bei der bloßen Erwähnung von Nurejews ausgedehntem Besitz blaß wurde und verstummte.) Es wird einhellig behauptet, daß Nurejew mit seinem Geld nicht gerade großzügig umging, es sei denn, er wollte etwas für sich selbst. »Wenn Rudolf unterwegs war«, erinnert sich ein Kollege von der Pariser Oper, »kaufte er permanent ein, aber nie für jemand anderen, immer nur für sich.« Seinen Gästen mangelte es jedoch an nichts. Nurejew war ein großzügiger, geselliger Gastgeber, dessen Tafel immer erstklassig war. In der Öffentlichkeit, in Nachtclubs und Restaurants, war Nurejew allerdings berüchtigt. »Rudolf war nicht geizig, wie es sehr berühmte Leute manchmal sind«, erklärt ein weiterer französischer

Freund. »Er hatte einfach niemals Bargeld bei sich.« Ein dritter Kollege von der Pariser Oper wird deutlicher: »In einem Restaurant betrachtete Rudolf es sozusagen als Verpflichtung der anderen, die Rechnung an sich zu nehmen, für das Privileg, ihn in ihrer Gesellschaft gehabt zu haben.«

Niemand kann die Frage klar beantworten, wie Nurejew zum reichsten Ballettänzer wurde, dessen Vermögen in *Vanity Fair* auf 80 Millionen Dollar geschätzt wurde.[1] (Die britische Schätzung in *The Sunday Times* lag deutlich niedriger, zwischen 10 und 15 Millionen Pfund bzw. 15 bis 25 Millionen Dollar.[2]) »Können Sie sich überhaupt vorstellen, wieviel Geld dies ist?« sagte – noch immer leicht benommen von dieser Summe – ein prominenter New Yorker und langjähriger Freund Nurejews nicht lange nach dessen Tod.

> Solche Summen verdient ein normaler Sterblicher nicht, es sei denn, er heißt Donald Trump. Zu soviel Geld kommt man nur durch Erbschaft. Rudolf hatte sieben Häuser und obendrein noch eine eigene Insel. Haben Sie eine Ahnung, wie teuer es ist, sieben Häuser zu unterhalten? Die laufenden Unkosten, die Versicherungen, die Angestellten, die Instandhaltung sind astronomisch. Schon die Steuern sind ja vernichtend. Ein Freund und ich setzten uns einmal hin und versuchten, die Zahlen auf Papier zu bringen. Es ist unmöglich. Das meiste, was ein Ballettänzer meines Wissens nach jemals verdient hat, waren zehntausend Dollar pro Vorstellung, damals, als die Leute noch in die Met eilten, um Mischa und Makarowa zu sehen. Selbst wenn Rudolf jeden Abend seines Lebens solch ein Honorar kassiert hätte, wäre man noch immer weit entfernt von achtzig Millionen Dollar. Und noch dazu ein Ballettänzer! Irgend jemand war da äußerst schlau.

Bei dem Versuch, die Geheimnisse des Nurejew-Konzerns aufzudecken – und Nurejew war tatsächlich ein Einmanngeschäftsimperium –, läßt sich nur eines mit Sicherheit feststellen: Der Kopf des Unternehmens war Nurejew selbst, ein gewitzter, vorsichtiger Geschäftsmann, der seinen Geldbeutel nie aus den Augen ließ und Steuern haßte wie die Pest. »Rudi«, so Nadia Nerina, »stand in finanzieller Hinsicht mit beiden Füßen auf dem Boden. Er wußte, wie es war, einfach nur zu überleben und genug zu essen zu bekommen, und war keineswegs geneigt, mit seinem Geld um sich zu werfen. Er hatte seine Karriere fest im Griff und war sich seines finanziellen Wertes durchaus bewußt.«[3] Sonia Arova, eine weitere von Nurejews frühen Partnerinnen im Westen, pflichtet Nerina bei: »Rudolf wußte genau, wie er mit seiner Karriere umzugehen hatte. In seinem Berufsleben traf er niemals impulsive Entscheidungen.«[4] Nurejew war auch gewitzt genug, sich mit erstklassigen Finanzberatern zu umgeben, die sich sein Vertrauen erst einmal hart verdienen mußten. In den ersten Monaten im Westen bestand er darauf, bar bezahlt zu werden. Die Aufmerksamkeit, die sein Absprung erregt hatte, machte Nurejew zu einem äußerst kreditwürdigen Namen, und die Produzenten willigten in die Barzahlung ein. (Sogar noch 1977, auf dem Höhepunkt des Tanzbooms, als die Kirow-Emigranten bis zu zehntausend Dollar pro Vorstellung verdienten, soll Nurejew ab und zu noch sein Honorar in bar verlangt und auch bekommen haben.) Trotz der beträchtlichen Summen, die er bereits bei de Cuevas und mit seinen ersten Fernsehauftritten eingenommen hatte – die größte Geldsumme, die der verblüffte Nurejew jemals erblickt hatte –, hielt er derart an seinen Einkünften fest, daß er in den ersten sechs Monaten im Westen nicht einmal ein Bankkonto eröffnete. Schließlich tat er es dann sozusagen unter Zwang, als Arova sich weigerte, weiterhin mit sechzigtausend Dollar Bargeld in der Handtasche herumzulaufen. Eine weitere Freundin erinnert sich, daß sie einmal in das Apartment kam, das Nurejew bei seinem ersten Besuch in New York gemietet hatte. Bei dem Versuch, Nurejew ein wenig beim Aufräumen zu helfen, hatte sie Probleme mit dem Teppich, der sich an mehreren Stellen merkwürdig wölbte. Als sie ihn zurückschlug, entdeckte sie, daß die Wölbungen durch Geld haufen verursacht waren, die Nurejew unter dem Teppich versteckt hatte. Arova eröffnete schließlich ein Bankkonto unter dem Namen eines gemeinsamen Freundes und stellte Nurejew dann vor vollendete Tatsachen: »Rudolf geriet in Rage, er wurde richtig grün vor Wut.«[5] Doch sobald sich ein Berater als vertrauenswürdig erwiesen hatte, hielt Nurejew an ihm fest. Er arbeitete von 1962 an immer mit demselben Finanzberater, einem schlauen Ungarn namens Sandor Gorlinsky, bis dieser im Mai 1990 starb. Sein wichtigster Anwalt, Barry Weinstein in Chicago, beriet Nurejew über zwanzig Jahre lang in allen Rechtsangelegenheiten.[6]

Trotz des Vermögens, das er schließlich aufhäufte – und dem offensichtlichen Vergnügen daran, superreich zu sein –, ist es unwahrscheinlich, daß Geldgier bei seinem Entschluß, im Westen zu bleiben, eine Rolle spielte. In Rußland sind Balletttänzer nicht nur in der Öffentlichkeit gefeierte Persönlichkeiten, sie leben auch in relativer Annehmlichkeit und Sicherheit – gute Kleidung, exklusivste Stadtwohnungen, Sommerdatschas. (Eines der ersten Dinge, die Nurejew nach seinem Eintritt in das Kirow erstand, war ein Auto, ein bevorzugtes Statussymbol in der Chruschtschow-Ära. Die Wahl dieses Autos zeigt, wie achtsam er schon damals mit seinem Geld umging: Er entschied sich nicht für ein teures Westmodell, wie es seine Freunde taten, sondern für ein wesentlich billigeres sowjetisches Fabrikat). Als er im Westen auf sich allein gestellt war, begriff er sofort seine finanziellen Möglichkeiten und kam rasch zu klaren, gut durchdachten Ansichten darüber, wie sein neuer Reichtum verwaltet werden sollte. Der britische Bankier Charles Gordon, Nadia Nerinas Ehemann, war Nurejews erster inoffizieller Berater im Westen.[7] Gordon erinnert sich an ein Gespräch während eines Abendessens mit Nerina und Erik Bruhn Anfang 1962. »Ohne irgendeine Überleitung sagte Nurejew plötzlich in seinem holprigen Englisch zu mir: ›Charlik, Erik sagt, du mir helfen. Ich bin armer Mann – kein Geld. Ich will Geld machen. Steuerfrei!‹ Dieser letzte Begriff überraschte mich irgendwie. Ich merkte, daß er mich genau beobachtete. Er wollte wohl sehen, wie ich darauf reagierte, daß er einen Begriff benutzte, mit dem selbst manche Buchhalter damals nicht völlig vertraut waren.«[8] Ähnlich genau und aufmerksam ging Nurejew bis zu seinem Tod mit seinen Finanzen um. Unter Gorlinskys sorgfältiger Anleitung errichtete Nurejew Stiftungen in Europa und Amerika, um sein versteuerbares Einkommen zu reduzieren. Die »Rudolf Nurejew Dance Foundation« in den USA war Eigentümerin seiner New Yorker Wohnung im Dakota sowie der Mehrheit seiner finanziellen Interessen in Amerika;[9] sein europäisches Vermögen unterstand der »Ballet Promotion Foundation« mit Sitz in Liechtenstein. Laut Jennette Thurnheer »gehörte Nurejew persönlich rein rechtlich gesehen praktisch nichts«.[10] Aus diesem Arrangement zogen die Begünstigten der Nurejew-Stiftungen den letzten Nutzen: Da Nurejew nicht der rechtmäßige Besitzer seiner Güter war, unterlag sein Vermögen nicht der normalen Erbschaftssteuer und blieb völlig intakt.[11]

Gorlinsky war für Nurejew ein ausgesprochener Glücksfall, denn er trug wesentlich zur Sicherung und Vermehrung seines Vermögens bei. Charles Gordon zufolge, der die beiden Männer 1962 miteinander bekannt machte, war Sandor Gorlinsky ein »zigarrenkauender Sol-Hurok-Verschnitt mit einer tiefen Stimme und einem Herz aus Gold«.[12] Für Nurejew war er der richtige Manager zur rechten Zeit mit den richtigen Verbindungen. Die beiden Männer verstanden sich auf Anhieb. »Gorlinsky half Rudolf, von Anfang an die richtigen Entscheidungen zu treffen«, erinnert sich Sonia Arova. »Er war da, um ihm zu helfen, und tat dies auch.«[13] Auf Charles Gordons Vorschlag hin richtete Gorlinsky 1962 Nurejews erstes internationales Steuerrefugium ein, ein Schachzug, der seinem neuen Klienten jahrelang zum Vorteil gereichte und zum Modell ihrer zukünftigen Geschäftsaktivitäten wurde. »Damals«, erklärte Gordon in *The Spectator*, »war Luxemburg sehr praktisch für Leute, die dort nicht ihren Wohnsitz hatten und aus dem Aus land investieren wollten. Ich gab Sandor den Rat, eine Luxemburger Firma zu gründen, sollte er es noch nicht getan haben ... In diese Firma mit Rudi als Eigentümer sollten sämtliche Gagen fließen, das heißt, ohne jegliche Abzüge eingezahlt werden. Die im wesentlichen steuerfreie Struktur würde Nurejews Bargeldfluß sichern und einen steigenden Nettowert begründen. Ich nannte Sandor eine Kontaktperson in Luxemburg, und er erledigte seine Aufgaben perfekt.«[14] Gorlinsky kümmerte sich während der ganzen Zeit, in der er mit Nurejew verbunden war, um dessen Geschäfte und gilt in weiten Kreisen als derjenige, der Nurejews Vermögen sicherte. »Ich vermute, daß Rudolf Gorlinsky alles anvertraute«, meint Nerina, ebenfalls eine Gorlinsky-Klientin. »Aber ein Teil von Gorlinskys Erfolg war darauf zurückzuführen, daß er sich bei wichtigeren Investitionen und Entscheidungen immer mit seinen Klienten beriet. Durch Klienten wie Maria Callas und Tito Gobbi war Sandor daran gewöhnt, mit Stars umzugehen. Sandor und Rudolf verstanden sich gut, weil sie sich gegenseitig vertrauten. Andere waren vielleicht gewitzter, aber sie reichten nicht an Sandors Integrität heran.«[15] Eine einflußreiche französische Ballerina, die sowohl mit Nurejew als auch mit Gorlinsky lange befreundet gewesen war, erinnert sich an eine zufällige Begegnung mit letzterem Ende der Siebziger. »Einmal traf ich einen äußerst gutgelaunten Sandor zufällig auf der Straße. Ich kommentierte seine gute Laune, und er sagte mir, daß es ihm gerade gelungen sei, Rudolfs Geld zu verdoppeln. Auf dem internationalen Markt hatte es eine Bewegung gegeben, irgendeine sehr ungewöhnliche Veränderung im Goldpreis an der Börse, die etwa achtundvierzig Stunden angehalten hatte. Sandor hatte dies sofort bemerkt und gewußt, was dies bedeutete, und damit Rudolfs Vermögen über Nacht verdoppelt.«

Gorlinsky war klug genug zu merken, daß Nurejews Vertretung ein einmaliges Geschäft war, was die Zahlen auch bewiesen. Nurejew war vom ersten Tag an eine lukrative Attraktion. Bis zu seiner Ankunft im Westen waren die 2.000 Dollar pro Woche, die Sergej Denhams Ballet Russe de Monte Carlo 1954

Maria Tallchief bezahlt hatte, die höchste Gage gewesen, die ein Ballettänzer jemals verbuchen konnte. Tallchief war damals natürlich fast ein Jahrzehnt lang ein herausragender Star gewesen; ihre Karriere als die eigentliche Primaballerina von Balanchines New York City Ballet Anfang der Fünfziger machte sie zur berühmtesten Frau im amerikanischen Ballett, zu der ersten amerikanischen Ballerina, deren Foto das Titelbild von *Newsweek* schmückte. (Tallchief war die Enkelin eines Osage-Häuptlings.) Nurejew wurden für seinen ersten Job im Westen, in den ersten sechs Wochen, in denen er 1961 mit der Cuevas-Truppe unterwegs war, 2.000 Dollar pro Woche geboten. Im Oktober dieses Jahres erhielt er 4.000 Dollar für einen zwanzigminütigen Gastauftritt im deutschen Fernsehen.[16] Mitte der Sechziger scheffelte er aus seinen weltweiten Gastauftritten bereits geschätzte 3.000 bis 4.000 Dollar pro Auftritt. Nurejew erhielt als erster Tantiemen für seine Ballette – er bekam jedesmal, wenn das Royal seine Version der *Bayadère*-Schattenszene aufführte, ein Honorar – und vom Royal außerdem noch ein Jahresgehalt von 42.000 Dollar, was bis dahin noch nie gezahlt worden war.[17] (Diese Summe basiert auf dem geschätzten damaligen Wert des Dollar gegenüber dem britischen Pfund.) Die Liste von Nurejews Akquisitionen in den Sechzigern legt den Gedanken nahe, daß er sich damals finanziell schon ziemlich abgesichert gefühlt hat: 1962 100.000 Dollar für die Villa La Turbie in den Hügeln oberhalb von Monte Carlo,[18] 1967 mindestens 135.000 Dollar für das Anwesen in Richmond Park bei London (sechs Schlafzimmer, vier Empfangszimmer, ein Wohnzimmer von hundert Quadratmetern) und ein Mercedes-Cabrio.

Mit Gorlinsky am Ruder florierte der Nurejew-Konzern ebenso wie die Nurejew-Kriege mit den Finanzämtern auf beiden Seiten des Atlantiks. Keiner wollte klein beigeben. Ein ganzes Jahrzehnt nach der »Rudimanie« Mitte der Sechziger füllte ein vierwöchiges Pariser Gastspiel der »Nurejew & Friends Concert Group« das Palais des Sports mit seinen sechstausend Plätzen allabendlich zu 97 Prozent. Zwar stürmten bei

Nurejews letzter trauriger Tournee in Großbritannien im Frühling 1991 nach dem Eröffnungsabend die Leute an die Kassen, um ihr Geld zurückzufordern, weil Nurejews Tanzen so schrecklich schlecht geworden war. Aber sämtliche darauffolgenden Vorstellungen in den nächsten drei Wochen waren überall nahezu ausverkauft, die Abschlußvorstellung, die in eben dem Theater stattfand, in dem es zu den Protesten gekommen war, sogar restlos. Bereits 1963 stritt sich Nurejew mit den englischen Behörden wegen seiner Steuererklärung herum. Im gleichen Jahr knallte ihm Uncle Sam nach einer Steuerprüfung eine Rechnung über 30.642 Dollar und 70 Cent für fällige Steuern aus seinen amerikanischen Einkünften auf den Tisch. Nurejew beglich die Rechnung, informierte die amerikanische Steuerbehörde jedoch, daß man ihm 213 Dollar zu viel für seine Sozialabgaben berechnet habe. Wieder ein Erfolg in einem erfolggekrönten Leben: Nurejew zwang die Steuerbehörde, ihm das Geld zurückzuzahlen.[19] Die Streitereien, die schließlich 1989 dazu führten, daß er die Pariser Oper verließ, begannen mit einem weiteren Schußwechsel in Nurejews endlosem Krieg gegen das französische Steuersystem. »Der Regierung Geld geben?« fragte Nurejew Arova in seinem ersten Jahr im Westen. »Warum? Ich tue doch die Arbeit!«[20]

Nurejews Begegnung mit Sol Hurok war der zweite Glücksfall. Nurejew und »Da Hurok«, wie Edwin Denby ihn nannte, hatten ziemlich viel gemeinsam. Sie waren beide russische Emigranten, die in bitterer Armut aufgewachsen waren. Beide waren sie Meister in ihrem jeweiligen Fach, und beide entwickelten sie einen ausgeprägten Hang zum Luxus. Beide verstanden es, der Öffentlichkeit etwas zu bieten. Wenn Nurejew der neue Nijinsky war, war Hurok der letzte Diaghilew, ein meisterhafter Impresario der alten Schule. Als er und Nurejew sich 1963 kennenlernten, hatte Hurok mehr als ein halbes Jahrhundert lang die besten aus dem Geschäft vertreten, Melba und Schaljapin, Pawlowa, Duncan, Mary Wigman, Andrés Segovia, Artur Rubinstein, Van Cliburn und Marian Anderson.

Hurok schätzte den Tanz und die Tänzer ganz besonders, obwohl er beim ersten amerikanischen Gastspiel des Ballet Russe de Monte Carlo auf dem Höhepunkt der Depression fünfundsiebzigtausend Dollar verloren hatte. John Wilson, ein leitender Hurok-Angestellter, behauptet, daß »Hurok der Mann ist, der das Ballett in diesem Land zu einem Kassenschlager gemacht hat. Er brachte 1949 das Royal Ballet für seine berühmte erste Tournee nach Amerika, und dann brachte er die ganzen Russen hier rüber, 1958 das Moisejew, 1960 das Bolschoi und 1961 das Kirow.«[21]

Nurejew band sich offiziell erst 1965 an Hurok, aber Hurok war sich seines Potentials als Kassenschlager schon 1963 bewußt, als er zusammen mit Sir David Webster nach Moskau reiste, um »die Nurejew-Geschichte« zu klären. Als Förderer der russischen Tourneen im Westen, die für beide Seiten sehr lukrativ waren, war Hurok in Moskau bei den Verhandlungen eine massive Unterstützung für die britische Position, Nurejew am Covent Garden zu behalten. Als Nurejew sich auf die offizielle Klientenliste von Hurok Concerts setzen ließ, änderte sich sein Leben wieder einmal, und nicht nur weil die Hurok-Organisation das »Rudi-Phänomen« schuf. Hurok verstand es, einen Star bei Laune zu halten, und er war berühmt dafür, seine Klientel mit persönlichen Aufmerksamkeiten zu verwöhnen. »Wenn sie nicht eigenwillig sind«, sagte Hurok einmal, »dann will ich sie nicht haben. Es liegt in der Natur des großen Künstlers, launisch zu sein. Große Künstler haben etwas an sich – Feuer, Wärme –, das auf das Publikum überspringt und es darauf reagieren läßt. Überlassen Sie mir ruhig immer die Exzentriker!«[22] Nurejew bekam den vollen Hurok-Service ab und genoß ihn sehr. Hurok versicherte Nurejews Beine bei Lloyd's in London; Wilson zufolge kaufte er José Limóns klassisches Othello-Quartett *The Moor's Pavane* für Nurejew und schaffte Limón persönlich herbei, damit dieser es mit ihm einstudieren konnte. »Rudolf bekam einfach alles, was er wollte«, faßt Wilson zusammen.[23] Laut einem weiteren ehemaligen Hurok-Mitarbeiter beinhaltete die fürstliche Behandlung auch ein stillschweigendes Abkommen, Nurejews sämtliche Bedürfnisse, sexueller und sonstiger Natur, zu befriedigen: »Bei Hurok gab es auch noch einen alten Russen, dessen Job es mehr oder weniger war, dafür zu sorgen, daß Rudi glücklich war. Wie ich mitbekommen habe, war es Teil dieses Jobs, eine ständige Auswahl junger Männer bereitzuhalten.«

Nicht nur Nurejews Leben änderte sich, als er sich Hurok anschloß. Nachdem er auf dem ersten Besuch des Australian Ballet in Amerika 1971 seinen *Don Quixote* groß herausbrachte, war die elfwöchige Tournee bei jedem einzelnen Halt ausverkauft – ohne Fonteyn. Bei der Tournee der Australier kam es auch zu etwas, auf das Nurejew schon lange gewartet hatte: Entscheidend für den Erfolg war, daß Nurejew in fast jeder Vorstellung der Tournee auftrat, dank der aufmerksamen Zeitplanung des Hurok-Büros, die ihm die Ruhepausen zugestand, die er brauchte, um diese einmalige Leistung zu erbringen. In vielen Köpfen ging ein Lämpchen an. Wie ätherisch auch immer, das Ballett ist auch ein ganz normales Geschäft, und wenn Hurok mitspielte, war es ein großes Geschäft. Die Hurok-Organisation war, wie Clive Barnes 1975 in der *New York Times* schrieb, »fast einzigartig unter den größeren Kunstbetrieben, indem sie tatsächlich auch Geld machen muß. Sie muß Profit machen, sie wird nicht staatlich gefördert.«[24] Als Hurok entdeckte, daß er nur Nurejew brauchte, um Geld zu scheffeln – kein Mammutunternehmen wie das Bolschoi oder die Royal-Ballet-Tourneen, sondern nur Nurejew, der mit irgend jemandem tanzte – wurde die Zukunft von Ballettkompanien in der ganzen Welt umgeschrieben.

Die von Hurok Concerts in den Sechzigern veranstalteten nordamerikanischen Gastspiele des Royal Ballet – das erste 1963, das nächste 1965, beflügelt durch die »Rudimanie«, die das Hurok-Büro geschaffen hatte, und dann jeweils eines in den letzten drei Jahren dieses Jahrzehnts – führten auch immer nach Kanada, dem ehemaligen Mitglied des britischen Empire. Zwischen dem Royal Ballet und dem National Ballet of Canada bestanden enge Verbindungen; Celia Franca, die Direktorin dieses Balletts, die es auch gegründet hatte, war eine ehemalige Royal-Schülerin. Nurejew besuchte Toronto oft in den Sechzigern (wurde dort auch einmal auf der Yonge Street verhaftet), vor allem, nachdem Bruhn 1963 einen Vertrag als künstlerischer Leiter in Toronto unterschrieben hatte. Auf einem Überraschungsbesuch in Toronto, um Bruhn zu sehen, gab Nurejew im Januar 1965 ein ungeplantes Debüt beim Nationalballett. Bruhn hatte sich eine Fußverletzung zugezogen, die ihn außerstande setzte, seinen nächsten Auftritt in *La Sylphide* zu tanzen, das er gerade für die kanadische Kompanie einstudiert hatte. Trotz einer Knöchelverstauchung und einem kürzlich zurückliegenden Krankenhausaufenthalt wegen einer Mandelentzündung trat Nurejew als Bruhns Ersatzmann auf die Bühne, nachdem er zwei Tage geprobt hatte. »Es wäre mir auch egal, wenn mein Knöchel gebrochen wäre«, erklärte er seiner Freundin Lynn Seymour. »Ich wollte dieses Ballett schon eine Ewigkeit tanzen, und dies hier ist meine Chance – und noch dazu mit dir, Lil.«[25] Nurejew war der Partner seiner Kabuki Lil in Bruhns *Sylphide* und bekam neunzehn Vorhänge.[26]

Nach seinem Erfolg mit den Australiern und seinem *Don Quixote* schlug Nurejew Hurok ein neues Projekt vor – eine Gastspielversion von *Dornröschen* mit dem National Ballet of Canada. »Die Idee ging größtenteils auf Rudolf zurück«, erinnert sich John Wilson, »aber sie fand großen Anklang bei Hurok. Er hatte schon längere Zeit an ein gastspielfähiges *Dornröschen* gedacht. Dieses Stück brachte immer gutes Geld ein, aber die Produktionen des Royal und des Kirow waren einfach zu groß, um auf Reisen zu gehen. In einigen Städten konnte das Stück nicht aufgeführt werden, weil sich die Kulissen nicht den kleineren Bühnenverhältnissen anpassen ließen.«[27] Hurok war von Nurejews Idee sehr angetan. Bei dem neuen *Dornröschen*, das Nurejew 1972 für das National Ballet of Canada zur Aufführung brachte, legte er sogar noch mehr selbst Hand an als sonst. »Bis zu den Tourneen, die Nurejew mit den Kanadiern unternahm«, erklärt der ehemalige Hurok-

Werbefachmann John Gingritch, »übernahm Hurok im wesentlichen bereits existierende Produktionen und präsentierte sie einem neuen Publikum. Mit Rudolfs *Dornröschen* verlagerte Hurok seine Aktivitäten weg vom reinen Buchen hin zu denen eines Produzenten. Es war ein glänzender Schachzug. Hurok ging zu einer Kompanie, die von der Aussicht, nach New York und in die Met zu kommen, begeistert war, und sein Einfluß brachte genügend Geld aus Toronto, um die Produktion abzusichern. Nurejews *Dornröschen* wurde zu einem neuen Modell, wie man mit einer Produktion auf Tournee gehen kann. Die Produktion sah phantastisch aus, war aber dennoch transportierbar.«[28] Entworfen von Nicholas Georgiadis und mit einem geschätzten Budget von fast 400.000 Dollar – Nurejew kam in einer verhüllten Sänfte, getragen von vier Dienern, auf die Bühne –, erwies sich Nurejews *Dornröschen* mit dem National Ballet of Canada als Goldgrube für alle Beteiligten, für Hurok, Nurejew und die Kanadier. Die Produktion hatte am 1. September 1972 am National Arts Centre in Ottawa Premiere und zog dann weiter an das O'Keefe Center in Toronto. Sie bekam hymnische Kritiken. Danach ging es weiter auf eine fünfwöchige Nordamerikatournee, die bei jedem Halt einen rekordmäßigen Umsatz einspielte; sie war die erste von drei von Hurok organisierten Tourneen, die aus dem National Ballet of Canada, das vorher eine lokale Kompanie mit bescheidenem Ruf gewesen war, eine Truppe von internationaler Bekanntheit machten.

In einer bislang nicht dagewesenen Marketing-Strategie teilten sich Nurejew und die Kanadier auf sämtlichen Werbematerialien und allen Anzeigen den Raum zu gleichen Teilen – das gleiche Schriftbild in der gleichen Größe. Nicht alle waren begeistert von diesem Anzeigenbild. 1975 stand Nurejew wieder einmal im Mittelpunkt eines Skandals. Während er und die Kanadier den dritten Sommer im Metropolitan Opera House gastierten, veröffentlichte John Fraser, Kritiker in Toronto und Autor für die *New York Times*, einen beißenden Bericht über Nurejews Jahre beim National Ballet of Canada:

»Wir haben gelernt, mit Nurejews Ausbrüchen umzugehen – dem Anschreien von Tänzern auf der Bühne während einer Vorstellung, entsetzlichen Wutanfällen während Proben und Pausen, Gleichgültigkeit gegenüber den nationalen Belangen einer Kompanie. Diesen Preis muß eine Truppe eben zahlen, wenn sie ihr Geschick mit einem vorbeiziehenden Star verknüpft.«[29] Als die Zeitungen Torontos anfingen, von »Nurejews Nationalballett« zu schreiben, weigerte sich Nurejew vier Jahre lang, mit der kanadischen Presse zu sprechen. Doch so unglücklich einige Bürger Torontos auch waren, Nurejews *Dornröschen* für die Kanadier stellte auch zwei wichtige Elemente seiner Hinterlassenschaft für zeitgenössische Ballettkompanien vor. In den nächsten zehn Jahren veränderten sie Truppen von Boston bis Berlin, von Zürich bis Paris. Wenn sie Nurejew als Schlagzeile bekamen, fanden sich ums Überleben kämpfende regionale Kompanien plötzlich im exaltierten Umfeld von Hurokland wieder und traten in großen Häusern vor einem großen Publikum auf, das sie ohne Nurejews Namen auf ihren Werbeplakaten nie erreicht hätten. »Durch seine bloße Anwesenheit«, faßt Celia Franca die Zeit mit dem National Ballet of Canada zusammen, »bekamen wir Gelegenheit, uns einem Publikum zu zeigen, das wir bislang nicht gehabt hatten. Die Tourneen waren lang, was eine sichere Beschäftigung bedeutete, und die Tänzer gewöhnten sich daran, aufzutreten, und zwar oft aufzutreten.«[30] Vor allem wurde auf Nurejews Beharren hin eine Schar junger Tänzer in internationales Rampenlicht gerückt. Die anhaltende Folge von Nurejews Entdeckungen erstreckt sich von Karen Kain und Frank Augustyn vom National Ballet of Canada – beide wurden von Nurejew unter großem Protest der Verwaltung und der Kompaniedirektion aus dem Ballettnachwuchs herausgefischt und auf den Weg zu weltweiter Berühmtheit gebracht – zu der Truppe ekstatischer junger Solisten, die Nurejew in den Achtzigern an der Pariser Oper förderte.

Seine Zeit bei den Kanadiern führte auch zu einigen wichtigen Präzedenzfällen für Nurejews weitere Karriere. Bis zum

Ende der Siebziger trat Nurejew jeden Sommer im Metropolitan Opera House auf und trug somit erheblich zur finanziellen Gesundheit der Met bei, indem er das Haus für mehrere Wochen zwischen dem Ende seiner Frühjahrsaison und der Eröffnung der neuen Opernsaison im Herbst füllte. Gleichzeitig ging ein neuer Satz in die Ballettlexika ein: »Wir präsentieren Rudolf Nurejew und ...« Dieser Satz wurde bald einem weltweiten Publikum geläufig, und eine der ältesten Traditionen im Ballettmanagement verschwand. Vor dem Auftauchen von Nurejew und den Kanadiern war die Ballettkompanie selbst das Ereignis gewesen. Die Stars waren nur eine Art Zugabe. Nurejew und die Kanadier verlagerten das Gleichgewicht der Macht. »Wir verkauften nicht die Kanadier«, erklärt ein Hurok-Angestellter, »wir verkauften Rudolf und die Kanadier.« (Als Nurejew sich beim letzten Abschnitt der Tournee von 1973 eine Fußverletzung zuzog und nicht weitermachen konnte, wurde die letzte Vorstellung der Reise, ein einmaliger Auftritt am Kennedy Center, abgesagt.) Nurejew hatte nun sein berufliches Traumziel erreicht: Er tanzte seine eigene Version des klassischen Repertoires und scheffelte ein enormes Gehalt als Tänzer, Choreograph und Co-Produzent. Und das beste daran war, daß sein Vertrag ihm bei jeder Vorstellung einen Auftritt garantierte, Matinees ausgenommen.

Nurejews Erfolg mit den Kanadiern führte zu einem Karriereschritt, der dafür sorgte, daß er in den nächsten sechzehn Jahren auf der Bühne stand und sein Publikum sich ins Unermeßliche ausweitete. Im Sommer 1974 trat Nurejew mit einer Gruppe von sieben weiteren Tänzern im Pariser Palais des Sports zwei Wochen lang mit einer Szenenauswahl aus verschiedenen Balletten auf. Das Unternehmen stellte sich nicht nur als erfolgreich heraus, sondern auch noch als sehr lukrativ, denn es hatte nur äußerst geringe Unkosten. Am Tag nach Weihnachten 1974 trat Nurejew in einem dreiwöchigen Gastspiel mit einer anderen kleinen Truppe am Uris-Theater am Broadway auf, diesmal von Hurok gefördert: Nurejew & Friends. Unterstützt von Merle Park vom Royal Ballet, dem amerikanischen Tänzer und Choreographen (und zeitweiligem Nurejew-Gespielen) Louis Falco[31] sowie Mitgliedern der Paul Taylor Dance Company tanzte Nurejew eine Auswahl kurzer Ballette – einen Auszug aus Balanchines *Apollo*, Limóns *Moor's Pavane*, Taylors *Aureole* und den Pas de deux aus Bournonvilles *Blumenfest von Genzano*. Die Idee war wohl aus einer finanziellen Überlegung heraus entstanden. »Die Vorstellung hatte nur minimale Unkosten«, erklärt John Wilson. »Es waren nur sehr wenige Tänzer, vierzehn Musiker, kein Bühnenbild. Deshalb brachte sie so viel Geld ein.«[32]

Das Geschäft wurde noch einträglicher, als die Auftritte von Nurejew & Friends sich zu einem regelmäßigen Broadway-Ereignis ausdehnten. 1978, in der dritten Spielzeit, brachten Nurejew und seine Freunde mehr als 500.000 Dollar Reingewinn ein, wobei Nurejews Anteil auf wöchentlich bis zu 45.000 Dollar geschätzt wurde.[33] Außerdem zogen die Vorstellungen ein Publikum an, das niemals ein Ballett mit drei Akten durchgesessen hätte. »Merle Park – selbst wenn ihr Name überall in der Stadt angeschlagen wäre, würde ich nicht hingehen, weil ich sie nicht kenne«, erklärte Ben Weinstein, ein Kleiderfabrikant aus Queens, der *New York Times* während der zweiten Saison von Nurejew & Friends am Uris. »An sich bedeutet mir Ballett eigentlich nicht sehr viel. Vielleicht mag man ja auch Baseball nicht besonders, aber wenn man weiß, daß Babe Ruth spielt, geht man hin. Ich wollte Nurejew sehen.«[34]

Nurejew hatte sich von einem Konzern zu einer Institution entwickelt.

KAPITEL 12

Wer hat Angst vor Martha und George?

»Erst Martha Graham hat uns endlich den nackten Rudi beschert.«
Arlene Croce, *After-Images*

Am Sonntag, dem 14. März 1971, erklomm Nurejew leise, still und heimlich, doch mit großer Entschiedenheit eine weitere Sprosse seiner Karriereleiter. Dieser Schritt veränderte den Wirkungskreis und die Dauer seiner Karriere und trug dazu bei, die Zukunft des Tanzes umzugestalten. Nurejew war neben Tom »It's not Unusual« Jones und Barbra Streisand Gast bei Burt Bacharachs Fernsehshow. Er tanzte mit der Paul Taylor Dance Company in Taylors Weltuntergangs-Comic, *Big Bertha*, das Taylor zur Filmmusik von *Butch Cassidy and the Sundance Kid (Zwei Banditen)* umgeschrieben hatte.

Einen Abend lang gab es einen Waffenstillstand im ausdauerndsten Konflikt der Tanzwelt – dem Glaubenskrieg zwischen Ballett und Modern Dance, der ein halbes Jahrhundert lang ununterbrochen gewütet hatte. Zwanzig Jahre später, in einer Zeit, in der die ehemaligen Gegner durchaus verläßliche – und lukrative – Freunde sind (wie sonst gäbe es wohl einen Mark

Morris?), denkt man kaum noch daran, daß diese erste Liaison zwischen Nurejew und der Taylor-Kompanie damals nichts weniger als Blasphemie war. Ballettänzer gaben sich nicht mit diesen barfüßigen Leuten ab – und umgekehrt. »Nurejew hat sich sehr verdient gemacht um den Brückenschlag vom Ballett zum Modern Dance«, schrieb der amerikanische Choreograph Murray Louis. »Er wagte den Sprung, er ging das größte Risiko ein, er hatte am meisten zu verlieren. Er betrachtete dieses andere Bewegungsvokabular als etwas, das er unbedingt ausprobieren mußte, und vor allem hatte er den Mut, es nicht als Experiment mit nur einem Choreographen zu tun, sondern als stete Entwicklung mit mehreren Choreographen. Er betrachtete es auch als Investition in seine Zukunft. Es war unvorstellbar für ihn, auf dem Höhepunkt seines Könnens abzutreten, und er hatte auch keinerlei Absicht, dies zu tun. Modern Dance versprach ihm eine Ewigkeit auf der Bühne.«[1] Wieder einmal hatte Nurejew das Glück des Tüchtigen. Zeitgenössischer Tanz bot Nurejew zwei willkommene Herausforderungen zum richtigen Zeitpunkt. Er verhieß ein reiches Feld neuer Möglichkeiten, da Nurejews Auftritte am Covent Garden in den Siebzigern zunehmend weniger wurden und seine Technik allmählich Ermüdungserscheinungen zeigte. 1971, bei seinem ersten Zwischenspiel mit Taylor, war Nurejew bereits dreiunddreißig. In diesem Alter beginnt man als Tänzer über seine Zukunft nachzudenken.

Außerdem liebte Nurejew einen guten Kampf, und die Hartnäckigkeit, mit der er die Tanzwelt außerhalb des Balletts erforschte, schleuderte ihn voll an die Front. Das Scharmützel zwischen den Heroen des klassischen Balletts und den Pionieren des Modern Dance war mehr als nur eine reine Konkurrenzangelegenheit. Auf beiden Seiten war es eine Glaubensfrage, und die Grenzen wurden mit jenem Fanatismus gezogen, der Kreuzzüge und rituelle Opfer hervorbringt. (Eigentlich verdient der frühe Modern Dance den Preis für größten Fanatismus. Es reichte schon für die Exkommunikation, wenn man bei einem zweiten Lehrer Unterricht nahm.) Für die Anhänger von Mary Wigmans Ausdruckstanz-Experimenten in der Weimarer Republik und Martha Grahams Dialog mit ihrer Seele in Amerika war die Künstlichkeit des Balletts die Inkarnation des Bösen – seicht, trivial, die letzte verzweifelte Verbindung zu einer herrschenden Klasse, die besser tot und begraben hätte sein sollen. Für Ballettänzer war der neue Barfußtanz ebenfalls eine Höllenvision – inkohärent, schrill und unverzeihlich häßlich. Als Isadora Duncan sich zur »Feindin des Balletts« erklärte, gingen die Anführer beider Seiten auf die Barrikaden. Graham, eine Schlüsselfigur des Modern Dance, stellte fest, daß Bewegung aus dem Unterleib stamme, was eine Menge frustrierter Schwäne unruhig aufflattern ließ. Ihr Erzfeind, Balanchines Fürsprecher Lincoln Kirstein, der nicht auf den Mund gefallen war, wenn es ans Lästern ging, prophezeite Graham als einzig möglichen Nachfahren einen Würfel, sollte sie denn jemals gebären. Der Anlaß, der einen Waffenstillstand zwischen Ballett und Modern Dance anbahnte, zeigt am deutlichsten, wie lang die Brücke war, die Nurejew bauen mußte. Kaum zwei Jahre vor Nurejews Ankunft im Westen hatten Balanchine und Graham gemeinsam ein neues Werk, *Episodes*, für das New York City Ballet geschaffen. Das Zusammentreffen der beiden Meister war nur auf dem Papier eine Gefechtspause. Balanchine und Graham arbeiteten weniger zusammen als vielmehr nebeneinander her. Balanchine bearbeitete seinen Teil des Balletts, Graham den ihren, und an keinem Punkt trafen sich die beiden.[2]

Man stelle sich nun Nurejew vor, den Mann, der alles tanzen wollte – und es auch tat. Auf und hinter der Bühne war Nurejew der personifizierte Widerspruch – großzügig und geizig, gewalttätig und freundlich, lustig und grausam. Das erstaunlichste daran ist die Tatsache, daß ein Mann, der sein Leben lang daran arbeitete, seinen widerspenstigen Körper in die Form eines erstklassigen Danseurs zu zwingen, nun so viel Zeit und Aufmerksamkeit darauf verwendete, ihn in das genaue Gegenteil umzuformen – in die eckigen, irdischen Dimensionen eines Modern Dancers. Im Verlauf seiner Karriere im Westen arbeitete Nurejew mit mehr Choreographen als jeder andere Tanzstar der Ballettgeschichte. Die Mehrheit von ihnen waren keine Ballettchoreographen, sondern Choreographen, die im dornigeren Bereich des Modern Dance arbeiteten.

Es stellte sich bald heraus, daß das Royal der ideale Ort war, kalte Füße zu bekommen, wenn sie nackt waren. Zwar war Taylors für das Fernsehen gekürzte Version von *Big Bertha* technisch gesehen das erste Mal, daß Nurejew ohne Ballettschuhe tanzte (ausgenommen natürlich die berühmte *Bayadère*-Vorstellung, bei der er sich mitten in einer Variation seine Schuhe von den Füßen riß und sie in die Kulissen warf). Aber da das Royal in den Sechzigern ein sehr breit gefächertes Repertoire hatte, traf Nurejew eine Reihe von Choreographen, die versuchten, dem Vokabular des klassischen Balletts eine neue Richtung zu geben, dunkler, getriebener, näher an der beißenden Realität, ein Tanzjargon, der sich weniger mit dem Überirdischen als mit den Sehnsüchten und Neurosen eines Kontinents befaßte, der vom Zweiten Weltkrieg heimgesucht worden war.

Die Veränderungen hatten im ersten Nachkriegsjahrzehnt in Frankreich mit einer neuen Generation von Choreographen eingesetzt, angeführt von Roland Petit und Maurice Béjart, die beide noch in den Sechzigern mit Nurejew arbeiten sollten. Durch den immensen Erfolg von Petits *Le Jeune Homme et la Mort* im Jahr 1946 und Béjarts *Symphonie pour un Homme Seul* ein Jahrzehnt später wurden neue Töne angeschlagen und ein neuer Satz von Begriffen und Charakteren geschaffen. Die Sexualität war nicht länger eine Metapher für das Erhabene und wurde statt dessen zu einer der Mächte der Finsternis. Der heiratslustige Ballettprinz wurde zu einem Einzelgänger, der in einer existentiellen Falle festsaß. Seine Heldin wandelte sich vom hehren Ideal zur spitzentanzenden Pandora. Die freimütige neue Interpretation sprach Nurejew sofort an. Es kam zu einer bleibenden Verschmelzung persönlicher Interessen aller Beteiligten. »Moderne, zeitgenössische Tanzrichtungen«, erklärte Nurejew der amerikanischen Tanzjournalistin Kitty Cunningham, »sind thematisch gewagter.« Sein Interesse war von Anfang an geweckt, und zwar aus vielerlei Gründen. Und er hatte einen gewissen Vorteil. Sämtliche zeitgenössischen Choreographen, mit denen Nurejew zusammenarbeitete, bis er für Taylor tanzte – Béjart, John Cranko, Kenneth MacMillan, Petit, Rudi van Dantzig – waren ursprünglich im klassischen Tanz ausgebildet worden.

Als Nurejew zum Royal stieß, drängte die aufstrebende Generation der Choreographen dieser Kompanie, angeführt von Cranko in den Fünfzigern und MacMillan in den Sechzigern, das Repertoire der Kompanie in die Richtung dieser komplexen neuen Welt von Konflikten und *musique concrète.* Nurejew unternahm zwar eher vorsichtige, jedoch vielversprechende erste Versuche mit ihrer Choreographie – in Crankos *Antigone* und MacMillans *Diversions* und *Images of Love.* (Alle drei Produktionen wurden nach einer einzigen Saison wieder aus dem Repertoire des Royal genommen.) Nurejew machte mindestens drei wichtige Entdeckungen. Als willensstarker Eteokles, einer der beiden verfeindeten Brüder in *Antigone*, fiel seine angeborene dramatische Bühnenpräsenz auf fruchtbaren neuen Boden. In der Rolle des gequälten Dichters, der Hauptrolle in *Images of Love*, MacMillans Inszenierung von Shakespeares Sonnet 144, »Two loves I have, of comfort and despair«, fand Nurejew eine neue Ausdrucksform für seine sexuellen Nöte. Lynn Seymour schrieb in ihrer Autobiographie: »Christopher (Gable) war der tröstende Engel (reine Liebe), ich war die schrecklich düstere Herrin (profane Liebe). Wir kämpften um den ›poetischen‹ Rudi. Unser Trio war ein grelles Aufbäumen von sich gierig nach endloser Lust reckenden Armen und Beinen.«[4]

Die Kombination von Aspekten, die sich unerwartet ergänzten – Nurejews Dynamik und die Dramatik des Modern Dance, seine Hüften und die stoßenden Tanzbewegungen – eröffnete eine Welt neuer Möglichkeiten, vor allem nach Nurejews enormem persönlichem Erfolg in Petits *Jeune Homme et la Mort* im französischen Fernsehen 1966. Das Bild von Nurejew als Petits dem Untergang geweihter Rebell, das zu Werbezwecken für die Fernsehaufzeichnung eingesetzt wurde – Nurejew auf Knien, seine Arme nach vorne gereckt, mit bloßer Brust und in Jeans, die enger waren als Strumpfhosen – wurde zum Symbol eines brünstigen Jahrzehnts.

Nurejew fand auch heraus, daß diese neue Tanzsprache schwieriger war, als sie aussah. 1969 verbuchte er einen weiteren Riesenerfolg bei seinem ersten Auftritt in van Dantzigs beliebtem Ballett *Monument für einen gestorbenen Jungen*. Der Ruhm, so meint van Dantzig noch heute, ist eher auf Nurejews Vorstellung von dem Ballett zurückzuführen als auf seine eigene: »Als ich das Ballett schrieb, hatte ich nicht gerade an einen Tänzer wie Rudolf gedacht, sondern eher an einen Antihelden, einen schüchternen Jungen, der nicht recht weiß, wer er ist oder wohin er geht. Das kann man kaum von Rudolf sagen, und eigentlich hätte die Rolle einen weniger kraftvollen Mann erfordert. Rudi war viel zu dominant. Er dominierte seine Welt und die Bühne.«[5] Van Dantzigs nächste Begegnung mit Nurejew, als er im darauffolgenden Jahr eingeladen wurde, ein neues Ballett für ihn am Royal zu inszenieren, sagt einiges über Nurejews widersprüchlichste Aspekte aus, gibt uns aber auch einen kleinen Einblick, warum er es nie schaffte, das moderne Idiom voll und ganz zu beherrschen. »Er war richtig scharf darauf, an *The Ropes of Time* zu arbeiten. Er wollte es wirklich gerne tun und sein Bestes geben. Aber er folgte meinen Anweisungen nicht. Er stellte sich quer. Er sagte: ›Dieser Schritt ist nicht gut für mich‹ – oder ›Ich kann diesen Sprung nicht machen, wenn ich vorher so lange stehen muß.‹ Schließlich mußte ich einen Punkt machen – manche Schritte veränderte ich einfach nicht. Aber auf der Bühne tat er doch wieder das, was er wollte.«[6] Zwar hörte er oft nicht auf den Choreographen, aber er brauchte wohl diese Distanz, um Neues zu lernen: »Er war nie zu stolz, um etwas dazuzulernen«, faßte Ninette de Valois es einmal zusammen.[7] Der amerikanische Choreograph Glen Tetley hat noch lebhafte Erinnerungen an Nurejews Einsatz. 1970 brachte er für das Royal *Field Figures* zur Aufführung, ein Werk, das der Kritiker Nigel Gosling als Nurejews »Feuertaufe« für ein uneingeschränkt modernes Vokabular beschrieb (zur Musik von Stockhausen). »Nurejew bettelte darum, in *Field Figures* auftreten zu dürfen«, erinnert sich Tetley, »und er lernte die Bewegungen extrem gut. Er begriff sie von Grund auf und sofort, er ließ sich voll auf die Bewegung ein. Es war eine total konzentrierte Darbietung.«[8]

Obwohl europäische Choreographen buchstäblich Schlange standen, um mit Nurejew zu arbeiten – in den späten Sechzigern kreierte Petit in zwei Jahren drei neue Ballette für ihn – mußte er mehr Einsatz bringen, um die Amerikaner zu überzeugen, und erreichte trotzdem sehr viel weniger bei ihnen. Im Gegensatz zu den vielen Europäern, mit denen er in seiner zeitgenössischen Tanzperiode arbeitete, kam Nurejew in den Siebzigern und Anfang der Achtziger nur mit drei zeitgenössischen amerikanischen Kompanien zusammen – mit der Taylor-Truppe, der von Alwin Nikolais und Murray Louis geleiteten Kompanie und der legendären Graham-Kompanie. Zu Martha der Mächtigen kam Nurejew als Teil einer kompletten Truppe für eine Wohltätigkeitsgala, aber sowohl um Taylor als auch um Louis bemühte er sich selbst heftig. Jahrelang widersetzten sich die beiden seinem Angebot, mit ihren Kompanien zu arbeiten, obwohl er ihnen viel Geld eingebracht hätte. Der Mann, für den in seinen zwei Jahren beim Royal fünf Rollen kreiert worden waren, hatte in einer über dreißig Jahre dauernden Karriere in den Vereinigten Staaten ein Repertoire von nur fünf Werken, die dort speziell für ihn geschaffen wurden – drei von Louis und zwei von Graham (zuerst die Titelrolle in *Lucifer* und dann der ehebrecherische Reverend Dimmesdale in Grahams Version von *The Scarlet Letter*). Laut Louis war »Rudolf kein einfacher Tänzer für die Choreographie. Er war mit Ballettschablonen aufgewachsen und fühlte sich mit ihnen wohl. So fand er es zum Beispiel unnatürlich, gegen gewisse Tempi zu arbeiten. Er wollte immer alles fixieren; es kostete ihn große Mühe zu lernen, wie wichtig es ist, sich unbekannten Klängen und neuen Rhythmen gegenüber offenzuhalten.«[9]

Nurejews Verbindung mit der Taylor-Kompanie erwies sich als für beide Seiten erfreulich. Taylors ekstatisches Herumtollen in *Aureole* zu Händels Musik war ein verläßlicher Höhepunkt der frühen Nurejew & Friends-Auftritte, und die Tantiemen für viele Nurejew-*Aureolen* taten der Taylor-Kompanie durchaus gut. »Er benutzte mich«, erklärt Taylor, »und ich benutzte ihn.«[10] Nurejew sah Taylors Tänzer zum erstenmal bei dem Spoleto-Kunstfestival im Sommer 1964, als er dort seine erste *Raymonda* zur Aufführung brachte. Die beiden trafen sich rein zufällig. »Seine Kompanie hatte eben eine Probe beendet, meine sollte gerade anfangen«, erinnerte sich Taylor später. »Er war allein und betrachtete die Kulissen ziemlich abfällig. Mir gefielen sie – nur ein paar leichte Stoffbahnen und Lichter. Ich sagte: ›Wenn sie Ihnen nicht gefallen, dann nehme ich sie. Mir gefallen sie.‹ Ich glaube nicht, daß wir einander offiziell vorgestellt wurden.«[11] Nurejew mochte Taylor mit seiner verqueren Direktheit auf der Stelle. »Er war drahtiger, aber ich hatte mehr Gewicht«,[12] erklärt Taylor. »Ich war größer und älter.« Taylor gefiel Nurejews Vehemenz, vor allem nachdem er merkte, daß »Nurejews Ruf, aufbrausend zu sein (sein ›Rotsehen‹), eher darauf basiert, daß er gern bellt, nicht daß er wirklich beißt. Er wußte, daß die Einwohner Spoletos ein hitziges Gemüt schätzen, es bei Künstlern immer erwarten, ja, sich betrogen fühlen, wenn sie keinerlei Ausbrüchen beiwohnen dürfen. Nach der Premiere wurde er von Gian Carlo (Menotti) zu einem Abendessen des Jet-set für das Royal Ballet eingeladen. Er brauchte ziemlich lange zum Frischmachen und kam deshalb etwas zu spät. Er hatte wohl einen Bärenhunger, aber es gab nichts mehr zu essen. Also gab er den Leuten eine kleine Sondervorstellung, indem er mehrere Weingläser an die Wand schmiß – im großen russischen Stil und im Grunde das Höflichste, was er tun konnte.«[14] Taylor bemerkte auch, daß Nurejew hingerissen war von seiner Choreographie. Dreißig Jahre nach ihrer ersten Begegnung in Spoleto weiß er noch ganz genau, daß Nurejew

»während der Vorstellungen in den Seitenflügeln stand und versuchte, die Schritte nachzumachen. Ich wies ihn jahrelang ab, aber er gab nie auf. Unsere Wege kreuzten sich nicht oft, aber jedesmal, wenn sie es taten, kam das Thema erneut zur Sprache. Ich sagte ihm, daß es viele Jahre dauern würde, einen modernen Tänzer zu schaffen, wie ja auch ein Ballett-tänzer nur in jahrelanger Arbeit entsteht. Ballettänzer denken manchmal, sie bräuchten nur einfach umzusteigen, aber es ist eigentlich für sie noch schwerer, weil das Ballett sich richtig in ihre Muskeln eingeprägt hat. Sie können gar nicht anders, als ständig ihre großartigen Nummern vorzuführen, ihr Prinzending, was Rudolf natürlich in die Position gebracht hatte, in der er nun war. Schließlich überzeugte er mich, daß er die Schritte einfach nur der Schritte willen machen wollte. Er wußte nur zu gut, daß mir *Big Bertha* nicht gefiel, oder vielmehr seine Version meines armen Tanzes. Aber selbst dies konnte ihn nicht abhalten. Er war bereit, es immer wieder zu versuchen.«[15]

Taylors Bereitwilligkeit, es Nurejew versuchen zu lassen, und Nurejews Entschlossenheit, seine Sache gut zu machen, veränderten die Geschichte des Tanzes in den Vereinigten Staaten. Ballett und Modern Dance schlossen sich nicht länger gegenseitig aus. Die Taylor/Nurejew-Verbindung in den Siebzigern – eine Hurok-Tournee nach Mexiko, Gastspiele am Sadler's Wells in London, eine Woche mit dem Alvin Theatre am Broadway – war der langersehnte Waffenstillstand. »Rudolf kam nicht als aufbrausender Star«, erinnert sich Taylor. »Er kam als Tänzer, als Instrument. Und er trieb sich selbst immer wieder an. Ich sagte ständig: ›Meinst du nicht, daß du dich ein wenig ausruhen solltest?‹ Aber er wollte es unbedingt noch ein weiteres Mal durcharbeiten. Er wollte es genauso hinbekommen, wie es sein sollte.«[16]

Nurejews Verbindung mit der Taylor-Kompanie war der eigentliche Friedensschluß zwischen Ballett und Modern Dance, seine Arbeit mit der Martha Graham Dance Company die Siegesfeier – für beide Seiten. Das erste gemeinsame Projekt, *Lucifer*, das Graham 1975 für Fonteyn und Nurejew kreierte, hätte auch sehr viel weniger sein können, nämlich nur eine kurzlebige PR-Extravaganz. Aber Nurejew und Fonteyn als Gaststars der Martha Graham Dance Company – dies war eine einfallsreiche Mischung, künstlerische Sensation und gleichzeitig Kassenschlager. Das Potential der Idee ist offensichtlich. Ebenso offensichtlich ist jedoch auch, daß es außerordentlich mühevoll war, diese Idee zu verwirklichen: Die Terminkalender von Graham, Fonteyn und Nurejew waren derart voll, daß Graham Nurejews Rolle für ihn mit einer Ersatztänzerin für Fonteyn erarbeiten mußte, und dann das gleiche noch einmal mit Fonteyn und einem Ersatzmann für Nurejew, bis sie endlich dem Stück nur wenige Tage vor der Uraufführung den letzten Schliff geben konnte. Die Premiere von *Lucifer* im Uris Theatre am Broadway am 19. Juni 1975 – mit Nurejew in der Titelrolle und Fonteyn mit bloßen Füßen – war dann tatsächlich ein Ereignis, bei dem so viele Spenden zusammenkamen wie noch nie. Die Schirmherrschaft der Galapremiere hatte die First Lady Betty Ford übernommen, begleitet von Woody Allen in Frack und Turnschuhen. Im Publikum, das bis zu zehntausend Dollar für eine Eintrittskarte gezahlt hatte, befanden sich auch Paul Newman und Joanne Woodward, Andy Warhol mit Paulette Goddard, zwei Kennedy-Schwestern und Diane Keaton, die Allen und Mrs. Ford begleitete. Graham leitete das Programm mit einer zwanzigminütigen Rede ein, in der sie ihr Publikum begrüßte und »über ihr Leben und ihre Verpflichtung der Kunst gegenüber« sprach, wohl um klarzustellen, wer an diesem Abend die Hauptperson war – nämlich sie selbst, ganz gleich, wer in den Kulissen wartete.[17] Der Abend erfüllte alle Hoffnungen Grahams. Mit den Einkünften konnte sie die Schulden der Kompanie in Höhe von 75.000 Dollar begleichen, und es blieb ihr sogar noch Geld übrig: Die Nettoeinkünfte aus diesem Abend beliefen sich auf etwa 200.000 Dollar und sicherten der Kompanie eine Wintersaison in New York.

Obwohl Fonteyn darauf bestand, barfuß zu tanzen wie alle

anderen auch, war *Lucifer* für sie bestenfalls ein kurzes Experiment. »Bei der ganzen Vorführung«, schrieb Arlene Croce in ihrer Kritik im *New Yorker*, »konnte man fast hören, wie eine kleine Stimme ganz im Vertrauen des öfteren flüsterte: ›Ich kann's auch eckig!‹«[18] Bei Graham und Nurejew war es jedoch erheblich mehr als nur das. So unterschiedlich ihre Bewegungsidiome auch waren, Graham und Nurejew sprachen grundsätzlich die gleiche Sprache, die der Diven, die mit dem Tod der beiden dem Aussterben ein wenig näher gerückt ist. Beide neigten zu vollmundigen Statements, beide erlangten nebenher großen Ruhm wegen ihres stürmischen Temperaments und beide mußten als Darsteller schließlich gezwungen werden, von der Bühne abzutreten. (Laut dem Graham-Biographen Don McDonagh hing ein Engagement der Graham-Kompanie 1970 an der Brooklyn Academy of Music davon ab, daß in dieser Saison Repertoirestücke aufgeführt werden sollten, die »eben die Werke beinhalteten, die Graham keinesfalls wiederbeleben wollte, weil sie darin nicht mehr auftreten konnte«.[19] (Mit sechsundsiebzig war Graham von ihrer eigenen Kompanie ins Aus gedrängt worden.) Graham, die außerordentlich viel choreographierte, als sie noch Ballette für sich selbst schuf, hatte nur vier kurze Stücke in den sechs Jahren gemacht, in denen sie nicht mehr selbst auftrat. Kontakt mit einem Tänzer von Nurejews Kaliber war genau das richtige Elixier für sie. »Für Martha«, so Christine Daikin, eine der Solistinnen der Graham-Truppe, »verkörperte er alles, was ihre Kunst verkörperte – große Leidenschaft, Aggressivität, Wildheit.«[20] Typischerweise versuchte er wieder mehrmals, Autorität in Frage zu stellen. »Rudolf war ein Russe«, schrieb Graham in ihrer Autobiographie,

> »aber ich merkte schnell, daß er leicht die Beherrschung verlor … Das einzig wirkliche Problem mit Rudolf trat bereits am Anfang unserer Proben für *Lucifer* auf. Er kam ständig zu spät, täglich tauchte er später auf. Als er schließlich eine volle halbe Stunde zu spät eintrudelte, sah ich nur kurz hoch und

sagte: ›Ich glaube, ich werde allmählich böse. Ich bin böse.‹ Danach gingen die Tänzer auseinander, und ich ging hinauf zu Rudolf, um ihn gehörig zur Rede zu stellen. Ich weiß nicht, ob ich es auch mit dem Wissen um seinen Ruf getan hätte, er gäbe gewöhnlich Widerworte. Aber auch dann hätte ich es wahrscheinlich wegen meines aufbrausenden Temperaments nicht gescheut. Ich sagte ihm, er sei ein großer Künstler, aber ein ungezogenes, eigenwilliges Kind. Und das war nur der Anfang. Er stammelte nur und entschuldigte sich. Meine Worte hatten ihre Wirkung offenbar nicht verfehlt, denn danach kam er nie wieder zu spät.«[21]

Nurejew beugte sich der Meisterin, und zwar gerne. Er wollte für Graham tanzen, ihre Technik, ihren Stil lernen. Janet Eilber, die bei den ersten *Lucifer*-Proben für Fonteyn einsprang, meint: »Martha arbeitete gern mit Rudolf zusammen. Sie konnte sich entspannen, locker sein, und er war im allgemeinen ein sehr braver Junge. Rudi scherzte mit Martha, und sie flirtete gern mit ihm.«[22] Sie kehrte auch gern die Chefin heraus. »Ich bin nicht auf Rudolf zugegangen«, erklärte Graham Anna Kisselgoff in der *New York Times*, »aber ich hatte das Gefühl, wenn er schon etwas tun wollte, sollte dies auch auf ihn ausgerichtet sein, nicht auf einen anderen. Er war in seinem Leben an einem Punkt, an dem man auf ihn eingehen mußte. Dies habe ich jedoch nicht aus reinem Altruismus getan. Er kam und arbeitete an der Technik, und dann ging er wieder. Wir kamen nur schrittchenweise voran. Dann dachte ich daran, was für ein Mensch er ist, und da fiel mir dieses ›Tiger! Tiger! burning bright/In the forests of the night‹ ein.«[23] Für einen alten Graham-Anhänger war »*Lucifer* als Graham-Werk nicht so bedeutend, aber es gab Martha und ihrer Kompanie Auftrieb, eine neue Vitalität, die bis zu Marthas Tod anhielt«.

Auf Nurejew wirkte sich die Zusammenarbeit ähnlich belebend aus, und er hielt die Verbindung zur Graham-Kompanie mit Unterbrechungen die nächsten zehn Jahre lang aufrecht. Sein Graham-Repertoire beinhaltete schließlich einige der wenigen Hauptrollen für Männer, die sie geschaffen hatte: Ödipus in *Night Journey*, der Prediger in *Appalachian Spring*, die Hauptrolle in *El Penitente* und eine zweite von Graham für Nurejew kreierte Rolle, die männliche Hauptperson in ihrer Version von *The Scarlet Letter*. »Rudolf zeigte erstaunlich viel Einsatz bei den Proben«, erinnert sich Eilber. »Und bei den Aufführungen hätte man mir die Haare in Brand setzen können, ich hätte es nicht bemerkt. Nurejew kam zu Graham, um etwas zu lernen, und das tat er auch.«[24] Christine Daikin ist der gleichen Meinung: »Nurejew strengte sich unglaublich an, um den Graham-Stil zu begreifen. Er tat es für sich selbst und für Martha. Da er in seinem Bereich so großartig war, konnte er unmöglich darüber hinwegsehen, wie anders und schwierig der Modern Dance ist. Er wußte, daß es eine völlig andere Technik ist, körperlich und vom Intellekt her, und er arbeitete daran, bis er sie intus hatte. Es war wahrhaftig kein Kinderspiel für ihn!«[25] Einmal machte Nurejew Fonteyn gegenüber eine Bemerkung während der Proben für *Lucifer*, die zeigt, wie gründlich er versuchte, die Graham-Technik in den Griff zu bekommen. Eilber berichtet, daß »Fonteyn ziemliche Schwierigkeiten hatte, sich neben Nurejew auf die Seite fallen zu lassen. Es war eine typisch grahamartige Bewegung, und sie bekam sie einfach nicht hin. Sie wollte stehenbleiben, und Martha willigte schließlich ein, es für sie zu verändern. ›Nun‹, meinte Rudolf zu Fonteyn ein wenig herablassend, ›mach es dir doch einfach bequem!‹ Und da fiel sie schließlich genau so, wie sie sollte. Das wurde zu einer von Marthas Lieblingsgeschichten.«[26]

Aber Nurejew wurde niemals ein richtiger zeitgenössischer Tänzer. Das Ballett lag ihm zu sehr im Blut, und manchmal waren auch seine Ambitionen hinderlich. Sein ständiges Geflattere von Kompanie zu Kompanie, vom Ballett zum Modern Dance und wieder zurück, führte dazu, daß er nicht die Zeit hatte, seinen Körper ein weiteres Mal umzuformen. »Er tat alles, was in seiner Kraft stand«, faßt es van Dantzig zusammen, »aber Modern Dance war einfach nicht seine

Sprache. Sein ›Ballettakzent‹ kam immer durch.«[27] Trotz aller Probleme – Murray Louis arbeitete schließlich die für Nurejew kreierten Rollen mit seinen eigenen Tänzern aus und studierte sie später mit Nurejew ein – war sein Interesse echt. »Und auch wenn er andere Techniken ausprobierte«, schrieb Arlene Croce in *The New Yorker*, »wenn er mit den Kompanien von Martha Graham oder Paul Taylor tanzte, machte er dort offensichtlich nicht Urlaub; er tauschte nur ein härenes Hemd gegen ein anderes aus.«[28] Nurejew setzte sich voll ein. Er zog nicht nur Aufträge für unbekannte junge Choreographen an Land, wie etwa für van Dantzig, der schließlich für eine etablierte Kompanie wie das Royal *Ropes of Time* kreierte. Van Dantzig erklärte, daß »meine Kompanie einen Namen bekam, einfach dadurch, daß er mit mir arbeitete«.[29] Als Hurok Tetleys *Field Figures* bei einer Amerika-Tournee des Royal Ballet partout nicht aufs Programm setzen wollte, machte Nurejew es zu einer Bedingung in seinem Vertrag, das Ballett miteinzubeziehen, und zwang Hurok zum Einlenken. Im Verlauf seiner Verbindungen mit den Truppen von Taylor, Nikolais/Louis und Graham machte Nurejew seine Arbeit, ohne jemals einen Cent Gebühren von den jeweiligen Kompanien zu verlangen.

1979 schnappte sich Nurejew schließlich den Choreographen, der ihm beinahe entkommen wäre: George Balanchine, der größte Choreograph des zeitgenössischen Tanzes – der Mann, der das Ballett so vielseitig, bewegt und farbig machte wie die Metropole New York. Als Nurejew im Westen eintraf, schien eine Begegnung zwischen dem letzten und dem ersten Kirow-Emigranten unausweichlich. Ein solches Treffen hatte sicherlich höchste Priorität für Nurejew. Schon in der ersten Woche nach seiner Flucht sprach er über die Möglichkeiten, sich bei Balanchine vorzustellen, noch bevor er eine Chance gehabt hatte, den Meisterchoreographen in New York zu kontaktieren. Doch erst im Herbst 1962, ein gutes Jahr später, trafen sich die beiden endlich, als Nurejew New York besuchte. Er wurde zu einer Vorstellung des New York City Ballet am City Center eingeladen. Nach der Vorstellung gingen Nurejew, Balanchine und Barbara Horgan, eine der Direktorinnen des City Ballet, noch aus. Balanchine war herzlich und kameradschaftlich, bot Nurejew jedoch keinen Vertrag an, wie es dieser erwartet hatte. Balanchine sagte ihm nur etwas, was sehr häufig mißverstanden wurde: »Kommen Sie wieder, wenn Sie keine Lust mehr haben, den Prinzen zu tanzen.«

Horgan zufolge war Balanchines Aussage komplexer als allgemein angenommen.

> Balanchine erklärte Rudolf ganz richtig: »Wenn Sie hierherkommen, müssen Sie neu lernen, was Sie bisher gelernt haben. Sie können sich jetzt entscheiden. Sie können das tun, was Ihnen vertraut ist, was Sie sehr gut können, und damit erfolgreich sein, ein Star werden, es zur Gänze auskosten, wenn Sie wollen. Und wenn Sie genug davon haben, kommen Sie nochmal auf mich zu.«
>
> Es ist nur etwas komplizierter, als es klingt. Viele Leute übersahen bei diesen Worten Balanchines, daß Rudolf ja schon als vollendeter Tänzer zu ihm kam. Er war in seinem Bereich voll ausgebildet, damit kam er nach New York. Natürlich gab es vor ihm auch andere Tänzer, die voll ausgebildet zum New York City Ballet kamen und umlernen mußten. Manche haben es geschafft, manche auch nicht ... Es ist ein ziemlich riskantes Geschäft. Tänzer gehen nicht gern solche Risiken ein. Es ist, als würde man neu geboren. Man muß alles aufgeben und noch mal von vorn anfangen ... Ich glaube wirklich, daß Balanchine Rudolf im wesentlichen zu verstehen geben wollte: ›Sie sind bereits an dem Punkt, an dem Sie sein sollten. Wenn Sie mit mir arbeiten wollen, dann müssen Sie woanders stehen. Mit anderen Worten, Sie müßten vielleicht erst einen Schritt zurückgehen, bevor Sie weiter vorankommen.‹ Vielleicht verstand Rudolf das nicht ganz, aber ich glaube, er war doch klug genug, es irgendwie zu begreifen und sich darüber Gedanken zu machen. Schließlich befand er, daß er es eigentlich nicht tun konnte,

daß sein Körper nicht in der Lage sei, dies zu tun, und auch sein Alter sprach wohl dagegen. Und er war auch klug genug zu verstehen, was er dafür hätte aufgeben müssen. Ich glaube nicht, daß Geld dabei eine Rolle spielte … Balanchine gab ihm ja nicht nur zu verstehen, daß er bei ihm keine Prinzenrolle bekäme. Dieses ›Sie würden völlig von vorn anfangen müssen!‹ ging wesentlich tiefer.«[30]

Nurejew bekam eine klarere Vorstellung davon, was Balanchine gemeint hatte, als er bald darauf sein erstes Balanchine-Ballett tanzte. Nurejews Darstellung der atemberaubend schwierigen männlichen Hauptrolle in *Theme and Variations* während seiner kurzen Karriere beim American Ballet Theatre gehörte nicht zu seinen Glanzleistungen. (»Ich kann nur sagen, es war sehr merkwürdig«, erinnert sich die amerikanische Ballerina Eleanor d'Antuono, eine der vier Halbsolistinnen des Stücks. »Sehr langsam, fast regungslos … und – nun, einfach sehr merkwürdig.«[31]) Abgesehen von einigen seltenen Ausflügen – *Prodigal Son* sowie der Pas de deux in *Agon* für das Royal und das Ballett der Pariser Oper – hielt sich Nurejew im nächsten Jahrzehnt von Balanchines Repertoire fern, bis er den Choreographen um Erlaubnis bat, für seinen ersten Nurejew & Friends-Auftritt *Apollo* mit aufs Programm setzen zu dürfen. Balanchine war der Idee nicht abgeneigt und schickte seinen langjährigen Partner John Taras zu Nurejew, um ihm die Rolle beizubringen. »Das New York City Ballet ist sehr pragmatisch«, erinnert sich Horgan.

Wir hatten an der Schule (die dem New York City Ballet angeschlossene School of American Ballet) einige Probleme, offen gesagt deshalb, weil unser Stipendium von der Ford Foundation abgelaufen war. Und so war die Schule eigentlich in einer ziemlich prekären Lage, was die Finanzierung betraf. Balanchine nickte also nur nachdenklich und fragte: »Nun, wie viele Wochen denn?« Es waren fünf Wochen, und so forderte er fünf Prozent der Bruttokasseneinnahmen,

> denn das bekam (Balanchine) gewöhnlich auch als Choreograph für seine Broadwayaufführungen. Ich glaube, es waren schließlich um die fünfundzwanzigtausend Dollar, mehr Geld, als man sich in diesen Tagen vorstellen konnte, und sie wanderten ohne Umwege direkt in die Schule.[32]

Apollo hatte für Nurejew eine große persönliche Bedeutung. Arlene Croce schrieb über seine Vorstellung: »*Apollo* ist offensichtlich ein großes, erhabenes Ritual, dessen Geheimnisse äußerst bedächtig gelüftet werden müssen ... Nurejew ist eigentlich gar nicht schlecht als Apollo, und er wäre sogar ziemlich gut, wenn er sein Tempo etwas erhöhen, seine überladenen Phrasen etwas lockern und sich mit der Beschwingtheit von (Paul Taylors) *Aureole* etwas gehen lassen würde ... *Apollo* hat auch früher schon unter falschverstandener Ehrfurcht leiden müssen, aber noch nie hat man ein so langes Dahinsiechen gesehen.«[33] Wie unsicher auch immer seine ersten *Apollo*-Bemühungen waren, Nurejew hatte Balanchine auf seine Liste zeitgenössischer Choreographen gesetzt, die er unbedingt meistern wollte. »Immer, wenn Rudolf mit einer Kompanie arbeitete, bei der frühere Balanchine-Leute waren«, erinnert sich ein Tänzerkollege, »drängte er sie buchstäblich in eine Ecke, um mit ihnen über Mr. B. zu reden. Er wollte alles wissen, es war, als wollte er soviel aufsaugen wie nur möglich, weil er nicht an die eigentliche Quelle kam. Ich erinnere mich daran, wie wir einmal in Zürich zusammenarbeiteten. Da war er besonders fasziniert von der Art, in der Balanchine den Fuß ›präsentiert‹, die förmliche Präsentation – etwas so Einfaches und Essentielles. Was Mr. B. betraf, war Rudolf ziemlich demütig.«

Seine Geduld wurde 1979 mit Balanchines burlesker Einstudierung von Molières *Bourgeois Gentilhomme* belohnt. »Es war Balanchines Idee, Nurejew zu nehmen«, erinnert sich Horgan. »Das ganze basierte auf einer Zusammenarbeit zwischen der New York City Opera und dem New York City Ballet. Am Anfang kam Purcells *Dido und Äneas*, und im zweiten Teil *Bourgeois*. Ich weiß nicht, wie Balanchine auf Rudolf kam, aber eines Morgens rief er mich an und sagte: ›Vielleicht könntest du für mich herausfinden, wo Rudolf steckt.‹«[34] Wie lang auch immer Balanchine gewartet hatte, bevor er Nurejew und seinen Beitrag zur Entwicklung des Balletts anerkannte – das Ballett, daß er schließlich für Nurejew schuf, hat die beschwingte Stimmung eines Champagnerfrühstücks. Mit einer Nase für die besonderen Spezialitäten – Nurejew ist immer auf der Bühne – zelebriert Balanchine die Grundlagen, die er mit Nurejew gemeinsam hat – ihre Kirow-Ausbildung in dem ausgefeilten Akademizismus von Nurejews erstem Solo und vor allem ihrer beider Vergnügen an einem wirkungsvollen Auftritt. Der listige Held des Balletts, Cléonte, ist ein Possenreißer, der sich für jede Gelegenheit passend maskiert und sein Ziel, die hübsche Lucile, niemals aus den Augen läßt. Sein Einfallsreichtum läßt ihn nie im Stich und seine Träume gehen in Erfüllung. Nurejews Partnerin in dem Ballet, die große Patricia McBride, erinnert sich, daß alle Beteiligten dieses Unternehmen restlos genossen. »Rudi arbeitete schrecklich hart. Er wollte alles tun, was Mr. B. wollte, und sogar noch mehr. Er wollte ständig mehr Technik einbringen. Ich glaube, Balanchine war überrascht, wie einfach es war, mit ihm zu arbeiten. Mr. B. ging es damals nicht sehr gut. Als er zurückkam, um das Ballett fertigzustellen, kann ich mich noch gut daran erinnern, wie herzlich Rudi war, so herzlich und so lustig.«[35] Nurejew lernte die wichtigste Lektion des Modernismus, das, was er »eine Lektion in Einfachheit« nannte. »(Balanchine) setzt nur das Minimum ein, um das Wesentliche einer Geschichte zu erzählen. Er setzt Höhepunkte nur ein, wenn es unbedingt sein muß. Im Pas de deux kommt plötzlich eine Riesendynamik in die Musik. Ich erwartete eine Hebefigur, das Mädchen hoch oben. Aber plötzlich lasse ich das Mädchen nur langsam auf den Boden gleiten. So einfach, so unerwartet.«[36]

Kapitel 13

Valentino *etc.*

»Ach, eines Tages werde ich eine Schauspielerin sein. Ganz sicher!«
Katherine Hepburn in *Morning Glory*

Als Nurejew Mitte der fünfziger Jahre zum Kirow kam, gehörte er zu einer aufmüpfigen Generation, die sich in der Sowjetunion fast zehn Jahre lang entwickelt hatte. In den rastlosen späten Fünfzigern konnte man diese jungen Leute wie ihre Zeitgenossen auf der ganzen Welt in einer Menschenmenge sofort an ihrer Kleidung, ihrem Haarstil und ihrer trotzigen Haltung ausmachen. In den letzten Jahren des Stalinismus war die Jugendbewegung in der UdSSR bereits so verbreitet, daß sie sich einen eigenen Namen verdient hatte. Die aufsässigen Jugendlichen – Backfische in engen Miniröcken und mit knallrotem Lippenstift, ihre Begleiter in dem einheimischen Äquivalent von Zoot-Suits (langen taillierten Jacketts mit wattierten Schultern und Röhrenhosen – A. d. Ü.) – waren unter dem Namen *Stiljagi* bekannt, ein Begriff, bei dem das russische Wort für Stil und Gesäß kombiniert ist. Als es unter Chruschtschow zu einer politischen Tauperiode kam, hatten die *Stiljagi* nicht nur ihren eigenen, verschlüsselten Jargon, sie hatten sich auch noch in Untergruppen aufgesplittert, wie etwa die *Tarzanets*, junge Männer die völlig ausflippten, als *Tarzans Abenteuer in New York* in der Sowjetunion freigegeben wurde. Ein ehemaliger *Tarzanet*, Michail Gorbatschow, erinnerte sich später einmal daran, wie sehr er und seine Genossen »die Tarzan-Filme liebten, die in den Studentenwohnheimen der Moskauer Universität gezeigt wurden, und wie wir nachts Tarzanschreie ausstoßend durch die Gänge rasten«.[1] Es herrschte eine immense Nachfrage nach allem Amerikanischen, vor allem nach Musik und Filmen. Trotz des stalinistischen Verbots fremder Musik, vor allem Jazz, waren Duke Ellington, Louis Armstrong und Dizzy Gillespie die musikalischen Idole der *Stiljagi*. Unter den Sängerinnen war Miss Peggy Lee die Größte. (Gillespie und Lee waren die besonderen Favoriten des Schülers Nurejew.) Chruschtschow hob das Verbot ausländischer Musik auf, jedoch mit einigen Vorbehalten: »Wenn ich Jazz höre, ist mir, als hätte ich heftige Blähungen.«[2] Trotz dieser Wirkung auf den großen Vorsitzenden und seinen gewichtigen Bauch fing die Rebellengeneration in der Zeit, in der Nurejew nach Leningrad gelangte, voll zu swingen an – teils zu Beat, teils zu Bop, teils zu Elvis. (Ein amerikanischer Journalist, der 1965 nach Taschkent geschickt worden war, verbrachte einmal einen Abend in einem *Stiljagi*-Club mit einer Horde junger Sowjets, die zu »Stompin' at the Savoy« stampften. Da ertönte die Stimme eines genervten Sicherheitsbeamten über den Lautsprecher: »Diese ganze Energie könnte man für den Bau eines Wasserkraftwerks nutzen, anstatt sie hier auf der Tanzfläche zu verschwenden.«[3]) Amerikanische Filme wirkten ebenso elektrisierend. Trotz offizieller Versuche, amerikanische Filme zu politisieren – der Frank-Capra-Klassiker *Mr. Deeds Goes to Town (Mr. Deeds geht in die Stadt)* erreichte die Sowjetunion als *The Dollar Rules (Der Dollar regiert)*, das Gangster-Epos *The Roaring Twenties (Die wilden Zwanziger)* mit James Cagney und Humphrey Bogart lief unter dem Titel *A Soldier's Fate in America (Ein amerikanisches Soldatenschicksal)* –, waren die bevorzugten Helden der jungen Leute in Nurejews Jugend leicht exzentrische

Hollywoodstars wie Sonia Henie, Deanna Durbin, James Cagney, John Wayne und ganz oben Johnny Weissmüller.

So kam Nurejew mit einem Weltbild in den Westen, in dem amerikanische Filme und Musik ihren festen Platz hatten, und seine Leidenschaft für beides hielt sein ganzes Leben lang an. Schon in den Sechzigern, als er ein fester Bestandteil des Royal geworden war, besaß Nurejew eine Sammlung von über viertausend Schallplatten, in der Jazz ebenso stark vertreten war wie Klassik. Bei seinen neuen Freunden wurde er berühmt dafür, daß er sich pro Abend bis zu drei Filme ansah, und Michel Canesi, Nurejews Arzt während seiner letzten Krankheit, erinnert sich, daß Nurejew kaum etwas mehr genoß als ein Gespräch über die Hollywoodklassiker aus den vierziger und fünfziger Jahren.[4] *All About Eve (Alles über Eva)*, in dem Bette Davis groß herauskam und der Welt den berühmten Satz »Schnallen Sie sich an, es wird eine stürmische Nacht« schenkte, war einer von Nurejews Lieblingsfilmen. Von seinen ersten Jahren im Westen an ließ Nurejew immer wieder durchblicken, daß sein Interesse an einer Karriere als Schauspieler, vor allem als Filmschauspieler, mehr als nur beiläufig sei. Mitte der Sechziger konnte Nurejew bereits einige Filmauftritte vorweisen: 1963 als kraftvoller Corsaire in *An Evening with The Royal Ballet*; 1964 als leidenschaftlicher Romeo in einer BBC-Version von Kenneth MacMillans *Romeo und Julia*, 1966 als der dem Untergang geweihte Held in Roland Petits *Le Jeune Homme et la Mort*. Offenbar stand ihm der Sinn nach mehr. »Nun mal ganz ehrlich«, sagte Nurejew, als er schließlich seinen großen Auftritt in Ken Russels verunglücktem *Valentino* bekam. »Jeder will doch ein Filmstar sein. Es ist an der Zeit, es zu tun, bevor … man mich durch eine Matratze hindurch fotografieren muß.«[5]

Als im August 1976 die Dreharbeiten für *Valentino* aufgenommen wurden, hatte Nurejew sich schon über ein Jahrzehnt emsig bemüht, eine Filmkarriere aufzubauen. Nachdem er die Titelrolle in Robert Helpmans Ballettversion von *Hamlet* mit dem Royal getanzt hatte, erklärte Nurejew 1964 *Variety*, der hauseigenen Zeitschrift der Filmindustrie, daß er eigentlich am liebsten in Shakespeares Originalversion auftreten wolle.[6] Im Sommer desselben Jahres verkündete der italienische Filmproduzent Dino de Laurentiis, daß er Nurejew unter Vertrag habe. Er würde sein Leinwanddebüt in einem geplanten de Laurentiis-Epos, *Die Bibel*, geben, und zwar als Schlange im Garten Eden. De Laurentiis hatte Nurejew 1964 in Spoleto auftreten sehen, und als seine erste Wahl für die Rolle nicht recht funktionierte – eine vier Meter lange und etwa 40 kg schwere Python, die Stichworte einfach nicht beachten wollte –, dachte de Laurentiis an Nurejew. »Er wird den Baum heruntergleiten«, erklärte John Houston, der Regisseur. »Er wird ein Schlangenmensch sein, eine Art Hybrid, ein Homoreptil.«[7] De Laurentiis hatte noch genauere Vorstellungen: »Der Maler Mirko wird ein spezielles Make-up auf Nurejews Körper auftragen, das sollte seine ganze Kostümierung sein.«[8] Doch da Nurejew mehr Geld forderte, als de Laurentiis ausgeben wollte, kam das Geschäft nicht zustande. Kaum ein Jahr später – auf dem Höhepunkt seines Ruhms mit dem Royal Ballet – hatte Nurejew ein weiteres Filmprojekt anvisiert, wieder einmal in erlauchter Gesellschaft. Anfang 1966 trafen sich Nurejew, Franco Zeffirelli und Edward Albee in Rom und verkündeten Pläne für einen Film über das »emotionale und spirituelle Leben eines Tänzers« mit Nurejew als Star, Zeffirelli als Regisseur und Albee als Drehbuchautor. Wieder einmal löste sich das Projekt in Luft auf, wie es 1970 auch ein drittes tat, ein Film über Nijinskys Leben. »Alles war bereit«, erinnert sich Albee an das Nijinsky-Projekt. »Ich hatte das Drehbuch fertig, Tony Richardson sollte Regie führen, Paul Scofield sollte Diaghilew spielen. Im letzten Moment nahm der Produzent – Albert R. Broccoli von Broccoli und Saltzman[10] – Verhandlungen auf, um die Technicolor Corporation zu kaufen, und dahin floß dann schließlich auch sein Geld. Der Film wurde nie gedreht.«[11]

Nach drei Nieten hintereinander nahm Nurejew die Sache selbst in die Hand – und traf zweimal ins Schwarze. Später distanzierte er sich von dem 1972 gedrehten Dokumentarfilm

I am a Dancer. »Eigentlich war der Film für das französische Fernsehen bestimmt«, sagte er kurz vor der Londoner Premiere. »Dann beschloß man, ihn für das Kino zu erweitern, und irgendwie wurde ich in diese Entwicklungen mit hineingezogen. Wir drehten zweieinhalb Wochen in Paris und dann noch zwei Folgen in England. Man arbeitet so hart an einem Film, und am Schluß sind nur einige wenige Sequenzen erträglich. Einmal sagte ich, ich würde dreißigtausend Pfund zahlen, wenn das Ganze vernichtet werden würde. Und das würde ich auch heute noch tun.«[12] Wie unglücklich auch immer er mit dem fertigen Produkt gewesen sein mag, *I am a Dancer* war genau der elitäre Erfolg, den Nurejew brauchte, um sein Potential als Leinwandattraktion zu beweisen. Sowohl in London als auch in New York lief der Film nur begrenzte Zeit in ein paar wenigen auserwählten Kinos, was eine Aura von »Besonderheit« schuf, die das Publikum in Scharen herbeiströmen ließ. Die Reaktion eines britischen Kritikers auf das lebensnahe Porträt von Nurejews getriebener, einsamer Verfolgung seiner Muse war typisch: »Man kann darüber streiten, ob *I am a Dancer* letztlich mehr über ihn als Person aussagt als *Elvis ... That's the Way It Is* über Presley.«[13] Trotz der schwankenden Kritiken – und Nurejews Weigerung, zu Werbezwecken für den Film persönlich in Erscheinung zu treten – war die Londoner Erstaufführung von *I am a Dancer* im Juli 1972 vierzehn Wochen lang ausverkauft. Der amerikanische Start des Films am Ziegfeld Theater in New York im März 1973 war ein derartiger Erfolg, daß schon nach wenigen Tagen eine Verlängerung angekündigt wurde.[14]

I am a Dancer war der Durchbruch. Kaum ein halbes Jahr nach der Londoner Erstaufführung hatte Nurejew seinen zweiten Kunstfilm fertiggestellt – eine Breitleinwandversion seines *Don Quixote*, den er für das Australian Ballet geschaffen hatte. Nurejew war Hauptdarsteller, Regisseur und Koproduzent.[15] *Don Quixote* wurde über die Walter Reade Organization vertrieben, eines der letzten Projekte, die Reade persönlich initiiert hat. Nurejew ließ Reade nicht im Stich. Er stellte das

Projekt termin- und budgetgerecht fertig und handhabte die diversen nachfolgenden Verpflichtungen völlig souverän. Nach seiner Rückkehr nach England ließ er sich in seinem Schlafzimmer in Richmond Park ein Schneidegerät installieren und arbeitete immer am frühen Morgen vor den Proben und nach seiner Heimkehr nach den Abendvorstellungen an dem Film. *Don Quixote*, vortrefflich aufgenommen von Geoffrey Unsworth, dem Kameramann von *2001: A Space Odyssey* (*2001: Odyssee im Weltraum*), mit einer Menge wunderbarer Nahaufnahmen von Nurejew als Basil, brachte Nurejew einige seiner glänzendsten Kritiken ein. Judith Crist nannte Nurejews *Don Quixote* »eine der wunderbarsten filmischen Wiedergaben des Cervantes-Werks und bis heute einen der besten Ballettfilme«.[16] Anna Kisselgoff schrieb in der *New York Times* eine hymnische Kritik: »(*Don Quixote*) ist ein Film, der das Risiko eingeht, filmischen Realismus mit formalen Ballettkonventionen und Großtaten als eigenes Genre zu verknüpfen. Das Ergebnis ist ein Tanzfilm für jedes Publikum, ein aufregendes, intelligent durchdachtes Spektakel.«[17]

Nurejew hatte wieder einmal etwas klargestellt. Er konnte auch ein Kino füllen.

In jeder großen Karriere gibt es mindestens einen Reinfall. In Nurejews Karriere gab es zwei.

Nur wenige Schauspieler werden gebeten, bei ihrem ersten Auftritt eine bedeutende Hollywoodproduktion zu tragen, wie es Nurejew bei dem von Ken Russell 1977 gedrehten Porträt der Stummfilmlegende Rudolph Valentino erging. Zwar erscheint *Valentinos* Budget heute winzig, aber 1976, als Nurejew den Vertrag für das Projekt unterschrieb, waren fünf Millionen Dollar eine Menge Geld, um es auf einen Mann zu setzen, dessen Ruhm darauf basierte, daß er nichts sagte. Als stets gewitzter Geschäftspartner willigte Nurejew zwar ein, Probeaufnahmen zu machen – aber erst nach Vertragsabschluß, was sich als kluger Schachzug seinerseits erwies. Er entdeckte nämlich etwas, was er nicht konnte: in einem Film spielen. Er schaffte nie den

Übergang von einer schauspielerischen Leistung, die die Dimensionen einer Opernbühne erfordern, hin zu der internalisierten Technik, die vor einer Filmkamera erforderlich ist. (Ethel Merman hatte dasselbe Problem.) »Rudolf war ein Bühnenmensch, theatralisch bis in die Knochen«, erklärt Heather Watts, Solistin des New York City Ballet. »Deshalb wirkte er im Film einfach nicht besonders. Seine Wirkung entfaltete sich am besten, wenn man ihn in Fleisch und Blut sah.«[18] Nadia Nerina vom Royal Ballet ist der gleichen Ansicht: »Nurejew war in erster Linie eine Bühnenpräsenz, (was) seine mangelhafte Leistung vor der Kamera erklärt. Seine Filmkarriere war ein Flop. In einem nüchternen Studio ohne sein Lebenselixier, sein Publikum, waren seine Darstellungen hölzern und flach.«[19]

Nurejew und Russell lernten sich 1970 kennen, als Russell kurz für das Nijinsky-Projekt erwogen wurde. Die Begegnung verlief für beide Teile ziemlich unbefriedigend. Nurejew fühlte sich von Russell bevormundet, und »... ich bewunderte zwar sein Werk, doch (ich) mochte ihn als Mensch nicht besonders«.[20] Die *Valentino*-Erfahrung veränderte Nurejews Meinung kaum. »Wissen Sie, ich habe einen Film gemacht, den ich aufrichtig bedauere«, sagte Nurejew, als man an ihn herantrat, um ein zweites Spielfilmprojekt zu besprechen, volle sechs Jahre nach *Valentino*, »und ich verabscheute den Regisseur.«[21]

Das Zusammentreffen eines nervösen, unsicheren Nurejew, der zum erstenmal in zwanzig Jahren nichts mit Ballett zu tun haben sollte,[22] mit einem Regisseur, der seine Karriere auf Glenda Jacksons entblößten Brüsten in *Women in Love (Liebende Frauen)* errichtet hatte, und einer Mannschaft von über dreihundert Leuten, die sich zwischen sie drängelten, barg reichlich Sprengstoff. Die britische Schauspielerin Felicity Kendal hat zwar nur strahlende Erinnerungen an die Zusammenarbeit mit Nurejew bei *Valentino*. Nurejew war gerade dabei, seine Version von *Romeo und Julia* für das London Festival Ballet vorzubereiten, und die beiden führten endlose Gespräche über das Stück. »Es gab eine Menge schwieriger

Leute bei diesem Film, aber ich persönlich fand nicht, daß er dazu gehörte. Er hatte keinerlei Ambitionen, ein großer Filmschauspieler zu sein, er war einfach er selbst. Er führte sich nicht so auf, als wäre er der beste Schauspieler der Welt, aber er war der beste Tänzer, deswegen wollte man ihn ja schließlich auch haben.«[23] Die amerikanische Schauspielerin Carol Kane ist der gleichen Meinung: »Die Arbeit mit Rudi war wirklich phantastisch. Er war so attraktiv, so schelmisch, so witzig, für alles zu haben. Lebendig! Lebendig! Er vergeudete keinen einzigen Augenblick in seinem Leben. Er schien alles zu verschlingen, ein Künstler, ein Aristokrat.«[24]

Doch leider sind die beiden mit ihrer Meinung in der Minderheit. Als sich Besetzung und Mannschaft zu den ersten Leseproben in Almería in Spanien versammelten, weigerte sich Nurejew mitzumachen. Er kehrte statt dessen in sein Hotel zurück, und die übrigen Schauspieler gingen ohne den Hauptdarsteller zum erstenmal durch das Drehbuch. Bei seiner ersten Kostümprobe ärgerte sich Nurejew dermaßen über die Knöpfe an einem Jackett, daß er sie abriß und der Kostümbildnerin, Shirley Russell, Ken Russells Frau, an den Kopf warf. Außerdem lehnte er es ab, sich die Haare schneiden zu lassen, die bei seiner Ankunft in Spanien schulterlang waren. Nach endlosen Auseinandersetzungen zwischen Nurejew, Russell und dem Produzenten war Nurejew schließlich damit einverstanden, aber nur unter der Bedingung, daß der Friseur der Truppe, Colin Jamison, zu ihm in seine Hotelsuite käme. Ein Machtwort wurde gesprochen, und Nurejew verlor das erste Scharmützel: Er mußte zu Jamison.

Nurejews berühmteste Auseinandersetzungen bei den Dreharbeiten zu *Valentino* fanden mit der weiblichen Hauptdarstellerin, Michelle Phillips, ehemaliges Mitglied der Mamas und Papas, statt. Phillips erinnert sich noch lebhaft an »die miserabelste Zusammenarbeit in meinem ganzen Leben. Es war so schrecklich, daß mir gegen Ende der Dreharbeiten schließlich bei einem Interview herausrutschte, ich verstünde einfach nicht, wie man nur auf die Idee verfallen war, einen schwulen Slawen einen spanischen Liebhaber spielen zu lassen.«

Rudolfs schwache Schauspielerei bewirkte, daß er unsicher und böse wurde, ein richtiges Ekel. Vom Augenblick seiner Ankunft an mäkelte er an allem herum – dem Dialog, der Garderobe, allem, und es nahm einfach kein Ende. Er legte sich mit allen an. Drei verschiedene Kostümbildner wurden hinausgeworfen oder hörten von sich aus auf, bis man jemanden fand, der ihn ertragen konnte. Er schlug einen technischen Assistenten ins Gesicht. Eines Tages saßen Ken Russell und ich draußen am Drehort und aßen etwas. Als Rudolf sah, daß auf unserem Tisch eine Weinflasche stand, auf seinem jedoch nicht, wurde er so wütend, daß er unsere Flasche nahm und sie in den Sand warf. Der schlimmste Zwischenfall ereignete sich an einem Morgen, an dem ich dazukam, wie Rudolf und Ken am Drehort vor versammelter Crew einen heftigen Wortwechsel über das Drehbuch hatten. »Ich werde diesen Blödsinn nicht sagen!«[25] Mein Stuhl stand direkt daneben, also setzte ich mich und hörte eine Weile zu, bis ich schließlich den Fehler machte, leise zu fragen: »Nun, was würdest du denn gerne sagen, Rudolf?« Rudolf schrie: »Das geht dich überhaupt nichts an!« schlug mir – ziemlich heftig – auf die Hand und wirbelte dann wieder zu Ken zurück, wobei er mir seinen Hintern mehr oder weniger direkt ins Gesicht streckte. Ich schlug ihm mit flacher Hand ziemlich fest auf das Hinterteil, was ihn dermaßen überraschte, daß er durchs ganze Zimmer flog. Da wurde die Szene wirklich sehr häßlich. »Du Fotze! Du blöde Fotze!« Damit stürmte er davon und wir bekamen alle einen Tag frei.

Merkwürdigerweise konnte er auch sehr nett sein, wenn er wollte. Am Abend vor Beginn der Dreharbeiten war ich mit meiner Tochter und meiner Nichte in einem Restaurant. Rudolf war ebenfalls da, und wir luden ihn ein, sich zum Dessert zu uns zu setzen. Er sprach mit den Mädchen davon, in welchen Verhältnissen er aufgewachsen war und wie glücklich sie sich schätzen sollten, genug zu essen zu haben, und sie waren begeistert von ihm. Als die Mädchen schließlich gegangen waren, wandte er sich an mich und sagte: »Ich hoffe, Sie verstehen, daß ich kein Interesse an Frauen habe.« Ich war verblüfft, daß er das Bedürfnis gehabt hatte, mir dies zu sagen. Er haßte den Gedanken, mich küssen zu müssen. Alles, was wir diesbezüglich in dem Film taten, tat er nur gezwungenermaßen.[26]

Fünfzehn Jahre danach kann man kaum sagen, welcher Aspekt an *Valentino* übler ist – die Dreharbeiten oder der Film selbst. Die Idee für *Valentino* kam Russel eigentlich »aus heiterem Himmel«, wie er es kurz nach dem Anlaufen des Films im Oktober 1977 der *New York Times* gestand.[27] Leider hatte Russell zwischen der ersten Ankündigung des Projekts im August 1975 und dem ersten Drehtag im August 1976 ein ganzes Jahr lang Zeit, um das, was ihn anfangs an einem Film über Valentino interessiert hatte, zu überdenken. »Ich wollte wissen, was mit einem Menschen passiert, der von der Presse und der öffentlichen Meinung zugrunde gerichtet wird.«[28] (Russell hatte seit *Women in Love*, also seit sechs Jahren, keine einzige gute Kritik bekommen.) Als schließlich die Produktion anlief, war Valentino zu einer Nebenfigur in seiner eigenen Lebensgeschichte geworden, während Russell gebannt eine drohende Apokalypse beschwor.

Im *Variety*-Jahresbericht über die neuen Filme, die die meisten Einnahmen erbracht hatten, rangierte *Valentino* auf Platz 98,[29] an gleicher Stelle wie Disneys Verfilmung von *Alice in Wonderland*.[30]

Martha Graham sagte, sie habe ihn zweimal gesehen.

James Tobacks Agententhriller *Exposed (Gefährliches Dreieck)*, der 1983 mit Nurejew als Partner von Nastassja Kinski in die Kinos kam, stand ebenfalls unter einem schlechten Stern. Toback, ein Amerikaner in der Tradition des neuen französischen Films, war vom Drehbuchautor zum Regisseur aufgestiegen. Sein erster Film (1977), *Fingers (Finger – zärtlich und brutal)*, war ein hochgeschätzter Flop, der kaum Geld einspielte, jedoch eine Unmenge Lob von Leuten wie Orson Welles, François Truffaut und Rainer Werner Fassbinder erntete. (Truffaut setzte *Fingers* auf seine Liste von Lieblingsfilmen.) Die Verleiher waren weniger beeindruckt. Als sein zweiter Spielfilm, *Love and Money (Geld und Liebe)*, 1980 endlich in den Verleih kam, brachte er ebenfalls kaum Geld ein, so daß Toback gezwungen war, ein ganzes Jahr lang »ununterbrochene entwürdigende Ablehnung« zu erdulden, bevor es ihm gelang, die Mittel für *Exposed* aufzutreiben: »Auf der ganzen Welt lehnte jeder, der Filme finanziert, das Projekt ab, weil es einfach anders war als andere Filme. Zum Glück wollte Nastassja Kinski mitmachen, und sie blieb dabei, entgegen den Ratschlägen ihres Agenten, Anwalts und damaligen Freundes Paul Schrader, der ihr sagte, daß *Cat People* (*Katzenmenschen*) sie zum größten Star der Welt machen würde.«[31] Die Nacharbeiten nach dem Drehen beanspruchten ein weiteres Jahr, da der Vertreiber des Films, MGM-UA, das Vertrauen in das Projekt verloren hatte. Aufgenommen in New York und Paris im Winter 1981/1982, schaffte es *Exposed* erst im April 1983 in die Kinos, und dann auch nur, weil Kinski Toback siebzigtausend Dollar geliehen hatte, um die letzten Arbeiten fertigzustellen.[32]

Es ist klar, warum die Geldgeber sich querstellten. Toback heuerte für *Exposed* ein paar der Besten im Filmgeschäft an – das Originaldrehbuch stammt von Georges Delerue, die Kamera führte Henri Decae, der Mann, der auch Truffauts filmischen Meilenstein *Les quatre-cent coups (Sie küßten und sie schlugen ihn)*[33] aufgenommen hatte. Aber der Film hat auch die unwahrscheinlichste Rollenverteilung seit der Neufassung von *Lost Horizon (Der verlorene Horizont)* als Musical mit Liv Ullmann und Sally Kellerman. Kinski stellt ein Farmermädchen aus Wisconsin dar, Nurejew einen Konzertgeiger, der einen Einmannkrieg gegen ein internationales Terroristenkartell führt, an dessen Spitze Harvey Keitel steht. Nurejew tritt zum erstenmal bei einer Cocktailparty in Erscheinung, ganz in Schwarz und mit einem diabolischen Dauergrinsen wie die Cheshire-Katze in *Alice in Wonderland.* Die darauffolgende Zeit verbringt er größtenteils damit, grübelnd aus eisblumenverzierten Fenstern zu starren. Bei einer solchen Inszenierung wirkt es wie Eulen nach Athen tragen, daß er auch noch kryptische Reden schwingen muß, wie etwa: »Jeder ist seine eigene Uhr. Tick-tack. Man kann mit der Sonne aufstehen und mit den Sternen schlafen gehen. Tick-tack.« In der wahrscheinlich kältesten Liebesszene der Filmgeschichte verführt er Kinski, indem er auf ihrem Körper mit seinem Geigenbogen »spielt«. Als Musiker auch noch mit einer abgesägten Schrotflinte ausgestattet, schießt Nurejew schließlich auf Keitel, der es noch schafft, Nurejew zu erschießen, womit *Exposed* in einem Blutbad endet.

Laut Toback war Nurejew in den vier Wochen der Dreharbeiten zu *Exposed* ein äußerst umgänglicher, netter Mensch. Toback kam auf den Gedanken, Nurejew die Rolle eines Stadtguerillas zu geben, weil ihn Nurejews Charakter schon lange faszinierte: »Es war nicht nur die Tatsache, daß er ein großer Künstler war. Ich gab ihm die Rolle, weil er mir immer als geistreich, ironisch, intelligent und ohne die Sentimentalität eines ›Tanzkünstlers‹ erschienen war.«[34] Die Verhandlungen waren einfach und direkt. Nur in letzter Minute gab es noch ein kleines Problem. Toback hatte Nurejew zuerst durch Lester Persky kontaktiert, einen der Unterstützer von *Valentino*, und als Nurejew sich interessiert zeigte, flog Toback mit einem Script von *Fingers* nach London. Die beiden trafen sich zum Essen, Toback las Nurejew das Drehbuch zu *Exposed* vor, und »um fünf Uhr nachmittags hatte er mehr oder weniger eingewilligt, die Rolle zu übernehmen«. Nurejew sollte für drei Wochen Arbeit eine Gage von 200.000 Dollar erhalten. Eine Woche vor Drehbeginn im Dezember 1981 rief Nurejew Toback an: »Er sagte: ›Wir müssen noch einen Punkt klären, mein Geld. Ich will nicht 200.000, sondern 350.000 Dollar dafür haben. MGM hat einen Haufen Geld. Die können sich das schon leisten.‹ Ich erklärte ihm, daß ich diesen zusätzlichen Betrag komplett aus meiner eigenen Tasche bestreiten müßte, und er sagte: ›Ist mir auch recht‹. Und so lief es dann auch. Dies war die einzige Meinungsverschiedenheit, die wir jemals hatten. Er war sehr kooperativ, überhaupt nicht aufbrausend, alle arbeiteten gern mit ihm zusammen. Er improvisierte nicht gern und wollte immer alles erklärt haben, aber er war nie aggressiv.«[35]

Toback zufolge zeigte der friedfertige Nurejew bei den Dreharbeiten von *Exposed* einen weiteren uncharakteristischen Zug. Während der gesamten Aufnahmezeit mitten im Winter wurde Nurejew von einer Erkältung und einer Bronchitis geplagt und »machte sich immer schlecht. Er wies ständig darauf hin, daß er ein alter Mann sei, ›alt und klapprig‹. Er nannte Decae ›Maestro‹, und sagte immer: ›Maestro, bitte lassen Sie mich jung aussehen. Lassen Sie mich schön aussehen!‹«[36]

Die Büros der Jim Henson Productions in Manhattan mögen vielleicht nicht so ausschauen, als führe ein weiterer Umweg in Nurejews Karriere bei ihnen vorbei. Das Hauptquartier der Muppets, eingerichtet in einem Stadthaus der Upper East Side, das einer Edith-Wharton-Kurzgeschichte zur Ehre gereichen würde, befindet sich in einem Viertel, das Nurejew so gut wie seine Westentasche kannte – das Territorium der Reichen und Privilegierten, Swellsville. Wie die Traumwelt, die Nurejew mit zahllosen Antiquitäten, Wandteppichen und Kunstobjekten in seinen New Yorker und Pariser Wohnungen schuf, ist die Welt hinter den schweren Eichenpforten des Muppet-Stadthauses ein exquisit gestaltetes, in sich geschlossenes Universum. Eine handgeschnitzte Wendeltreppe führt hinauf zu einer Tiffany-version des Teiches von Kermit dem Frosch. Das mit winzigen Muppet-Figuren in Grau und Rosa reich bestückte Mobile, das von Kermits Buntglashimmel herab in den Empfangsbereich baumelt, wirkt, als wäre Calder selbst am Werk gewesen. In »Jims Büro« wacht Kermit wie Gainsboroughs »Blue Boy« über einem mit Säulen geschmückten Kamin.

Nurejews Gastauftritt in der *Muppet Show* im November 1977 ist mehr als nur sein glücklichster Moment im Film. Fernsehen war ein Medium, das Nurejew verstand und schätzte. Kaum ein halbes Jahr nach seiner Flucht hatte er seinen ersten kurzen Gastauftritt in »diesem kleinen schwarzen Kasten«, wie er es nannte. Sein amerikanisches Debüt gab er de facto in einem Auftritt in der *Bell Telephone Hour* mit Tallchief. Vielleicht weil viele seiner ersten Gastauftritte im Fernsehen vor einem richtigen Publikum stattfanden, wie in der *Ed Sullivan Show* oder der *Hollywood Palace Variety Hour*, wurde die Kamera fast irrelevant, nur ein weiteres Gesicht in der Menge. Sein wirkungsvolles Auftreten, das die Hälfte von Nurejews Zauber ausmachte, springt einem nahezu aus dem Bildschirm ins Gesicht. (Die PBS-Übertragung von Nurejews *Dornröschen* mit den Kanadiern am 17. Dezember 1972, für die damalige Zeit eine riskante Kunstsendung, erreichte die höchste Einschaltquote des Abends und »verdrängte die Sendung von Julie Nixon Eisenhower völlig«, so *Variety*.[37]) Rudi der Unfaßbare war natürlich der Traumgast der neuen Talkshow-Szene. Nurejew wurde von den Größen dieses Geschäfts immer gern geladen. Am wenigsten Wirkung entfaltete er bei den Aufzeichnungen – er wirkte abweisend und fühlte sich sichtlich unwohl bei Mike Wallace, er war ausweichend bis zerstreut bei David Hartman – aber bei David Letterman war er in Hochform. Und er glänzte förmlich bei Dick Cavett, zu dessen Show er von Kopf bis Fuß in Schlangenleder gekleidet erschien.

Von seiner Prüfungsvorstellung mit Sisowa bis zu den glorreichen Tagen mit Fonteyn war Nurejew immer dann in Bestform, wenn er herausgefordert wurde, vor allem in Situationen und mit Menschen, bei denen Respektlosigkeit, Witz und Einfallsreichtum gefragt waren. Bei den spontanen Sketchen und Musiknummern, die Nurejew mit den Muppets tanzte – vor allem mit Miss Piggy –, wirkt er so entspannt wie sonst nie im Film. Offensichtlich hatte er einen Riesenspaß an der Sache, und er gewährte seinem Publikum einen seltenen Blick auf eine Eigenschaft, die in den Monaten nach seinem Tod bei

Freunden und Kollegen am ehesten die Augen feucht werden ließ, wenn sie daran dachten – einen wundervollen Sinn für Humor. »Er war ein sehr witziger Mensch«, erinnert sich Jerome Robbins. »Er konnte zündende Ideen haben.« Eine glaubhafte Einschätzung von jemandem, der einmal *GQ* (*Gentleman's Quarterly*) gegenüber seine exzentrische Kleidung folgendermaßen erklärte: »Damals in Rußland, in der Zeit, in der Chruschtschow und alle anderen wie wandelnde Kühlschränke aussahen, habe ich wohl eine Allergie auf zweireihige Anzüge entwickelt.«[38]

Konträr zu den Legenden war Nurejew auch jemand, der über sich selbst lachen konnte, was mit Sicherheit einer der Gründe war, warum sein Auftritt in der *Muppet Show* so reizvoll wirkte. 1982 hatte er einmal in Los Angeles eine Reihe von Gastauftritten beim Boston Ballet in *Don Quixote*. Eines Nachmittags geriet er mit einem der Bühnenarbeiter in eine rasch eskalierende Auseinandersetzung. Während der Abendvorstellung kehrte Nurejew nach seinem ersten Solo zu seiner Auftankstation zurück, die immer in den Seitenflügeln für ihn bereitstand – ein Stuhl, ein Beistelltisch mit einer Thermoskanne Tee (Earl Grey, fünf Stück Zucker) und seine Clogs, die direkt vor seinem Stuhl standen. Nurejew nahm einen Schluck Tee, schlüpfte in die Holzschuhe und krachte mit dem Gesicht voran auf den Boden. Die Bühnencrew hatte die Schuhe am Boden festgenagelt. Niemand lachte heftiger als Nurejew.

Die Muppets trafen voll ins Schwarze. Die Sendung ist sowohl eine witzige, vortreffliche Satire auf die Kunst- und Kulturbeflissenheit der oberen Zehntausend als auch eine gewitzte Einschätzung von Nurejews Charakter, mit einem besonderen Hinweis auf seinen Status als internationales Sexsymbol. Der Abend wird eröffnet von Sam dem Adler mit einem ekstatischen Freudengesang darauf, wie geehrt sich die Muppets fühlen, einen Spitzenstar für sich gewonnen zu haben, einen »Mann von Würde und Kultur in dieser verrückten, wahnwitzigen Sendung«, vor allem einen so geschätzten Künstler wie »den großen Rudolf Nurejew, meinen Lieblingsopernsänger«. (»Ballett? Wissen Sie das genau? Nun, das ist doch alles dieselbe Chose. Kultur ist Kultur.«) Endlich taucht Nurejew auf, wie immer zu spät – ausgenommen Tanzunterricht und Vorstellungen war Pünktlichkeit nie eine von Nurejews Tugenden – und in hautengen Jeans, die ziemlich viel Schritt zeigen, sowie einer noch engeren Lederjacke. Während diverse Muppets herumhüpfen, um es ihrem Star gemütlich zu machen, trägt Miss Piggy als Brunhilde einen Auszug aus *Der Barbier von Diefledderratte* von Giuseppe Wagner vor.[39] Der Seitenhieb auf die großen Opern ist nur eine Aufwärmübung für einen Auszug aus *Schweinensee* mit Nurejew und einer einsachtzig großen Miss Piggy auf Zehenspitzen und in einem aus fünfunddreißig Metern gerafftem Tüll gefertigten Tutu. Zu einer erstaunlich genauen Wiedergabe der Tschaikowsky-Partitur gerät ein ausgedehntes Weißes-Schwein-Adagio zu einem der größten Ringkämpfe aller Zeiten, und Nurejew stürzt sich in den Pas de deux mit der Hingabe eines Mannes, der jahrelang nur darauf gewartet hat, die Schnauze einer Schweine-Ballerina an sich zu drücken. Aber das Beste kommt erst noch. Nurejews Schlußduett mit La Piggy findet in einer Sauna statt. Er kommt in einem Kapuzenkaftan herein und zieht sich bis auf ein Handtuch aus, von Miss Piggy begeistert kommentiert: »Heilige Eumels!« Als er sich neben sie setzt, widerfährt ihm die Anmache seines Lebens. Miss Piggy wendet sich mit ihrem kokettesten Mezzo an ihn: »Halloooo! Oh, was ist denn los? Sprechen Sie nicht mit Fremden?« Nurejews unsichere Reaktion – »Kommt darauf an, wie befremdlich sie sind« – entlockt ihr einen Kicheranfall: »Ach, Sie haben einen wundervollen Sinn für Humor, und klug sind Sie noch obendrein! Und (ihre Stimme eine Oktave senkend) der Rest von Ihnen ist auch nicht schlecht.« Ihr Duett von »Baby, It's Cold Outside« endet in hingebungsvollen Bemühungen seitens Miss Piggys, mit ihrer Schnauze Sachen zu tun, die wenige Menschen mit ihren beiden Händen wagen würden, um Nurejews Handtuch zu entfernen.

Miss Piggy stand nicht für einen Kommentar zur Verfügung.

Kapitel 14

Zurück in Paris

»And Paris! Paris!
City of light.
City of the tough customer.
City of the first-class subway token.«
Bette Midler, *A View from a Broad*

Zwei Neuheiten veränderten 1983 den weiteren Lebenslauf Nurejews, die eine geplant, die andere eine tödliche Überraschung. Nach zweijährigen Verhandlungen über die Vertragsdetails übernahm Nurejew in der Spielzeit 1983/84 die Leitung des Balletts der Pariser Oper. Dies war seit seiner Zeit beim Royal Ballet vor vielen Jahren sein erster Versuch, sich häuslich niederzulassen. Der Dreijahresvertrag zwischen Nurejew und der Oper war ein Meisterwerk der Verhandlungskunst; jede Seite bekam soviel aus dem Arrangement heraus, wie es die andere zuließ. Die Oper bestand darauf, daß Nurejew 180 Arbeitstage in Paris absolvierte, die längste Zeitspanne, die er in seiner gesamten Karriere im Westen jemals in irgendeiner Stadt verbracht hatte. Nurejew willigte in dieses halbe Jahr an der Seine ein, erreichte aber gleichzeitig zwei erhebliche Zugeständnisse. Der Aufenthalt in Paris mußte nicht in einem Stück absolviert werden und belief sich auf einen Tag weniger als der Zeitraum, der sein Gehalt in eine höhere Steuerklasse gebracht hätte.[1] Die Oper nutzte die Zugkraft von Nurejews Namen. Es wurde ihm ein Rekord von vierzig Auftritten in diesen sechs Monaten am Garnier garantiert (jeder andere Tänzer bekam hier maximal siebzig Auftritte pro Jahr), wenngleich Nurejew nicht auf Premieren tanzen durfte. Außerdem wurde ihm garantiert, jedes Jahr mindestens eine eigene Produktion zur Aufführung bringen zu dürfen.

In den Wochen, bevor Nurejew zum »Zar der Oper« wurde, wie man ihn bald nannte, kamen zu seinen üblichen Beschwerden, wie Verrenkungen, Verzerrungen und blauen Flecken, neue hinzu. Die jahrelange Mangelernährung in Rußland hatte Nurejew besonders anfällig für Infektionen, vor allem der Atemwege, gemacht. Etwa um die Zeit seines Umzugs nach Paris herum waren die Erkältungen und Bronchitisanfälle jedoch mehr als nur chronisch – sie verschwanden überhaupt nicht mehr. Zum erstenmal in seinem Leben sank Nurejews Gewicht unter seine fünfundsiebzig Kilo Normalgewicht. Außerdem zeigten sich andere Auffälligkeiten – unerklärbare Fieberanfälle und schwere, immer wiederkehrende nächtliche Schweißausbrüche. Nur wenige französische und amerikanische Ärzte und eine aufgeschreckte Schwulenwelt wußten 1983, was diese merkwürdigen Symptome bedeuteten. Wenn Nurejew denn merkte, daß er ein ernstes gesundheitliches Problem hatte, dann verschloß er davor die Augen und schrieb die Schweißausbrüche und den Gewichtsverlust bloß als eine weitere Variante der immer wiederkehrenden Schmerzen und Wehwechen ab, durch die er jahraus, jahrein hindurchgetanzt war.

In dieser Zeit schien der Umzug nach Paris die bedeutendere Neuigkeit zu sein, eine für Nurejew völlig untypische Entscheidung. Der Niedergang seiner Tanzkunst – die bemühten Auftritte, die sichtliche Anstrengung und Unsicherheit – veranlaßte Kritiker reihum, in ihrem Wortschatz zu wühlen, um ein anderes Wort für »Aufhören!« zu finden. Aber die Nachfrage nach Nurejews Namen auf den Theateranzeigen hielt ungebrochen an. Mit fünfundvierzig und trotz der ersten Anzeichen einer Krankheit, die sich als Aids erweisen sollte, konnte er noch immer Schritt halten. Nurejew feierte Silvester 1983 damit, daß er in einem Diaghilew-Programm in Monte Carlo jedes Ballett tanzte. Ende Januar machte er einen dreiwöchigen Abstecher an den Broadway, wo er in seinem *Don Quixote* in jeder Aufführung einschließlich der Matinees tanzte. Im März kehrte er zum erstenmal seit zwanzig Jahren nach Japan zurück, um zusammen mit Yoko Morishita und dem Matsuyama Ballet zu tanzen, bevor er zu einer Serie von *Giselles* nach San Juan weiterreiste. Danach jettete er zur amerikanischen Premiere seines Byron-Balletts *Manfred* mit dem Züricher Ballett in Washington und Chicago, wobei er wieder in jeder Aufführung einschließlich der Matinee-Vorstellungen tanzte. Im Sommer ging es nonstop weiter: In der ersten Juni-Woche das achte Nurejew-Festival am London Coliseum, vom 27. Juni bis 9. Juli *Don Quixote* und *Schwanensee* mit dem Boston Ballet, die darauffolgenden zwei Wochen im Juli mit dem Ballet Théatre de Nancy in zwei enorm unterschiedlichen Programmen: ein Diaghilew-Abend mit Massines *Boutique fantasque* und Fokines *Le Spectre de la Rose*, *L'Après-Midi d'un Faune* und *Petruschka* und anschließend ein Programm mit zeitgenössischen europäischen Balletten – Béjarts *Lieder eines fahrenden Gesellen*, Hans van Manens *Song without Words*, Jiri Kyliáns *Symphony in D*, und das aggressivste von allen, Birgit Cullbergs *Fräulein Julie*. Ende Juli ging es wieder zurück nach New York, um dort an der Met Petits *Notre-Dame de Paris* mit Natalia Makarowa zu tanzen – ihr erster und einziger gemeinsamer Auftritt in Amerika und ihre erste gemeinsame Vorstellung überhaupt seit der Meinungsverschiedenheit in der Cour Carrée vor einem Jahrzehnt. Mitte August sollte Nurejew zehn weitere *Don Quixote* mit dem Boston Ballet tanzen, zerrte sich jedoch den linken Wadenmuskel bei einer morgendlichen Probe, tanzte an diesem Abend trotzdem und war danach gezwungen, den Rest seiner Auftritte abzusagen, was das Ende der Aufführungsreihe bedeutete. Zwischen der Verletzung in

Boston und dem 6. September, seinem ersten Arbeitstag in Paris, schaffte er trotzdem noch weitere Auftritte mit Petits Ballet de Marseille und in Spoleto, Wien und London.

Von Anfang an waren Nurejew und die Pariser Oper eine explosive Mischung, und zum ersten Knall kam es bereits, bevor er seinen Arbeitsplatz antrat. Laut Vertrag bekam Nurejew ein dreifaches Gehalt, als Premier danseur, als Choreograph und als Direktor, was sich zu geschätzten 150.000 Dollar pro Jahr addierte.[2] Noch bevor Nurejew den Direktorensessel auch nur angewärmt hatte, trat Paul Paix, der Regierungsbeamte, dem die Théatres Lyriques Nationaux unterstanden (die Dachorganisation, der auch das Opernballett angehörte), aus Protest gegen den Umfang von Nurejews Gehalt zurück. Paixs Kündigung war der erste Sturm in den sechs stürmischsten Jahren von Nurejews Leben seit Leningrad. Nurejew wußte, worauf er sich einließ, als er einwilligte, die Kompanie zu leiten. Er war während seiner Karriere im Westen auch Stammgast an der Pariser Oper gewesen und hatte 1975 die *Bayadère*-Schattenszene für die Kompanie zur Aufführung gebracht. Er wußte auch, daß die Oper berüchtigt dafür war, eine schwierige Organisation zu sein, belastet mit vielen bürokratischen Vorschriften und alljährlich den Gezeiten der nationalen und lokalen Politik ausgesetzt. Er war der vierte Ballettdirektor in zehn Jahren. Dieser Personalwechsel hatte jedoch ebenso viel mit der komplexen Verwaltungsstruktur zu tun wie mit den Talenten der einzelnen Direktoren. Die Pariser Oper ist de facto eine nationale Mammutkorporation. (Als Nurejew 1983 dort ankam, floß das halbe Jahresbudget der französischen Regierung für den Tanz – etwa 12 Millionen Dollar – in die Kompanie.[3]) Über 150 Tänzer tanzen in der Kompanie, und über sie wacht ein Netz von Gewerkschaften, die berühmt dafür sind, ihre Interessen lautstark zu vertreten. Die Intrigen hinter der Bühne sind legendär. Nurejews Schwierigkeiten, so ein langjähriger Oper-Veteran, der lieber anonym bleiben möchte, wurzelten im fundamentalen Gegensatz der Sicht weisen – Nurejews Einschätzung »seiner« Kompanie versus die traditionelle Selbsteinschätzung der Oper: »Ein Ausländer kann dies kaum verstehen. Die Oper ist nicht nur eine Kompanie – sie ist *l'Opéra de Paris*. Das Opernballett hat als Ballet de l'Opéra de Paris eine eigenständige Existenz, unabhängig vom jeweiligen Direktor. Der Direktor wird für drei Jahre ernannt. Die Kompanie läuft mit oder ohne den Direktor. Bonjour, Herr Direktor. Auf Wiedersehen, Herr Direktor. Die vom Direktor geschaffene Kompanie geht mit dem Direktor, aber das Ballett bleibt.«

Es war abzusehen, daß Nurejews Auftreten die angespannten Franzosen nicht beschwichtigte. »Es ist besser, mit einer Kompanie zu arbeiten, die man verändern kann, als mit einer, die gut in Form ist«, erklärte er in einem seiner ersten Interviews. »Man kann einer solchen Kompanie seinen Stempel aufdrücken. Ich werde an allen Fronten angreifen.« Er blieb seinen Worten treu, verlor jedoch das erste Scharmützel. Er trat seinen neuen Job offensichtlich mit der Absicht an, ein wagnersches Gesamtkunstwerk zu schaffen und wollte sich auch sofort mit der der Kompanie angegliederten Tanzakademie befassen. In der Direktorin der Opernballettschule, der großartigen französischen Ballerina Claude Bessy, stieß er jedoch auf eine ebenbürtige Gegnerin. Sie gab ihm zu verstehen, daß die Schule allein in ihrem Zuständigkeitsbereich liege.

Nurejews zweiter Angriff, bei dem schließlich Logik und Weitsicht triumphierten, galt den veralteten Übungsräumen der Oper. »Bevor Rudolf hierher kam«, erinnert sich Patrice Bart, ein langjähriger Solist der Oper und einer der zwei wichtigsten Mitarbeiter Nurejews während der letzten Jahre in Paris,

> »bestand der Hauptübungsraum der Kompanie aus einem riesigen Studio unter der Kuppel im obersten Stock des Garnier. Es war eigentlich eine Nachbildung der Bühne, die gleiche Größe und dieselben Dimensionen, inklusive Orchestergraben. Rudolf hielt dies für eine Platzverschwendung. Er beauftragte einen Architekten, das große Studio in drei

Räume auf zwei Ebenen aufzuteilen. Das größere neue Studio befand sich nach wie vor direkt unter der Kuppel, aber darunter baute er noch zwei mittelgroße Studios, die mit einer Schiebewand voneinander abgetrennt waren, so daß man, falls nötig, einen großen Raum daraus machen konnte. Plötzlich war alles viel praktischer als je zuvor.«[4]

Die drohend bevorstehenden Veränderungen stießen nicht überall auf Gegenliebe, vor allem nicht bei den Tänzern der Kompanie. Trotz 1789, 1848 und Coco Chanel ist Frankreich nicht gerade dafür berühmt, radikale Veränderungen zu schätzen. Laut Patricia Ruanne, einer frühen Nurejew-Partnerin aus London, die aufgrund seiner Einladung den Posten einer der Ballettmeisterinnen an der Oper übernahm, ist »die Oper durch und durch französisch«.[5] Die Tänzer der Kompanie sind vom Staat angestellt, sie haben ein festes Einkommen und ein bequemes Leben sowie eine sichere Pension nach zwanzig Dienstjahren. Die Mehrheit von ihnen war ganz und gar nicht begeistert von den Aussichten auf eine neue Routine, vor allem als die Tänzer aufgrund der Arbeiten an den neuen Studios jeweils zwanzig Minuten zu den vorübergehend angemieteten Übungsstudios unterwegs waren. Die bloße Anwesenheit Nurejews stellte eine Bedrohung für viele Solisten der Oper dar; die meisten von ihnen hatten ja bereits früher mit Nurejew zusammengearbeitet und kannten seine düsteren Seiten. Ein Vollzeit-Nurejew schwebte für die älteren Tänzer wie eine finstere Wolke über ihrer Anzahl von Auftritten, da dem neuen Chef vierzig Abende auf der Bühne garantiert waren. Es verstärkte noch ihr Mißtrauen, daß Nurejew zumindest anfangs von der Oper offensichtlich eine Neuauflage seiner Beziehung zu den Kanadiern, also ein »Rudolf Nurejew und ...« erwartete. Die Aussicht auf einen anhaltenden zweiten Platz schuf weitverbreitete Mißstimmung unter den Tänzern wie auch den sonstigen Angestellten der Oper. »Rudolf wollte über alles die Kontrolle haben«, erinnert sich ein Verwalter. »Er wollte überall sein, das war sein erster Fehler. Die Leute hatten Angst, er würde die Kompanie auffressen, und mit Sicherheit war er nicht sehr diplomatisch mit seinen Wünschen. Er verstand die Organisationsstrukturen der Oper nicht. Er sagte immer: ›Ich bin der Direktor. Ich habe diesen Titel.‹ Aber hier an der Oper gibt es auch noch einen zweiten Direktor und einen dritten und vierten und so weiter. Deshalb funktionierte es letztlich nicht. Er steckte seine Nase überall rein.«

Thierry Fouquet, Nurejews wichtigster Verwaltungsbeamter in seinen ersten zwei Jahren an der Oper, erinnert sich an die frühen Nurejew-Jahre als »aufregend, aber nicht einfach. Es war eine Zeit der kreativen Agitation. Rudolf verlangte viel von allen, und er hatte sehr merkwürdige Arbeitszeiten, bis ein oder zwei Uhr früh oder zwischen eins und drei. Er verstand die Regeln nicht – die Bürokratie, die Verwaltung und vor allem die Gewerkschaftsbestimmungen, die man verstehen muß, um eine so große Organisation wie die Oper zu leiten. Er verstand Einrichtungen wie die Prüfungskommission nicht, die beschließt, welche Tänzer in die nächsthöhere Ebene aufsteigen dürfen. Die Kommission besteht aus zwölf Mitgliedern, und Rudolf haßte es, wenn gegen seine Wahl gestimmt wurde. Ich glaube nicht, daß er ein Freund der Demokratie war.«[6] Patrick Dupond, Nurejews Nachfolger als Direktor des Opernballetts, erinnert sich an viele Kampfsituationen am Garnier: »Selbst Rudolf mit seiner starken Persönlichkeit war eigentlich nicht der Chef, und hier lag das Problem. Der Chef war die Verwaltung – der Generaldirektor, der Präsident. Mehr als einmal habe ich erlebt, daß Rudolf seine Kündigung einreichte.«[7] Nurejew sah keine Schuld bei sich. »Ich wurde abrupt in eine surrealistische Szenerie katapultiert«, erklärte er *Le Monde* nach zwei Jahren in seinem Job. »Ich habe lange Zeit keine Sekretärin, kein Büro, kein Telefon, nicht mal einen Stuhl besessen. Die Oper hat ihre eigenen Rituale. Man hat das Gefühl, als dränge sich die Bürokratie in alles hinein. Die schwerfällige Verwaltung führt zu Verzögerungen und Zwängen, die in einer normalen Kompanie undenkbar wären.«[8]

1984 spitzte sich die Sache aus einem Anlaß zu, der als

»*Schwanensee*-Krieg« bekannt werden sollte. Fünfundzwanzig Jahre lang war Wladimir Bourmeisters berühmte sowjetische *Schwanensee*-Inszenierung eine der zuverlässigsten Attraktionen der Oper gewesen, ein garantierter Publikumserfolg und bereits eine nationale Institution, als Nurejew zur Oper kam. Der Bourmeister-*Schwanensee* wurde 1953 in Moskau uraufgeführt und war 1956 einer der größten Erfolge der ersten russischen Tourneen nach Westeuropa. In Paris fand das Ballett besonders großen Anklang und wurde 1960 in das Repertoire der Oper aufgenommen. Das Pariser Kleinbürgertum liebte die publikumsfreundlichen Neuerungen Bourmeisters, wie etwa die zusätzlich eingefügte Gestalt eines Hofnarren, dessen Feuerwerkskünste den allgemein eher ruhigen ersten Akt des Stücks aufpeppen. Die Pariser Kritiker lobten die Inszenierung, weil sie Tschaikowskys originale Musiksequenzen wiederaufnahm. Da sie das Ballett Jahr für Jahr tanzten, rangierte der Bourmeister-*Schwanensee* bei den Tänzern allmählich gleich hinter einem freien Abend. Nurejew haßte ihn und machte seine Einwände deutlich. Das neue Finale, das Bourmeister dem Ballett verpaßt hatte, um dem sowjetischen Gefallen an kitschigen Schlußszenen entgegenzukommen – Odette und Siegfried leben in Frieden und Freuden bis an ihr Lebensende – war eines der übelsten Beispiele für den »sowjetischen Realismus«, den Nurejew in Leningrad so verabscheut hatte. Schlimmer noch, so Patrice Bart, »fand er, daß das Bourmeister-Stück, mit Dingen wie dem Possenreißer im ersten Akt und so weiter, nicht der Reinheit von *Schwanensee* gerecht wurde. Er hielt es für eine drittklassige Konzeption dieses Balletts und bezeichnete es als ›*Schwanensee*-Ersatz‹.«[10]

Obgleich Nurejews Inszenierung einer abendfüllenden *Raymonda* für die Oper 1983 auf allgemeinen Beifall stieß, kam seine Ankündigung eines neuen *Schwanensee* im darauffolgenden Frühjahr – Choreographie: Rudolf Nurejew – in Paris einem Bespucken der Trikolore gleich und war etwa ebenso verpönt. Eine zeitlich sehr ungünstig gelegte Fernsehübertragung des dichten, psychologisch komplizierten *Schwanensee*, den Nurejew 1964 für das Wiener Staatsopernballett einstudiert hatte, wurde von den einheimischen Kritikern wie auch dem Publikum einmütig abgelehnt, und damit war *la guerre des cygnes* in vollem Gang. Die französische Tanzpresse schäumte vor Wut, die Opernverwaltung wurde sichtlich nervös, und das Corps de ballet verwandelte sich schnell aus einer Kompanie von Schwänen in eine Horde blutrünstiger Mesdames Defarges.

Nur wenige Tage vor der Premiere des neuen *Schwanensee* zückten die Tänzer ihren letzten Trumpf und drohten mit einem Streik. Nurejew reagierte auf den Widerstand mit dem meisterhaften Instinkt und den eisernen Nerven, die er seit seinen vergangenen Ruhmestagen in der Rossi-Straße kultiviert hatte. Er willigte schließlich ein, die fünfundzwanzig *Schwanensee*-Aufführungen der Saison aufzuteilen – fünfzehn in seiner Fassung, zehn in Bourmeisters (auch wenn sich dieses Verhältnis schließlich noch zugunsten Nurejews Fassung veränderte).

Bei diesem Kompromiß zeigte sich auch wieder einmal, wie gut Nurejew mit den Größten dieser Branche stand. Wenige Tage vor dem angedrohten Streik kamen zwei Kollegen Nurejews nach Paris. Antoinette Sibley hatte vor zwei Jahren ihre dreißigjährige Karriere am Royal Ballet beendet, bereitete jedoch, von Nurejew nachdrücklich unterstützt, eine Rückkehr vor. Sie sollte ihr Debüt am Covent Garden in Ashtons wundervoller Adaption von Turgenjews *Ein Monat auf dem Lande* geben, und zwar mit Michail Baryschnikow als Partner, der zum erstenmal in diesem Ballett auftreten sollte. Nurejew bot den beiden Tänzern einen Platz zum Üben in Paris an. An dem Morgen, an dem die Tänzer der Oper sich treffen wollten, um endgültig über einen Streik abzustimmen, ging Nurejew in seinem Übungstrikot in das Studio, wo Sibley und Baryschnikow eben zu arbeiten anfangen wollten. Er bat sie, ihn in ein anderes Studio zu begleiten, in dem sie ihre Morgenübungen *à trois* machen könnten. »Bitte«, soll Nurejew Sibley gesagt haben, »wir müssen dies tun.« Sie gingen geradewegs in das

Studio, in dem die Tänzer sich zu ihrer Abstimmung versammelt hatten, und suchten sich eine ruhige Ecke an der Stange für ihre Aufwärmübungen. Der Anblick von drei der berühmtesten Tänzer der Welt, wie sie da ihre tägliche Arbeit in Angriff nahmen wie jeder andere verantwortungsbewußte Profi, hatte genau die von Nurejew beabsichtigte Wirkung. »Rudolf war sehr klug«, erinnert sich Sibley. »Er wußte genau, wie wir drei wirken würden. Das ganze Streikgerede löste sich einfach in Luft auf.«[11]

Der Rest der Geschichte Nurejews an der Pariser Oper könnte den Untertitel »Die zwei Gesichter des Rudolf Nurejew« tragen – Nurejew der Tatarenkrieger und Nurejew der Zauberer. Nurejew den Terminator kannte die Oper bereits zur Genüge. »Aus irgendeinem Grund«, meint der Choreograph Glen Tetley zu Nurejews Gastauftritten in Paris in den Siebzigern, »schien die Oper immer Rudolfs schlimmste Seiten herauszukehren. Als ich 1974 *Tristan und Isolde* für ihn und Carolyn Carlson choreographierte, bekam er ein paar gräßliche Anfälle und drohte nicht weiterzumachen, bis ich durchblicken ließ, wie gut seine Zweitbesetzung sein würde.«[12] Die Zweitbesetzung war der wunderbare junge vietnamesische Tänzer Charles Jude, der dem jungen Nurejew erstaunlich ähnelte. Als eine der Stützen aus den »Nurejew & Friends«-Tagen wurde Jude zu Nurejews erstem Schützling in Paris, zu einem der geschätztesten Étoiles der Oper und gemeinsam mit seiner Frau Florence Clerc zu einem guten, lebenslangen Freund. Gegen Ende seines Lebens soll Nurejew gesagt haben, daß Jude nach Fonteyn sein liebster Partner gewesen sei.

Als Nurejew die Leitung der Oper übernahm, kamen auch in seinen Auftritten abseits der Bühne noch einmal sein Bühneninstinkt und seine schauspielerische Begabung zum Tragen, mit denen er sich einen Namen gemacht hatte. Die vollständige Identifikation mit seinem Image – majestätisch selbst noch im Übungstrikot, und der letzte Mensch, mit dem man es sich verderben wollte – erinnert an Lydia Sokolowas Beschreibung der Pawlowa in ihrer wunderbaren Biographie *Dancing for Diaghilev*: »Pawlowa hörte nur dann zu schauspielern auf, wenn sie schlief. Ich sah sie nie schlafen, obwohl ich es mir immer sehr gewünscht habe.«[13] Wutanfälle waren ein wichtiger Bestandteil des Images, und Nurejew enttäuschte sein Publikum nicht, vor allem wenn er auf seine zwei Lieblingsfeinde, Widerstand und Inkompetenz – beides französische Spezialitäten – traf. Die Tänzer lernten schnell, daß es an der Zeit war, sich zu ducken, wenn Nurejews Stimme anschwoll und seine Hand sich in Richtung der Thermoskanne mit Tee oder Suppe bewegte, die er bei den Proben stets an seiner Seite hatte (Bohnen waren ein weiteres beliebtes Wurfgeschoß.) »Bei einer Morgenprobe«, so Patrick Dupond, »gab Rudolf Jean-Christophe Paré[14] einmal eine Ohrfeige, während er gerade mit ihm arbeitete. Niemand rührte sich. Alle schauten einfach nur weg, als wäre nichts geschehen.«[15]

Nurejews Temperamentsausbrüche waren jedoch selten grundlos, und selbst Nurejews Mißfallen an Dupond nahm erst dann seinen Anfang, als Nurejew zu erkennen meinte, daß Dupond eher ein beim Publikum beliebter Charaktertänzer als ein klassischer Danseur noble sei. (Nurejews extreme Reaktion auf Dupond ist jedoch wieder etwas anderes. Die Tatsache, daß er den beliebtesten Tänzer Frankreichs praktisch auf eine Position als Gastkünstler reduzierte und ihm kaum ein Dutzend Vorstellungen pro Jahr zuwies, war eine der seltenen Fehlleistungen seines ansonsten sehr gesunden Geschäftssinns.) Bei den Machtkämpfen Nurejews in seiner Pariser Zeit zeigen sich jedoch auch seine Stärken. Sie machten ihn zum ersten Direktor in fünfzig Jahren, der dem Ballett der Oper neues Leben einhauchte.

Zwei Vorfälle verdeutlichen dies besonders. Nurejews Wertschätzung seines Kirow-Erbes und vor allem der Ausbildung, die er unter Puschkin erhalten hatte, hatte sich mit den Jahren noch vertieft. Als er nach Paris kam, wußte er nur zu genau, daß eine erfolgreiche Ballettkompanie ein anhaltend hohes Niveau an täglichem Training braucht. Während seiner gesamten Amtszeit als Direktor des Opernballetts nahm Nurejew regelmäßig mit der Kompanie Unterricht bei den Lehrern, die tagtäglich mit den Tänzern arbeiteten. Die täglichen Unterrichtsstunden dienten ihm zur körperlichen Ertüchtigung, boten ihm aber auch die Gelegenheit, die Qualität des Unterrichts zu überprüfen. Nurejews Neigung, Verbesserungsvorschläge zu machen, selbst wenn er nur ein Beobachter war, rief eine ziemlich heftige Auseinandersetzung zwischen rivalisierenden Diven hervor. »Der Tag, an dem Rudolf Renault schlug« schaffte es in sämtliche Pariser Tageszeitungen und führte zu Nurejews einziger öffentlicher Entschuldigung. Michel Renault war über vierzig Jahre lang eine feste Größe an der Oper gewesen, erst als geschätzter Solist und dann als einer der verdientesten Lehrer der Kompanie.[16] Er war ein Alleinherrscher der alten Schule, eine Symphonie aus Schals und fliegenden Port de bras, der mitten im Satz die Türe hinter sich zutreten konnte, ohne daß auch nur eine einzige Silbe dessen, was er sagte, verlorenging.

An einem Morgen im Sommer 1984 – kurz zuvor hatte die lokale Presse berichtet, daß die Kostümbildner der Oper sich weigerten, Nurejew einzukleiden, weil er einem von ihnen eine Flasche nachgeworfen hatte, da dieser zu langsam gewesen war – kam Nurejew an dem Studio vorbei, in dem Renault Unterricht gab, und schaute herein, um sich auf den neuesten Stand zu bringen. Bald fing er an, Renault ein paar Tips zu geben, worauf er besonders achten solle, und schnell war die Hölle los. Renault und Nurejew begannen einander heftig anzuschreien. Renault äußerte eine Beleidigung zu viel, und Nurejew versetzte ihm eine schallende Ohrfeige. Renault wandte sich sofort an die Presse. Als die Story an den Zeitungskiosken zu lesen war, reichte Renaults leidenschaftliche Schilderung seiner Verletzungen von Nasenbluten bis zu einem ausgerenkten Unterkiefer. Beides stimmte nicht, aber Nurejew hatte ihm eigentlich eine viel schlimmere Verletzung zugefügt. Die Wucht der Ohrfeige hatte Renaults Perücke vor versammelter Mannschaft auf den Fußboden segeln lassen.

Nach dem Unterricht stürzten sämtliche Tänzer an die Telefone. Nurejew war gezwungen, sich öffentlich zu entschuldigen, und erhielt eine Geldstrafe von sechstausend Franc, weil er ein Mitglied der Oper tätlich angegriffen hatte. Aber da er nie klein beigab, brachte er die Oper dazu, die Strafe für ihn zu bezahlen.

Zwei Jahre später gelangte wieder eine von Nurejews Streitereien in die Regenbogenpresse. 1986 bat Nurejew den umstrittenen französischen Choreographen Maurice Béjart, zwei neue Werke für die Oper zur Aufführung zu bringen. Fünfundzwanzig Jahre lang hatte Béjart, dessen schwarze Augen und Spitzbart allseits als mephistophelisch beschrieben wurden, über sein Brüsseler Ballett des XX. Jahrhunderts, eine der fortschrittlichsten Kompanien Europas, die Alleinherrschaft geführt.[17] Die Premiere der beiden neuen Ballette Béjarts war enorm erfolgreich, und während des Abschlußapplauses trat Béjart vor, um zu verkünden, daß er einen der Tänzer an diesem Abend auf die höchste Ebene der Opernhierarchie befördere, indem er ihm den Titel »Étoile« verleihe. Diese Beförderung war neu für Nurejew, der am nächsten Tag selbst auch etwas zu verkünden hatte: Die Entscheidung, einen Tänzer in den Étoile-Status zu befördern, obläge einzig und allein dem Direktor, und Gastchoreographen sollten sich besser um ihre eigenen Angelegenheiten kümmern.[18] Béjart wandte sich ohne Umschweife an die Presse. Bei einem Auftritt im französischen Fernsehen beschuldigte er »Herrn Nurejew, gelogen, mutwillig diese Affäre inszeniert zu haben, damit sein Name, der bei der Premiere nicht fiel, in die Presse komme … Ich fordere einen Eindringling auf, zu verschwinden. Au revoir, Monsieur Nurejew.« Diesmal stand die Opernverwaltung hinter Nurejew und nahm in einer eigenen Stellungnahme von der Beförderung Abstand. Béjart, so hieß es darin, »scheint gerade eine schwierige psychische Phase zu durchlaufen, in der er Wünsche mit der Realität verwechselt; wir hoffen, daß er diese Phase bald überwunden haben wird.«[19]

Letztlich verblassen jedoch all die Blessuren und empörten Aufschreie neben Nurejews eigentlicher Leistung an der Oper: die Verwandlung einer müden Ballettkompanie in eine Truppe von internationalem Rang. Viele von Nurejews Kollegen sehen heute darin die größte Leistung seiner ganzen Karriere. Bis zur von Nurejew bewirkten Renaissance war die Geschichte des Opernballetts bestenfalls eine sehr sprunghafte. Das Ballett entstand am Hof Ludwigs XIV. Die heutige Oper ist eine direkte Nachfahrin der Académie Royale de la Danse, die der Sonnenkönig 1671 in Paris gründete. Die Pariser Oper, das Haus, in dem *La Sylphide*, *Giselle* und *Coppélia* (am Vorabend des Kriegs zwischen Frankreich und Preußen) uraufgeführt wurden, war das Zentrum des internationalen Balletts, bis die kaiserlichen Russen am Ende des neunzehnten Jahrhunderts die Vorherrschaft übernahmen (unter der Leitung eines Franzosen, Marius Petipa). Seitdem verblaßte der Stern des französischen Balletts und flackerte in den Jahrzehnten zwischen den beiden Weltkriegen nur noch einmal kurz auf, bis ein halbes Jahrhundert später Nurejew erschien.[20] In den Dreißigern glänzte Serge Lifar, Diaghilews letzter Protégé, als Direktor, Premier danseur und Chefchoreograph und sicherte damit die Anziehungskraft des Balletts. Trotz der (mysteriösen) Beliebtheit von Lifar-Balletten wie *Les Mirages* und *Suite en Blanc* und dem Auftauchen einer strahlenden neuen Ballerina, Yvette Chauviré, warfen im folgenden Jahrzehnt Anschuldigungen, Lifar habe mit den Nazis kollaboriert, dunkle Schatten auf das Opernballett und leiteten eine Zeit des Abstiegs und der Isolation ein.[21] »Das Ballett der Pariser Oper hat seine eigenen Ansichten über seine Auftritte«, schrieb 1950 Edwin Denby, der Doyen der amerikanischen Tanzkritik.

> Die Tänzer führen das Ballett nicht als Bühnendrama vor. Das Ballett ist für sie eine Zeremonie, die ihnen Gelegenheit gibt, sich zu produzieren, und den Applaus, der ihnen ihren diversen Rängen nach zusteht, einzuheimsen. Der Reiz der offiziellen Zeremonie liegt offenbar darin, daß jeder einzelne

den Eindruck erwecken möchte, er wäre ein Mensch, den man mit großem Vergnügen zu sich einladen würde. Und vielleicht aus diesem Grund winken, nicken und zucken die Tänzer in alle Richtungen, was zwar auf einer Pariser Abendgesellschaft entzückend wirken mag, mit der Fußarbeit des Ballettanzes verbunden hingegen nur den Eindruck der Geistlosigkeit entstehen läßt.

Hier nun also Nurejew, ein Mann mit einem Plan. »Ich schätze seine Leistungen für die Oper enorm«, sagt der nicht gerade für seine Neigung zu überschwenglichem Lob bekannte Choreograph Jerome Robbins. »Ich glaube, daß er die gesamte Kompanie aus ihrer Lethargie riß und ihr Disziplin beibrachte ... Er gab den Tänzern ein Ziel. Er interessierte sich für sie und machte wirklich eine ziemlich gute Kompanie aus ihnen ... Wenn man sich erst einmal gegen die Sowjetunion aufgelehnt hat, hat man wohl vor nichts mehr Angst – und das war bei ihm der Fall. Er setzte seine waghalsigen Aktionen bis zu seinem Tod fort. Er wußte, was er wollte, und was er nicht mochte, das wollte er auch nicht.«[23]

Für die Truppe der Oper wollte Nurejew etwas frischen Wind und ein paar neue Gesichter. Letztere zu bekommen war ein harter Kampf bei einer Kompanie, die so starr hierarchisch gegliedert ist wie in Paris. »Rudolf war der festen Überzeugung«, erklärt eine Ballettmeisterin der Oper, »daß es für einen begabten Tänzer zu spät ist, wenn er (bis einunddreißig) warten muß, bis jemand abtritt, damit er Premier danseur werden kann. Es ist einfach zu spät. Zu diesem Zeitpunkt hat man den Mut verloren, die Hoffnung, seine besten Jahre. Wenn Talent und Ehrgeiz vorhanden waren, so sollte ein Tänzer auch weiterkommen, fand er. Deshalb setzte er seine Beförderungen schneller durch, was nicht besonders beliebt war.«[34] Die Generation von Tänzern, die die Kompanie über ein Jahrzehnt lang dominiert hatte – Ghislaine Thesmar, Noëlla Pontois, Michaël Denard, Cyril Atanassof[25] –, näherte sich durchweg einem Alter, in dem sie an den Rücktritt dachte, ebenso wie eine Vielzahl von Mitgliedern des Corps de ballet. Nurejew nutzte die Gelegenheit, und, so Dupond, »das Durchschnittsalter der Kompanie veränderte sich drastisch«.[26]

»Die neue Generation«, erinnert sich die hervorragende Étoile Elisabeth Platel, »war bereit anzutreten.«[27] Das Ergebnis war der erste große Erfolg von Nurejews Pariser Zeit. In weniger als zwei Jahren wurde dem Publikum ein neues Pariser Ballett vorgesetzt. Nurejew machte aus einem schlampigen, sich viel zu sicher fühlenden Corps de Ballet ein kräftiges, schlankes Ensemble: Die Frauen lauerten gierig auf ihre Aufstiegschancen, das männliche Ensemble wurde nach dem Vorbild Bruhns – technisch sauber, langgliedrig, präzise, vollendet – ausgerichtet. Nurejew brachte eine ehrgeizige Mannschaft neuer Étoiles herein, alle unter fünfundzwanzig – Manuel Legris, Laurent Hilaire, Isabelle Guérin, und als spektakulärste eine ehemalige Turnerin namens Sylvie Guillem, die die berühmteste junge Ballerina Europas wurde.[28] Nurejews stürmische Beziehung zu Guillem zeigt deutlich, wie sehr er sich für die Entwicklung neuer Talente einsetzte. 1982, bevor Nurejew die Leitung des Opernballetts übernommen hatte, hatte er Guillem ihre erste wichtigere Rolle in seiner Pariser Inszenierung von *Don Quixote* gegeben – die elegische *reigne des dryades*, maßgeschneidert für Guillems endlos lange Gliedmaßen und bald in aller Munde. 1984 – Guillem war kaum neunzehn Jahre alt – machte Nurejew sie zur jüngsten Danseuse étoile in der Geschichte des Balletts der Pariser Oper, trotz eines Temperaments, das seinem durchaus ebenbürtig war. Eine berüchtigte Meinungsverschiedenheit auf einer Europatournee macht deutlich, wie viele Freiheiten Nurejew Guillem zugestand. Nach einer heftigen Auseinandersetzung bei einer Probe weigerte sich Guillem, an diesem Abend zu tanzen. Der Vorhang ging fast eine halbe Stunde nicht hoch, wie ein Augenzeuge berichtet, während Guillem schmollte. Plötzlich bekam sie Lust auf frische Erdbeeren. (Richard Crookback setzt dasselbe Mittel in Shakespeares *Richard III.* ein.) Die Erdbeeren wurden herbeigeschafft, Guillem warf einen kurzen Blick darauf und machte sich auf den Weg auf die Bühne.

Das neue Opernballett sah so gut aus, weil Nurejew seine Tänzer immer auf Trab hielt. Sie hatten nicht nur ständig zu tun, sondern auch ständig Neues zu sehen und zu lernen. »Er zeigte uns tatsächlich eine neue Art, den klassischen Stil zu tanzen«, erklärt Elisabeth Platel. »Es war ein zeitgenössischer Ansatz, keineswegs altmodisch, aber auch *royal – du vrai style classique, du vrai Petipa pur.*«[29] Nurejew entschlackte nicht nur die Interpretation der traditionellen Klassiker, sondern er setzte die Kompanie auch einer ganzen Reihe neuer Einflüsse aus. Weniger als ein halbes Jahr nach seinem Amtsantritt trat die Martha Graham Dance Company als erstes Modern Dance Ensemble auf der Bühne des Palais Garnier auf. Das Engagement war ein uneingeschränkter Erfolg (und ein besonderer Triumph für Martha Graham, die bei ihrem ersten Besuch in Paris vor genau dreißig Jahren von den französischen Kritikern völlig verrissen worden war). Zusätzlich zu Nurejews eigenen Einstudierungen der Petipa-Standardwerke – unter ihnen die neue *Raymonda*, der berüchtigte *Schwanensee* und seine Fassungen von *Nußknacker* und *Dornröschen* – wurden die Pariser Tänzer bald mit einer noch nie dagewesenen Bandbreite zeitgenössischer Stilrichtungen konfrontiert. Nurejew kaufte die neuesten der neuen Namen in der Choreographie ein – Maguy Marin, William Forsythe, Karole Armitage, David Parsons, Michael Clark – sowie die Werke einiger großer zeitgenössischer Meister, von Merce Cunnighams *Points in Space* hin zu Paul Taylors *Aureole, Sacre du Printemps: The Rehearsal* und *Speaking in Tongues.* (Der Verwalter des Graham-Repertoires, Ron Potas, verwehrte Nurejew den Zugriff auf Grahams Meisterwerke wie etwa *Appalachian Spring.* 1987 mußte er für seinen Widerstand öffentlich bezahlen: Aus Unzufriedenheit über die Sitzordnung bei einer Graham-Gala kippte Nurejew einen eiskalten Cocktail über Potas' Kopf aus.)

Der frische Wind zeigte die von Nurejew beabsichtigte Wirkung. Die Kompanie wachte auf. »Rudolf entledigte sich des französischen Schnickschnacks«, faßte es Patrice Bart zusammen.

> Er entledigte sich der gesamten Verschnörkelungen, die die Leute hier pflegten, und machte die Kompanie sauberer, klassischer. Er disziplinierte sie und gab ihr eine modernere Perspektive durch all die Choreographen, die er zum Arbeiten hierher brachte. Er versuchte stets, den Tänzern zeitgenössische Einflüsse zu vermitteln. »Ihr solltet mit dem ganzen Körper atmen, wie Graham«, pflegte er zu sagen. »Übernehmt alles, was ihr von den Modern Dancers kriegen könnt, in die klassischen Ballette.« Dies klingt wie ein Widerspruch, ist es aber nicht. Dem klassischen Tanz kann etwas sehr Steifes anhaften. Man kann richtig steckenbleiben – keine Bewegung im Tanz, kein Atmen. Mit all diesen Informationen machte Rudolf die Kompanie nicht nur besser, sondern auch selbstbewußter. Die Tänzer wirkten moderner, lebendiger, und dies verdankten sie Rudolf.[30]

1986, als Nurejews Vertrag verlängert werden sollte[31], wagte er den großen Sprung und brachte die Kompanie zum erstenmal seit 1948 nach Amerika. Das dreiwöchige Debüt am Metropolitan Opera House in New York war sowohl künstlerisch als auch kommerziell ein uneingeschränkter Erfolg. Wieder einmal war eine Eintrittskarte für ein Nurejew-Spektakel heiß begehrt – mit einem entscheidenden Unterschied: Diesmal hatte er die Bühnenmitte zugunsten seiner Schöpfung, dem neuen Ballett der Pariser Oper, geräumt.

Kapitel 15

Aids? – Ich doch nicht!

»Unrein, unrein! Ich darf ihn nicht mehr berühren noch küssen.«
Mina, in Bram Stokers *Dracula*

Der Triumph der Kompanie in New York war Nurejews letzter großer Erfolg bis zur Aufführung von *La Bayadère* 1992. Andere Prioritäten, etwa sein nahender fünfzigster Geburtstag, drängten sich in sein Leben, und zum erstenmal konnte Nurejew an der Situation nichts ändern. Aber er hatte ja bereits ein Wunder vollbracht. Seine Leistungen an der Pariser Oper waren sein ungeschriebener Nachlaß an die Welt – Leistungen, die er im Schatten einer schrecklichen Krankheit vollbrachte. Michel Canesi, der Nurejew vom Moment seiner HIV-Diagnose, der Infektion mit dem sogenannten Aids-Virus, bis zu seinem Tod im Januar 1993 ärztlich betreute, behauptet, daß Nurejews Krankheit sich über zwölf Jahre hinzog. Er hörte erst etwa drei Monate vor seinem Tod zu arbeiten auf.

Aus mehreren Gründen – der Armut in seiner Kindheit, der Angst vor KGB-Repressionen, der Heftigkeit seiner Gelüste – gehörte Nurejew nicht zu den Leuten, die viel über ihre Vergangenheit nachgrübeln. »Blick nie zurück«, erklärte er in Interviews ohne zu zögern, »sonst stolperst du.« Wenn er die

Veranlagung gehabt hätte, Gedanken an vergangene Tage zu verschwenden, dann wäre ihm sicher aufgefallen, daß er sein Leben lang unwissentlich in unmittelbarer Nähe der großen Ereignisse seiner Epoche gestanden hatte. Die großen Ereignisse in Nurejews Leben fanden unweigerlich parallel zu den wichtigsten Ereignissen seiner Zeit statt. Nurejew kümmerte sich nie besonders um Politik, aber sein Absprung – für ihn eine unpolitische Tat – war bezeichnend für den kalten Krieg. Die alternativen Abenteuer der Boheme zogen ihn unwiderstehlich an, und er kam genau in dem Moment nach London, in dem die Stadt zum Zentrum des internationalen Hippietums wurde.[1] Nurejew kam als eines der ersten Blumenkinder in den Westen, gerade als die sexuelle Revolution einsetzte. Der Rest ist Geschichte. In den achtziger Jahren teilte Nurejew »mit den Sportidolen die Überzeugung, daß – wie Joan Didion es formulierte – die Ampeln immer auf Grün schalten würden, wo immer sie auch unterwegs waren«.[2]

Am 3. Juli 1981, etwa ein Jahr, nachdem die ersten Fälle einer Krankheit registriert worden waren, die schließlich als Aids bekannt werden sollte, brachte die *New York Times* versteckt in ihren Lokalnachrichten einen kleinen Beitrag über das Entstehen einer neuen »Schwulenkrebsform«. Die Krankheit hatte bereits das Leben von acht Homosexuellen in New York, San Francisco und Los Angeles gefordert,[3] und Berichte über neue Fälle mehrten sich mit astronomischer Geschwindigkeit. Die brutalen Symptome der neuen Krankheit – eine entstellende Form von Krebs, als »Kaposi-Sarkom« bekannt und bislang nur in Altersheimen diagnostiziert, sowie eine nahezu unbekannte Form von Lungenentzündung, »Pneumocystis carinii«, die innerhalb von wenigen Tagen zum Tod führen kann, riefen Panik in der Szene hervor, vor allem, da die Opfer jene Männer zu sein schienen, die auf der Überholspur mit Höchstgeschwindigkeit dahinrasten. 1982 wußte Nurejew bereits so deutlich Bescheid über die beängstigenden neuen Gerüchte, daß er bereit war, die 350.000 Dollar, die er als Gage für *Exposed* erhalten sollte, aufs Spiel zu setzen. »Die Versicherungsgesellschaft verlangte Bluttests, und Rudi weigerte sich strikt, einen machen zu lassen«, erinnert sich der Regisseur James Toback an die Vertragsverhandlungen mit Nurejew im Sommer 1982. »Er blieb bei seinem Standpunkt und wollte sich nur auf einen Test einlassen, wenn er ihn bei seinem eigenen Arzt machen lassen konnte. Ich erklärte ihm, daß der Test von dem Arzt gemacht werden müsse, den die Versicherung für den Film bestimmt hatte. Er weigerte sich, darauf einzugehen, und sagte schließlich nur, daß sein Arzt mir die Unterlagen für die Versicherungsgesellschaft zusenden würde. Und so geschah es dann auch; der Bericht seines Arztes wies aus welchem Grund auch immer keine Auffälligkeiten auf. Einen Großteil der Drehzeit im Dezember und im Januar in New York und Paris ging es ihm nicht besonders gut – Erkältungen, chronische Bronchitis und ähnliches.«[4]

Als Nurejew September 1983 seine neue Stelle in Paris antrat, nahmen seine körperlichen Beschwerden bedrohliche Ausmaße an, wie etwa sein Gewichtsverlust, unerklärliche Fieberanfälle und häufige nächtliche Schweißausbrüche, Vorboten des Ausbruchs von Aids. Laut Nurejews Geliebtem Robert Tracy, der ihn nach Paris begleitet hatte, war er aufgrund der Schweißausbrüche »morgens klatschnaß, aber er erwähnte es überhaupt nicht. Damit vermied er einfach, das, was ihm fehlte, einzugestehen.«[5] Im neuen Jahr wurde die Sache nicht besser. Als Nurejew im Sommer 1984 mit dem Ballett der Pariser Oper zum Edinburgh Festival reiste, ging es ihm Patrick Dupond zufolge »ziemlich schlecht. Er hatte eine Lungenentzündung und obendrein auch noch Gelbsucht. Er war grün und bekam keine Luft, und wir sagten alle, daß er doch nach Paris zurückreisen und einen Arzt aufsuchen solle. Aber er trat trotzdem in allen Vorstellungen auf, in jeder einzelnen. Sein Einsatz war wirklich bewundernswert.«[6] Kurz nach der Heimkehr kontaktierte Nurejew Canesi, einen jungen Pariser Arzt, der auf Geschlechtskrankheiten spezialisiert war und den er wegen eines nicht näher erläuterten Problems bereits ein Jahr zuvor aufgesucht hatte:[7] »Es war Anfang 1983 (als ich Nurejew zum erstenmal sah). Charles Murdland, einer der Direktoren des London Festival Ballet, den ich vor kurzem kennengelernt hatte, rief mich eines Abends an und fragte mich, ob ich Nurejew, einen seiner besten Freunde, sofort sehen könne. Ich machte bei Nurejew einen Bluttest und gab ihm dann das Ergebnis, aber danach zeigte sich nichts Signifikantes.«[8]

Nach Nurejews zweitem Besuch bei Canesi im Herbst 1984 sahen die Ergebnisse anders aus. Canesi schickte ihn für weitere Blutuntersuchungen zu Dr. Wily Rozenbaum. Rozenbaum hatte sich schon sehr früh in der französischen Aids-Forschung einen Namen gemacht, und sein Labor am Pitié-Salpetrière-Krankenhaus in Paris war eines der wenigen medizinischen Zentren in Frankreich, die bereits die neuen Blutuntersuchungen zum Nachweis einer HIV-Infektion durchführen konnten. November 1984 stattete Nurejew dem Salpetrière seinen ersten Besuch ab. Laut Canesi ließen die Testergebnisse erkennen, daß Nurejew bereits seit »drei oder vier Jahren«[9] HIV-positiv war.

Das Wort »Opfer« war in Nurejews Wortschatz nicht enthalten. Er reagierte auf die Testergebnisse zunächst mit zögerlichem Optimismus. Die Vorstellung, daß sein Zustand letztlich den Tod bedeutete, gehörte einfach nicht in den Bereich des Möglichen. »Ich weiß, daß ich sehr, sehr alt werde«, soll Nurejew Canesi des öfteren erklärt haben. »Ja, wir wußten, daß etwas nicht stimmte, aber damals dachten wir, daß die Krankheit nur bei zehn Prozent der seropositiven Leute voll ausbrechen würde. Anfangs hatte er keine Angst, vor allem, da sein Gesundheitszustand sich rasch wieder besserte. Er dachte, sie würde ihm keine wirklich ernsten Probleme bereiten.«[10] Nurejew unterzog sich allen Behandlungen, die Canesi vorschlug, und in Absprache mit Rozenbaum begann er, sich täglich ein vielversprechendes neues Medikament, HPA-23, injizieren zu lassen. Der amerikanische Filmstar Rock Hudson, bei dem im Juni 1984 Aids festgestellt worden war, kam im Herbst dieses Jahres nach Paris, um die Behandlung mit HPA-23 aufzunehmen. Nach einer kurzen Behandlungsrunde erklärte man Hudson, daß sich in seinem Blut die Spuren einer HIV-Infektion nicht mehr nachweisen ließen. Leider waren die Ergebnisse »kurzzeitiger Behandlungen trügerisch. Zwar konnte HPA-23 die Vermehrung des Virus stoppen, aber sobald der Patient die Behandlung aufgab, vermehrte sich das Virus erneut und vernichtete das Immunsystem des Patienten. Dies war jedoch einige Monate lang nicht klar, so daß Hudson Paris in der Überzeugung verließ, er sei von Aids geheilt.«[11] Außerdem sollten sowohl Hudson als auch Nurejew bald erfahren, daß die Nebeneffekte von HPA-23, so Canesi, »sehr, sehr schädlich« waren.[12]

Die ersten Behandlungen mit HPA-23 führten zu einer Stabilisierung von Nurejews Gesundheitszustand. »Er dachte, er sei geheilt«, erinnert sich Robert Tracy, »und lange sah es auch tatsächlich so aus.«[13] Nurejew war zum erstenmal in seinem Leben ein braver Junge und nahm seine Besuche bei Canesi zur täglichen Injektion sehr genau. Gleichzeitig stürzte er sich mit voller Kraft auf sein bewährtes Allheilmittel, die Arbeit. Im Januar 1985 absolvierte Nurejew mit einer Truppe von zwanzig Pariser Tänzern in Indien eine zweiwöchige Tournee. Danach erfolgten Solo-Gastauftritte in altbekannter halsbrecherischer Folge – Spanien, Deutschland, eine Rückkehr zum Edinburgh Festival, ein ausverkaufter Auftritt in Valence in Südfrankreich, bei der »sich im strömenden Regen eine endlose Menschenschlange um das Theater herumwand, um eine Eintrittskarte zu ergattern«.[14] Noch vor Jahresende brachte er seinen *Don Quixote* in Peking zur Aufführung und zwei neue Produktionen für die Pariser Oper, seine *Nußknacker*-Fassung und ein abendfüllendes eigenes Werk, basierend auf Henry James' *Washington Square*, zu Musik von Charles Ives. Im Dezember tanzte er zusammen mit Sylvie Guillem in ihrem langerwarteten Debüt als *Giselle*. Die Behandlungen und sein Arbeitstempo schienen zu wirken, und Nurejew war sichtlich erleichtert. »Ich weiß nicht, worauf es zurückzuführen war, auf die Injektionen oder eher auf psychologische Gründe, aber er war wirklich in guter Form«, erinnert sich Canesi. »Vielleicht auch deswegen, weil am Garnier alles bestens lief. Er fühlte sich wieder gesund. In Anbetracht dessen und der Tatsache, daß er tanzen und seine Choreographien machen konnte, dachte er nicht mehr viel an seine Krankheit. Er trat in der ganzen Welt auf, ohne irgendwelche Probleme zu haben.«[15]

1987, kurz vor seinem fünfzigsten Geburtstag, wurde Nurejew erneut unruhig, denn seine Gesundheit ließ ihn wieder zunehmend im Stich. Im Frühsommer kam seine alte Freundin Lee Radziwill nach Paris, um Nurejew zu besuchen, »weil er so schrecklich aussah. Ich wußte, daß er krank war, und ich dachte, wir sähen uns nun zum letzten Mal. Ich glaube, als ich aus seiner Wohnung ging, hatte er denselben Gedanken. Aber als ich dann im September wieder zurückkam, sah er so gut aus, daß ich ihn fragte, was er denn nur gemacht habe. Mit hocherhobenem Kopf sagte er nur sehr stolz: ›Ich habe jeden Abend getanzt.‹«[16] Wie positiv auch immer seine Auftritte sich auf seine Gesundheit ausgewirkt haben mochten, innerhalb weniger Wochen nach Radziwills Besuch hatte Nurejew eine dringende Bitte an Canesi: »In Frankreich begann man gerade, AZT einzusetzen. Ich wollte es ihm nicht einfach so geben, weil ich befürchtete, daß die Nebenwirkungen ihn sehr beeinträchtigen würden. Rudi verlor die Geduld und fauchte: ›Ich will das Medikament aber haben!‹ Ich erwiderte, daß ich es ihm nicht geben wolle, weil noch nicht genug Zeit verstrichen sei, um die Ergebnisse zu beurteilen. Damals wurde AZT in sehr hohen Dosen verabreicht, was ziemlich gefährlich war. Aber er gab nicht auf, und so mußte ich es ihm schließlich verschreiben – das war etwa 1988. Doch er nahm es nicht regelmäßig. Er tat immer nur das, wozu er Lust hatte. Jedesmal ging er mit Tonnen von Medikamenten aus meiner Praxis, und jedesmal, wenn ich ihn besuchte, fand ich überall in seiner Wohnung unbenutzte Packungen rumliegen.«[17]

Seit etwa dreizehn Jahren gibt es nun Aids. Der zynischste (und gleichzeitig nervendste) Ratschlag an einen Aids-Patienten ist der, nicht den Mut zu verlieren. Dieser Rat mag ja durchaus gut gemeint sein, doch Aids hat nun mal nichts Ermutigendes an sich. Diese Lektion lernte Nurejews Generation aus erster Hand. Diejenigen, die das Glück hatten, die Anfangsjahre der am meisten stigmatisierten Krankheit der Moderne zu überleben, sahen einen Alptraum vor ihren Augen ablaufen – die kriminelle Nachlässigkeit der Reagan-Regierung, die mörderischen Praktiken der Blutindustrie (vor allem in den USA, aber auch in Frankreich), die Häme einer sogenannten moralischen Mehrheit, die sich die Hände rieb, weil die Krankheit die »Richtigen« umbrachte. Die Geschichte der Aids-Epidemie ist ebenso detailliert wie einfühlsam von homosexuellen Autoren festgehalten worden. Sie trieben sich zu Bestleistungen an, weil sie eine Seuche verstehen und die Welt davor warnen wollten, denn die Krankheit geriet in rasender Geschwindigkeit außer Kontrolle. So entstanden Randy Shilts meisterhaftes Werk *And the Band Played On: Politics, People, and the AIDS-Epidemic* (*Und das Leben geht weiter*); die beißende Rhetorik von Larry Kramers *Report From the Holocaust* und sein Theaterstück *The Normal Heart*; Michael Callens praktisches und poetisches Buch *Surviving AIDS*. Zu der Zeit, als bei Nurejew Aids diagnostiziert wurde, waren Patienten leider gezwungen, ohne diesen hilfreichen Fundus von Aids-Literatur mit der Krankheit zurechtzukommen; die damals erhältliche Information war verstreut, unvollständig und widersprüchlich. (Sehr viel anders ist es auch heute noch nicht, es sei denn, man hat einen wirklich guten Arzt.)

Nurejew las sehr viel. Er war sich darüber im klaren, daß Aids einen schrecklichen Sensationsjournalismus anzog. Die meisten Medien verfolgten den gleichen Ansatz. Ihre brutalen Voraussagen und ihre möglichen Auswirkungen auf seine Karriere in den Händen einer Presse, die er ohnehin bereits verabscheute, konnten ihm kaum entgehen. Seine Reaktionen auf die Existenz von HIV in seinem Blut – anfangs Optimismus, dann Panikanfälle und schließlich sture Verdrängung – sind beispielhaft für die emotionalen und psychischen Achterbahnfahrten, die parallel zu dem bitteren Angriff von Aids auf den Körper des Menschen ablaufen. Aids »infiziert auch den Geist auf opportunistische Weise«, wie Paul Monette in *Borrowed Time (Geliehene Zeit)* schrieb. »Der Schrecken dämmert nur langsam herauf. Anfangs bist du mit hundert verschiedenen Amuletten ausgerüstet, um die Krankheit möglichst weit weg zu halten. Dann geht jemand, den du kennst, ins Krankenhaus, und plötzlich befindest du dich mitten im Kampfgeschehen. Man hat jedoch versäumt, dir zu erklären, daß dir keinerlei Waffen ausgehändigt werden. So schmiedest du dir aus allem, was du findest, eine Waffe, wie ein Gefangener, der aus einem Löffelstiel ein Stilett hämmert. Du schlägst dich tapfer, du kämpfst auch mit unlauteren Mitteln, aber du kannst nicht mit noch unlautereren Mitteln kämpfen als dein Gegner.«[18]

Wie Nurejew erfahren sollte, gibt es gute und schlechte und schließlich entsetzliche Tage. Vor allem für einen Menschen wie Nurejew, dessen Image auf seiner Körperlichkeit beruhte – seiner Schönheit, seinem Durchhaltevermögen, den unbegrenzten Ressourcen von Kraft und körperlichen Fähigkeiten –, wäre der zermürbende Effekt von Aids auf den Körper schon schrecklich genug gewesen. Das, was Aids dem Geist antut, ist jedoch ebenso grausam. Wellen der Hoffnung – ein guter Arzt, ein guter Tag, eine in erholsamem Schlaf verbrachte Nacht – zerschmettern an den schwarzen Klippen der Verzweiflung, und dies Tag für Tag, bis der Mensch es »in der Seele leid ist, Aids zu haben, dagegen anzukämpfen, davon zu hören und daran zu denken«.[19]

Nurejew fand auf der Stelle heraus, was die gesellschaftlichen Aspekte von Aids für jemanden bedeuten, der zwanzig Jahre damit zugebracht hat, ein breites Öffentlichkeitsprofil zu kultivieren, oder für eine Schwulenwelt, die beinahe ebenso viel Zeit darauf verwendet hat, sich einen Platz an der Sonne zu erkämpfen. Nurejews Besuch des Pasteur-Instituts im Salpetrière-Krankenhaus, dem französischen Zentrum der Aids-Forschung, in dem HIV zum erstenmal identifiziert worden war, blieb nicht unbemerkt. Das Salpetrière-Krankenhaus liegt mitten in Paris. Sogleich entstand das Gerücht: »Nurejew hat Aids.« Die Pariser Flüsterpropaganda funktionierte bestens, und sobald die Gerüchte seiner Aids-Diagnose die Runde machten, verbreitete sich auch noch das Gerücht, daß Nurejew mit einer gewissen Prozedur experimentiere, der Plasmapherese, einer umstrittenen und äußerst teuren Behandlung, bei der das Blut »gewaschen« wird. Dem Patienten wird eine bestimmte Menge Blut abgezapft und diese durch frisches Plasma ersetzt. (Canesi bestreitet das Gerede von der Blutwäsche noch heute: »Jemand erzählte mir, daß es in New York hieße, ich habe ihm mein eigenes Blut gegeben, was ihn wie einen Vampir erscheinen ließ. Nein, die Geschichten über die Bluttransfusionen waren reine Hirngespinste. Aids funktioniert anders.«)

Die Auswirkungen zeigten sich auf der Stelle. Bald traf Nurejew Leute, die ihm nicht die Hand schütteln wollten. Er arbeitete ganz normal weiter und begann, eine Wand des Schweigens um die Tatsache seiner Krankheit zu errichten. »Die Krankheit wurde nie erwähnt«, erinnert sich sein Kollege Patrice Bart,[20] und selbst seine besten Freunde wurden über Nurejews tatsächlichen Gesundheitszustand im unklaren belassen. Der Choreograph Rudi van Dantzig war ein langjähriger geschätzter Kollege Nurejews aus seinen Royal-Zeiten. Van Dantzig kam in den Achtzigern häufig nach Paris und übernachtete immer in Nurejews Wohnung am Quai Voltaire. »Selbst bei meinen letzten Besuchen in Paris«, erinnert sich van Dantzig, »wußte ich nicht, daß Rudolf Aids hatte. Ich hatte zwar, wie alle anderen auch, die Gerüchte gehört, aber ich konnte sie einfach nicht glauben. Es erschien mir unmöglich, daß jemand, der Aids hatte, so hart und viel arbeiten könnte wie er. Rudolfs Arbeitsfähigkeit paßte für mich einfach nicht zu der Vorstellung, daß er Aids hatte. Heute wünsche ich mir, ich hätte es gewußt, weil ich sein damaliges Verhalten besser verstanden hätte. Er schien schreckliche Angst vor dem Einschlafen zu haben. Heute verstehe ich, warum dies so war.«[21]

Wieder einmal stand Nurejew im Mittelpunkt einer gesellschaftlichen Umwälzung. Laut Paul Monette birgt das Thema Privatsphäre – ob man eine Aids-Diagnose öffentlich zugibt oder nicht – »Elemente eines Alptraums, die die Krankheit von jeder anderen gesundheitlichen Krise unterscheiden«,[22] vor allem bei einer berühmten Persönlichkeit. Anders als bei der Reaktion auf seinen Absprung stand die apolitische Haltung Nurejews zu seiner Krankheit in einem kritischen Gegensatz zu deren wichtigster gesellschaftlicher Auswirkung, dem solidarisierenden Effekt der Krankheit auf die Schwulenwelt, die wortwörtlich um ihr Leben kämpft. Wenn man nicht Teil der Lösung war, war man Teil des Problems. Nurejew hätte einige Beiträge leisten können (etwa dadurch, daß er sich der Öffentlichkeit erklärte, wie auch durch Spenden), entzog sich jedoch jeglicher Diskussion. Als Schwulenidol, der kein einziges Mal das Wort Aids in der Öffentlichkeit aussprach, wurde er Teil des Problems. Die verärgerten Reaktionen blieben nicht aus. »Nurejews Stillschweigen bezüglich seiner Krankheit zeigt, daß Aids noch immer ein Tabu-Thema ist«, erklärte ein Kunstkritiker der *Los Angeles Times*, Christopher Knight, *Newsweek* kurz nach Nurejews Tod: »Man rennt immer noch gegen den ›Waschlappen-Faktor‹ an: Interesse an der Kultur wird nur geheuchelt, weil sie als die unbedeutende Domäne von Frauen und Schwulen gilt. Deshalb wird es Patrick Buchanan und seinesgleichen gestattet, auf den NEA (National Endowment for the Arts) einzuprügeln. Aids ist keine Schwulenkrankheit, aber weil die Krankheit erstmals in Schwulenkreisen auftauchte, wird sie mit der Schwulenbewegung verknüpft.«[23] Für Paul Monette hat Nurejew mit seinem Schweigen über seine Aids-Diagnose bis zu seinem Tod der Schwulenwelt und sich selbst Schaden zugefügt:

> Ich finde es durchaus angemessen, etwas wie eine Aids-Diagnose für sich zu behalten. Warum sich Anfeindungen aussetzen? Aber Menschen sterben zu Zigtausenden aufgrund der in der breiten Öffentlichkeit vorherrschenden Ignoranz. Die Leute scheinen in einem Vakuum zu leben,

> was das Thema Aids betrifft. Zwar war Nurejew ein großer Künstler, ein sehr großer Künstler, aber große Künstler schulden der Gemeinschaft auch etwas, ihre Berühmtheit bringt einiges Unangenehme mit sich, etwa eine Verantwortung ihrer Umgebung gegenüber. Das Schlimmste, gegen das wir ankämpfen müssen, ist die Scham. Auch ich schämte mich anfangs, und mein Geliebter und ich machten aus unserem Gesundheitszustand fast zwei Jahre lang ein Geheimnis. Diese Entscheidung allein brachte uns fast um.[24]

Auch wenn die Verärgerung über Nurejews Passivität legitim und verständlich ist, so muß sie doch gegen die Tatsache aufgewogen werden, daß Aids eine Krankheit ist, daß stets ein Individuum daran leidet. Natürlich versäumte Nurejew die Gelegenheit, einmal in seinem Leben der Allgemeinheit einen Dienst zu erweisen, seine unerschöpflichen Ressourcen einem anderen Anliegen zur Verfügung zu stellen als seiner eigenen Person. Lange gab es nicht einmal in Nurejews Testament eine Klausel über eine Stiftung an die Aids-Forschung. Erst wenige Monate vor seiner letzten Einweisung in das Krankenhaus Notre-Dame du Perpétuel Secours in der Pariser Vorstadt Levallois sah er, Canesi zufolge, endlich ein, daß er »etwas für all diese Leute tun müsse«.[5]

Nurejew lebte und arbeitete mit Aids so lange wie sonst kaum jemand. Schon allein die körperliche Leistung zählt zu den erstaunlichsten Kraftakten seiner Karriere. Wie alle Krankheiten kehrt Aids ein kritisches Gleichgewicht im menschlichen Körper um: Du sagst deinem Körper nicht mehr, was er zu tun hat, sondern umgekehrt. Die Krankheit raubt dem Körper nicht nur Energie und Kraft, sondern auch Hoffnung und Willen. Laut Wallace Potts tat Nurejew »alles, was er nur konnte, um die Krankheit zu bekämpfen. Sein ganzes Leben bestand darin, zu tanzen und auf der Bühne präsent zu sein. Sehr lange dachte er, wenn er nur hart genug kämpfte, könne er diese Krankheit bezwingen. Gegen Ende zu fügte er sich. Er war nicht sentimental. Er beklagte sich nie. Er zeigte seine

Schmerzen nicht. Aber schließlich forderten die Fieberanfälle ihren Tribut.«[26] Die Pariser Étoile Elisabeth Platel pflichtet Potts Einschätzung bei, daß Nurejew entschlossen war, seine Krankheit in Schach zu halten: »Er trat nie als Kranker auf. Er war immer im Studio, jeden Tag, er trieb uns an, er tanzte, er arbeitete.«[27] Nurejew bewies der ganzen Welt: Wo ein Wille, da auch ein Weg. Die Langzeitüberlebenden, die Michael Callen für sein Buch *Surviving Aids* interviewte, brachten dem Autor die Erkenntnis, daß ihnen allen etwas gemeinsam war. »Sie hatten Mumm. Alle diese Menschen waren Kämpfer: skeptisch, eigensinnig ... leidenschaftlich entschlossen, am Leben zu bleiben. Sie haben hart dafür gearbeitet.«[28] Nurejew war vom ersten Tag an ein Kämpfer und arbeitete hart bis zum Schluß. Oktober 1992 überwachte er liegend die letzten *Bayadère*-Proben an der Pariser Oper, versäumte jedoch keine einzige.

Nurejew folgte auch dem Instinkt, der den Verlauf seines Lebens seit seinem ersten Blick auf das Ballett am Opernhaus in Ufa vor so vielen Jahren bestimmt hatte. Der Einzelgänger hütete sein Geheimnis. Seinen Zustand einzugestehen hätte seine zwei gefürchtetsten Dämonen geweckt. Es hätte ein öffentliches Eingeständnis seiner Homosexualität erfordert, was Nurejews prägende Jahre im Schatten Stalins nicht gestatteten. Und es wäre einem Selbstmord gleichgekommen, denn Nurejews Tanzkarriere wäre beendet gewesen. Wie lange er weiterhin auftrat, wohl wissend, wie er auf der Bühne wirkte, bezeugt definitiv, wie sehr für Nurejew Leben gleich Tanzen bedeutete. Ein offizielles Eingeständnis seiner Aids-Erkrankung hätte sein Leben schrecklich erschwert. Zum einen hätte er nie mehr in die USA einreisen können, zum anderen wußte er, daß das Publikum, das früher gekommen war, um den Tanzgott Nurejew zu sehen, nun wegen eines aidskranken Tänzers ins Theater strömen würde.

Elena Tschernitschowa, Freundin und Vertraute Nurejews seit ihrer gemeinsamen Internatszeit am Kirow, erinnert sich an einen Kommentar Nurejews an ihrem letzten gemeinsamen

Abend 1991. Während des Essens kamen sie auf einen ihrer Kollegen aus dem American Ballet Theatre, den wunderbaren amerikanischen Danseur Clark Tippet, zu sprechen, der im Begriff war, ein bedeutender Choreograph zu werden. Bei ihm war Aids diagnostiziert worden.

Nurejew reagierte so einfach wie vielsagend auf diese Neuigkeit: »Sag ihm, er soll nie zu tanzen aufhören!«

Kapitel 16

The Fat Lady Sings

Dame Edna Everage: *Wer war denn nun Ihre liebste Partnerin?*
Rudolf Nurejew: *Miss Piggy*.
The Dame Edna Everage Show

Gegen Ende von *Valentino* wird Nurejew aus nicht ganz einsichtigen Gründen vor einer begeisterten Menge in einen Profi-Boxkampf verwickelt. Rudi/Rudy kann nicht davon abgebracht werden, sich einem doppelt so großen Gegner zu stellen, und wird gnadenlos verprügelt. Genüßlich läßt Russell Schlag auf Schlag auf Nurejews schweißüberströmtes Gesicht und seinen Körper prasseln – flach ins Gesicht, tief in den Unterleib, und sogar noch ein Hieb mit beiden Fäusten auf den Kopf –, bis unser Held einen Schwall dunkelroten Bluts hochwürgt. Nurejew ist jedoch noch immer nicht unterzukriegen. Er weigert sich aufzuhören, und mit letzter Kraft streckt er seinen Widersacher zu Boden.

Auch wenn es ziemlich überspannt sein mag, sich *Valentino* in irgendeiner Beziehung zum wirklichen Leben vorzustellen – allein die Idee scheint im Widerspruch zu Ken Russells gesamtem Werk zu stehen –, ist der Boxkampf die einzige Szene in *Valentino*, bei der Nurejew etwas anderes sichtbar macht als nur einen gutaussehenden Mann mit einem fremdländischen Akzent, der sich wunderbar bewegen kann. Nurejew schaut im

Ring einfach umwerfend aus. Die Beleuchtung betont seinen vollen, roten, sinnlichen Mund und verleiht der Szene eine Atmosphäre von Brutalität und gleichzeitig romantisches Flair; die gutgeschnittenen Boxershorts bringen noch einen schwülstigen Sado-Maso-Akzent ins Spiel. Rückblickend ist Nurejew mit Boxhandschuhen eine Kurzversion seines lebenslangen Kampfes gegen die Welt. Nurejew der Faustkämpfer hatte ebensoviel Anteil an seinem privaten und öffentlichen Charakter wie Nurejew der Prinz.

Niemals brauchte Nurejew die Boxhandschuhe so sehr wie in den letzten fünf Jahren seines Lebens. Von seinem zwölfstündigen Besuch in Rußland im Jahr 1987, um seine Mutter am Sterbebett zu besuchen, bis zu seiner letzten Einweisung in das Perpétuel-Secours-Krankenhaus im November 1992 mußte Nurejew eine anhaltende Serie schwerer Schläge einstecken. Er verlor seine Mutter, und im Februar 1991 verlor Fonteyn ihren langen Kampf gegen den Krebs. Kaum zwei Jahre später mußte Nurejew sich auch von seiner Stelle an der Pariser Oper verabschieden, die letzten Reste seines Ballettpublikums schwinden sehen und – das Schlimmste – schließlich jegliche Hoffnung aufgeben, weiterhin tanzen zu können. Aber anstatt ihn zu vernichten, gaben diese Kämpfe Nurejew seine letzte Paraderolle auf und abseits der Bühne – den Phönix. In den letzten Monaten seines Lebens sah die Welt einen neuen Nurejew, einen weicheren, wärmeren Nurejew. Es stand eine mögliche neue Karriere als Dirigent im Raum, und dann wartete auch noch sein Schwanengesang, *La Bayadère* für die Pariser Oper, in den Kulissen des Theaters.

Seine in den späten Achtzigern einsetzende Pechsträhne, begleitet von den zunehmenden Übergriffen seiner Aids-Erkrankung, war nicht dazu angetan, Nurejews Temperament zu mäßigen. In den letzten Jahren seiner Bühnenkarriere nahm Nurejews Feindseligkeit der Tanzpresse gegenüber wahrhaft widerwärtige Züge an. 1990 bezeichnete er die sowjetische Kritikerin Inna Sklarewskaja in einem Interview für *Esquire* als

»jiddische Schlampe«[1]. Im März 1991 bemühte sich Nurejew persönlich, die *New York Times* von einer Aufführung fernzuhalten, die er in Long Island geben sollte. Er rief Anna Kisselgoff an, die führende Tanzkritikerin der *Times*, und sagte ihr, daß sie nicht zur Vorstellung kommen solle. Auf die Erwiderung, daß die *Times* ihre Entscheidungen selbst fälle, reagierte er sehr direkt: »Dann muß ich zu gewalttätigen Mitteln greifen.«[2] (Kisselgoff besuchte die Vorstellung ohne weitere Zwischenfälle.) Kaum einen Monat später ärgerte sich Nurejew bei einem Nurejew & Friends-Auftritt in Verona derart über einen jungen italienischen Danseur, daß er ihm einen heftigen Tritt versetzte; der junge Mann mußte daraufhin ins Krankenhaus. Im Dezember dieses Jahres war Nurejew Mittelpunkt eines heftigen Skandals in Wien. Sein Angebot, eine besondere Gala-Vorstellung zu dirigieren, wurde mit einem freundlichen »Vielen Dank, aber nein danke« abgewimmelt. Diese Ablehnung war ein beruflicher wie auch ein persönlicher Affront. Nurejew war nicht nur österreichischer Staatsbürger geworden,[3] seine fünfundzwanzigjährige Verbindung mit dem Wiener Staatsopernballett war für beide Seiten vorteilhaft gewesen. Wie ein Augenzeuge berichtete, »rastete Rudolf völlig aus«. In der Wiener Presse wogte eine Flut von Angriffen und Gegenangriffen.

Nurejew hatte gute Gründe, mit seinem Schicksal zu hadern, und Aids war nur einer davon. Seine zwei Reisen Ende der achtziger Jahre nach Rußland – während der ersten besuchte er Faridas Krankenlager, bei der zweiten zwei Jahre später gab er Gastauftritte am Kirow – gerieten zu herben Enttäuschungen. Nurejew hatte sich seit seinem Absprung stets darum bemüht, seine Mutter aus Rußland herauszubekommen, weshalb er kein einziges Mal öffentlich Kritik an der Sowjetregierung geübt hatte. (Da Nurejew ja sonst bei keinem Thema ein derartiges Taktgefühl an den Tag legte, nannte Sir David Webster, der Leiter des Covent Garden, ihn einmal »die beste Werbung, die das Kirow je hatte«.)[4]

Farida war effektiv eine Geisel, der Trumpf, den die Sowjets in ihrem Spiel gegen Nurejew in der Hand hatten und mit gnadenloser Meisterschaft einsetzten. Die beiden überlebenden Schwestern Nurejews wie auch seine Nichte und sein Neffe durften ihn in Monte Carlo und Paris besuchen, aber niemals der Mensch, den er am liebsten gesehen hätte – seine Mutter. Als Faridas Gesundheitszustand sich Mitte der siebziger Jahre zu verschlechtern begann, setzte sich Nurejew heftig dafür ein, sie in den Westen zu bringen. 1976 gründete eine Reihe seiner berühmtesten Kollegen ein Komitee zu Nurejews Unterstützung. Das Komitee erstellte schließlich eine Unterschriftensammlung mit 107.000 Unterzeichnern – unter anderem Edward Albee, Ingrid Bergman, Leonard Bernstein, Helen Hayes, Katharine Hepburn, John Gielgud, Paul Newman und Andy Warhol – um Nurejews schriftlichen Gesuchen Nachdruck zu verleihen. Dies veranlaßte zweiundvierzig US-Senatoren, sich persönlich an den sowjetischen Ministerpräsidenten Alexei Kossygin zu wenden. Nurejew wandte sich direkt an den britischen Premier Harold Wilson und an den amerikanischen Präsidenten Gerald Ford, die ihm beide versprachen, in Moskau vorstellig zu werden. Im darauffolgenden Jahr brachte Nurejew seine Bitte bei der US-Kommission für Sicherheit und Zusammenarbeit in Europa vor, einem vom amerikanischen Kongreß organisierten Komitee, das die Einhaltung der kurz davor auf der Helsinki-Konferenz getroffenen Vereinbarungen überwachen sollte.

Die massiven Bemühungen blieben erfolglos. Erst kurz vor Faridas Tod im November 1987 gestattete die Gorbatschow-Regierung Nurejew einen Kurzbesuch in Ufa, um sich von seiner Mutter zu verabschieden. Als Rudik sie endlich zum erstenmal nach siebenundzwanzig Jahren wiedersah, erkannte die sterbende Frau ihren Sohn nicht mehr, der über 9.000 Kilometer gereist war, um sie zu sehen. Einem der engsten russischen Freunde Nurejews zufolge wandte sich Farida jedoch an eine Krankenschwester, nachdem Nurejew wieder weg war, und fragte: »Das war Rudik, nicht wahr?«

Das Gastspiel am Kirow war ebenso glücklos. Nurejews Auftritte im Theater seiner Jugend im November 1989 waren alles andere als eine triumphale Rückkehr. Zu den üblichen, durch Aids ausgelösten Fieber- und Erschöpfungsanfällen war auch noch mehr als die normale Anzahl von Verletzungen gekommen, einschließlich eines Muskelrisses in der linken Wade, und trotzdem tanzte Nurejew. Seine Partnerin, die reizende russische Ballerina Zhanna Ayupowa, war dreißig Jahre jünger als er. Und der einundfünfzigjährige Nurejew hatte ausgerechnet die halsbrecherische Rolle des James in *La Sylphide* für seine Rückkehr ausgewählt. Und wie zu erwarten, ließ er kaum eine Gelegenheit aus, um das einheimische Publikum zu schockieren. »Nicht jeder wartete mit Liebe auf ihn«, schrieb ein lokaler Kritiker über die Heimkehr des verlorenen Sohns.

> Viele erwarteten eine Enttäuschung, da sie gehört hatten, daß Nurejew »lahm hierhergekommen« sei und ganz allgemein »nichts mehr zuwege bringe« … (Bei den Proben) erregten sich die Leute über seinen schleppenden Gang, seine offenkundigen Fehler der Choreographie (die seine Partnerin im Stich ließen) und seine knallgelbe Kleidung mit dicken Plastikclogs über seinen Ballettschuhen … Bei der Aufführung wirkte alles irgendwie verpfuscht. Wir versuchten, durch die Zeit hindurch zu sehen, den Tanz so zu sehen, wie er vor dreißig oder auch nur zwanzig Jahren gewesen wäre. Unser Applaus galt der Vergangenheit.[5]

Nurejew tanzte alle fünf der vorgesehenen Aufführungen. »Ich weiß nicht, warum ich es getan habe«, gestand er dem Journalisten Luke Jennings kurz darauf. »Wahrscheinlich ist es ziemlich kindisch, aber ich komme aus Margot Fonteyns Schule, und Margot sagte nie einen Auftritt ab. Solange man stehen konnte, konnte man auch tanzen.«[6] Die schmerzliche letzte Begegnung mit Farida und dann die unausweichliche Niederlage am Kirow hinterließen einen bitteren Nachgeschmack bei Nurejew: »Ich vermisse Rußland nicht, und Rußland vermißt mich nicht. Meine Rückkehr hat keine Spuren hinterlassen. Meine letzte Reise dorthin – die Leute, die kamen, die Anhänger, sie wirkten wie Leute aus dem Gulag. Merkwürdige, müde, schäbige alte Leute, wie in einem Science-fiction-Film. Es hat mich erschreckt. Deprimierend. Das waren meine Anhänger. Sie kamen aus einer dreiunddreißig Jahre zurückliegenden Vergangenheit.«[7]

In Paris lief es nicht viel besser; Nurejews häufige Abwesenheit wurden zu einem Problem für die Verwaltung der Oper. Seinen eigenen Berechnungen zufolge verbrachte er in der Spielzeit 1988/89 nur 80 von den vertraglich festgelegten 180 Tagen im Haus.[8] In der Zeit kam es zum letzten großen Skandal seiner Pariser Jahre. Er war entschlossen, seinem letzten Protegé, dem einundzwanzigjährigen Kenneth Greve, einem auffallend gutaussehenden jungen dänischen Corps de ballet-Tänzer aus dem American Ballet Theatre, den Étoile-Status zu verleihen. Der bloße Gedanke war schon ein direkter Angriff auf die geheiligte Hierarchie der Pariser Oper, aber Nurejew ließ sich nicht davon abbringen.[9] »Man kann sich vorstellen, was für eine Revolution dies verursachte«, erinnert sich Elisabeth Platel an die verfahrene Situation mit Greve. Nurejew war so erbost über Platels Weigerung, mit Greve zu tanzen, daß er ihr auf einer offiziellen Dinnerparty ein Glas Wein ins Gesicht schüttete und sich ein Jahr lang weigerte, mit ihr zu reden. Auch Patrick Dupond wurmt die Sache noch heute:

> Die Leute plagen sich jahrelang, um eine Rolle zu ergattern, und da kommt plötzlich aus heiterem Himmel so ein Corps de ballet-Junge reingeschneit und tanzt den Prinz im *Schwanensee.* Es ist einfach unmöglich, es sei denn, er ist ein Genie, was leider bei Kenneth nicht der Fall war. Die Verwaltung sagte schließlich nein, und Rudolf regte sich schrecklich auf. Er fühlte sich ja immer als Boß, und da wurde ihm klar, daß er das nicht war. Ich glaube, am Schluß hat der arme Kenneth den Leuten wirklich leid getan. Er war so verängstigt, daß er kaum mehr atmen, tanzen, irgendwas tun konnte. Er ging nur noch zitternd auf die Bühne.

Im August 1989 spitzte sich die Konfrontation zwischen Nurejew und den Chefs, vor allem dem Direktor der Oper, Pierre Bergé, zu. Nurejews Vertrag als Ballettdirektor sollte am Ende des Monats auslaufen, als er verkündete, daß er mit seinem ersten Musical, *The King and I*, zu einer neunmonatigen Nordamerikatournee aufbrechen würde. Vielleicht fällt sein Protest eine Winzigkeit zu heftig aus, aber Bergé streitet alle Gerüchte ab, daß Nurejews Vertragsverhandlungen zur Verbitterung Anstoß gegeben hätten: »Ich hatte nie, aber wirklich überhaupt nie einen Streit mit ihm. In Wahrheit war sein Vertrag einfach abgelaufen, und er kam zu mir und sagte: ›Ich will ihn nicht erneuern, weil ich in *The King and I* auftreten und Filme und andere mir wichtige Dinge machen will.‹ Ich sagte ihm, daß ich ihn voll und ganz verstünde. Wir hatten nie einen Streit. Niemals!«[10] Die letzte Entscheidung wurde verschoben, aber im Oktober wurden zwei von Nurejews engeren Mitarbeitern, Patrice Bart und Eugène Poliakow, zu Interimsdirektoren ernannt. (Viele Tänzer meinen, Bart und Poliakow seien schon zwei Jahre lang die eigentlichen Direktoren der Kompanie gewesen.) Im November gelangte der Streit an die Öffentlichkeit, ebenso sowie Berichte über einen Saldo von 270.000 Dollar auf einer französischen Steuerrechnung von 600.000 Dollar, auf deren Reduzierung Nurejew bestand.[11] Der *New York Times* gegenüber beschwerte sich Nurejew über Bergé mit den Worten: »Es ist leichter, mit dem lieben Gott zu sprechen.«[12] Bergé war ebenso barsch wie Nurejew; dem französischen Fernsehen gegenüber beschwerte er sich über Nurejews häufige Abwesenheit: »Beim Ballett der Pariser Oper gibt es keinen Sonderurlaub.«[13]

Am 21. November, dem Tag, an dem Nurejew von dem Kirow-Fiasko zurückkehrte, gaben er und Bergé ein gemeinsames Statement ab:

> Die Pariser Oper und Rudolf Nurejew sind gemeinsam zu der Entscheidung gelangt, letzteren Amtszeit als Direktor des Pariser Opernballetts zu beenden.

Um jedoch eine enge Beziehung zwischen der Pariser Oper und Rudolf Nurejew aufrechtzuerhalten, wurde beschlossen, den Posten eines Ersten Choreographen zu schaffen, der mit Rudolf Nurejew besetzt werden wird. Dies soll gewährleisten, daß die Pariser Oper nach wie vor seine Produktionen aufführen kann.

Die Pariser Oper möchte Rudolf Nurejew ihre Dankbarkeit und Hochachtung für die außergewöhnlichen Leistungen zum Ausdruck bringen, die er in den Jahren als Direktor der Kompanie erbracht hat.

Nurejew war wieder auf sich allein gestellt. Aber 1989 hatte ihn seine technische Souveränität längst im Stich gelassen. Es war nichts davon übriggeblieben. Die ersten Warnungen in der Presse waren bereits 1974 beim ersten Nurejew & Friends-Auftritt am Uris aufgetaucht, als Arlene Croce in *The New Yorker* schrieb, Nurejew sei »nicht mehr der kraftvolle Tatar und kann es mit sechsunddreißig auch gar nicht mehr sein, obgleich das Publikum noch immer bei jedem seiner Sprünge hoffnungsvoll die Luft anhält«.[14] Sein unsicheres Klassik-Solo am Anfang von *Schweinensee* in der Muppet-Sendung nur drei Jahre später war zwar amüsant, zeigte jedoch deutlich, daß Nurejew sich auf dem absteigenden Ast befand: offensichtlich unzureichend trainiert, verspannt, angestrengt und verkrampft. Seine Bewegungen wirken verzweifelt unsicher. Anfang der Achtziger, als durch Aids verursachte Komplikationen sich zu seinen chronischen Gesundheitsproblemen gesellten, zeigte Nurejew in sämtlichen technischen Aspekten bis auf sein Durchhaltevermögen eine Verschlechterung. Typischerweise verschlimmerte Nurejew die Situation noch dadurch, daß er sich weigerte, die Choreographie herunterzuschrauben, um seine nachlassenden Fähigkeiten zu kompensieren. »Egal welche körperlichen Probleme Rudolf hatte«, erinnert sich ein Pariser Kollege, »er tanzte jeden Schritt.« So rührend Nurejews Treue zur Choreographie gewesen sein mag, die Entscheidung ließ ihn nur in einem noch schlechteren Licht erscheinen. Schon 1985 verlangten die ersten Leute ihr Eintrittsgeld zurück: Zwei britische Besucher des Palace Theatre in Manchester bezichtigten Nurejew und die Theaterleitung am lokalen Office of Fair Trade, falsche Versprechungen gemacht zu haben. »Als er im ersten Ballett tanzte«, hieß es in ihrer Beschwerde, »wedelte (Nurejew) nur mit Händen und Armen … Er brachte keinen einzigen seiner berühmten Sprünge zustande.«[15] Der Löwensprung, wie Fonteyn Nurejew en l'air einmal beschrieben hatte, war längst nicht mehr da. Aber Nurejew machte dennoch weiter und kümmerte sich nicht um die Breitseiten.

Selbst nach seinem wenig glanzvollen Abgang vom Garnier lag für Nurejew der Gedanke an einen Rücktritt – das, was er als »Hiroshima-Frage« bezeichnete – noch immer völlig fern. Im Herbst 1989 war der Vertragsstreit mit der Oper nach wie vor ungeklärt, aber Nurejew war wieder einmal unterwegs – auf der neunmonatigen Tournee mit *The King and I.* Wieder einmal machte er einen Aufstand, als eine Versicherungsgesellschaft Bluttests haben wollte – mit gutem Grund. Die amerikanische Regierung untersagt aidskranken Ausländern – damals wie heute – die Einreise in die USA. »Ich glaube, er weigerte sich«, erinnert sich Canesi. »Aber die Tournee fand trotzdem statt. Er hatte einen enorm günstigen Vertrag und machte ein Vermögen.«[16] (In der Kompanie von *The King and I* erzählte man sich, daß Nurejew fünfzigtausend Dollar pro Woche einsackte). Wie immer wurden kurze Gastauftritte an anderen Orten in Nurejews Terminkalender eingeschoben, wie etwa ein weiterer Kurzbesuch am Kirow im November und Auftritte von jeweils einem Abend von Washington, D. C. bis zu Thunder Bay, Ontario. Doch in den neun Monaten mit *The King and I* versäumte er keine einzige Vorstellung. Die Tournee wurde einstimmig schlecht aufgenommen, vor allem, was Nurejew betraf, dessen »Singen« eher einem Sprechgesang im Rex-Harrison-Stil ähnelte. Dennoch schaffte es das Stück, nahezu elf Millionen Dollar einzuspielen.

Zwar schien Nurejew es durchaus zu genießen, sich an einem Musical zu versuchen, aber seine Krankheit beeinträchtigte ihn zunehmend: Aus Angst vor Erkältungen ließ es Nurejew auf der ganzen Tournee in keinem Theater zu, während der Vorstellungen die Klimaanlage einzuschalten. Bei der ersten Probe ging Nurejew nach seinem großen Solo »Is a Puzzlement« schnurstracks zu einer in einer Ecke stehenden Mülltonne und steckte seinen Kopf aus schierer Verzweiflung hinein. Als die Kompanie zu Weihnachten in Miami auftrat, gab Nurejew eine Weihnachtsparty für die Truppe, und als es am Ende der Tournee nach British Columbia ging, war er noch immer voll in Fahrt. Einmal saß er nach einer Vorstellung in einem Restaurant in Vancouver, als ihn eine überschwengliche Anhängerin ansprach, eine Frau fortgeschrittenen Alters, die an diesem Abend auch in der Vorstellung gewesen war. Leider setzte ihre ekstatische Loblitanei mit der falschen Note ein: »Oh, Mr. Nurejew! Mr. Nurejew! Alles war so wundervoll, und die Kinder ... Ach, diese Kinder!« Wie ein Kompanietänzer berichtete, war Nurejews Antwort vom feinsten: »Scheißkinder! Wie war ich denn?«

Auf *The King and I* folgte sofort eine Nurejew & Friends-Tournee mit Auftritten in einem Dutzend Städte in Mexiko, den USA und Kanada. Im August 1990 erhielt Nurejew auf dem Edinburgh Festival seine letzten guten und darunter sogar eine der leidenschaftlichsten Kritiken als Darsteller. In Flemming Flindts Nacherzählung von Gogols *Der Mantel* tanzte Nurejew einen geplagten Büroangestellten im alten Petersburg. »Nurejew unterläßt sämtliche Versuche, Jugend und Glanz vorzutäuschen«, schrieb Judith Mackrell in *The Independent*.

> *Der Mantel* ... entlockt ihm eine fraglos großartige Darstellung – erschreckend echt in seiner Charakterisierung; seine Bewegungen verzichten auf sämtliche eitlen Tricks. In seinen angestaubten Hosen, seinem schlechtsitzenden Mantel und seinem schütteren Haar, das er sich nicht zu verbergen bemüht, gestattet sich Nurejew, viel älter auszusehen, als er eigentlich ist. Er versucht auch überhaupt nicht, über das Nachlassen seiner Technik hinwegzutäuschen; aus den

> Ruinen des Tänzers Nurejew erschafft er den Charakter des gesellschaftlichen Versagers Akakjewitsch.[17]

Trotz der enthusiastischen Aufnahme von *Der Mantel* wußte Nurejew, daß das Ende nahte. Im Winter 1990 trat er vierzig Tage hintereinander kein einziges Mal auf, das erstemal seit *Valentino* vor fünfzehn Jahren.

Von zwei Fronten her angegriffen, vom Alter und von Aids, war Nurejews Entschlossenheit, weiterhin aufzutreten, das letzte große Rätsel seiner Karriere. Sie stand im Widerspruch zum Verfall seiner fundamentalsten Eigenschaften – seiner Energie und seiner Technik, die sein Publikum früher nach Luft hatten ringen lassen. »Ich glaube, es war ihm einfach unmöglich, nicht zu tanzen«, faßt es Sibley zusammen. »Ich kann mir gar nicht vorstellen, daß Rudolf auch nur einen einzigen Abend in seinem Leben nicht tanzen wollte. Ich weiß nicht, was er ohne das Tanzen getan hätte.«[18] Am Anfang seiner Karriere im Westen beschrieb Ninette de Valois Nurejew als »Mann ohne jegliche Illusionen«, und der nüchterne Realist in ihm mußte einfach gewußt haben, wie er mit einundfünfzig auf der Bühne wirkte – angespannt, gebrochen, mit immer schütterer werdendem Haar. »Es ärgert mich richtig, daß er sich so sehen ließ, sich so fotografieren ließ«, sagte Maria Tallchief kurz nach Nurejews Tod.[19] 1990 entzog die Balanchine-Stiftung, die die Aufführungen von Balanchines Balletten überwacht, Nurejew die Erlaubnis, *Apollo* weiter aufzuführen. »Rudolf tanzte nicht gut genug«, erklärt Barbara Horgan, die Leiterin der Stiftung:

> George war tot, und es gab drei Erben von *Apollo*. Sie beschwerten sich natürlich nicht über Rudolf mit Worten wie: »Er kann das einfach nicht mehr.« Aber wir bekamen allmählich ausgesprochen schlechte Kritiken, beschämende Kritiken für Rudolf und auch für den Namen Balanchine, wie wir fanden. Deshalb rief ich Andrew Grossman an

> (Nurejews Vertreter bei Columbia Artists Management) und sagte: »Wir haben da ein Problem.« Andrew sagte, sie würden uns mehr Geld geben. Ich sagte, daß es nicht um Geld ginge, sondern um Rudolf. »Und ich sage dir eins, Andrew«, sagte ich. »Du würdest ihm einen Gefallen tun, wenn du es aus seinem Repertoire nehmen würdest und ihm etwas anderes dafür fändest. Wenn du sein Freund bist, dann solltest du ihm diesen Gefallen tun.« Ich weiß, daß Rudolf darüber sehr verbittert und wütend war. Wir wurden als »diese schrecklichen Weiber, die all diese schrecklichen Dinge tun« bezeichnet. Aber wissen Sie was? Es mußte sein. Es konnte einfach nicht so weitergehen![20]

Und das tat es auch nicht, zumindest nicht nach Fonteyns Tod im Februar 1991. Manche Leute sind der Ansicht, daß Nurejew in Fonteyns letzten Lebensjahren weniger getan hat, als ihm möglich gewesen wäre, um Fonteyns extreme finanzielle Belastung – die Kosten der medizinischen Betreuung für Arias und dann nach ihrer Krebserkrankung für sie selbst – etwas zu erleichtern. Auch Nadia Nerina und ihr Mann Charles Gordon finden Nurejews Verhalten fragwürdig. »Rudi mag ja bis zu ihrem Tod mit Margot in Kontakt gestanden sein«, erklärt Nerina, »und offensichtlich hat er ihr gelegentlich auch finanziell ausgeholfen. Aber sie starb völlig verarmt, und ihr Elend am Schluß hätte leicht vermieden werden können, wenn Rudi ihr bei ihren finanziellen Problemen geholfen hätte. Seinen ersten Ruhm als Tänzer verdankt er größtenteils ihr. Er stand tief in ihrer Schuld. Er hätte es sich problemlos leisten können, ihr die Hilfe zu geben, die sie brauchte.«[21] Gordon ist der gleichen Meinung: »Als jemand, der indirekt, wenn auch nur anfangs, entschieden dazu beitrug, seine Nettoeinkünfte auf einer angemessenen Basis abzusichern, habe ich einigen Grund, ihm böse zu sein, daß er in Margot Fonteyns schrecklichen letzten Jahren nicht großzügiger war. Denn nach seiner Flucht in den Westen verdankte er ihr wesentlich mehr als sonst irgend jemandem.«[22]

Doch die Nachricht, daß Fonteyn im Sterben lag, brachte den anhänglichen, schmeichelnden Nurejew zum Vorschein, den sie vor drei Jahrzehnten gekannt hatte. Nurejew begann, sie auf ihrem Krankenlager in Panama regelmäßig zu besuchen, und überhäufte sie mit Geschenken – Teddybären, *I Love Lucy*-Videos und auf seinem letzten Besuch einen Dior-Morgenmantel, der Fonteyn noch einmal ihr berühmtes hohes Kichern entlockte. Als sie am 21. Februar 1991 starb, zog Nurejew sich auf seine Insel zurück. »Sie mußte so sehr leiden«, sagte Nurejew seinem Freund Luke Jennings, »daß es so wohl am besten für sie war. Es war eine Erlösung.«[23] Viele Tage verbrachte er damit, auf das Tyrrhenische Meer zu starren.

Nurejews Abschiedstournee nach England zwei Monate später war der absolute Tiefpunkt seiner Karriere. Seit einiger Zeit mußte er mit zunehmend schlechteren Häusern vorlieb nehmen. 1987 gaben Nurejew & Friends bei einer Tournee zwei Vorstellungen pro Tag im Circus Maximus von Caesar's Palace in Atlantic City. Sein letzter Auftritt in New York im März 1991 fand jedoch nicht am Metropolitan Opera House statt, sondern im Tilles Center for the Performing Arts an der C. W. Post University in Brookville, Long Island. Seine letzte Tournee in England wurde von einem zweitklassigen Manager durchgeführt, der »Superstars« wie Bill Haley and the Comets und Pat Boone vertrat. Die einmonatige Tournee, bei der zu Musik vom Band getanzt wurde, begann am Sunderland Empire, einem Varieté-Theater in einer Londoner Vorstadt, das schon bessere Zeiten gesehen hatte. Nurejews Freunde waren entsetzt, daß er sich mit solch drittklassigen Bedingungen zufriedengab. Die britische Designerin Tessa Kennedy besuchte Nurejews letzte Vorstellung in London im Wembley Conference Center, das dreitausend Plätze hatte: »Es war tragisch, schrecklich ... Diese Reihen von gräßlichen Stühlen mit schrecklichen Bezügen, diese fluoreszierende Beleuchtung ... Das Publikum war auch ziemlich schrecklich. Das Ganze zeigte, daß Rudolf – völlig untypisch für ihn – die Zügel nicht mehr in der Hand hatte.«[24] Nurejew wurde ausgepfiffen,

Zuschauer verlangten ihren Eintritt zurück, und die Kritiken in der Presse waren so schlecht wie noch nie, mit Schlagzeilen wie: »Rudolf, das schauderhafte Ballett in Person«, oder: »Plattfüßiger Nurejew läßt Zuschauer ihr Geld zurückverlangen«. Der verärgerte Nurejew schob die Proteste einfach beiseite. »Eure Zeitungen«, sagte er der *Londoner Times*, »werden wohl von Kitty Kelley herausgegeben«[25]. Und genauso reagierte er, als sich das ganze bedrückende Schauspiel bei seiner letzten Tournee nach Australien am Ende desselben Jahres wiederholte. Februar 1992 hatte Nurejew seine letzten zwei Tanzauftritte – *en travesti* als die böse Fee Carabosse bei der Eröffnungsvorstellung seines *Dornröschen* an der Deutschen Oper in Berlin, und als Engel in Gábor Keveházis *Christoforo* in Budapest.

Dämon und Engel – der Kreis hatte sich geschlossen.

Anfang der Neunziger erfolgten die Schläge noch immer hart, rasch hintereinander und unter die Gürtellinie – Nurejew war sehr verletzt, als das Royal ankündigte, es werde Michail Baryschnikows Fassung von *Don Quixote* aufführen, nicht seine.

Im März 1991, kaum einen Monat nach Fonteyns Tod, begann Nurejew, unterstützt von einem alten vertrauten Freund, Wilhelm Hübner von der Wiener Hochschule für Musik, Unterricht im Dirigieren zu nehmen.[26] Nurejew besaß enzyklopädische Kenntnisse des internationalen Musikrepertoires, und die Möglichkeit, eine neue Karriere auf dem Dirigentenpodest aufzunehmen, war ihm bereits von Leuten wie Karl Böhm, Leonard Bernstein und Herbert von Karajan vorgeschlagen worden. (1988, als Bernstein ihm diesen Vorschlag gemacht hatte, erwog Nurejew kurz, sich an der Juilliard School of Musik in New York in den Dirigentenkurs einzuschreiben.) Nach drei Monaten Unterricht begann Nurejew das, was er seinen »dritten Gang nach Golgotha« nannte: Er dirigierte sein erstes Konzert im Palais Auersperg in Wien. Die Aussicht auf eine völlig neue Karriere – und noch dazu eine, die er auf unbestimmte Zeit würde ausdehnen können – schien alte Gefühle und die alte Ungeduld neu zu beleben: »Jetzt weiß ich, was in diesen verdammten Dirigenten vorgeht. Man trägt diesen Riesenkampf mit dem Orchester aus, damit die Tempi eingehalten werden. Die Bläser sind schwerfällig, die Kontrabasse sind schwerfällig. Um sie mit den Geigen im Einklang zu halten, muß man sie die ganze Zeit antreiben.«[27] Im Herbst konnte er bereits mehrere Konzerte in Wien wie auch in Deauville, Ravello und Athen verbuchen. Der neue Maestro hatte bereits ein Repertoire zusammengetragen, das Beethoven, Haydn, Mozart, Prokofjew, Strawinsky und Tschaikowsky umfaßte. Am 6. Mai 1992 trat Nurejew zum letztenmal in New York auf, diesmal standesgemäß an der Met. Er dirigierte Prokofjews *Romeo und Julia*, getanzt vom American Ballet Theatre.

»Sehr wenige Berufsmusiker hätten das gewagt, was Rudolf an diesem letzten Abend tat – er brauchte schrecklich viel Mut und Durchhaltevermögen«, erinnert sich Charles Barker, ABTs Chefdirigent.

> Natürlich war Nurejew bestens vertraut mit dem Stück, aber es ist wirklich etwas anderes, drei Stunden *Romeo und Julia* unter dem Druck, am Metropolitan Opera House aufzutreten, hinter sich zu bringen. Die richtigen Einsätze müssen da sein, die Takte müssen stimmen, sonst schneiden die Musiker dem Kerl da vorn die Beine ab. Es ist eine strapaziöse Aufgabe, körperlich anstrengend, und eine emotionale Herausforderung.
>
> Etwa zwei Wochen vor der Vorstellung kam er nach New York, um mit dem Korrepetitor der Kompanie zu arbeiten. Er sah ziemlich müde und erschöpft aus, aber er war bereit, so viel und so lang zu arbeiten wie nötig. Die erste Arbeitssitzung sollte eigentlich drei Stunden dauern. Als wir zur Hälfte durch waren, schlug ich vor, eine Pause einzulegen. Rudolf bestand darauf, die ganzen drei Stunden zu arbeiten, und schließlich machten wir sogar noch Überstunden. Mit

> dem Orchester gab es eine dreistündige Probe – ein paar seiner Freunde, unter anderem Jessye Norman und Jackie Onassis, saßen im Zuschauersaal, um Rudolf moralisch zu unterstützen. Er war die ganze Orchesterprobe durch lebhaft und aufgekratzt und machte Witzchen von seinem Podest herunter. Bei der Vorstellung gab es ein paar kleinere Schnitzer, und musikalisch war er sehr konservativ, wozu ein junger Musiker immer neigt. Aber für seinen Mut – sich einfach dort droben hinzustellen und es hinter sich zu bringen – hat er eine Eins mit Stern verdient.[28]

In dieser Zeit war Nurejews Gesundheitszustand äußerst kritisch geworden. Als er im September 1991 an der Oper in Bukarest dirigierte, ging es ihm so schlecht, daß er nach Wien zurückkehren mußte, um sich behandeln zu lassen. Nurejews Ärzte beschlossen, ihn zu operieren, und die Chirurgen entdeckten ein Nierenleiden. Nurejew erhielt einen Katheter und erholte sich wieder. Im folgenden März war er wieder einmal in Rußland, um in St. Petersburg, Kazan und Jalta zu dirigieren. In St. Petersburg mußte er wegen einer Lungenentzündung ins Krankenhaus und bekam zum erstenmal in seinem Leben tatsächlich Angst. Douce François, die Nurejew nach Rußland begleitet hatte, erinnert sich daran, daß er »völlig verzweifelt war. ›Wie mein Vater‹, sagte er immer wieder. Und wenn er so verängstigt war, ließ er sich kaum mehr beruhigen.«[29] Nach einer Woche im St. Petersburger Krankenhaus ging es Nurejew wieder gut genug, daß er nach Paris zurückkehren konnte. Dort wurde Pericarditis, eine das Herz angreifende Virusinfektion, diagnostiziert. Bei einer weiteren Operation in der Ambroise-Paré-Klinik in dem Pariser Vorort Neuilly-sur-Seine wurde aus seiner Herzgegend fast ein halber Liter Flüssigkeit abgesaugt. »Er war in einem katastrophalen Zustand«, erinnert sich Canesi. »Ich dachte, er würde es nicht überleben. Nachdem ich ihm die Lage erklärt hatte, fingen wir an, ihn mit Ganciclovir zu behandeln. Rudi wußte, wie ernst es um ihn stand, und fragte: ›Was tun wir nun dagegen?‹ Ich sagte ihm, wir würden es mit dieser Behandlung versuchen. Und es ging ihm wieder besser.«[30] Zwei Wochen später war Nurejew in New York und arbeitete an *Romeo und Julia.*

Als im August an der Pariser Oper die jährliche Sommerpause eingelegt wurde, hatte Nurejew einen Großteil der Arbeit an seiner *Bayadère*-Inszenierung hinter sich gebracht. Trotz der üblichen Pariser Problemchen – die Tänzer drohten mit einem »Öko-Streik«, weil an die Ärmel eines Sets von Kostümen ausgestopfte Papageien angenäht waren – konnte Nurejew es kaum erwarten, dieses klassische Ballett, das ihm bislang entgangen war, zu bewältigen. Noch vor der Sommerpause choreographierte er zwei neue Tanzsuiten für das Männer-Corps – das sich in der Standardinszenierung auf das Tragen von Lanzen beschränken muß –, während er gleichzeitig die Feinheiten des Balletts herausarbeitete. »Er schmückte den Pas de deux im ersten Akt etwas aus«, erinnert sich seine engste Assistentin, Patricia Ruanne, »und trug dazu bei, Dinge zu klären, die verwischt worden waren.«[31]

Ruanne erinnert sich auch, daß sich manches verändert hatte, als sich die Kompanie zu den letzten Proben traf:

> Als wir im September zurückkamen, war es ziemlich schwierig, weil er einiges an Boden verloren hatte. Kurgabkina (die russische Ballerina Ninel Kurgabkina, eine lebenslange Freundin und Verbündete Nurejews) war zu seiner Unterstützung da, und wir setzten uns mit den Tonbandaufnahmen zusammen. Bei Diskrepanzen fragten wir Rudolf. An manchen Tagen blieb er ziemlich lange da, fast die ganze Probezeit, aber mit der Zeit wurde es zunehmend schwieriger. Schließlich konnte er nur noch eine oder zwei Stunden bleiben. Aber er war jeden Tag da, an den guten Tagen, an den schlechten und an den Wochenenden. Selbst nach der Premiere feilte er weiter. Es war noch nicht vorbei, nur weil das Stück nun angelaufen war.
>
> Für alle war es sehr schwierig. Manchmal lief es gut, weil alles und alle beschäftigt waren. Aber manchmal drehte man

> sich um – und es mag lächerlich klingen, aber manchmal vergaß man einfach, was sich alles in ihm abspielte und veränderte –, und weinte einfach über seinen Anblick, weil er so krank und zerbrechlich aussah. Aber er verlor nie den Mut, also konnten wir uns auch nicht gehenlassen. Er blieb dabei und war so wie immer. Das, was mit ihm passierte, nahm er überhaupt nicht tragisch.[32]

Der Triumph seiner *Bayadère* war Nurejews letztes wirksames Mittel gegen seine fortschreitende Krankheit. John Taras, der amerikanische Choreograph, den Balanchine vor vielen Jahren geschickt hatte, um mit Nurejew seinen ersten *Apollo* einzustudieren, besuchte den Quai Voltaire zwei Tage nach der Premiere von *La Bayadère* und kam in eine »Wohnung voller Leute. Douce François (Nurejews rechte Hand), Charles Jude und Canesi waren da. Man sagte mir, daß Rudolf schlafe. Aber plötzlich geht die Schlafzimmertür auf, Rudolf marschiert herein und fängt gleich an, von der Choreographie-Schule zu sprechen, die er in Petersburg eröffnen möchte. Er hatte sich gerade einen riesigen Hund gekauft.«[33] Der zweiwöchige Ausflug nach St. Bart's hatte ihm gutgetan. Wie Jude, der Nurejew in die Karibik begleitet hatte, berichtet, »lebte er ganz normal. Er aß, sah fern und sagte oft: ›Gehen wir baden!‹, und wir machten uns zum Strand auf. Es war herrlich dort, es war heiß, und es ging ihm gut.«[34]

In den ersten Novemberwochen 1992 nach seiner Rückkehr nach Paris mußte Nurejew mehrmals hintereinander wegen immer neuer schwerer Pilzinfektionen ins Krankenhaus, und schließlich begab er sich ein letztes Mal am 20. November in das Perpétuel-Secours. »Es war sehr schwierig, ihn zu füttern«, berichtete Canesi *Le Figaro*. »Da er nichts schlucken konnte, beschloß man, ihn intravenös zu ernähren, obwohl wir wußten, daß das Infektionsrisiko sehr hoch war, wie bei allen Patienten, deren Immunsystem zusammenbricht. Von da an verschlechterte sich sein Zustand zusehends.«[35] Kurz nach Weihnachten wurden Nurejews Schwestern nach Paris gerufen, was vielleicht klug war, vielleicht auch nicht. »Als ich seine Verwandten sah, erfuhr ich mehr über Rudolf in den letzten zehn Tagen seines Lebens als in den gesamten zehn Jahren unserer Bekanntschaft«, erklärt Canesi. »Die Schwestern steckten immer zusammen und konnten es einfach nicht akzeptieren, daß er sterben würde. Sie verstanden es nicht so recht.«[36] Einigen Berichten nach wirkten sie einfach störend.[37]

Am Morgen des 6. Januar, dem russischen Weihnachten, starb Nurejew. Bei ihm im Zimmer waren seine Schwester Rosa und eine Krankenschwester. Canesis offizieller Bericht gibt als Todesursache »eine Herzkomplikation infolge einer schweren Krankheit« an.[38]

Es war vorüber. Vielleicht.

Epilog

À distance

»In Xanadu Did Kubla Khan …«
Samuel Taylor Coleridge, *Kubla Khan*

Das große Foyer des Palais Garnier wirkt wie eine Filmkulisse, die auf ihren Einsatz wartet. Die Verzierungen an der Außenfassade des Garnier, all die Kuppeln, Säulenfiguren und Brüstungen, die sich zum Place de L'Opéra hinneigen, sind eigentlich nur eine Prälude zu dem eigentlichen Drama, das sich drinnen abspielt.

Dies war mit Sicherheit bei Nurejews Trauerfeier im Foyer des Garnier am 12. Januar 1993 der Fall. Als die vielen hundert Gäste das Garnier betraten, brauten sich düstere Sturmwolken über ihnen zusammen; als sie das Haus wieder verließen, brach die Wintersonne schließlich durch. Nurejews Mahagonisarg wurde von sechs Solisten des Opernballetts in das Foyer getragen und auf das zentrale Plateau der großen Treppe gestellt. Auf den zum Theater hinaufführenden Treppen drängten sich die Tänzer der Kompanie, auf den Treppen, die zum Kammerorchester führen, standen die Sprecher, und das unten sitzende Publikum war auf beiden Seiten von Eleven der Ballettschule und Sträußen weißer Chrysanthemen flankiert. Die dreiviertelstündige Zeremonie war eine passende nurejewsche Kombination von Säkularem und Göttlichem. Gott wurde zwar nicht direkt erwähnt, aber dafür seine Sprecher auf Erden: Auszüge aus Werken von Puschkin, Byron, Michelangelo, Goethe und Rimbaud, ausgewählte Musikstücke von Bach und Tschaikowsky.

Der Friedhof der Weißrussen in Sainte-Geneviève-des-Bois, auf dem Nurejew bestattet werden wollte, ist anders als die anderen großen Pariser Friedhöfe. Am Friedhof von Montmartre liegt einem buchstäblich Paris zu Füßen. Der weitläufige, hügelige Friedhof Père-Lachaise beherbergt die Prominenz: eine Mischung zwischen noblem Vergnügungspark und himmlischem Kitsch – Abélard und Héloise, Colette und Wilde, Edith Piaf und Jim Morrison. Sainte-Geneviève-des-Bois ist eine Vorstadt im Süden von Paris. Der Friedhof liegt einer öffentlichen Parkanlage gegenüber, in der oft ein französischer Zirkus gastiert. Der Friedhof von Montmartre mit seiner Romantik des letzten Jahrhunderts schien eigentlich ein logischerer letzter Aufenthaltsort für Nurejew zu sein, vor allem, weil er damit in die Gesellschaft der ersten zwei »Götter des Tanzes«, Nijinsky und Vestris, gekommen wäre. In den späten Achtzigern soll mit den Arbeiten an einem auffälligen, nicht mit Namen versehenem, doch entschieden homoerotischen Grabmal auf dem Père-Lachaise zur Vorbereitung von Nurejews Grab begonnen worden sein. Aber in Sainte-Geneviève-des-Bois vermittelt einem bereits die ausgebleichte Steinmauer, die den Friedhof von der Außenwelt abschirmt, ein Gefühl der Korrektheit, Angemessenheit und Sammlung, und das hinter den Mauern liegende Universum entspricht genau diesem ersten Eindruck. Alles steht in Reih und Glied, ist in gleiche Flächen aufgeteilt, die Engel in tadellosem Zustand. Alles ist grün, aber nie zu üppig oder ungepflegt. Die seufzenden Äste der hohen Kiefern betonen die Harmonie und Zurückhaltung der vielen Reihen von Grabmalen und Monumenten.

Sainte-Geneviève-des-Bois ist einzigartig in Paris, da es von einer einzigen Gruppe dominiert wird, der Gemeinschaft der Exilrussen, die sich zwischen den Weltkriegen in Paris niederließen. Man kann fast die Balalaikas spielen hören, und zwar nicht »Laras Lied«, sondern eher »God Save the Tsar«. Weißrussische Offiziere sind als militärische Einheiten in Sainte-Geneviève-des-Bois bestattet. Obwohl es hier nur einen Romanow gibt, einen Cousin ersten Grades des letzten Zaren, liegen auf diesem Friedhof mehrere angeheiratete Verwandte, darunter Prinz Felix Jussupow, der Mann, der Rasputin ermordete. Außerdem ist hier die exklusivste Kompanie kaiserlicher russischer Ballerinen bestattet: Vera Trefilowa, angeblich die beste Aurora, Mathilde Kschessinskaja, die Frau, die Nikolaus II. seiner Jungfräulichkeit entledigte, Olga Preobrajenska, die die berühmteste Ballettlehrerin von Paris wurde. Dies sind genau die Frauen, denen Nurejew mindestens einmal als Partner zur Seite gestanden hätte, wahrscheinlich in einer eigenen Aufführung eines weißen Balletts.

Der Bus, der die Mehrheit der Tänzer zur Beisetzung hätte bringen sollen, verfuhr sich, so daß die Trauerfeier schon vorbei war, als sie dort ankamen. Am deutlichsten prägten sich manchen Leuten Nurejews Schwestern am Grab ein. »Und dann waren da noch die Schwestern«, erinnert sich William Chatrier, der Generalsekretär der Oper. »Die elegantesten Frauen von Paris und diese zwei Babuschkas. Selbst beim anschließenden Mittagessen im Meurice – dem nobelsten, teuersten Lokal in Paris – nahmen sie nicht diese verdammten Tücher vom Kopf.«

Ein halbes Jahr später spielt sich im Garnier in einer ruhigen, gemütlichen Garderobe, die kaum weiter entfernt sein könnte von all dem Glanz und Glitter von Nurejews letzten Riten, ein ganz normaler, weiterer Arbeitstag ab. Heute abend ist keine Vorstellung. Hinter der Bühne herrscht eine Atmosphäre von Alltag, von Anonymität. Draußen im Gang suchen zwei Garderobefrauen, die einen viel zu langen Arbeitstag hinter sich haben, unter heftigem Protestgemurmel sämtliche Ecken nach einem verschwundenen Tutu ab. Ein einsamer Bühnenarbeiter führt einen heftigen Kampf mit einem widerspenstigen Kabel, ein paar Meter entfernt von einem Häufchen Corps-Tänzer, die sich schrecklich darüber aufregen, daß der verdammte Aufzug so lange braucht.

Manuel Legris, der jüngste Solist der Oper, hat sich eben in seine Garderobe zurückgezogen, um die männliche Hauptrolle in Balanchines *Theme and Variations* durchzugehen. Legris weiß, daß ihm die Rolle einiges abverlangt, und er sprüht nicht gerade vor Begeisterung. Manuel Legris ist knapp fünfundzwanzig Jahre alt. Als Nurejew beschloß, Rußland zu verlassen, war Legris noch gar nicht auf der Welt. Man kann sich kaum vorstellen, daß die beiden Männer, die ja nicht nur Generationen, sondern Welten trennen, jemals irgend etwas gemeinsam hatten. Sie hätten weder in ihrem Temperament noch körperlich unterschiedlicher sein können. Auf und hinter der Bühne ist Legris die Schüchternheit in Person, das höfliche, rücksichtsvolle Beispiel eines wohlerzogenen Franzosen, mit blendender Beinarbeit und außergewöhnlicher Sprungkraft.

Wie er da so an seinem Garderobetisch sitzt, ist Legris eigentlich das Ergebnis Nurejews gesamter Bemühungen. Legris würde nicht da sitzen, wo er jetzt sitzt, und sich mit *Theme and Variations* beschäftigen, wäre Nurejew vor vielen Jahren in das Flugzeug zurück nach Moskau gestiegen. Die Gründe dafür reichen tiefer als nur die sechs Jahre unter Nurejews Schirmherrschaft am Ballett der Pariser Oper. Natürlich profitierte Legris von der Nurejew-Revolution an der Oper in den Achtzigern. Als Nurejew sich mit der rigiden Opernhierarchie anlegte, war Legris unter denjenigen, die aus der Obskurität herausgezogen und auf die Bühnenmitte gestellt wurden. Als Nurejew beschloß, daß die Klassiker aus dem neunzehnten Jahrhundert genau das waren, was die Pariser Tänzer brauchten, um eine bleibende technische Grundlage zu entwickeln, fand Legris mit seinem kindlichen Gesicht sich plötzlich in der Rolle des Siegfried wieder. Als Nurejew Tänzer brauchte, um seine Nurejew & Friends-Tourneen zu besetzen, gehörte Legris meistens zu dem Kern der Leute, an die Nurejew sich wandte, und erwarb sich eine Unmenge praktischer

Erfahrungen im Verlauf der Tourneen. »Ich glaube, ich bin begabt, und vielleicht wäre ich dadurch auch weitergekommen«, erklärt Legris. »Aber eigentlich verdanke ich Rudolf alles, was ich habe.

Ich denke jetzt ständig an Rudolf«, meint Legris abschließend, »wie alle anderen auch. Merkwürdig, daß wir jetzt alle so viel an Rudolf denken. Jeden Tag fällt jemandem was anderes ein. ›Ach, weißt du noch, Rudolf sagte doch immer, daß dieser Schritt ...‹ All seine Verbesserungen, die Dinge, die er sich immer bemühte, uns beizubringen – ich denke nicht nur bei den Proben an ihn oder wenn ich etwas sehe, das mich an ihn erinnert, sondern auch, wenn ich einfach so dasitze, wenn ich ganz allein bin, etwa, wenn ich mich vor der Vorstellung schminke.«

Es folgt eine lange, staunende Pause, dann ein kleines, staunendes Lächeln.

»Rudolf wußte eine ganze Menge.«

Die Choreographien

1963

Die Schattenszene aus *La Bayadère* nach Petipa. Einstudierung für das Royal Ballet; 1974 für das Ballett der Pariser Oper.

1964

Raymonda, nach Petipa. Zuerst von der Tourneekompanie des Royal Ballet aufgeführt. 1965 für das Australian Ballet einstudiert, 1972 für das Züricher Ballett, 1975 für das American Ballet Theatre, 1979 für das Boston Ballet, 1983 für das Ballett der Pariser Oper, 1985 für das Wiener Staatsopernballett.

Pas de Six aus *Laurencia*, nach Tschabukiani. Einstudiert für das Royal Ballet.

Grand Pas aus *Paquita*, nach Petipa. 1970 einstudiert für die Mailänder Scala, 1971 für das Wiener Staatsopernballett, ebenfalls 1971 für das American Ballet Theatre.

Schwanensee, nach Petipa/Iwanow. Einstudierung für das Wiener Staatsopernballett. 1984 für das Ballett der Pariser Oper, 1990 für das Ballett der Mailänder Scala.

1966

Don Quixote, nach Petipa. Erstmals vom Wiener Staatsopernballett aufgeführt. 1970 einstudiert für das Australian Ballet, 1971 für das Ballett der Marseiller Oper, 1977 für das Züricher Ballett, 1981 für das Ballett der Pariser Oper, 1985 für das Peking Ballet und das Matsuyama Ballet in Tokio, 1987 für das Ballett der Mailänder Scala.

Tancredi, Nurejews erstes eigenes Werk zu zeitgenössischen Themen; Musik von Hans Werner Henze; produziert an der Wiener Staatsoper.

Dornröschen, nach Petipa. Erstmals vom Ballett der Mailänder Scala aufgeführt, dann 1972 vom National Ballet of Canada. 1975 für das London Festival Ballet einstudiert, 1980 für das Wiener Staatsopernballett, 1989 für das Ballett der Pariser Oper, 1992 für das Berliner Ballett.

1967

Der Nußknacker. Erstmals vom Königlich Schwedischen Ballett aufgeführt. 1968 vom Royal Ballet, 1969 an der Scala in Mailand, 1971 am Teatro Colón in Buenos Aires, 1979 vom Berliner Ballett und 1984 vom Ballett der Pariser Oper getanzt.

1977

Romeo und Julia. 1977 erstmals vom London Festival Ballet aufgeführt. 1980 für die Mailänder Scala, 1984 für die Pariser Oper einstudiert.

1979

Manfred, Originalballett, basierend auf Byrons Gedicht, Musik von Tschaikowsky. Einstudiert für das Ballett der Pariser Oper; 1981 für das Züricher Ballett.

1982

The Tempest, Originalballett, basierend auf Shakespeares Stück, Musik von Tschaikowsky. Einstudiert für das Royal Ballet, 1984 für das Ballett der Pariser Oper.

1984

Bach Suite, Originalballett, basierend auf einem französischen Hoftanz, entwickelt in Zusammenarbeit mit Francine Lancelot.

1985

Washington Square, Originalballett, basierend auf dem Roman von Henry James, Musik von Charles Ives.

1986

Cendrillon, Originalballett, das in den zwanziger Jahren in Hollywood spielt; Musik von Prokofjew. Erstmals vom Ballett der Pariser Oper aufgeführt. 1991 für das Neapel-Ballett einstudiert.

1991

La Bayadère, gekürzt (ohne den vierten und letzten Akt), nach Petipa. Erstmals vom Ballett der Pariser Oper aufgeführt.

Die Rollen

1956

Diana und Aktäon, Pas de deux, männliches Solo, Studentenvorführung an der Ballettschule des Kirow.

1957

Der Nußknacker, Nußknackerprinz, am Kirow.
Schwanensee, Pas de trois aus dem ersten Akt.

1958

Le Corsaire, Pas de deux, mit dem Kirow-Ballett (Moskauer Wettbewerb und Prüfungsvorstellung am Kirow).
Esmeralda, Diana und Aktäon-Pas des deux, mit dem Kirow-Ballett (Moskauer Wettbewerb und Prüfungsvorstellung am Kirow).
Gajaneh, kurdischer Tanz, mit dem Kirow-Ballett (Moskauer Wettbewerb).
Der rote Mohn, Pas de quatre, am Kirow.
Laurencia, Frondoso, am Kirow.
Valse Volonté, mit dem Kirow-Ballett.

1959

Dornröschen, Blauer Vogel-Pas des deux, am Kirow.
Raymonda, Pas de quatre, am Kirow.
Gajaneh, Armen, am Kirow.
Muszkovsky Waltz, männliche Hauptrolle, am Kirow.
Giselle, Albrecht, am Kirow.
Don Quixote, Basil, am Kirow.
La Bayadère, Solor, am Kirow.

1960

Die Flammen von Paris, Pas de deux, am Kirow.
Walzer, männliche Hauptrolle, am Kirow.
Dornröschen, Prinz Désiré, am Kirow.

Schwanensee, Prinz Siegfried, am Kirow.
Legende von der Liebe, Ferhad, am Kirow.
Taras Bulba, kosakischer Feldtanz, am Kirow.

1961

Le Spectre de la Rose, der Rosengeist, Fernsehproduktion, Frankfurt.
Poème tragique (Solo), Benefizveranstaltung für die Royal Academy of Dancing.
Toccata und Fuge, männliche Hauptrolle, Tournee mit Arova, Bruhn und Hightower.
Tänze aus Raymonda, männliche Hauptrollen, Tournee mit Bruhn et al.
Fantaisie, männliche Hauptrolle, Tournee mit Bruhn et al.

1962

La Fille Mal Gardée, Colas, Ballet de Marseille und American Ballet Theatre.
Das Blumenfest von Genzano, Pas de deux, für die Fernsehsendung The Bell Telephone Hour.
Le Grand Pas Classique, Pas de deux, Stuttgarter Ballett.
Les Sylphides, männliche Hauptrolle, Royal Ballet.
Prinz Igor (Oper), Polowetzer Krieger, mit der Ruth-Page-Kompanie für die Chicagoer Oper und das Chicago Opera Ballet.
Die lustige Witwe, Danilo, mit der Ruth-Page-Kompanie und dem Chicago Opera Ballet.
Theme and Variations, männliche Hauptrolle, American Ballet Theatre.

1963

Antigone, Eteokles, Royal Ballet.
Marguerite und Armand, Armand, Royal Ballet.
Königreich der Schatten aus *La Bayadère* (einstudiert von Nurejew), Solor, Royal Ballet.
Diversions, männliche Hauptrolle, Royal Ballet.
Fantasie in C Minor, männliche Hauptrolle, Galavorstellung der Royal Academy of Dancing.

1964

Schwanensee (Neueinstudierung von Nurejew), Prinz Siegfried, Wiener Staatsopernballett.

Raymonda (Neueinstudierung von Nurejew), Jean de Brienne, Tourneekompanie des Royal Ballet.

Images of Love, der Jüngling, Royal Ballet.

Hamlet, Hamlet, Royal Ballet.

1965

La Sylphide, James, National Ballet of Canada.

Romeo und Julia (MacMillan), Romeo, Royal Ballet.

1966

Dornröschen (Neueinstudierung von Nurejew), Prinz Désiré, La Scala, Mailand.

Don Quixote, Basil, Wiener Staatsopernballett.

Das Lied von der Erde, der Bote des Todes, Royal Ballet.

Tancredi (Choreographie Rudolf Nurejew), Tancredi, Wiener Staatsopernballett.

1967

Apollo, Apollo, Wiener Staatsopernballett.

Paradise Lost, männliche Hauptrolle, Royal Ballet.

Le Jeune Homme et la Mort, der junge Mann, französische Fernsehproduktion.

1968

Monument für einen gestorbenen Jungen, der Junge, Holländisches Nationalballett.

L'Estasi, männliche Hauptrolle, La Scala, Mailand.

Birthday Offering (neue Variation), männliche Hauptrolle, Royal Ballet.

The Dream, Oberon, Royal Ballet.

Jazz Calendar, Friday's Child, Royal Ballet.

1969

Pelléas und Mélisande, Pelléas, Royal Ballet.

1970

Les Rendez-vous, der Junge in Grün, Ashton-Gala mit dem Royal Ballet.

Apparitions, der Dichter, Ashton-Gala mit dem Royal Ballet.

Dances at a Gathering, der Junge in Braun, Royal Ballet.
The Ropes of Time, der Reisende, Royal Ballet.

1971

Big Bertha, männliches Ensemble in The Burt-Bacharach-Show (im Fernsehen).
Le Sacre du Printemps (Béjart), Erwählter, Ballett des XX. Jahrhunderts.
Lieder eines fahrenden Gesellen, männliche Hauptrolle, Ballett des XX. Jahrhunderts.
Checkmate, der erste rote Ritter, Royal Ballet.
Field Figures (zweite Besetzung), Solist, Royal Ballet.

1972

Dornröschen (Neueinstudierung von Nurejew), Prinz Désiré, National Ballet of Canada.
The Moor's Pavane, Othello, National Ballet of Canada.
Aureole, männliche Hauptrolle, Paul Taylor Dance Company.
Book of Beasts, Illuminations, Paul Taylor Dance Company.
Laborintus, männliche Hauptrolle, Royal Ballet.
Sideshow, männliche Hauptrolle, Royal Ballet.
L'Après-Midi d'un Faune (Robbins), der Junge, Royal Ballet.

1973

Agon, Sarabande, Royal Ballet.
Der verlorene Sohn, Titelrolle, Royal Ballet.

1974

Tristan, Titelrolle, Ballett der Pariser Oper.
Manon, Des Grieux, Royal Ballet.
Don Juan, Titelrolle, National Ballet of Canada.

1975

Coppélia, Franz, National Ballet of Canada.
Moments, männliche Hauptrolle, The Scottish Ballet.
The Lesson, der Lehrer, The Scottish Ballet.
Sonate à Trois, männliche Hauptrolle, The Scottish Ballet.

Blown in a Gentle Wind, männliche Hauptrolle, Holländisches Nationalballet.
Lucifer, Titelrolle, Martha Graham Dance Company.
Night Journey, Ödipus, Martha Graham Dance Company.
Appalachian Spring, der Prediger, Martha Graham Dance Company.
The Scarlet Letter, Reverend Dimmesdale, Martha Graham Dance Company.

1976

Four Schumann Pieces, männliche Hauptrolle, National Ballet of Canada.

1977

Romeo und Julia (Neueinstudierung von Nurejew), Romeo, London Festival Ballet.
Pierrot Lunaire, Titelrolle, Königlich-Dänisches Ballett.
El Penitente, Titelrolle, Martha Graham Dance Company.
Hamlet Prelude, Hamlet, Gala zu Ehren Königin Elizabeths II. mit dem Royal Ballet.
The Toreador, Pas de deux, Nureyev & Friends.

1978

Scheherazade, der goldene Sklave, London Festival.
Konservatoriet, männliche Hauptrolle, London Festival Ballet.
L'Après-Midi d'un Faune (van Schayk), Holländisches Nationalballett.
About a Dark Horse, männliche Hauptrolle, Holländisches Nationalballett.
Vivace, Solo, Nureyev & Friends.
The Canarsie Venus (ursprünglich: *The Brighton Venus*), der Gentleman, Murray Louis Dance Company.

1979

Le Bourgeois Gentilhomme, Cléonte, New York City Opera.
L'Après-Midi d'un Faune (in der Nijinsky-Originalversion), der Faun, Joffrey Ballet.
Ulysses, männliche Hauptrolle, Holländisches Nationalballett.
Manfred (Choreographie von Nurejew), Lord Byron, Ballett der Pariser Oper.

1980

Der Idiot, Prinz Myschkin, Berliner Ballett.
Fräulein Julie, Jean, Berliner Ballett.
Fünf Tangos, männliche Hauptrolle, Berliner Ballett.

1981

Marco Spada, Titelrolle, Ballett der Römischen Oper.

1982

The Tempest (Neueinstudierung von Nurejew), Prospero, Royal Ballet.

1983

Notre-Dame de Paris, Quasimodo, Ballet de Marseille.

1984

Phaedra's Dream, Hippolytus, Martha Graham Dance Company.
Harlequin, or The Magician of Love, Harlequin, Ballett der Pariser Oper.
Le Sacre du Printemps: The Rehearsal (Taylor), männliche Hauptrolle, Ballett der Pariser Oper.
Strawinsky Violinkonzert, Erste Arie, Ballett der Pariser Oper.
Romeo und Julia, Mercutio, Ballett der Pariser Oper.
Bach Suite (Choreographie von Nurejew und Francine Lancelot), Solo, Ballett der Pariser Oper.

1985

Schwanensee (Neueinstudierung von Nurejew), Prinz Siegfried und Von Rothbart, Ballett der Pariser Oper.
Washington Square (Choreographie von Nurejew), Dr. Sloper, Ballett der Pariser Oper.
Der Nußknacker, Drosselmeyer, Ballett der Pariser Oper.

1986

La Dansomanie, M. Duléger, Ballett der Pariser Oper.
Cendrillon (Choreographie von Nurejew), der Regisseur, Ballett der Pariser Oper.

1987

Two Brothers, Pas de deux, Ballett der Pariser Oper.

1988

Orpheus, Titelrolle, New York City Ballet.

1989

Der Mantel, Akaky Akakjewitsch, Maggio Musicale (Florenz).

1990

Romeo und Julia (MacMillan), Mercutio, Royal Ballet.
Coppélia, Dr. Coppélius, Cleveland/San José Ballet.

1991

Dornröschen, Carabosse, Berliner Staatsoper.
Christoforo, der Engel, Budapester Staatsoper.

Anmerkungen

Wenn nicht anderweitig belegt, stammen die direkten Zitate in diesem Buch aus Interviews des Autors. Manche der Befragten baten darum, nicht namentlich genannt zu werden.

Kapitel 1: *Eine Geburt im Zug*

1. Geoffrey Hosking, *A History of the Soviet Union* (Revised Edition), S. 199.
2. In seiner kurzen Autobiographie *Nureyev* (1963) lokalisiert Nurejew selbst fälschlicherweise die Stadt an der Ostseite des Urals.
3. Patricia Foy, *Ballet Review*, Winter 1991.
4. Die Deutschen marschierten fünf Tage vor Nurejews Geburt in Österreich ein.
5. Hosking, *A History of the Soviet Union*, S. 283.
6. Nurejew fehlten auch zwei weitere russische Charakterzüge, die Somerset Maugham 1917 bei einem Besuch in St. Petersburg auffielen, das nach dem Ausbruch des Ersten Weltkriegs in Petrograd umbenannt worden war. Maugham beobachtete bei den Russen »einen stark ausgeprägten masochistischen Zug … Die Russen legen großen Wert auf Selbsterniedrigung, weil sie ihnen ein eigentümliches Gefühl sinnlicher Befriedigung gibt.« W. Somerset Maugham: *Aus meinem Notizbuch (A Writer's Notebook)*, S. 169–170. Und weiter: »Wer sich mit dem russischen Leben oder mit der russischen Romanliteratur beschäftigt, wird unfehlbar bemerken, welchen Raum das Gefühl der Sündhaftigkeit einnimmt. Die Russen sprechen nicht nur unablässig darüber, daß sie Sünder sind, sondern offenbar empfinden sie es tatsächlich so und leiden an heftigen Gewissensbissen.« Ibid., S. 164.
7. Geboren unter dem Namen Iossif Wissarionowitsch Dschugaschwili, war der »Große Schnauzbart« seinem eigenen Körper gegenüber zurückhaltender; er hatte verwachsene Zehen und

einen verkürzten Arm, der geradewegs aus *Richard III.* hätte stammen können.

8. Ein klarer, leidenschaftlicher Bericht über den Einfluß, den Stalin noch heute auf viele Russen hat, findet sich bei Hedrick Smith, *The New Russians*, S. 121–147.
9. Aleksandr Nekrich und Mikhail Heller, *Utopia in Power: The History of the Soviet Union from 1917 to the Present*, S. 301.
10. John T. Lawrence, *A History of Russia*, S. 283.
11. Alex de Jonge, *Stalin and the Shaping of the Soviet Union*, S. 273.
12. Der erschütterndste Märtyrer dieser Zeit war ein dreizehnjähriger Junge namens Pawlik Morozow aus dem Ural, ein junger Held, der den Kindern aus Nurejews Generation als Idol und Rollenmodell vorgesetzt wurde. Morozow, Mitglied der Jungen Pioniere, Stalins Version der Hitlerjugend, denunzierte seine eigenen Eltern als Verräter bei den Behörden. Er und sein jüngerer Bruder wurden daraufhin von ihrem entsetzten »zaristischen« Großvater umgebracht. Vielleicht war Morozows Geschichte auch nur erfunden, aber sie beeindruckte junge Gemüter bis in die fünfziger Jahre und wurde zu einer der Lieblingslegenden des stalinistischen Rußland; Morozows Heimatdorf war eine Kultstätte der stalinistischen Jugend von Nurejews Generation.
13. De Jonge, S. 274.
14. Nekrich und Heller, S. 307.
15. J. N. Westwood, *The Short Oxford History of the Modern World/Endurance and Endeavor: Russian History (1812–1980)*, S. 317.
16. Hosking, S. 506.
17. Walter Laqueur, *Stalin: The Glasnost Revelations*, S. 123.
18. George de la Pena bekam die Hauptrolle in der Hollywoodversion von Waslaw Nijinskys Leben, die Nurejew ein Jahrzehnt lang entgangen war, und kreierte die Rolle eines russischen Flüchtlings im Broadway-Musical *Woman of the Year*. Er war auch Solotänzer beim American Ballet Theatre in den Siebzigern, als die sowjetischen Ballettemigranten zu absoluten Kassenschlagern wurden, was mit Nurejews Wechsel in den Westen angefangen hatte.
19. Nurejew nahm 1982 die österreichische Staatsbürgerschaft an. Bis dahin war er offiziell »staatenlos«.
20. *New York Post*, 17. April 1973, S. 37.

21. De Jonge, S. 140. Es gibt gruselige Berichte aus dieser Zeit: »Wir hören von Frauen, die Arme und Beine von Leichen abschneiden und sie essen. Kinder, die gestorben sind, werden nicht begraben, sondern gegessen.«
22. Die Sprache der Baschkiren ist fast identisch mit der Sprache des Wolgabezirks, die von der Familie von Nurejews Mutter gesprochen wurde; *nurr* hat in beiden Sprachen dieselbe Bedeutung.
23. Hosking, S. 241.
24. Ibid., S. 445.
25. Alla Iwanowna Sisowa wurde ein Jahr nach Nurejew in Leningrad geboren. Sie beendete ihre Ballettausbildung an der Kirow-Akademie im selben Jahr wie Nurejew und war bei der Abschlußvorführung seine Partnerin. Sisowa, die für ihren Auftritt am Kirow als Prinzessin Aurora in *Dornröschen* berühmt wurde, arbeitet heute als Lehrerin und Trainerin an der Universal Ballet School in Washington, D. C.

Kapitel 2: *»Ein einfacher kleiner Tatarenjunge«*

1. Die berühmteste kaiserliche Ballerina, Anna Pawlowna Pawlowa, wurde 1881 in St. Petersburg geboren und starb 1931 in Den Haag an einer Lungenentzündung. Als Tänzerin und als Diva war sie berühmt für ihre Musikalität, ihre Ausdrucksstärke und ihr Temperament. Sie tanzte meist geflügelte Rollen, wie etwa Fokines Sylphen und seinen *Sterbenden Schwan*, sowie eine Reihe von Schmetterlingen, Elfchen und Herbstblättern.
2. Während des Tanzbooms in den späten Siebzigern sollen Makarowa und Baryschnikow bis zu zehntausend Dollar pro Auftritt verdient haben. Seinen sehr erfolgreichen Hollywood-Filmen *The Turning Point (Am Wendepunkt*) aus dem Jahr 1976 und *White Nights* (*White Nights – Nacht der Entscheidung*, 1985) verdankt Baryschnikow den Ruf des höchstbezahlten Tänzers der Ballettgeschichte.
3. Die höchste Schätzung, 80 Millionen Dollar, stellte *Vanity Fair* im März 1993 an.
4. Makarowa, geboren 1940, war die Tochter einer gutsituierten Leningrader Familie. Baryschnikows Jugend war von Tragik überschattet – seine Mutter beging Selbstmord, als ihr Sohn Mischa zwölf Jahre alt war. Er kam 1948 in der lettischen Hafen-

stadt Riga zur Welt und hatte es so immerhin nicht weit nach Leningrad.

5. Hamnets Rastlosigkeit war ungewöhnlich für einen Mann, dessen Familie seit Generationen in einem kleinen Dorf ansässig gewesen war. Sie hat sicherlich auf das spätere Leben seines Sohnes einen gewissen Einfluß gehabt.
6. Hedrick Smith, *The New Russians*, S. 138.
7. John Percival, *Nureyev: Aspects of the Dancer*, S. 10.
8. Das Dorf wird auch »Schutschia« buchstabiert.
9. In Tscheljabinsk, inzwischen umbenannt in Osjorsk, steht heute die atomare Wiederaufbereitungsanlage Majak. *New York Times*, 2. September 1994.
10. Rudolf Nurejew, *Nureyev: An Autobiography*, S. 28 f.
11. Ibid., S. 31.
12. Nurejew blieb bis an sein Lebensende jeder Art von Glauben fern. »Ich glaube nicht an ein Leben nach dem Tod«, sagte er. Diese Einstellung, so schrieb Nurejew in seiner Autobiographie, nahm mit einer Entdeckung in seiner Kindheit ihren Anfang, daß »der Weg zu Gott mit Essen gepflastert war«. Seine Beerdigungsfeier am 12. Januar 1993 war ein rein weltliches Ereignis. Statt eines Requiems wurden Bach- und Tschaikowsky-Stücke gespielt, statt der üblichen Liturgie Auszüge aus Werken von Puschkin und Byron gelesen. Das einzige Zugeständnis an die Religion bestand in einem privaten Gottesdienst für seine engsten Familienangehörigen und Freunde ein paar Tage nach dem Begräbnis, eine weißrussische Tradition, auf dem Friedhof in Sainte-Geneviève-des-Bois.
13. Ironischerweise hatte Stalin eine Zeitlang ein Priesterseminar besucht.
14. Der Zweite Weltkrieg kostete die Sowjetunion etwa 20 Millionen Menschen.
15. Wieder einmal hängt die genaue Zahl von demjenigen ab, der die Geschichte erzählt. Nurejew zählt in seiner Autobiographie einen Onkel und eine weitere Familie auf.
16. Nurejew, *Nureyev*, S. 32.
17. Hamnet und sein Sohn standen nicht mehr in Verbindung, als Hamnet Mitte der sechziger Jahre an einer Lungenentzündung starb. Nurejews Flucht hatte das Faß zum Überlaufen gebracht. Hamnet betrachtete den Wechsel seines Sohnes in den Westen

als den schlimmsten Verrat, als Zurückweisung all dessen, was sein Land für ihn getan hatte. Bei den Telefonaten, die Nurejew nach seinem Absprung gelegentlich mit seiner Mutter zustande brachte, weigerte sich Hamnet stets, mit ihm zu sprechen. Man hörte ihn nur im Hintergrund husten.

18. Nurejew hatte keinerlei Erinnerung an seinen Vater aus der Zeit vor dessen Rückkehr aus dem Krieg.
19. Nurejew, *Nureyev*, S. 32.
20. Die hinreißende französische Ballerina Ghislaine Thesmar, eine Freundin und Kollegin Nurejews aus seiner ersten Zeit im Westen, hat Hamnet nach Fotos als einen auffallend gutaussehenden Mann mit eindrucksvollen Gesichtszügen und dichtem schwarzen Haar beschrieben. Auf Nurejew-Familienfotos wirkt er mit seinem markanten Kinn und fest aufeinandergepreßten Lippen, als stamme er geradewegs aus einem der staatlich geförderten Kunstwerke, die den neuen Sowjethelden darstellen sollten.
21. Nurejew zufolge gab der legendäre russische Baß Feodor Schaljapin im letzten Viertel des neunzehnten Jahrhunderts sein berufliches Debüt an der Oper in Ufa, womit die Stadt völlig unerwartet in die Ballettgeschichte eingehen sollte. Ufa brachte nicht nur Nurejew hervor – der Ruhm, den Schaljapin im ersten Jahrzehnt dieses Jahrhunderts erlangt hatte, war direkt für die ersten Pariser Gastspiele von Serge Diaghilews Ballets Russes verantwortlich. So wurde Westeuropa mit dem russischen Ballett bekannt und die Ballettgeschichte in Europa und Amerika umgeschrieben.
22. Die Ballettakademie, an der Nurejew schließlich seinen Abschluß machen sollte, wurde 1738 durch einen Erlaß der Zarin Anna gegründet, zehn Jahre nachdem das Ballett in die Romanowsche Hauptstadt eingeführt worden war, und drei Jahre nachdem eine lokale Kompanie russischer Tänzer begonnen hatte, am Hof aufzutreten. Am Ende des neunzehnten Jahrhunderts hatte St. Petersburg Paris als Mittelpunkt der Ballettwelt abgelöst und brachte die berühmtesten Tänzer und Choreographen der Welt hervor, einschließlich Kschessinskaja, Pawlowa, Karsawina, Nijinsky, Fokine, Spessiwtsewa, Danilowa und Balanchine. Von den Zwanzigern bis hin zur Glasnost-Zeit lautete der offizielle Name der Ballettakademie in Verbindung mit der Kompanie »Leningrader Akademisches Choreographisches Institut A.S. Waganowa«, nach Agrippina Waganowa (1879–1951), einer der

letzten kaiserlichen Ballerinen, aber einer Frau, die es vom ersten Tag an verstand, sich mit den Sowjets gutzustellen. Die Akademie und das Theater sind heute wieder als Marientheater (Marijinskij) bekannt.

23. Die Baschkirin Zaituna Nasretdinowa erfreute sich während ihrer gesamten zwanzigjährigen Karriere in Ufa lokaler Berühmtheit. Selbst nachdem Nurejew sich ein kritisches Urteilsvermögen angeeignet hatte, erinnerte er sich an Nasretdinowa als eine talentierte, bewegende Tänzerin. Sie tanzte schließlich 1955 im *Gesang des Kranichs* in London anläßlich eines kurzen Londoner Gastspiels des Baschkirenballetts. Dort erhielt sie allgemein freundliche Kritiken, obgleich ein junger Journalist namens Clive Barnes ihr »schreckliches Make-up und ihr ziemlich ungepflegtes Äußeres« bemerkte. *Dance and Dancers*, Januar 1956, S. 35.
24. Die Choreographen waren Nina Anissimowa und Khaliaf Safiullin. Das Ballett, das manchmal auch den Titel *Kranichgesang* trug, war im März 1944 in Ufa uraufgeführt worden.
25. Nurejew selbst erzählte in seinen ersten Interviews, daß das Ballett *Schwanensee* gewesen sei.
26. David K. Shipler, *Russia: Broken Idols, Solemn Dreams*, S. 164.
27. Ibid., S. 160.
28. Ibid.
29. Andrej Sinjawskij, *Soviet Civilisation: A Cultural History*, S. 144.
30. Die Berichte stammen alle aus *Ballet Review*, Winter 1993.
31. Dieselben Eigenschaften wurden bei den ersten Corpsauftritten des Schülers Nijinsky mit der Marientheater-Kompanie bemerkt.
32. »Ich glaube, bereits damals, am Ende des Krieges, wurde ich ein für allemal vergiftet durch Lob.« Nurejew, *Nureyev*, S. 40.
33. *Ballet Review*, Winter 1993.
34. »Von 1946 bis einschließlich 1950 errichtete die (sowjetische) Nation 18.500 Schulen für zweieinhalb Millionen Schüler, mit Unterbringungsmöglichkeiten für 1,300.000 Schüler. Diese Schulen wurden teilweise, manchmal auch zur Gänze, von den Kollektiven finanziert. In den ersten zehn Jahren nach dem Krieg errichtete oder renovierte das Land mehr als 30.000 schulische Einrichtungen mit Unterbringungsmöglichkeiten für 5 Millionen Schüler.« Dukes, S. 283.
35. Udeltsowa überlebte ihren prominenten Schüler um ein halbes Jahr. Sie starb 1993 mit 103 Jahren und hielt ihre hohen

Ansprüche offensichtlich bis zu ihrem Tod aufrecht. Als Nurejew 1989 als Gast in *La Sylphide* zum Kirow zurückkehrte, soll Udeltsowa bemerkt haben, sie sei von seiner Leistung ziemlich enttäuscht. *Dance*, Mai 1990.

36. Dokumentarfilm von Patricia Foy, *Nureyev*.
37. Laut zeitgenössischen Berichten wurde Waitowitsch vor allem wegen ihrer Sprungkraft bewundert, eine Eigenschaft, die sie mit Nurejews wichtigstem Lehrer an der Kirow-Akademie, Alexander Puschkin, gemeinsam hatte. Hohe Sprünge waren eines der ersten Markenzeichen Nurejews.

Kapitel 3: *Die personifizierte Krise*

1. Nurejew kam abergläubisch zur Welt und starb auch so. Mit seiner Geburt am 17. März und seinem Absprung in den Westen, der am 17. Juni 1961 stattgefunden haben soll – wir werden später noch feststellen, daß dieses Datum nicht so recht stimmt – betrachtete Nurejew die Siebzehn als seine Glückszahl. Bis an sein Lebensende setzte Nurejew niemals dreizehn Personen an einen Tisch.
2. Asaf Messerer (1903–1992) beherrschte das Bolschoi von seinem Eintritt in die Moskauer Kompanie im Jahr 1921 bis zu seiner Pensionierung 1954. 1942 begann er an der Bolschoi-Akademie zu unterrichten, und als er zwölf Jahre später die Bühne verließ, wurde er in den nächsten zwei Jahrzehnten zum führenden Moskauer Ballettmeister. Er begründete auch eine Ballettdynastie, der seine Schwester Sulamith und ihr Sohn Michail sowie seine Nichte Maya Plissetskaja angehörten.
3. W. Somerset Maugham, *Aus meinem Notizbuch*, S. 184.
4. Wie die Hauptstadt, die die neue amerikanische Nation ein Jahrhundert später den Feuchtgebieten des Potomac abringen würde, wurde auch St. Petersburg in seinen Anfangszeiten von Sumpfseuchen wie dem Typhus heimgesucht.
5. Nigel Gosling, *Leningrad*, S. 16.
6. Das einzige, was er nicht nach St. Petersburg verlegen konnte, war der geheiligtste Staatsakt, nämlich die Krönung des Zaren. Die Russisch-orthodoxe Kirche Moskaus weigerte sich mitzumachen.
7. Peter war auch der erste einer Reihe russischer Herrscher, die

außergewöhnliche körperliche Merkmale aufwiesen; weiter ging es mit Alexander III. und seinen hünenhaften Proportionen, seinem Sohn Nikolaus II. und dessen Zwergenwuchs, Stalins verwachsenen Zehen und Michail Gorbatschows Feuermal. Peter war »einen Meter siebenundneunzig groß, mit ›spärlichem Haar‹ und einer Heidenangst vor schwarzen Käfern.« Gosling, S. 22.

8. Viele persönliche Konflikte sind Peters zwanghafter Vorliebe für alles Männliche zugeschrieben worden. Seine Leibwache mußte riesige Hüte tragen, damit jedes Mitglied einen Meter siebenundneunzig groß war.
Auch die Kaiserinnen führten Luxus und Freizügigkeiten ein, die die Romanow-Dynastie bis zu ihrem Ende charakterisieren sollten. Katharina, in mehreren Bereichen die Große, schrieb: »Ich kann keinen Tag ohne Liebe aushalten.« George Brandes, *Impressions of Russia*, S. 22.

9. Entworfen etwa um 1760 von Quarenghi, gab es im Palast der Familie Jussupow, deren Ursprünge älter sind als die der Romanows, auch ein privates Theater, das der Mailänder Scala maßstabsgetreu nachgebildet war; selbst heute noch hat es seine ursprüngliche Vergoldung.

10. Obwohl dem Ballett bis weit ins siebzehnte Jahrhundert etwas leicht Anrüchiges anhaftete, entwickelten die Romanowschen Herrscher rasch ein besonderes Interesse am Tanz. Als der erste Nikolaus Romanow auf den Thron kam, hatte »die Geschmeidigkeit und Kraft, das Vorstellungs- und Durchhaltevermögen der Slawen« eine Tradition eingeleitet, die sich bis ins zweite Viertel des zwanzigsten Jahrhunderts fortsetzen sollte und »die größte Schule, die größten Techniker und die größten Choreographen des traditionellen Tanztheaters hervorbrachte«. Lincoln Kirstein, *Dance: A Short History of Classic Theatrical Dancing*, S. 227, 252.

11. Die Spitze des Ostereis von 1900, mit dem die Fertigstellung der Transsibirischen Eisenbahn gefeiert werden sollte, konnte hochgehoben werden und enthüllte dann einen mit Edelsteinen besetzten Miniaturzug, der auf einer vergoldeten und emaillierten Landkarte des Reiches von einer Seite zur anderen fahren konnte.

12. Galina Sergejewna Ulanowa kam 1910 im Romanowschen Petersburg zur Welt. Als Kind wurde sie von ihren Eltern unterrichtet,

die beide Tänzer waren. Nach der Revolution studierte sie bei Waganowa und 1928 trat sie schließlich in die Leningrader Kompanie ein. 1935 schloß sie sich dem Bolschoi an, und als sie 1940 die Rolle der Julia in Leonid Lawrowskis phantastischer Bühnenfassung von Prokofjews *Romeo und Julia* kreierte, war sie bereits die unbestrittene Assoluta der Nation. Ihren Ruhm verdankte sie einer einzigartigen Kombination aus Bühnenausstrahlung und einer allseits gefeierten, unübertroffenen emotionalen und technischen Reinheit. 1962 zog sie sich von der Bühne zurück, ist aber nach wie vor eine der geschätztesten Lehrerinnen und Trainerinnen des Bolschoi.

13. Flughafengeschichten nehmen einen besonderen Raum in Nurejews Galerie von großen Szenen der Entrüstung ein; so etwa der legendäre Auftritt am Charles de Gaulle Mitte der Achtziger, als die unglückseligen Zollbeamten eine Unmenge an Steuern für einen Haufen Teppiche verlangten, welche Nurejew während einer Tournee im Nahen Osten erstanden hatte. Die Franzosen zogen den kürzeren.
14. Nurejew, *Nureyev*, S. 63. In seiner Autobiographie erinnert sich Nurejew auch, daß er »aggressiver als nötig« reagierte.
15. Kirstein, *Dance*, S. 26.
16. Richard Buckle, *Nijinsky*, S. 26.
17. Wachtang Tschabukiani (1910–1992) kam 1931 zur Kirow-Kompanie und war zehn Jahre lang ihr bedeutendster Tänzer. Der Klang seines Namens entspricht seiner Art zu tanzen, charakterisiert durch eine dynamische Virtuosität. Wie Nurejew schnitt er viele Rollen auf seine besonderen Fähigkeiten zu und war der Prototyp des neuen sowjetischen Balletthelden – athletisch, kraftvoll, zu Extravaganzen neigend. Sein Privatleben hinderte ihn daran, sich bei den sowjetischen Behörden anhaltender Beliebtheit zu erfreuen. 1941 wurde er als Direktor und Choreograph an die Oper von Tiflis, seinen Geburtsort in Georgien, zurückgeschickt. Nachdem bekanntgeworden war, daß er an einem Versuch, die Oper in Brand zu stecken, beteiligt gewesen war, wurde er 1977 in die Ukraine versetzt, um dort Eisballette zu gestalten. Dort starb er 1992.
18. Nurejew, *Nureyev*, S. 65.
19. Einmal erklärte Nurejew einem Kommilitonen, der sich später ebenfalls in den Westen absetzte, daß einer der Gründe ihrer

langjährigen Freundschaft der folgende sei: »Du bist mir ähnlich. Du kannst Ärger riechen.«

20. Der aussagekräftigste Bericht über die strenge Zucht an der Schule findet sich in Tamara Karsawinas anregender Autobiographie, *Theatre Street*, vor allem bei ihrer Beschreibung der schrecklichen Schuldirektorin, Warwara Iwanowna, einer wortkargen, ständig herumschnüffelnden Person in schwarzem Tuch und mit einem großen Schlüsselbund bewaffnet. Mehr als ein Vierteljahrhundert nach ihrem Examen hören Karsawinas »Ohren unbewußt noch immer das gefürchtete Schleifen von Warwara Iwanownas Röcken.« (S. 128). In den ersten Jahrzehnten dieses Jahrhunderts hatte es Iwanowna auf eine Person ganz besonders abgesehen, eine hitzige kleine Waise namens Alexandra Danilowa. »Warwara Iwanowna!« erinnerte sich die strahlende Assoluta des Ballet Russe de Monte Carlo einmal. »Zie mochte misch nie. Weil isch reisch war.«

21. Nurejews zweiter längerfristiger Geliebter im Westen, der amerikanische Filmproduzent Wallace Potts, berichtete *Vanity Fair*, daß sein erster Eindruck von Nurejew außerhalb der Bühne »meine Vorurteile, daß Tänzer nur ätherische Wesen seien, zerstörte. Sowohl er als auch Margot konnten sich über Physik, Mathematik, Philosophie und Kosmologie unterhalten.« *Vanity Fair*, März 1993.

22. David Daniel, »Nureyev Observed«, *Christopher Street*, August 1976, S. 20.

23. Die Krone an den kaiserlichen Krägen wurde zum Markenzeichen einer anderen Kompanie, die das Kirow als einflußreichste Truppe der Ballettwelt ablöste, nämlich des New York City Ballet, gegründet von einem Absolventen der Marientheater-Ballettschule, Georgi Balantschiwadse, der im Westen den Namen George Balanchine angenommen hatte. Buckle, *Nijinsky*, S. 13.

24. Daniel, *Christopher Street*, S. 19.

25. Stefanschi, der drei Jahre jünger war als Nurejew, kehrte nach seinem Examen an der Kirow-Akademie nach Rumänien zurück und war der führende Danseur des Landes, bis er in den Westen emigrierte. 1971 trat er als Solist ins National Ballet of Canada ein und arbeitet heute dort als Ballettmeister der Kompanie.

26. Der Jeté coupé manège, ein Sprung, der das Publikum immer

wieder begeistert, besteht aus einer Aneinanderreihung weiter Sprünge, unterbrochen von blitzschnellen Drehungen.

27. Dies war keine leere Drohung. Selbst heute noch verfügt der KGB in Moskau über Büroräume in unmittelbarer Nähe des Bolschoi-Theaters.
28. Bei Kitris Variation schwenkt die spanische Kokette einen grellen Fächer. *Vogue*, März 1993.
29. Daniel, *Christopher Street*, S. 21.
30. John Percival, *Nureyev: Aspects of the Dancer*, S. 27.
31. *Ballet Review*, Winter 1993.
32. Vergleichbar mit heutigen, auf ethnische oder kulturelle Unterschiede verweisende Schimpfwörter wie Nigger, Spaghettifresser, Itze oder Schwuchtel.
33. Diese anhaltende Tradition wurde für die Nachwelt festgehalten von der scharfzüngigen Sheila in Michael Bennetts *A Chorus Line*: »Ich konnte diese Kombination, als ich vorne stand.«
34. Nurejew, *Nureyev*, S. 73 f.
35. Ibid., S. 45.
36. Balanchine soll Puschkin ebensosehr geschätzt haben.
37. Puschkin war der erste moderne Schriftsteller, dessen Werke für Ballette eingerichtet wurden, und zwar von keinem geringerem als dem berühmten Choreographen und Pädagogen Charles-Louis Didelot. Didelots Amtszeit als Direktor des Kaiserlichen Balletts im ersten Jahrzehnt des neunzehnten Jahrhunderts wurde zum Ausgangspunkt des kaiserlich-russischen Ballettklassizismus. Neben Puschkin hat nur noch Shakespeare so viele Choreographen inspiriert.
38. Das St. Petersburger Ballett wechselte seinen Namen fast so häufig, wie es seine Heimatstadt tat. Unter den Romanows trug es den Namen Marientheater-Ballett (Marijinskij), bevor es unter Stalin zum Kirow wurde und dann unter Gorbatschow erneut Marientheater-Ballett hieß; in den Zwanzigern war es als Staatlich-Akademisches Theater für Oper und Ballett (GATOB) bekannt.
39. *New York Times*, 24. Januar 1975.
40. Ibid.
41. Nurejew, *Nureyev*, S. 74.
42. Dies sollte seinen Höhepunkt in Nurejews Partnerschaft mit Margot Fonteyn finden.

43. Und dies trotz einer – unbestätigten – Legende, daß Nurejew, da es bei dem Moskauer Wettbewerb keine richtigen Sieger gab (die Verleihung von ersten, zweiten und dritten Plätzen hätte schließlich gefährlichen Individualismus gefördert), den Richtern den »tatarischen Vollmond« zeigte. Angeblich entblößte er sein Hinterteil.
44. Interview mit Elena Tschernitschowa, New York, 2. Oktober 1992.

Kapitel 4: *Bühnenmitte*

1. Natalia Michailowna Dudinskaja kam 1912 im Romanowschen Rußland zur Welt. 1931 machte sie ihr Examen in Waganowas spezieller »Perfektionsklasse« für Ballerinen und war von da an bis zu ihrem Rücktritt mehr als dreißig Jahre lang eine der bedeutendsten Persönlichkeiten des Kirow. In den Fünfzigern waren sie und ihr Mann, Konstantin Sergejew, das mächtigste Paar im russischen Ballett. Dudinskajas umfangreiches persönliches Repertoire umfaßte sowohl traditionelle Standardwerke wie *Schwanensee* und *Giselle* als auch zeitgenössische Werke wie Tschabukianis *Laurencia*, Wainonens *Flammen von Paris* und Fensters *Taras Bulba*. Ihr Können ging weit über ihre unvergleichliche Technik hinaus, wenngleich man Dudinskaja während ihrer ganzen Karriere für ihre technische Perfektion bewunderte. Die Dynamik ihres Tanzens beeinflußte Nurejew sehr.
2. Nurejew, *Nureyev*, S. 92.
3. Abgesehen von den Vorstellungen, in denen er als Ersatzmann für die Mitglieder der Hauptkompanie auftrat, die Anfang 1958 auf Tournee waren, hatte Nurejew auch als Statist auf der Kirow-Bühne gestanden. Ballettschüler wurden von Anfang an eingesetzt, um in den Produktionen der Hauptkompanie »Volk« darzustellen und so einen Eindruck von einer Vielzahl von Darstellern zu erwecken.
4. Basierend auf einer Chronik von Lope de Vega über einen spanischen Bauernaufstand, wurde *Laurencia* 1939 von Tschabukiani choreographiert. Die männliche Hauptrolle, Frondoso, war dazu angelegt, seine akrobatischen Spezialitäten ins rechte Licht zu rücken.
5. David Daniel, »Nureyev Observed«, *Christopher Street*, August 1976, S. 21.

6. Irina Alexandrowna Kolpakowa war fünf Jahre älter als Nurejew. Sie war von der Mitte bis zum Ende der fünfziger Jahre die bedeutendste Nachwuchsballerina der Sowjetunion und löste dann Dudinskaja als Primaballerina des Kirow ab. Heute arbeitet sie mit dem American Ballet Theatre als eine der Ballettmeisterinnen der Kompanie und allseits geschätzte Trainerin.
7. In den achtziger Jahren des letzten Jahrhunderts beflügelte die Ballerina Zucchi die Vorstellungskraft der Gruppe junger Ästheten – u. a. Alexander Benois und Léon Bakst –, die sich bald um Serge Diaghilew scharen und die Ballets Russes gründen sollten.
8. Trotz seines unglücklichen Einflusses auf Nurejews beginnende Karriere war Sergejew de facto zu Nurejews Zeit in Leningrad nicht der Direktor des Kirow. Er leitete die Truppe von 1951 bis 1955, dem Jahr, in dem Nurejew in die Kirow-Schule eintrat, und übernahm erst von 1960 bis 1970 erneut die Leitung.
9. Nurejews Liste sowjetischer Partnerinnen umfaßt die wichtigsten Ballerinen einer Epoche, die von vielen als das »Goldene Zeitalter« des Kirow beschrieben wird. Sisowa war die einzige Partnerin in seinem Alter. Angefangen bei Dudinskaja hatten die Ballerinen des Kirow, die mit Nurejew tanzten, sich alle bereits einen Namen gemacht, d. h., sie konnten auch bei der Wahl ihrer Partner ein Wörtchen mitreden. Kolpakowa war enttäuscht, als man ihr das erstemal in *Giselle* Nurejew an die Seite stellte. Sie hätte lieber mit ihrem Mann, Wladilen Semjonow, getanzt. Die Vorstellung ließ sie jedoch ihre Meinung ändern. Bald standen ihre Altersgenossinnen Schlange, einschließlich Ninel Kurgapkina, Olga Moisejewa, Alla Osipenko, Xenia Ter-Stepanowa und Alla Schelest, Nurejews Lieblingspartnerin.
10. Bei den Kirow-Tänzern als »Affenperücke« bekannt.
11. Seine *Dornröschen*-Einstudierung ist nach wie vor die Grundlage aller zeitgenössischen Versionen des Tschaikowsky/Petipa-Meisterwerks.
12. Insbesondere veränderte Nurejew die Batterie (das Zusammenschlagen der Beine) kurz vor dem Finale des Balletts; er ersetzte eine diagonale Serie von Brisès (aufeinanderfolgende Beinschläge, die vor dem Körper des Tänzers ausgeführt werden) durch einen Satz von sechzehn Entrechats six (der Tänzer springt aus dem Plié gerade in die Höhe und schlägt seine Füße einige Male gekreuzt gegeneinander). Selbst heute noch gilt diese Form

der Elevation als Beurteilungsgrundlage der Technik eines männlichen Tänzers.

13. Interview mit Irina Kolpakowa, New York, 19. Mai 1993.
14. Dieselbe Meinung zu demselben Kostüm hatte seinerzeit Nijinskys Ausschluß aus derselben Kompanie ausgelöst.
15. Interview mit Alla Sisowa, Washington, D. C., 19. Oktober 1993.
16. Goleisowski – er hatte erheblichen Einfluß auf Balanchines spätere choreographische Innovationen im Westen – war ein »Reisender«, wie er sich selbst charakterisierte, mit einer Frau in jeder Stadt. Er war sich selbst nie ganz sicher, ob Alifimowa seine Tochter war. »Es ist möglich«, erklärte er einem Mitschüler von Nurejew.
17. »Persönlich«, schrieb Nurejew später, »dachte ich mir damals nichts dabei, an einem Tag von Leningrad nach Moskau und wieder zurück zu fliegen, wenn ich erfuhr, daß dort ein interessanter Tänzer auftrat.« Nurejew, *Nureyev*, S. 104.
18. Mit einer vielsagenden Ausnahme: Im Juni 1960 trat er mit Kurgapkina bei einem Treffen der überlebenden Sowjet-Intelligenzija auf, zu dem Chruschtschow persönlich in eine Villa außerhalb Moskaus geladen hatte. An diesem Ereignis läßt sich ermessen, welche Position Nurejew unter den neuen sowjetischen Danseurs bereits innehatte. Ebenfalls anwesend waren die Komponisten Schostakowitsch und Khatschaturian sowie der Pianist Swjatoslaw Richter, der die Rachmaninoff-Preluden vortrug.
19. Nurejew, *Nureyev*, S. 104.
20. Ein Pseudonym.

Kapitel 5: *Der Sprung, oder: Zuviel Freiraum*

1. Ein Pseudonym für Nurejews ersten längerfristigen Geliebten. Siehe 4. Kapitel.
2. Juri Wladimirowitsch Solowjew wurde 1940 in der Nähe von Leningrad geboren. Er trat zur gleichen Zeit wie Nurejew in die Kirow-Schule ein und stieg 1958 zusammen mit ihm in die Hauptkompanie auf. Sanft, blond und kraftvoll, zugleich aber auch gefühlvoll, galt Solowjew bei vielen Russen und auch im Westen als der bessere Tänzer. Am 15. Januar 1977 verübte er Selbstmord in seiner Privatdatscha.
3. Weil die Einladung wieder zurückgezogen wurde, versäumten die

Zuschauer die Gelegenheit, Ulanowa und Dudinskaja, die herrschenden Assolutas des Bolschoi respektive des Kirow, auf einer Bühne auftreten zu sehen.

4. Raissa Stepanowna Strutschkowa wurde in Moskau geboren, studierte an der Bolschoi-Schule und stieg 1944 in die Kompanie auf. Sie erfreute sich bei russsischen Kritikern wie auch dem Publikum großer Beliebtheit, bis sie sich 1978 zurückzog.
5. Trotz Nurejews Absprung debütierte die Kompanie in London und in New York; sie trat in beiden Städten jeweils einen ganzen Monat lang auf, in New York sogar noch zwei weitere Wochen. Die Rundreise durch Amerika wurde jedoch abgekürzt, da es zu vielen Protestkundgebungen unter dem Motto »Besser tot als rot« kam. Ende Oktober kehrte die Truppe wieder nach Leningrad zurück.
6. John Percival, *Nureyev*, S. 41.
7. Aus dem »Moderne« ist inzwischen ein »Holiday Inn« geworden.
8. Für den Dokumentarfilm *Nureyev* von Patricia Foy im Jahr 1991.
9. *Show Business Illustrated*, 31. Oktober 1961.
10. Eine Taktik, die die russischen Ballettemigranten seit der Revolution gewählt haben und Makarowa nach wie vor am besten beherrscht.
11. Interview mit Clara Saint, Paris, 10. Juni 1993.
12. Interview mit Pierre Lacotte, Paris, 3. März 1994.
13. Interview mit Clara Saint, Paris, 10. Juni 1993.
14. Interview mit Irina Kolpakowa, New York, 19. Mai 1993.
15. Stalin und seine Genossen konnten sich offensichtlich Sex zwischen Frauen überhaupt nicht vorstellen; bis zum heutigen Tag erwähnt das sowjetische Strafgesetz Lesbierinnen an keiner Stelle.
16. Interview mit Frank Augustyn, Toronto, 11. November 1993.
17. Der Geist Nijinskys war wieder aufgetaucht. Das Champs-Elysées war das Theater, in dem die Strawinsky/Nijinsky-Uraufführung von *Le Sacre du Printemps* eine ähnliche Explosion ausgelöst hatte.

Kapitel 6: *Eine neue Gattung*

1. *Weekend Review*, 13. Mai 1962.
2. John Percival, *Nureyev*, S. 50.

3. *Ballet Review*, Frühling 1975.
4. Ibid.
5. Interview mit David Daniel, New York, 1. Juni 1994.
6. Interview mit Dame Ninette de Valois, London, 17. Juni 1993.
7. Martha Graham, *Der Tanz, mein Leben*, S. 241.
8. Interview mit Maria Tallchief, New York, 20. Januar 1993.
9. Interview mit John Wilson, New York, 25. Januar 1994.
10. John Martin, *Saturday Review*, 25. März 1963.
11. *Time*, 16. April 1965.
12. Interview mit Sonia Arova, New York, 15. Februar 1994.
13. Volkovas Einfluß zeigt sich noch heute bei ihrem ehemaligen Schüler Stanley Williams, dem wichtigsten Tanzpädagogen für Männer an der Schule des American Ballet in New York. Nurejew besuchte Williams' Unterricht später regelmäßig und behauptete, dieser habe ihm zehn zusätzliche Jahre als Tänzer geschenkt.
14. Interview mit Peter Martins, New York, 23. Februar 1994.
15. Ibid.
16. Interview mit Anna Kisselgoff, New York, 17. Februar 1994.
17. Interview mit Elena Tschernitschowa, New York, 2. Oktober 1993.
18. Interview mit Georgina Parkinson, New York, 28. Januar 1994.
19. *Ballet Review*, Frühling 1975.
20. Interview mit Elena Tschernitschowa, New York, 2. Oktober 1993.
21. Interview mit Sonia Arova, New York, 15. Februar 1994.
22. *Ballet Review*, Frühling 1975.
23. Interview mit Peter Martins, New York, 23. Februar 1994.
24. Interview mit Heather Watts, New York, 31. Mai 1993.
25. Pseudonym, unter dem Nigel Gosling und seine Frau, die Ballerina Maude Lloyd, Tanzkritiken schrieben.
26. Alexander Bland, *Observer of the Dance: 1958–1982*, S. 87.
27. Ibid.
28. Interview mit Ninette de Valois, London, 29. Juni 1993.

Kapitel 7: *Die letzte kaiserliche Ballerina*

1. Fonteyn wurde 1959 geadelt.
2. Margot Fonteyn, *Die zertanzten Schuhe*, S. 254.
3. Ibid., S. 255.
4. Dokumentarfilm *Fonteyn and Nureyev: The Perfect Partnership*, Regie: Patricia Foy, 1985.

5. Dokumentarfilm *Margot Fonteyn*, Produktion und Regie: Patricia Foy, 1989.
6. Arlene Croce, *After-Images*, S. 371.
7. Foy, Dokumentarfilm *Margot Fonteyn.*
8. Interview mit Dame Ninette de Valois, London, 29. Juni 1994.
9. Foy, Dokumentarfilm *Fonteyn and Nureyev.*
10. Balanchine ließ sich davon nicht beeindrucken und schrieb, Fonteyn habe Hände wie Spateln.
11. Alexander Bland, *Observer of the Dance: 1985–1982*, S. 8.
12. Interview mit Nadia Nerina, New York, 15. Oktober 1993.
13. Foy, Dokumentarfilm *Margot Fonteyn.*
14. *Time*, 15. April 1965.
15. Foy, Dokumentarfilm *Margot Fonteyn.*
16. Interview mit John Wilson, New York, 25. Januar 1994.
17. Interview mit Martine van Hamel, New York, 25. Februar 1994.
18. Interview mit Sonia Arova, New York, 15. Februar 1994.
19. Interview mit Peter Martins, New York, 23. Februar 1994.
20. Interview mit Laura Young, Boston, 7. November 1993.
21. Interview mit Ghislaine Thesmar, Paris, 20. Juni 1993.
22. Dokumentarfilm *Nureyev*, Regie: Patricia Foy, 1991.
23. Foy, Dokumentarfilm *Margot Fonteyn.*
24. Ibid.
25. Fonteyn, *Die zertanzten Schuhe*, S. 46.
26. Foy, Dokumentarfilm *Margot Fonteyn.*
27. Interview mit Ninette de Valois, London, 29. Juni 1994.
28. *Time*, 16. April 1965.
29. *Ballet Review*, Sommer 1993.
30. David Gillard, *Beryl Grey: A Biography*, S. 87.
31. Gillard liefert auch noch eine interessante Anmerkung: »Miss Sibley erzählte mir einmal, daß sie erschrak, als sie zum erstenmal die Chloe in *Daphnis und Chloe* angeboten bekam, eine Rolle, die Ashton 1951 für Fonteyn geschaffen hatte. Fonteyn hatte sich diese Rolle sehr zu eigen gemacht, und Sibley hatte sie nie eine andere Tänzerin tanzen sehen. Erst als Ashton ihr sagte, daß Chloe ursprünglich blond gewesen sei (wie Sibley), nicht dunkelhaarig wie Fonteyn, konnte sie die Rolle losgelöst von Fonteyn betrachten und sich als Schäferin sehen.« Gillard, *Beryl Grey*, S. 97.
32. Nachruf der Vancouver Ballet Society auf Margot Fonteyn, Vancouver, Mai 1991.

33. Ibid.
34. *Ballet Review*, Sommer 1993.
35. Foy, Dokumentarfilm *Margot Fonteyn*.
36. *The Daily Telegraph*, London, 10. September 1994. Die Einschußstellen scheinen die Chauffeur-Version zu unterstützen. Die Schüsse, die bei Arias zu einer Querschnittslähmung führten, trafen ihn alle in die untere Rückenhälfte und ins Hinterteil und scheinen damit auf einen Racheakt für einen Ehebruch hinzuweisen.
37. Interview mit Heather Watts, New York, 31. Mai 1993.
38. *The Daily Telegraph*, London, 10. September 1994.
39. *Vanity Fair*, März 1993.
40. Nachruf der Vancouver Ballet Society auf Margot Fonteyn, Mai 1991.
41. Fonteyn war jedoch keine Klientin von Hurok-Concerts, sie war nur durch Huroks Betreuung des Royal Ballet mit ihm verbunden.
42. Interview mit Nadia Nerina, London, 15. Oktober 1993.

Kapitel 8: *Pop-Danseur*

1. *Time*, 16. Mai 1965.
2. Peter Martins, *Far from Denmark*, S. 134.
3. Interview mit Sheila Porter, New York, 12. November 1993.
4. Interview mit Merle Park, London, 29. Juni 1993.
5. Arlene Croce, *After-Images*, S. 113.
6. Jeremy Tunstall, »Stars, Status, Mobility«, in *American Media and Mass Culture*, Donald Lazere (Hrsg.), S. 117.
7. Croce, *After-Images*, S. 91.
8. Interview mit Peter Martins, New York, 23. Februar 1994.
9. Edward P. Morgan, *The Sixties Experience: Hard Lessons about Modern America*, S. 44.
10. Ibid., S. 169.
11. Marshall McLuhan and Quentin Fiore, *Das Medium ist Massage*, S. 88.
12. *San Francisco Examiner*, 11. Juli 1967.
13. Interview mit John Wilson, New York, 25. Januar 1994.
14. *National Observer*, 27. September 1965.
15. Gay Talese, *New York Times*, 22. April 1965.

16. *New York Times*, 22. April 1968.
17. Interview mit Barbara Horgan, New York, 8. Dezember 1993.
18. Interview mit Peter Martins, New York, 23. Februar 1994.
19. Interview mit Frank Augustyn, Toronto, 3. November 1993.

KAPITEL 9: *Der große Schwulenmythos: »Ich habe mit Nurejew geschlafen«*

1. Martha Graham, *Der Tanz, mein Leben*, S. 155.
2. *Newark Evening News*, 29. Dezember 1962.
3. Es sei denn, es war in die Geschichte eingeplant, wie in Antony Tudors *Pillar of Fire.*
4. Interview mit Eleanor d'Antuono, New York, 12. November 1993.
5. *Ballet Review*, Frühjahr 1979.
6. Lincoln Kirstein, *Dance: A Short History of Classic Theatrical Dancing*, S. 4.
7. Ibid., S. 5.
8. Bob Colacello, *Vanity Fair*, März 1993.
9. Ibid.
10. Ibid.
11. Interview mit Sonia Arova, New York, 15. Februar 1994.
12. *Esquire*, März 1991.
13. Interview mit Monique van Vooren, New York, 6. März 1994.
14. Pseudonyme.
15. Interview mit Kevin Gardner, Moskau, 18. Juli 1993.
16. Interview mit James Toback, New York, 1. Februar 1994.
17. Interview mit Michael Callen, New York, 18. Juni 1993.
18. Interview mit Joel Rodham, 12. Juni 1994.
19. Paul Monette, *Becoming a Man: Half a Life Story*, S. 4.
20. Interview mit Monique van Vooren, New York, 6. März 1994.
21. Lynn Barber, *The Independent on Sunday*, 10. Januar 1993.
22. *Geo*, 27. Juni 1983.
23. Interview mit James Toback, New York, 1. Februar 1994.

KAPITEL 10: *Hansdampf in allen Gassen*

1. »The Sunday Review«, *The Independent on Sunday*, 10. Januar 1993.
2. Erst am 9. April 1963 wurde Nurejews Wechsel in den Westen in

der ehemaligen Sowjetunion offiziell bekanntgegeben. »Nurejew hat die sowjetische Kunst und sein Land hintergangen«, verkündete die *Iswestija*, »und verkümmert nun als Tänzer zusehends. Eine Weile genoß er skandalöse Beliebtheit, die auf seine üble Rolle als Überläufer zurückzuführen sein dürfte.« Der Artikel war begleitet von einer beißenden Kritik an Nurejews Darstellungen, die eine Woche zuvor von Serge Lifar in Paris veröffentlicht worden war. Lifar war mehr als dreißig Jahre lang Direktor des Balletts der Pariser Oper gewesen; am Ende des Zweiten Weltkriegs war er der Kollaboration mit den Nazis beschuldigt worden und entkam nur knapp einer Hinrichtung. (Heute liegt er kaum fünfzehn Meter von Nurejew entfernt auf dem Friedhof von Sainte-Geneviève-des-Bois bestattet.) Nurejew, so schrieb Lifar, sei »nicht gefestigt, hysterisch und eitel … Er ist einfach nur ein Junge, der sich gegen die Disziplin auflehnt, die die Kunst erfordert. Diese Disziplin erfordert harte Arbeit, nicht Whiskey um fünf Uhr früh. Jetzt belügt er die ganze Welt.« *International Herald Tribune*, 10. April 1963; *New York Times*, 10. April 1963.

3. *Show Business Illustrated*, 31. Oktober 1961.
4. *International Herald Tribune*, 13. Januar 1962.
5. Arlene Croce, *After-Images*, S. 91.
6. *New York Post*, 13. Juli 1964.
7. Die drei Meisterwerke von Tschaikowsky/Petipa, die die Basis des kaiserlichen russischen Klassizismus bilden, wurden anfangs von italienischen, nicht von russischen Ballerinen getanzt: Carlotta Brianza in *Dornröschen*, Antonietta dell'Era im *Nußknacker* und Pierina Legnani in *Schwanensee*.
8. In Frankreich bekamen sie den Spitznamen *les quatre monstres sacrés*.
9. Da Nurejew in Athen auftreten sollte, sagte Swjatoslaw Richter, der Nurejew auf der Chruschtschow-Soiree drei Jahre zuvor so sehr beeindruckt hatte, seine drei Auftritte auf dem Festival ab, bei denen er unter anderem auch mit den Wiener Philharmonikern unter Herbert von Karajan hätte spielen sollen.
10. Die Werbekampagne von Santory, mit der Nurejew den Sowjets wirklich eins auswischte, lieferte ihm das nötige Bargeld, um im gleichen Jahr in Zürich *Manfred* auf die Bühne zu bringen.
11. *The Observer*, 10. Januar 1993.
12. Interview mit Georgina Parkinson, New York, 28. Januar 1994.

13. Interview mit Merle Park, London, 29. Juni 1993.
14. Interview mit Antoinette Sibley, London, 1. Juli 1993.
15. Interview mit Nadia Nerina, London, 15. Oktober 1993.
16. *The Sunday Times Magazine*, London, 31. Januar 1993.
17. Einzige Ausnahme ist die russische Ballerina Violetta Elvin, die einen Briten heiratete.
18. Interview mit Antoinette Sibley, London, 1. Juli 1993.
19. Interview mit Glen Tetley, New York, 27. Januar 1993.
20. *Variety*, 6. Februar 1963.
21. Interview mit Mavis Richardson, Thames Television, 1981.
22. Interview mit Antoinette Sibley, London, 1. Juli 1993.
23. *Ballet Review*, Winter 1993.
24. Eigentlich sollte David Blair (1932–1976) die Nachfolge von Michael Somes als Fonteyns Stammpartner antreten, als Nurejew auf der Bildfläche erschien.
25. Thames Television Interview, 1981.
26. Interview mit Sonia Arova, New York, 15. Februar 1993.
27. *Newsweek*, 19. April 1965.
28. Interview mit Georgina Parkinson, New York, 28. Januar 1994.
29. Ibid.
30. Interview mit Nadia Nerina, London, 15. Oktober 1993.
31. *Ballet Review*, Winter 1993.
32. Interview mit Lynn Seymour, London, 5. Mai 1993.
33. Lynn Seymour: *Lynn: The Autobiography of Lynn Seymour*, S. 235.
34. Interview mit Merle Park, London, 29. Juni 1993.
35. *Globe and Mail*, 4. Januar 1965.
36. Interview mit Jerome Robbins, New York, 10. Januar 1994.
37. *The Times Saturday Review*, London, 30. März 1991.

Kapitel 11: *Der Nurejew-Konzern*

1. *Vanity Fair*, März 1993.
2. *The Sunday Times* (London), 10. Januar 1993.
3. Interview mit Nadia Nerina, London, 15. Oktober 1993.
4. Interview mit Sonia Arova, New York, 15. Februar 1994.
5. Ibid.
6. Viele Jahre lang gehörte auch Jennette Thurnheer aus Zürich zu Nurejews Rechtsberatern. Sie ist nunmehr Leiterin des Auf-

sichtsrats, der den Nachlaß Nurejews verwaltet. Der Rat hat seinen Sitz ebenfalls in Zürich.

7. Gordon bot Nurejew seine Dienste an, aber sie unterhielten nie eine offizielle Verbindung.
8. *The Spectator*, 16. Januar 1993.
9. Nurejews Wohnung im Dakota wurde 1993 für eine unbekannte Summe verkauft, aber eine andere Wohnung in diesem Komplex in etwa der gleichen Größe und Ausstattung wechselte kurz davor für etwa 1,3 Millionen Dollar den Besitzer.
10. *The Sunday Times* (London), 10. Januar 1993.
11. Ibid.
12. *The Spectator*, 16. Januar 1993.
13. Interview mit Sonia Arova, New York, 15. Februar 1994.
14. *The Spectator*, 16. Januar 1993.
15. Interview mit Nadia Nerina, New York, 15. Oktober 1993.
16. *Dancemagazine*, März 1962.
17. *The New York Post*, 10. November 1963.
18. Schätzungen über den Wert der Villa La Turbie schwanken von 50.000 über 80.000 Dollar hin zu 150.000 Dollar. 1985 erklärte Nurejew Lee Radziwill in *Architectural Digest*, er habe sie von dem Honorar für seinen Auftritt in der *Bell Telephone Hour* erstanden, was jedoch unwahrscheinlich ist.
19. *Time*, 29. März 1968.
20. Interview mit Sonia Arova, New York, 16. Februar 1994.
21. Interview mit John Wilson, New York, 25. Januar 1994.
22. *This Week*, 15. März 1953.
23. Interview mit John Wilson, New York, 25. Januar 1994.
24. *New York Times*, 8. August 1975.
25. Seymour, *Lynn*, S. 238.
26. Bruhn erholte sich noch rechtzeitig, um seinen nächsten geplanten Auftritt zwei Tage später wahrzunehmen.
27. Interview mit John Wilson, New York, 25. Januar 1994.
28. Interview mit John Gingritch, New York, 20. Februar 1994.
29. *New York Times*, 27. Juli 1975.
30. Interview mit Celia Franca, New York, 16. Februar 1994.
31. Luis Falco starb kurz vor Nurejew ebenfalls an Aids.
32. Interview mit John Wilson, New York, 25. Januar 1994.
33. *Variety*, 1. Februar 1978.
34. *New York Times*, 1. Februar 1976.

Kapitel 12: *Wer hat Angst vor Martha und George?*

1. Murray Louis, *Inside Dance*, S. 98.
2. Knapp ein Jahr vor Nurejews Ankunft im Westen brach eine stürmische Kontroverse über die erheblichen Förderungsgelder der Ford Foundation aus, die zur Unterstützung des amerikanischen Tanzes ausgeschüttet wurden. Das Ballett bekam eine ganze Menge davon ab, die Modern Dancer rein gar nichts. Dies führte zu einer der übelsten Schimpftiraden in der Tanzgeschichte – einem frühmorgendlichen Anruf einer reichlich angetrunkenen Graham bei Kirstein. Graham schrie Kirstein sofort an: »Sie sind nichts weiter als ein ganz gewöhnlicher Dieb!«
3. *Images of Love* war das erste rein zeitgenössische Ballet, das speziell für Nurejew kreiert worden war. Mit dabei waren Christopher Gable und Lynn Seymour. Seymour, *Lynn*, S. 236.
4. Ibid.
5. Interview mit Rudi van Dantzig, New York, 17. Februar 1994.
6. Ibid.
7. Interview mit Ninette de Valois, London, 30. Juni 1993.
8. Bei der Premiere von *Field Figures* am 9. November 1970 trat Nurejew nicht auf. Er übernahm die Rolle, die ursprünglich für Desmond Kelly kreiert worden war. Interview mit Glen Tetley, New York, 27. Januar 1994.
9. Interview mit Murray Louis, New York, 17. März 1993.
10. Interview mit Paul Taylor, New York, 31. Januar 1994.
11. *Christopher Street*, August 1976.
12. Interview mit Paul Taylor, New York, 30. Januar 1993.
13. Gian Carlo Menotti gründete das Spoleto-Festival.
14. Paul Taylor, *Private Domain*, S. 211.
15. Interview mit Paul Taylor, New York, 31. Januar 1994.
16. *Christopher Street*, August 1976.
17. *Dance*, Juli 1975.
18. Croce, *After-Images*, S. 162.
19. Don McDonagh, *Martha Graham: A Biography*, S. 289.
20. Interview mit Christine Daikin, New York, 4. Januar 1994.
21. Graham, *Der Tanz, mein Leben*, S. 244.
22. Interview mit Janet Eilber, New York, 11. Januar 1994.
23. *New York Times*, 15. Juni 1975.
24. Interview mit Janet Eilber, New York, 11. Januar 1994.

25. Interview mit Christine Daikin, New York, 4. Januar 1994.
26. Interview mit Janet Eilber, New York, 11. Januar 1994.
27. Interview mit Rudi van Dantzig, New York, 17. Februar 1994.
28. Arlene Croce, *The New Yorker*, 18. Januar 1993.
29. Interview mit Rudi van Dantzig, New York, 17. Februar 1994.
30. Interview mit Barbara Horgan, New York, 8. Dezember 1993.
31. Interview mit Eleanor d'Antuono, New York, 12. November 1993.
32. Interview mit Barbara Horgan, New York, 8. Dezember 1993.
33. Croce, *After-Images*, S. 112.
34. Interview mit Barbara Horgan, New York, 8. Dezember 1993.
35. Interview mit Patricia McBride, New York, 10. März 1994.
36. *Newsday*, 8. April 1989.

Kapitel 13: Valentino *etc.*

1. Richard Stites, *Russian Popular Culture: Entertainment and Society Since 1990*, S. 125.
2. Ibid., S. 132.
3. Ibid.
4. Interview mit Michel Canesi, Paris, 21. Juni 1993.
5. *The Sunday Times Magazine* (London), 31. Januar 1993.
6. *Variety*, 20. März 1964.
7. *Newsweek*, 27. Juli 1964.
8. *New York Times*, 14. Juli 1964.
9. *New York Times*, 22. März 1966.
10. Die Männer, denen wir James Bond zu verdanken haben.
11. Interview mit Edward Albee, New York, 13. Januar 1994.
12. *The Sunday Times* (London), 30. April 1972.
13. *Films and Filming*, September 1972.
14. Als *I am a Dancer* erneut in die Kinos kam, spielte der Film nach nur drei Zeitungsanzeigen sechzigtausend Dollar ein.
15. Koproduzenten des Films waren Nurejew, Robert Helpmann – der großartige australische Charaktertänzer, der die Titelrolle übernahm – und John Hargreaves, einer der Produzenten von *I am a Dancer*. Helpmann war auch Koregisseur.
16. Judith Christ, *New York Magazine*, 5. November 1973.
17. Anna Kisselgoff, *New York Times*, 11. März 1973.
18. Interview mit Heather Watts, New York, 19. Mai 1993.
19. Interview mit Nadia Nerina, London, 15. Oktober 1993.

20. *The Sunday Times* (London), 30. April 1972.
21. Interview mit James Toback, New York, 1. Februar 1994.
22. Obgleich er jeden Tag seine Barre-Übungen machte, häufig auch am jeweiligen Drehort. So wurde die Crew daran erinnert, daß sie etwas Besonderem beiwohnen durfte.
23. Interview mit Felicity Kendal, London, 8. Februar 1994.
24. Interview mit Carol Kane, New York, 9. März 1994.
25. Das Drehbuch zu *Valentino* stammte von Russell und John Byrum, obgleich im Film Russell und Mardik Martin als Drehbuchautoren genannt werden.
26. Interview mit Michelle Phillips, Los Angeles, 10. Februar 1994.
27. *New York Times*, 10. November 1977.
28. Ibid.
29. *Variety*, 4. Januar 1978.
30. Der Gesamterlös aus den verkauften Eintrittskarten belief sich auf geschätzte eineinhalb Millionen Dollar, und der Film wurde bald wieder aus dem Verleih genommen.
31. *New York Times*, 22. April 1983.
32. *Variety*, 20. April 1983.
33. Die letzte Einstellung von *Exposed* (*Gefährliches Dreieck*), die Nastassja Kinski in einer sehr großen, erstarrten Nahaufnahme zeigt, ist ein exaktes Duplikat von Decaes berühmter letzter Aufnahme von Jean-Pierre Léaud in *Sie küßten und sie schlugen ihn.*
34. Interview mit James Toback, New York, 1. Februar 1994.
35. Ibid.
36. Ibid.
37. *Variety*, 20. Dezember 1972.
38. *GQ*, Januar 1983.
39. Das Duett stammt aus Mozarts *Don Giovanni.*
40. Dargestellt von Graham Fletcher, einem Solotänzer des Royal Ballet.

Kapitel 14: *Zurück in Paris*

1. Hätte Nurejew mehr als insgesamt sechs Monate pro Jahr in Paris verbracht, dann hätte er seinen offziellen Wohnsitz in Frankreich anmelden müssen, einen Status, den er nicht wollte, weil damit seine weltweiten Einkünfte unter das französische Steuergesetz gefallen wären. Indem er nicht mehr als sechs Monate in Paris

blieb, mußte er dort nur versteuern, was er in Frankreich verdiente.

2. Wieder einmal waren die Franzosen in den Verhandlungen ebenso hartnäckig wie Nurejew. Seine Gage schwankte: Für den Auftritt in einem abendfüllenden Stück bekam er voll bezahlt, für einen kürzeren Auftritt an einem Repertoire-Abend gab es Abzüge. Mit dieser Regelung sparte die Pariser Oper eine beträchtliche Summe in den letzten Jahren von Nurejews Amtszeit bei der Kompanie, als die Anzahl seiner Auftritte mit seinen schwindenden körperlichen Fähigkeiten und zunehmenden Abwesenheiten stark abnahm.
3. *New York Times*, 23. Oktober 1983.
4. Interview mit Patrice Bart, Paris, 23. Juni 1993.
5. Interview mit Patricia Ruanne, New York, 10. Mai 1993.
6. Interview mit Thierry Fouquet, Paris, 23. Juni 1993.
7. Interview mit Patrick Dupond, Paris, 7. Juli 1993.
8. Abdruck in *The Guardian*, 30. Juni 1985.
9. Die Schwanenkönigin und ihre Schwestern treten erst im zweiten Akt auf.
10. Interview mit Patrice Bart, Paris, 23. Juni 1993.
11. Interview mit Antoinette Sibley, London, 1. Juli 1993.
12. Interview mit Glen Tetley, New York, 27. Januar 1994.
13. Lydia Sokolova, *Dancing for Diaghilev*, S. 24.
14. Ein vielversprechender, bekannter junger französischer Tänzer und Choreograph.
15. Interview mit Patrick Dupond, Paris, 7. Juli 1993.
16. Renault war einer der vier männlichen Hauptdarsteller bei der Premiere von Balanchines *Palais de cristal* (1947), zu Georges Bizets einziger Symphonie. Das Ballett ist heute weltweit bekannt und beliebt als *Symphonie in C.*
17. Zu Béjart und seinem Werk siehe Arlene Croces Aufsatz: »The Follies Béjart« in ihrer Sammlung von Kritiken, *After-Images*, S. 380 ff.
18. Die besondere Ironie liegt natürlich darin, daß Béjart gezwungen war, nach Brüssel zu gehen, weil die Pariser Oper ihn nicht als Ballettdirektor haben wollte. Ein interessanter Nebenaspekt der Auseinandersetzung zwischen Nurejew und Béjart ist, daß das Théatre Royal de la Monnaie in Brüssel, die damalige Heimat der Béjart-Kompanie, kaum ein Jahr später mit der amerikanischen

Mark Morris Dance Group Verhandlungen aufnahm, um die Béjart-Truppe abzulösen. Es ist durchaus anzunehmen, daß sich Béjart, ein stets wachsamer Mann, der drohenden Veränderungen bereits bewußt war, als er seinen Coup in Paris versuchte.

19. *Philadelphia Inquirer*, 27. März 1986.
20. Dank des Stroms russischer Emigranten nach der Revolution von 1917 wurde Paris auch zum wichtigsten Ausbildungszentrum des europäischen Balletts. Unter den früheren kaiserlichen Ballerinen, die in Paris ihre Studios eröffneten, befanden sich auch die allergrößten, wie etwa Olga Preobrajenska, Mathilde Kschessinskaja und Lubov Egorova.
21. Nach drei spannungsreichen Jahren, in denen Lifar mehr als einmal in Handschellen, von ärgerlichen Wächtern mit geladenen Schußwaffen bewacht, in einem düsteren Keller landete, wurde er schließlich in einem öffentlichen Verfahren für unschuldig befunden.
22. Edwin Denby, *Dance Writings*, S. 368.
23. Interview mit Jerome Robbins, New York, 10. Januar 1994.
24. Interview mit Patricia Ruanne, New York, 10. Mai 1993.
25. Die Pariser Oper verlangt von ihren weiblichen Mitgliedern, sich mit vierzig zurückzuziehen; denn männlichen werden weitere fünf Jahre zugestanden.
26. Interview mit Patrick Dupond, Paris, 7. Juli 1993.
27. Interview mit Elisabeth Platel, Paris, 19. Juni 1993.
28. In einem nurejewartigen Schachzug verließ Guillem die Pariser Oper 1988 nach einem gewaltigen Streit über die Anzahl ihrer Auftritte und ist heute eine der großen Attraktionen beim Royal Ballet in London. Nurejews Meinung über sie verschlechterte sich schließlich. »Sie leuchtet nicht«, erklärte Nurejew in *The Sunday Times Magazine* (London) 1991. »Wir lieben sie und bewundern ihre Musikalität ... aber ihre Auftritte sind selbstsüchtig. Wie bei Natalia Makarowa. Es sind keine großzügigen Auftritte.«
29. Interview mit Elisabeth Platel, Paris, 19. Juni 1993.
30. Interview mit Patrice Bart, Paris, 23. Juni 1993.
31. De facto gab es keinen neuen Vertrag. Nurejews erster Vertrag blieb einfach weitere drei Jahre bestehen.

Kapitel 15: *Aids? – Ich doch nicht!*

1. Nurejew, der Danseur mit dem struppigen Haar, schlug eine Brücke zwischen den elitären Traditionen des Royal Opera House im Covent Garden und dem Kreis kreativer frischer junger Talente, aus dem heraus die Beatles, die Rolling Stones und filmische Low-Budget-Meisterwerke wie etwa Tony Richardsons *Tom Jones* entstanden, ein Film, der die flaue britische Filmindustrie wieder in die Gänge brachte.
2. Paul Monette, *Becoming a Man: Half a Life Story*, S. 63.
3. Michael Callens Nachforschungen für sein 1990 erschienenes Buch *Surviving AIDS* erbrachten, daß von den achtundvierzig Personen, bei denen im Januar 1981 Aids festgestellt worden war, noch fünf am Leben waren; von den 191 Personen, bei denen bis Januar 1982 AIDS festgestellt worden war, lebten noch fünfzehn.
4. Interview mit James Toback, New York, 1. Februar 1994.
5. *Vanity Fair*, März 1993.
6. Interview mit Patrick Dupond, Paris, 7. Juli 1993.
7. Das Interview, das Canesi der Pariser Zeitung *Le Figaro* eine Woche nach Nurejews Tod gab, war die erste offizielle Verlautbarung, daß Nurejew an den Folgen einer Aids-Erkrankung gestorben war. Canesi behauptete zwar, Nurejew habe ihm die Erlaubnis gegeben, mit den Tatsachen seiner Erkrankung nach seinem Ableben nach eigenem Gutdünken umzugehen, wurde jedoch dennoch von der nationalen französischen Ärzteorganisation beschuldigt, das Vertrauensverhältnis zwischen Arzt und Patient verletzt zu haben. In der Folge wurde ihm untersagt, jegliche weitere Information, die nicht bereits in dem *Figaro*-Interview erschienen war, zu veröffentlichen, was auch für das Interview, das er mir für mein Buch am 21. Juni in Paris gewährte, eine Bedingung war. Canesi ging auch nicht weiter auf den Grund für Nurejews ersten Besuch 1983 bei ihm ein.
8. Nachgedruckt in *The Guardian*, 20. Januar 1993.
9. Canesi zufolge basierte seine Schätzung des Zeitraums, während dessen Nurejew schon HIV-positiv war, auf »bestimmten biologischen Sachverhalten, die sein Körper zu dieser Zeit aufwies.« Zehn Jahre später sagt er, daß seine späteren Erfahrungen in der Arbeit mit Aids-Patienten seine erste Diagnose bestätigt hätten. Interview mit Canesi, Paris, 21. Juni 1993.

10. Ibid.
11. Randy Shilts, *And the Band Played On: Politics, People and the AIDS Epidemic*, S. 475.
12. Interview mit Canesi, Paris, 21. Juni 1993.
13. *Vanity Fair*, März 1993.
14. *The Guardian*, 20. Januar 1993.
15. Ibid.
16. *Vanity Fair*, März 1993.
17. *The Guardian*, 20. Januar 1993.
18. Paul Monette, *Borrowed Time*, S. 2, 102.
19. Michael Callen, *Surviving AIDS*, S. 243.
20. Interview mit Patrice Bart, Paris, 23. Juni 1993.
21. Interview mit Rudi van Dantzig, New York, 17. Februar 1994.
22. Paul Monette, *Borrowed Time*, S. 81.
23. *Newsweek*, 18. Januar 1993.
24. Interview mit Paul Monette, 11. Februar 1994.
25. Interview mit Michel Canesi, Paris, 21. Juni 1993.
26. *Newsweek*, 18. Januar 1993.
27. Interview mit Elisabeth Platel, Paris, 19. Juni 1993.
28. Michael Callen, *Surviving Aids*, S. 183.

Kapitel 16: *The Fat Lady Sings*

1. *Esquire*, Mai 1991.
2. Interview mit Anna Kisselgoff, New York, 17. Februar 1994.
3. Nurejew erhielt 1982 einen österreichischen Paß. Bis dahin war er offiziell als staatenlos registriert gewesen.
4. *Newsweek*, 19. April 1965.
5. *Dance Magazine*, Mai 1990.
6. *The Sunday Times Magazine* (London), 31. Januar 1993.
7. *The Sunday Times Magazine* (London), 30. März 1991.
8. *New York Times*, 3. November 1989.
9. Eine Beförderung zum Étoile-Status obliegt allein dem Ballettdirektor, aber nach der Kompaniesatzung müssen sich die Kandidaten für die obersten Ränge der Opernhierarchie ihren Weg durch alle Ränge hindurcharbeiten.
10. *Vanity Fair*, März 1993.
11. *New York Times*, 2. November 1989.
12. Ibid.

13. *Esquire*, März 1991.
14. Arlene Croce, *After-Images*, S. 111.
15. *The Daily Mail*, 22. Juli 1985.
16. *Le Figaro*, 15. Januar 1993.
17. Judith Mackrell, *The Independent*, 31. Juli 1993.
18. Interview mit Antoinette Sibley, London, 1. Juli 1993.
19. Interview mit Maria Tallchief, New York, 20. Januar 1993.
20. Interview mit Barbara Horgan, New York, 8. Dezember 1993.
21. Interview mit Nadia Nerina, London, 15. Oktober 1993.
22. *The Spectator*, 16. Januar 1993.
23. *The Sunday Times Magazine* (London), 31. Januar 1993.
24. Ibid.
25. *Times* (London), 8. Mai 1991.
26. Nurejew kannte Hübner seit 1964 und pflegte ihn »Papa Hübner« zu nennen.
27. *The Observer*, 21. Mai 1991.
28. Interview mit Charles Barker, New York, 11. Februar 1994.
29. *The Sunday Times Magazine* (London), 31. Januar 1993.
30. *Le Figaro*, 15. Januar 1993.
31. Interview mit Patricia Ruanne, New York, 10. Mai 1993.
32. Ibid.
33. Interview mit John Taras, New York, 7. Juni 1993.
34. Interview mit Charles Jude, Paris, 17. Juni 1993.
35. *Le Figaro*, 15. Januar 1993.
36. Interview mit Michel Canesi, Paris, 21. Juni 1993.
37. Die Verbindung zu seiner Schwester Rosa ausgenommen, waren Nurejews Beziehungen zu seiner Familie seit Jahren ziemlich angespannt. Er schickte seinen Verwandten regelmäßig Geld, mit dem Ergebnis, daß sie von seiner Großzügigkeit abhängig wurden und gar nicht mehr versuchten, für ihren Lebensunterhalt selbst aufzukommen. Auf ihren Besuchen bei ihrem Bruder im Westen fühlten sich seine Schwestern offensichtlich nicht in ihrem Element. Bei einem Besuch in La Turbie – die Pariser Oper war gerade auf Tournee – bekamen sie plötzlich Angst vor den Nachbarn und schlugen einige von Nurejews teuersten Möbelstücken entzwei, um die Fenster zu verbarrikadieren. Dieser Vorfall war nicht untypisch. Bei ihrem letzten Besuch in Paris sollen sie sich sehr darüber aufgeregt haben, daß Nurejew in seinen letzten Lebensmonaten einiges an seinem Testament verändert hatte; so

sollte etwa eine Stiftung für verletzte oder berufsunfähige Tänzer von seinem Geld finanziert werden. Einigen Berichten zufolge fanden in Nurejews Krankenzimmer lautstarke Auseinandersetzungen zu diesem Thema statt. Er hinterließ jeder seiner Schwestern sowie allen seinen Nichten und Neffen jeweils 200.000 Dollar. Momentan ficht die Familie sein Testament an und versucht, den Verkauf von Nurejews persönlichem Besitz zu stoppen. Nurejews Nachlaßverwalter haben eine Gegenklage eingebracht.

38. *New York Times*, 7. Januar 1993.

Literaturauswahl

Tanz

Bland, Alexander, *Observer of the Dance: 1958–1982.* Dance Books, Ltd., London 1985.

Bremser, Martha (Hrsg.), *The International Dictionary of Ballet.* St. James Press, London 1994.

Buckle, Richard, *Nijinsky.* Simon & Schuster, New York 1971 (dt.: *Nijinsky.* Russe + Seewald, Herford 1987).

Buckle at the Ballet. Atheneum, New York 1980.

Croce, Arlene, *After-Images.* Knopf, New York 1977.

Going to the Dance. Knopf, New York 1982.

Sightlines. Knopf, New York 1987.

Denby, Edwin, *Dance Writings.* Robert Cornfield and William Mackay (Hrsg.), Knopf, New York 1986.

Fonteyn, Margot, *Autobiography.* W. H. Allen, London 1975 (dt.: *Die zertanzten Schuhe.* dtv, München 1981).

Gillard, David, *Beryl Grey: A Biography.* W. H. Allen, London 1977.

Graham, Martha, *Blood Memory: An Autobiography.* Washington Square Press, New York 1991 (dt.: *Der Tanz, mein Leben.* Heyne, München 1992).

Haskell, Arnold (Hrsg.), *Ballet Annual/Ballet Decade.* Macmillan, New York 1952.

Jowitt, Deborah, *The Dance in Mind.* David R. Godine, Boston 1985.

Time and the Dancing Image. William Morrow, New York 1988.

Karsavina, Tamara, *Theatre Street: The Reminiscences of Tamara Karsavina.* E. P. Dutton, New York 1931.

Kirstein, Lincoln, *Dance: A Short History of Classic Theatrical Dancing.* G. P. Putnam's Son, New York 1935.

Koegler, Horst (Hrsg.), *The Concise Oxford Dictionary of Ballet,* 2nd. ed., Oxford University Press, Oxford 1982.

Louis, Murray, *Inside Dance.* St. Martin's Press, New York 1980.

Martins, Peter, *Far from Denmark.* Little, Brown, Boston 1982.

McDonagh, Don, *Martha Graham: A Biography*. Praeger, New York 1973.
Morley, Iris, *Soviet Ballet*. Collins Press, London 1945.
Roslavleva, Natalia, *Era of the Russian Ballet*. Victor Gollancz, London 1966.
Seymour, Lynn, *Lynn: The Autobiography of Lynn Seymour*. Granada Publishing, Ltd., London 1984.
Slonimsky, Yuri, *The Soviet Ballet*. Philosophical Library, New York 1947.
Smakov, Gennady, *The Great Russian Dancers*. Knopf, New York 1984.
Sokolova, Lydia, mit Richard Buckle (Hrsg.), *Dancing for Diaghilev: The Memoirs of Lydia Sokolova*. MacMillan, New York 1961. Mercury House (Neuauflage) 1989.
Swift, Mary Grace, *The Art oft the Dance in the U.S.S.R.* University of Notre Dame Press, Notre Dame 1968.
Taylor, Paul, *Private Domain*. Knopf, New York 1987.
Tkachenko, T., *Soviet Dances*. Joan Lawson (Hrsg.), Imperial Society of Teachers of Dancing, London 1964.
Walker, Katherine Sorley, *Ninette de Valois: Idealist Without Illusions*. Hamish Hamilton, London 1987.

Allgemeines

Andersen, Christopher, *Jagger Unauthorized*. Dell, New York 1993 (dt.: *Mick Jagger*, Heyne, München 1993).
Beatty, Bernard, *Don Juan and Other Poems: A Critical Study*. Penguin, Harmondsworth, Middlesex, England 1987.
Blum, John Morton, *Years of Discord: American Politics and Society, 1961–1974*. W.W. Norton, New York 1991.
Calder, Angus, *Byron*. Open University Press, Milton Keynes, England 1987.
Fernandez, Ramon, *Molière: The Man Seen Through the Plays*. Octagon, New York 1980.
Gitlin, Todd, *The Sixties: Years of Hope, Days of Rage*. Bantam, New York 1987.
Howarth, W. D., und Merlin Thomas, *Molière: Stage and Study*. Oxford University Press, Oxford 1973.
James, Henry, *Washington Square*. Oxford University Press, Oxford 1982 (dt.: *Die Erbin von Washington Square*. Ullstein, Berlin 1982).

Lermontov, Mikhail, *A Hero of Our Time.* Paul Foote, (trans.) Penguin, Harmondsworth 1966 (dt.: *Ein Held unserer Zeit.* Insel, Frankfurt/Main 1989).

Maugham, W. Somerset, *A Writer's Notebook.* Penguin, New York 1949 (dt.: *Aus meinem Notizbuch.* Diana, Zürich 1954).

McLuhan, Marshall, und Quentin Fiore, *The Medium is the Massage.* Simon & Schuster, New York 1967. Touchstone (Neuauflage), 1989 (dt.: *Das Medium ist Massage.* Ullstein, Frankfurt 1969 und 1984).

Morgan, Edward P., *The Sixties Experience: Hard Lessons About Modern America.* Temple University Press, Philadelphia 1991.

Puschkin, Alexander, *Eugene Onegin*, Penguin, Harmondsworth 1977 (dt.: *Eugen Onegin.* Manesse, Zürich 1990).

Raphael, Frederic, *Byron.* Little, Brown, London 1992.

Stoker, Bram, *Dracula.* Penguin, Harmondsworth 1979 (dt.: *Dracula.* Fischer, Frankfurt/Main 1988).

Twitchell, James B., *Carnival Culture: The Trashing of Taste in America.* Columbia University Press, New York 1992.

Van Vooren, Monique, *Night Sanctuary.* Simon & Schuster, New York 1981.

Nurejew

Bland, Alexander, *The Nureyev Image.* Quadrangle/New York Times Books, New York 1976.

Nureyev, Rudolf, *Nureyev: An Autobiography with Pictures.* E. P. Dutton, New York 1963.

Percival, John, *Nureyev: Aspects of the Dancer.* G. P. Putnam's Sons, New York 1975.

Russland

Brandes, George, *Impressions of Russia: Life and Letters in Late Nineteenth Century Russia Viewed by a Distinguished Contemporary.* Thomas Y. Crowell, New York 1889.

de Jonge, Alex, *Stalin and the Shaping of the Soviet Union.* William Morrow, New York 1986.

Dukes, Paul, *A History of Russia: Medieval, Modern, Contemporary* (2. Aufl.). Duke University Press, Durham 1990.

Gosling, Nigel, *Leningrad.* E. P. Dutton, New York 1965.

Heller, Mikhail, und Aleksandr M. Nekrich, *Utopia in Power: The History of the Soviet Union from 1917 to the Present.* Simon & Schuster, New York 1986.

Hosking, Geoffrey, *A History of the Soviet Union* (überarbeitete Auflage). Fontana Press, London 1990.

Klose, Kevin, *Russia and the Russians: Inside the Closed Society.* W. W. Norton, New York 1984.

Laqueur, Walter, *Stalin: The Glasnost Revelation.* Charles Scribner's Sons, New York 1990 (dt.: *Stalin. Abrechnung im Zeichen von Glasnost.* Kindler, München 1990).

Lawrence, John, *A History of Russia*, (7. überarbeitete Auflage). Penguin, New York 1993.

Lee, Andrea, *Russian Journal.* Random House, New York 1981 (dt.: *Russisches Tagebuch.* Suhrkamp, Frankfurt).

Lieven, Dominic, *Nicholas II: Emperor of All the Russias.* John Murray, London 1993.

Lincoln, W. Bruce, *The Romanovs: Autocrats of all the Russias.* Dial Press, New York 1981.

Massie, Robert K., *Nicholas and Alexandra.* Atheneum, New York 1967.

Nekrich, A., und Heller, M. s. Heller, M.

Shipler, David K., *Russia: Broken Idols, Solemn Dreams.* Times Books, New York 1983.

Sinyavsky, Andrei, *Soviet Civilisation: A Cultural History.* Little, Brown, Boston 1990 (dt.: Sinjawskij, Andrej, *Der Traum vom neuen Menschen oder die Sowjetzivilisation.* Fischer, Frankfurt 1989).

Smith, Hedrick, *The New Russians.* Avon, New York 1990 (dt.: *Die neuen Russen.* Rowohlt, Reinbek 1991).

Stites, Richard, *Russian Popular Culture: Entertainment and Society Since 1900.* Cambridge University Press, Cambridge 1992.

Teleshov, N., *A Writer Remembers: Reminiscences of Russian Literary Life.* Hutchinson, London 1890.

Westwood, J. N., *The Short Oxford History of the Modern World/Endurance and Endeavor: Russian History 1812–1980* (2. Auflage). Oxford University Press, Oxford 1973.

AIDS

Callen, Michael, *Surviving AIDS*. HarperCollins, New York 1990.
Kramer, Larry, *Reports from the Holocaust*. St. Martin's, New York 1981.
Monette, Paul, *Borrowed Time: An AIDS Memoir*. Harcourt Brace Jovanovich, Orlando 1988 (dt.: *Geliehene Zeit*, Bastei Lübbe, Bergisch Gladbach 1990).
Preston, John (Hrsg.), *Personal Dispatches: Writers Confront AIDS*. St. Martin's, New York 1988.
Shilts, Randy, *And the Band Played On: Politics, People and the AIDS Epidemic*, St. Martin's, New York 1987 (dt.: *Und das Leben geht weiter*, Goldmann, München 1994).
Sontag, Susan, *AIDS and Its Metaphors*. Farrar, Straus and Giroux, New York 1989 (dt.: *Aids und seine Metaphern*, Hanser, München 1989).

Homosexualität

Monette, Paul, *Becoming a Man: Half a Life Story*. HarperCollins, New York 1992 (dt.: *Coming Out – Die Geschichte eines halben Lebens*, Krüger, Frankfurt/Main 1994).
Rich, Adrienne, *Bread, Blood, and Poetry: Selected Prose 1979–1985*. W.W. Norton, New York 1986.

Register

Académie Royale de la Danse 277
Agon 245
Albee, Edward 251, 298
Aldous, Lucette 130
Alexander I, Zar von Rußland 74
Alifimowa, Nina 93
Allen, Woody 239
Alonso, Alicia 17, 130
American Ballet Theatre 18, 126, 128, 177, 191, 202, 245, 294, 300, 309
Andersen, Christopher 183
Apollo 229, 245 f., 305, 312
Appalachian Spring 242, 280
L'après-midi d'un faune 266
Arias, Roberto de 138, 151–154, 306
Armitage, Karole 280
Arova, Sonia 127, 130, 132, 144, 181, 202, 209, 217-219, 222
Ashton, Frederick 119, 128 f., 138, 147, 149, 153, 206, 272
Atanassof, Cyril 278
Augustyn, Frank 114, 172, 227
Aureole 229, 237, 246, 280
Ausdruckstanz 232
Australian Ballet 184, 203, 213, 224, 252
Avedon, Richard 21
Ayupowa, Zhanna 299
AZT 287
Bacharach, Burt 230
Balanchine, George 20, 77, 126, 129, 176, 180, 201, 221, 229, 232, 243–247, 305, 312, 317
Balanchine Trust 171, 305
Ballet de Marseille 267
Ballet Master (Shearer) 150
Ballet Promotion Foundation 219
Ballet Russe de Monte Carlo 198, 220, 223
Ballets Russes, Diaghilews 129
Ballet Théatre de Nancy 266
Ballett der Pariser Oper 18, 20, 40, 129, 135 f., 150, 189, 203, 208, 222, 227, 264, 267–281, 300, 311
Ballett des XX. Jahrhunderts 276
Barber, Lynn 190
Barnes, Clive 149, 224
Bart, Patrice 268, 271, 281, 290, 301
Baryschnikow, Michail 40 f., 72, 77, 82, 272, 308
Baschkir 28, 35, 37 f., 43, 46, 50, 53, 58 f., 66, 84
La Bayadère 11 f., 14–21, 88, 91, 93, 98, 107, 156, 177, 200, 206, 208 f., 221, 267, 282, 311 f.

Beatles 164, 167
Le Beau Mec 180
Béjart, Maurice 233 f., 266, 276
Bell Telephone Hour 123, 261
Ben-Hur 103
Bergé, Pierre 15 f., 301
Bergman, Ingrid 67, 298
Bernstein, Leonard 298, 308
Bessy, Claude 268
Die Bibel 251
Big Bertha 230, 233, 238
Bill Haley and the Comets 307
Bismarck, Otto von 35
Black, Karen 133
Blair, David 209
Bland, Alexander 135 f., 142
Das Blumenfest von Genzano 123, 229
Bolschoi Ballett 15, 60, 64, 82, 84, 94, 100 f., 207
Bonnefous, Jean-Pierre 108
Boone, Pat 307
Boston Ballet 158–160, 162, 191, 203, 262, 266
Bourgeois Gentilhomme 180, 246
Bourmeister, Vladimir 271
Bournonville, August 133, 229
Boutique Fantasque 266
Broccoli, Albert R. 251
Broccoli und Saltzman 251
Bromley, Ida 154
Brontë Schwestern 137
Brooklyn Academy of Music 240
Brown, Joy 151
Bruhn, Erik 114 f., 123, 126–128, 133 f., 140, 144, 161, 179, 181 f., 202, 206, 225, 281
Buchanan, Patrick 291
Buckle, Richard 65, 125
Butch Cassidy and the Sundance Kid 230
Byron, George Gordon, Lord 135–137, 203, 266

Caballé, Montserrat 142
Callas, Maria 160, 220
Callen, Michael 189, 288, 293
Canesi, Michel 250, 282, 284–287, 290, 292, 303, 310, 312 f.
Capra, Frank 249
Carlson, Carolyn 273
Cartland, Barbara 141
Cavett, Dick 261
Cervantes, Miguel de 253
Chanel, Coco 269
Chase, Lucia 128
Chatrier, William 316
Chauviré, Yvette 15, 130, 206, 208, 277
Chopin, Frederic 213
Christoforo 308
Chruschtschow, Nikita 42, 89, 100, 218, 248 f., 262
Cendrillon 135
Clark, Michael 190, 280
Clerc, Florence 273
Colacello, Bob 181
Columbia Artists Management 306
Coppélia 277
Le Corsaire 79, 98, 120, 132, 138, 157, 177, 210, 250

Cranko, John 206, 234
Crisp, Clement 141
Crist, Judith 253
Croce, Arlene 134, 141, 165 f., 199, 230, 240, 243, 302
Cunningham, Kitty 234
Cunningham, Merce 280

Daikin, Christine 240, 242
Dakota Apartments 34, 181, 219
Dances at a Gathering 213
Dancing for Diaghilev (Sokolova) 274
Daniel, David 121, 154
Danilowa, Alexandra 57, 130, 198
d'Antuono, Eleanor 177, 245
Daphnis und Chloe 210
Davis, Bette 250
Dean, James 167
Decae, Henry 258, 260
de Cuevas, Marquis 114 f., 127, 131, 202, 217, 221
de Jonge, Alex 25
de Laurentiis, Dino 251
Delerue, Georges 258
Denard, Michaël 278
Denby, Edwin 222, 277
Denham, Sergej 220
de Valois, Ninette 119, 122, 128, 136, 138–142, 147 f., 161, 164, 206-208, 210, 235, 305
Diaghilew, Serge 55, 64, 129, 200, 202 f., 222, 251, 266, 277
Didion, Joan 283
Dido und Äneas (Purcell) 246
Diversions 234
Doktor Schiwago 101
Dolin, Anton 129 f.
Don Quixote 73, 88, 172, 177, 203, 224, 252 f., 266, 279, 308
Dornröschen 88, 98, 102, 114, 133, 141 f., 148, 156, 178, 203, 213, 225-227, 261, 308
Dostojewski, Fjodor 14, 41, 76
Dschingis Khan 71, 125
Dudinskaja, Natalia 17, 83–85,89, 93 f., 100, 102, 108
Duncan, Isadora 232
Dupond, Patrick 15, 270, 274, 279, 284, 300

Edinburgh Festival 284, 286, 304
Ed Sullivan Show 167, 171, 261
Eglevsky, André 123, 130
Eilber, Janet 241 f.
Eisenhower, Julie Nixon 261
Elisabeth, Zarin von Rußland 62
El Penitente 242
Elvin, Violetta 150
Elvis ... That's The Way It Is 252
Esmeralda 66
Eugen Onegin (Puschkin) 76
Evdokimova, Eva 130
An Evening with the Royal Ballet 120, 157, 250
Exposed 188, 191, 203, 257–260, 284

Fairy Doll 146
Falco, Luis 229
Fenster, Boris 90
Fernandez, Royes 123
Feuervogel 149
Field Figures 236, 243

Fingers 258 f.
Die Flammen von Paris 88
Flindt, Flemming 304
Fokine, Michael 20, 149, 266
Fonteyn, Margot 17, 20, 39, 86, 101, 115, 119 f., 125 f., 128–130, 137–157, 160–162, 165, 169, 182, 184, 193, 201–203, 206 f., 212, 239, 241 f., 296, 299, 306–308
Ford, Betty 239
Ford, Gerald 298
Forsythe, William 280
Fouquet, Thierry 270
Foy, Patricia 28, 48, 145, 192
Fracci, Carla 130
Fräulein Julie 266
Franca, Celia 225, 227
François, Douce 310,312
Franklin, Aretha 142
Franklin, Frederick 130
Fraser, John 226
Freud, Sigmund 18, 135

Gable, Christopher 207, 234
Garbo, Greta 153, 199
Gardner, Kevin 186
Garnier, Charles 14
Gautier, Théophile 62
Gajaneh 88
Georgiadis, Nicholas 226
Der Gesang des Kranichs 51, 59, 63
Gielgud, John 78, 298
Gillard, David 150
Gillespie, Dizzy 249
Gilpin, John 139
Gingritch, John 226
Giselle 17, 86, 88, 90, 101, 120, 126, 128, 138–142, 144 f., 160, 177, 182, 191, 206, 277
Gobbi, Tito 220
Gogol, Nikolai 304
Goldwyn, Samuel 201
Goleizowski, Kasian 93
Gorbatschow, Michail 249, 298
Gordon, Charles 156, 218 f., 306
Gorlinsky, Sandor 218–212
Gosling, Nigel 209, 236
Graham, Martha 17, 122, 176, 201, 230, 232, 236, 238–243, 280
Gregory, Cynthia 130
Gretzky, Wayne 172
Greve, Kenneth 300
Grey, Beryl 149 f.
Grigorowitsch, Juri 15, 90, 93, 102
Grossman, Andrew 305
Guérin, Isabelle 279
Guillem, Sylvie 15, 130, 279, 286

Halston 201
Hamlet (Ballett) 250
Hamlet (Shakespeare) 250
Händel, Georg Friedrich 237
Hartman, David 261
Haydée, Marcia 130
Hayman, Ronald 197
Helpmann, Robert 129, 250
Henze, Hans Werner 213
Hepburn, Katharine 248, 298
Hightower, Rosella 119, 130, 202
Hilaire, Laurent 279

Hitler, Adolf 33, 37
Hollywood Palace 170, 261
Hookham, Peggy, *siehe* Fonteyn, Margot
Horgan, Barbara 171, 244, 305
HPA-23 285 f.
Hübner, Wilhelm 308
Hudson, Rock 285 f.
Hurok, Sol 144, 148, 156, 164 f., 167, 207, 219, 222–226, 228, 238, 243
Hurok Concerts 123, 143, 164, 170, 223 f.
Huston, John 251 f.

I Am a Dancer 252
Images of Love 234
International Ballet of the Marquis de Cuevas 114 f., 127, 131,202, 217, 221
Iwanow, Lew 20
Ives, Charles 286

Jackson, Glenda 254
Jacobson, Leonid 88
Jagger, Mick 183
James, Henry 286
Jamison, Colin 255
Jennings, Luke 299, 307
Le Jeune Homme et la Mort 233–235, 250
Jim Henson Productions 260
Joffrey Ballet 203
Jones, Tom 230
Jude, Charles 273, 312
Juilliard School of Music 308
Jung, Carl 136
Kahn, Madeline 174
Kain, Karen 227
Kaiserliche Ballettschule 65, 68, 71, 89
Kaiserliches Russisches Ballett 18, 202
Kaiserliches Theater 58, 82 f., 86
Kane, Carol 255
Karsawina, Tamara 64
Keitel, Harvey 258 f.
Kelley, Kitty 308
Kelly, Grace 152
Kennedy, Tessa 307
Kerenski, Alexander Feodorovich 31
Keveházi, Gábor 308
KGB 72, 83, 92, 95, 103, 107 f., 111–114, 186 f., 207, 282
The King and I (Rodgers and Hammerstein) 301, 303 f.
Kinski, Nastassja 257–259
Kirkland, Gelsey 161
Kirow, Sergej 32
Kirow Ballett 14–17,32, 38, 40, 50, 56, 60, 64-94, 98, 100–102, 105–108, 110–114, 127, 132 f., 163, 177, 184, 198, 200, 206, 217 f., 247, 274, 297–299
Kirow Theater 79, 87, 102, 133, 297 f.
Kirstein, Lincoln 150, 179, 200, 232
Kisselgoff, Anna 129, 241, 253, 297
Knight, Christopher 291

Königlich Dänisches Ballett 126, 166
Königlich Schwedisches Ballett 320
Königliche Oper (Stockholm) 136, 149
Kolpakowa, Irina 86, 90, 102, 111
Kostrawitskaja, Vera 66
Kossygin, Alexei 298
Kramer, Larry 288
Krantz, Judith 41
Kschessinskaja, Mathilde 82, 316
Kurgapkina, Ninel 311
Der Kuß der Fee 147
Kylián, Jiri 266

Lacotte, Pierre 83, 104, 107 f.
Lanchberry, Jack 163
Lang, Jack 12
Latour, Quentin de 61
La Turbie 198, 221
Laurencia 85 f., 89–91, 93, 126, 206
Lawrence, D. H. 179
Leblond 62
Lee, Peggy 249
Legat, Tatiana 114
Legende von der Liebe 15
Legris, Manuel 279, 317 f.
Lennon, John 166
Le Riche, Nicolas 40
Letterman, David 261
Liberace 201
Lieder eines fahrenden Gesellen 266
Lifar, Serge 129, 277
Li Galli 34
Limón, José 223
Lloyd's of London 223
London Coliseum 266
London Festival Ballet 254, 285
Lopukhow, Feodor 89
Love and Money 258
Lucifer 122, 236, 239–242
Ludwig XIV, König von Frankreich 62, 277
Louis, Murray 231, 236, 243

McBride, Patricia 130, 247
McDonagh, Don 240
Mackrell, Judith 304
McLuhan, Marshall 168
MacMillan, Kenneth 120, 177, 206 f., 234, 250
Mailänder Scala 203, 213
Makarova, Natalia 41, 130, 163, 202, 216, 266
Manfred 135, 203, 266
Der Mantel 304
Marais, Jean 95 f.
Margaret, englische Prinzessin 201
Marguerite und Armand 129, 138, 153
Marin, Maguy 280
Markowa, Alicia 130, 142, 148
Martha Graham Dance Company 238–241, 280
Martin, John 101, 125
Martins, Peter 127 f., 134, 144, 161, 166, 171
Marx, Karl 45
Marijinskij Ballett 50
Massine, Léonide 34, 129, 266

Matsuyama Ballet 266
Maugham, W. Somerset 61
Menotti, Gian Carlo 237
Merman, Ethel 254
Messerer, Asaf 60, 65
Metropolitan Opera House 101, 143, 162, 165, 226, 228, 266, 281, 309
MGM-UA 258 f.
Midler, Bette 264
Minz, Alexander 70, f., 73, 85
Les mirages 277
Miss Piggy 201, 261, 262, 295
Mitchelson, Marvin 181
Modern Dance 230–234, 238, 242
Molière 246
Ein Monat auf dem Lande 272
Monde, Le (Paris) 270
Monette, Paul 190, 289, 291
Monroe, Marilyn 188
Monument für einen gestorbenen Jungen 235
The Moor's Pavane 223, 229
Mord im Orientexpress 67
Morishita, Yoko 130, 266
Morning Glory 248
Morris, Mark 230 f.
Motte, Claire 103, 107 f., 156
Mr. Deeds Goes to Town 249
Muppet Show, The 261 f., 302
Murdland, Charles 285
musique concrète 234
My Fair Lady 88

Napoleon I, Kaiser von Frankreich 36
National Arts Centre (Ottawa) 225 f.
National Ballet of Canada 114, 150, 178, 224–227
Nerina, Nadia 140, 143, 150, 156,205, 217 f., 220, 254, 306
Newman, Paul 239, 298
New York City Ballet 40, 134, 155, 201 f., 221, 232, 243–245
New York City Opera 246
Night Journey 242
Nijinsky, Waslaw 13, 40, 64, 82 f., 93, 120 f., 125 f., 129, 150, 200, 251, 254, 315
Nikolais, Alwin 236, 243
Nikolaus I, Zar von Rußland 63
Nikolaus II, Zar von Rußland 35, 62, 316
The Normal Heart (Kramer) 288
Norman, Jessye 180, 310
Notre-Dame de Paris 266
Nurejew, Hamnet 25, 27, 35, 41-43, 46-51, 54 f., 58 f., 74
Nurejewa, Farida 25–27, 30 f., 35, 41, 43-51, 54, 207, 296–299
Nurejewa, Lida 52, 298, 312, 316
Nurejewa, Rosa 45, 47, 54, 113, 298, 312, 316
Nurejew: Die Biographie (Watson) 154
Nurejew & Friends Tour 162, 203, 221, 229, 237, 245, 297, 304, 307, 317
Nurejew Dance Foundation 181, 219
Nureyev (Film) 48, 192
Nußknacker 88, 136, 142, 162, 203

Oates, Joyce Carol 141
O'Keefe Center 226
Onassis, Jaqueline Kennedy 180, 310
Osipenko, Alla 102, 110
Othello 158, 223
Ottawa Ballett 114

Paix, Paul 267
Palais Garnier 11, 14, 22, 265, 268, 314, 316
Palais des Sports 101, 104, 107, 221, 228
Paré, Jean-Christophe 274
Park, Merle 130, 162, 205, 212, 228 f.
Parkinson, Georgina 131, 204, 209
Parsons, David 280
Pasternak, Boris 35, 101, 111
Pasteur-Institut 289
Paul Taylor Dance Company 229–231, 236–238
Pawlowa, Anna Pawlowna 39, 64 f., 146, 161, 222, 274
Peabody, Judy 180
Percival, John 119
Père-Lachaise, Friedhof 315
Notre-Dame du Perpétuel Secours (Krankenhaus) 292, 296, 312
Persky, Lester 259
Peter der Große, Zar von Rußland 42, 61 f.
Petipa, Marius 18, 89, 135 f., 200, 277, 280
Petit, Roland 233 f., 236, 250, 266
Petruschka 266
Phillips, Michelle 255
Piaf, Edith 98, 315
Pickett, Hugh 151, 155
Pitié-Salpetrière (Krankenhaus) 285, 289
Platel, Elisabeth 279 f., 293, 300
Pneumocystis carinii 283
Poème tragique 119
Points in Space 280
Poliakow, Eugène 301
Pontois, Noëlla 16, 130, 278
Porter, Sheila 162
Potas, Ron 280
Potts, Wallace 179 f., 292 f.
Preobrajenska, Olga 316
Presley, Elvis 167, 249, 252
Prodigal Son 245
Prokofjew, Sergei 135, 309
Purcell, Henry 246
Puschkin, Alexander (Dichter) 76
Puschkin, Alexander (Lehrer) 76-79, 84 f., 155, 184, 200, 274

Quarenghi, Giacomo 62

Radziwill, Lee 287
Rainier, Prinz von Monaco 152
Rasputin, Grigori Efimovich 62, 316
Rastrelli, Bartolomeo 62
Raymonda 88, 153, 206, 213, 237, 271
Reagan, Ronald 37, 288
Renault, Michel 275
Reports From the Holocaust (Kramer) 288

Richardson, Mavis 214
Richardson, Tony 251
Richard III (Shakespeare) 279
Richmond Park 180, 213, 221, 253
Riggins, Lloyd 40
Ringling Brothers 201
Robbins, Jerome 213, 262, 278
Romanow, russische Kaiserfamilie 38, 50, 62, 71, 76, 202
Romeo und Julia 120, 138, 177, 203, 250, 254, 309, 311
Ropes of Time 235, 243
Rossi, Carlo 58, 63
Die Roten Schuhe 59, 148
Rothschild, Guy de 15
Royal Academy of Dancing 119, 128, 139, 145
Royal Ballet 15, 17 f., 40, 122, 125, 128, 131, 138-141, 143 f., 148-151, 156, 162, 164 f., 168, 182, 197, 200, 202, 204-213, 221-225, 234 f.
Royal Opera House (London) *siehe* Covent Garden
Royal Vauxhall Tavern 179
Rozenbaum, Wily 285
Ruanne, Patricia 269, 311
Russell, Ken 203, 250, 253–257, 295
Russell, Shirley 255

Sacre du Printemps: The Rehearsal 280
Sadler's Wells Ballet 129, 142, 148, 150, 152
Sadler's Wells Theater 238
Saint, Clara 104, 106–108, 112
Sainte-Geneviève-des-Bois, Friedhof in, 315 f.
St. John's Hospital 203
St-Laurent, Yves 156, 201
The Scarlet Letter 236, 242
Schattenszene aus *La Bayadère* 17-20, 101, 206, 221, 267
Schelest, Alla 102
School of American Ballet 180, 245
Schrader, Paul 258
Schwanensee 20, 51, 79, 88, 102, 119, 136, 139 f., 142, 145 f., 156, 163, 203, 213, 271 f.
Schweinensee 263, 302
Scofield, Paul 251
Scriabin, Alexander 119
Sergejew, Konstantin 83, 87–89, 91, 94 f., 102, 108
Seymour, Lynn 31, 130, 207, 211 f., 225, 234
Shakespeare, William 78, 203, 234, 251, 279
Shearer, Moira 148, 150
Shilts, Randy 288
Sibley, Antoinette 86, 130, 150, 197, 205, 207 f., 272 f., 305
Sinatra, Frank 123
Sisowa, Alla 38, 79, 84, 92, 102, 113
Sklarewskaja, Inna 296
Sokolowa, Lydia 273
Solowjew, Juri 98 f., 105, 114, 125
Somes, Michael 139, 207
Song without Words 266

Speaking in Tongues 280
The Spectator 219
Spectre de la Rose 139, 266
Spoleto Festival 153, 237 f., 251, 267
Stalin, Joseph 25-29, 31–33, 36 f., 42, 46, 50, 64, 100, 186, 248, 293,
Stallone, Sylvester 12
Stanislawskij Ballet 82
Stefanski, Sergiu 72
Die Steinerne Blume 102, 114
Stiefel, Ethan 40
Stiljagi 248 f.
Stockhausen, Karlheinz 236
Stoker, Bram 282
Stokes-Mandeville-Klinik 154
Streisand, Barbra 148, 230
Strutschkowa, Raisa 100
Suite en Blanc 277
Suntory Wodka 204
La Sylphide 133, 225, 277, 299
Les Sylphides 20, 120
Symphonie pour un Homme Seul 233
Symphony in D 266

Taglioni, Marie 19
Talese, Gay 170
Tallchief, Maria 17, 21, 123, 127, 130, 155, 202, 221, 261, 305
Tancredi 135 f., 213
Taras, John 245, 312
Tarzanets 249
Tarzans Abenteuer in New York 249
Taylor, Paul 229–231, 233 f., 236–238, 243, 246, 280
Technicolor Corporation 251
Tempest, The (Shakespeare) 203
Tennessee Williams (Haymond) 197
Tetley, Glen 235 f., 243, 273
Théatre des Champs Elysées 115, 156
Théatres Lyriques Nationaux 267
Theme and Variations 126, 245, 317
Thesmar, Ghislaine 130, 145, 278
Tippet, Clark 294
Toback, James 188, 191, 257–260, 284
Tolstoi, Leo 44
Tracy, Robert 179–181, 284, 286
Transsibirische Eisenbahn 27, 41
Trefilowa, Vera 316
Trezzini, Domenico 62
Tristan und Isolde 273
Truffaut, François 258
Trump, Donald 216
Tschabukiani, Wachtang 66, 87, 129
Tschaikowsky, Peter Iljich 263, 271
Tschechow, Anton 57
Tschelkow 64 f., 67, 70, 73–75, 77, 80 f., 93
Tschernitschowa, Elena 113, 121, 129, 131, 293
Tunstall, Jeremy 166
Turgenjew, Ivan 272

Udelzowa, Anna 55 f., 58, 67
Ufa, Oper 50, 53 f., 59, 65, 84, 293

Ulanowa, Galina 64, 100 f.
Unsworth, Geoffrey 253
Uris Theater 228, 239

Valentino, Rudolph 253, 257
Valentino 176, 203, 250, 253–255, 257, 259, 295, 305
Valse Volonté 88
van Dantzig, Rudi 234 f., 242 f., 290
van Hamel, Martine 130, 144
van Manen, Hans 266
van Vooren, Monique 182, 190, 257, 261
Verdy, Violette 120 f., 131, 133, 178
Vic-Wells Ballet 142, 146, 150
Vidal, Gore 34
Volkova, Julia 115, 127 f., 138 f.

Wainonen, Vassily 88
Waitowich 56, 58, 67
Wall, David 208
Wallace, Mike 261
Walter Reade Organization 252
Warhol, Andy 239, 298
Washington Square 176, 286
Watson, Peter 154 f.
Watts, Heather 134, 155, 254
Webster, David 149, 207 f., 223, 297
Weinstein, Barry 218
Weinstein, Ben 229
West, Mae 21
Wiener Staatsopernballett 135, 203, 213, 272, 297
Wharton, Edith 188, 260
Wigman, Mary 222, 232
Williams, Tennessee 121, 197
Wilson, Harold 298
Wilson, John 123, 143, 170, 223, 225, 229
Wirsaladze, Simon 102

Youskevitsch, Igor 123, 130

Zeffirelli, Franco 251
Ziegfeld, Florence 129
Ziegfeld Theater 252
Zucchi, Virginia 86
Züricher Ballett 266
2001: Odyssee im Weltraum 253